C++로 쉽게 풀어쓴
자료구조

천인국 · 최영규 지음

DATA
STRUCTURES
USING C++

생능출판

저자 소개

천인국(千仁國)
1983년 서울대학교 전자공학과 공학사
1985년 한국과학기술원 전기및전자공학과 공학석사
1993년 한국과학기술원 전기및전자공학과 공학박사
1985~1988년 삼성전자 종합연구소 주임 연구원
1993년~현재 순천향대학교 컴퓨터 공학과 교수
2005년 캐나다 UBC 방문 교수
E-mail: chunik@sch.ac.kr

최영규(崔瀁圭)
1989년 경북대학교 전자공학과 공학사
1991년 한국과학기술원 전기및전자공학과 공학석사
1995년 한국과학기술원 전기및전자공학과 공학박사
1995~1999년 LG산전연구소 선임연구원
1999년~현재 한국기술교육대학교 컴퓨터공학부 교수
2005, 2012년 미국 조지 워싱턴대, UTSA 방문 교수
e-mail: ykchoi@koreatech.ac.kr

C++로 쉽게 풀어쓴 자료구조

초판발행 2016년 8월 9일
제1판5쇄 2024년 7월 31일

지은이 천인국 · 최영규
펴낸이 김승기, 김민수
펴낸곳 (주)생능출판사 / **주소** 경기도 파주시 광인사길 143
출판사 등록일 2005년 1월 21일 / **신고번호** 제406-2005-000002호
대표전화 (031)955-0761 / **팩스** (031)955-0768
홈페이지 www.booksr.co.kr

책임편집 신성민 / **편집** 이종무, 최동진 / **디자인** 유준범, 노유안
마케팅 최복락, 심수경, 차종필, 백수정, 송성환, 최태웅, 명하나, 김민정
인쇄 · 제본 (주)상지사P&B

ISBN 978-89-7050-875-7 93000
정가 29,000원

- 이 도서의 국립중앙도서관 출판예정도서목록(CIP)은 서지정보유통지원시스템 홈페이지(http://seoji.nl.go.kr)와 국가자료공동목록시스템(http://www.nl.go.kr/kolisnet)에서 이용하실 수 있습니다.
  (CIP제어번호: CIP2016017817)

머리말

자료구조(data structure)는 전산학 및 컴퓨터공학 분야에서 매우 중요하고 기초적인 과목이다. 하지만 자료구조는 학생들이 상당히 어려워하는 과목이다. 이 책을 저술하면서 역점을 두었던 몇 가지는 다음과 같다.

- 자료구조를 구현하기 위해 이 책에서는 객체지향언어인 C++를 이용하였다. C++를 잘 모르면 이 책을 공부할 수 없을까? 물론 아니다. 이 책에서는 C++의 복잡한 문법이 아니라 자료구조에 초점을 맞추기 위해 기본적이고 실용적인 부분들만을 이용하여 설명하였다. 따라서 C 언어를 어느 정도 이해하고 있다면 C++를 잘 알지 못한다고 해서 너무 걱정할 필요는 없다. 각 장에서 자료구조들을 공부하면서 C++ 문법도 하나씩 알아나가자. 물론 C++를 이미 잘 알고 있으면 더욱 좋다. 이 책이 매우 좋은 C++ 복습서가 될 것이다.

- C++는 다양한 기능들을 제공하는 복잡한 언어로 때로는 불필요해 보이는 기능들도 포함한다. 이 책에서는 C++의 문법적인 측면보다는 Java와 같은 대부분의 객체지향언어에서 공통적으로 사용하는 유용한 기법들을 위주로 예제 코드를 작성하였다. 따라서 이 책의 독자들이 책의 내용들을 Java와 같은 다른 객체지향언어에도 쉽게 적용할 수 있도록 노력하였다.

- 2장에서 이 책에서 주로 사용하는 C++ 문법과 그렇지 않은 문법을 구분하였다. 동적 바인딩이나 다중상속 등 다소 복잡한 문법은 이 책에서 사용하지 않는다. 이 책에서는 템플릿에 대해서도 다루지 않지만 C++에서 제공하는 표준 템플릿 라이브러리(STL)를 사용하는 방법들은 소개한다. STL은 프로그래밍에서 공통적으로 사용되는 자료구조와 알고리즘을 템플릿 기반으로 작성하여 제공하는데, STL에서 제공하는 자료구조들을 문제 해결에 적용해 보는 것은 현실적으로 매우 유용할 것으로 생각된다.

- C 언어를 공부한 학생들도 포인터가 어려웠을 것이다. 이 책에서는 포인터와 연결 리스트를 5장에서 설명하고 있다. 포인터가 어렵지만 포인터의 개념이 명확하지 않더라도 구현할 수 있는 프로그램이 많다는 것을 이야기하고 싶다.

- 각 장의 학습 내용의 양을 가능하면 균일하게 배분하도록 구성하였다. 이를 위해 트리 와 그래프는 각각 두 개의 장으로 나누었다. 또한 최대한 연관된 내용을 인접 장에 배치 하였다.

- 이 책에서는 어떤 자료구조를 설명하기 위해 **추상 자료형**, **UML 다이어그램** 그리고 **C++ 클래스**를 이용한다. 먼저 **추상 자료형**으로 그 자료구조에서 필요로 하는 데이터 (객체)와 연산들을 알아보고, 이것을 **UML 다이어그램**을 이용해 보다 구체적으로 설계 한다. 이것은 추상 자료형보다는 구체화되었지만 아직 프로그래밍 언어에는 독립적인 상 태이다. 마지막으로 UML 다이어그램을 바탕으로 해당 자료구조를 **C++ 클래스**로 구현 한 예를 보이고, main() 함수에서 구현된 클래스를 사용해 문제를 해결하는 예를 제시 한다.

- 가능한 한 완전한 프로그램을 제공하기 위해 노력하였다. 책에서 제시하고 있는 대부분 의 코드들은 main 함수를 포함하여 완전한 코드이며 프로그램의 실제 실행 결과를 함 께 제시하여 학습자들이 쉽게 소스의 동작을 확인하고 이해하며 활용할 수 있도록 하 였다.

이 책이 만들어지기까지 많은 도움이 있었다. 특히 적극적으로 지원해주신 생능출판사 여 러분께 깊은 감사를 표한다. 아무쪼록 이 책이 자료구조를 공부하는 많은 이들에게 조금 이라도 도움이 될 수 있었다면 저자들에게는 큰 보람이 될 것이다.

2016년 8월

저자 일동

강의 계획안

자료구조는 매우 중요한 교과목이며, 다루어야 하는 내용이 많아 강의 계획을 세우기가 상당히 까다롭다. 빠른 진도로 강의하여 한 학기에 전체 내용을 강의할 수도 있고, 실제 구현 능력 배양에 초점을 맞추어 강의 진도를 늦추는 방법도 가능하다. 실제로 많은 소프트웨어 관련 회사의 프로그래밍 실무 면접에서 간단한 자료구조를 설계하고 구현할 수 있는 능력을 요구하는 경우가 많으므로, 이 책에서 제시하는 내용을 다양한 예제를 통해 실제로 해결해 보도록 운영하는 것도 매우 의미가 있을 것이다.

1학기를 16주로 가정하여 강의한다면 다음과 같이 세 가지 방법으로 강의를 진행할 수 있을 것이다. 상황에 따라 일부 내용은 제외되거나 변경될 수 있다.

1. 빠른 진도 강의 계획표

- 컴퓨터공학부 3학년 이상 수준 또는 이론 위주의 2학년 이상 강의
- C++나 Java에 익숙하며 수준이 우수한 수강생들의 경우에 적용할 수 있음.

주	해당 장	주제	주	해당 장	주제
1	1장	강의 소개 및 자료구조와 알고리즘	9	8장	트리
2	2장	배열과 클래스	10	9장	이진 탐색 트리
3	3장	스택	11	10장	우선순위 큐
4	4장	큐	12	11장	그래프
5	5장	포인터와 연결 리스트	13	12장	가중치 그래프
6	6장	리스트	14	13장	정렬
7	7장	순환	15	14장	탐색
8	중간고사	중간 평가 및 기말 프로젝트 제안서 발표	16	기말고사	기말 평가 및 기말 프로젝트 결과 발표

2. 보통 진도 강의계획표

- C++를 수강한 컴퓨터공학부 2학년 수준 또는 일반 공학계열 3학년 이상 수준
- 자료구조를 구현해 보고 응용 과제를 진행함.
- 그래프(11~12장) 알고리즘과 정렬(13장) 및 탐색(14장) 내용은 이후의 알고리즘 교과목에서 연계하여 학습함.

주	해당 장	주제
1	1장	강의 소개 및 자료구조와 알고리즘
2	2장	배열과 클래스
3	3장	스택
4	3장	스택의 응용
5	4장	큐와 덱
6	5장	포인터와 동적 할당
7	5장	연결 리스트
8	중간고사	중간 평가 및 기말 프로젝트 제안서 발표
9	6장	리스트
10	7장	순환
11	8장	트리
12	8장	이진트리
13	9장	이진 탐색 트리
14	10장	힙
15	11~14장	그래프의 표현, 가중치 그래프, 정렬, 탐색 개요
16	기말고사	기말 평가 및 기말 프로젝트 결과 발표

3. 느린 진도 강의계획표

- C++를 수강하지 않은 컴퓨터공학부 2학년 수준 또는 일반 공학계열 2학년 이상 수준
- 모든 예제와 프로그래밍 프로젝트를 과제로 진행함.
- 이진 탐색 트리 이후의 내용들은 이후의 연계 교과목에서 학습함. "자료구조1" – "자료구조2"의 형태나 "자료구조" – "알고리즘"과 같은 형태의 교과목 운영이 가능함.

주	해당 장	주제
1	1장	강의 소개 및 자료구조와 알고리즘
2	2장	배열과 클래스
3	2장	클래스 개요(C++ 개요)
4	2장	배열과 클래스를 이용한 응용문제
5	3장	스택
6	3장	스택의 응용
7	4장	큐와 덱
8	중간고사	중간 평가 및 기말 프로젝트 제안서 발표
9	5장	포인터와 동적 할당
10	5장	연결 리스트
11	6장	리스트
12	6장	리스트 응용
13	7장	순환
14	8장	트리
15	8장	이진트리 응용
16	기말고사	기말 평가 및 기말 프로젝트 결과 발표

학습 연계도

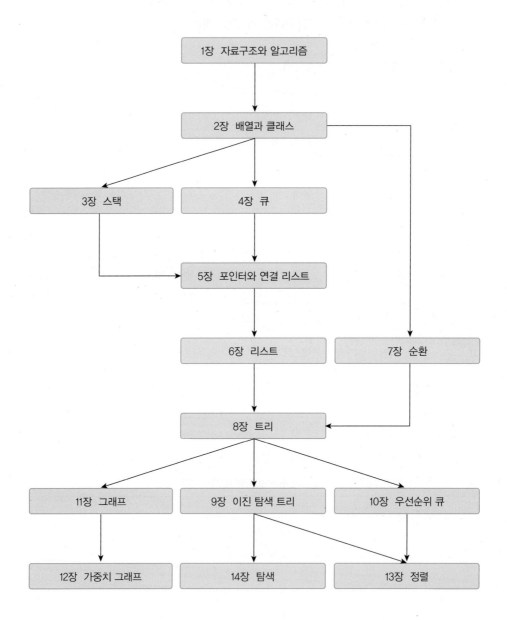

차례

CHAPTER 03 스택

CHAPTER 04 큐

CHAPTER 05 포인터와 연결 리스트

CHAPTER 06 리스트

CHAPTER 07 순환

CHAPTER 08 트리

CHAPTER 09 이진 탐색 트리

CHAPTER 10 우선순위 큐

CHAPTER 11 그래프

CHAPTER 12 가중치 그래프

CHAPTER 13 정렬

CHAPTER 14 탐색

01

자료구조와 알고리즘

학습목표

- 자료구조와 알고리즘의 개념을 이해한다.
- 알고리즘의 다양한 표기 방법을 이해한다.
- 추상화의 필요성과 추상 자료형의 개념을 이해한다.
- 알고리즘의 실행 시간 측정 방법을 이해한다.
- 알고리즘의 시간 복잡도 개념을 이해한다.
- 빅오 표기법에 의한 알고리즘 분석 기법을 이해한다.
- 자료구조의 표기법을 이해한다.

1 자료구조와 알고리즘

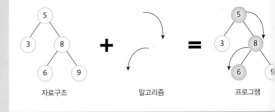

자료구조   +   알고리즘   =   프로그램

1.1 자료구조

▪ 자료구조란?

인터넷과 정보 통신 기술의 발달에 따라 지금 우리는 고도로 정보화된 시대를 살아가고 있다. 일부 사람들만이 지식과 정보를 소유하던 시대는 끝나고 모든 사람이 다양한 자료를 활용하고 공유하며 생산하는 시대가 되었다. 이와 같은 정보의 홍수 시대에는 자료의 양이 아니라 얼마나 효율적으로 이들을 관리하고 사용하는가가 훨씬 더 중요하다.

우리는 일상에서 많은 물건이나 자료를 사용한다. 어떤 사람들은 이들을 잘 정리하지만 그렇지 못한 사람들도 많다. 책상이나 옷장을 정리하고 스마트폰에서 사진들을 분류하고 컴퓨터에서 파일들을 정리해야 한다. 이것은 다소 귀찮은 일이지만 정리가 잘 되어 있으면 찾거나 사용할 때 매우 편리할 것이다. 그렇다면 왜 정리하는 것이 피곤할까? 아마 규칙을 잘 찾는 것이 힘들어서일 것이다. 해야 할 일들은 순서대로 수첩에 기록하고, 빌린 책은 반납일 순으로 책꽂이에 보관하면 편리하다. 영어사전에는 단어들이 알파벳순으로 정렬되어 저장되어 있고, 컴퓨터에는 폴더들이 계층적으로 만들어져 있다. 지도에는 도시들의 연결 상태가 알아보기 쉽게 표시되어 있다. 즉, 자료마다 효율적인 정리 규칙이 있다.

컴퓨터는 현실 세계에서의 반복적이고 복잡한 자료들을 효율적으로 처리하기 위한 기계이다. 컴퓨터를 이용하여 자료를 처리하려면 먼저 컴퓨터가 잘 다룰 수 있는 형태로 자료를 표현해 주어야만 한다. 사람들이 사물을 편리하고 효율적으로 사용하기 위해 정리하는 것과 마찬가지로 컴퓨터에서도 자료들을 정리하고 조직화 하는 여러 가지 구조들이 있다. 이를 **자료구조**(data structure)라 부른다.

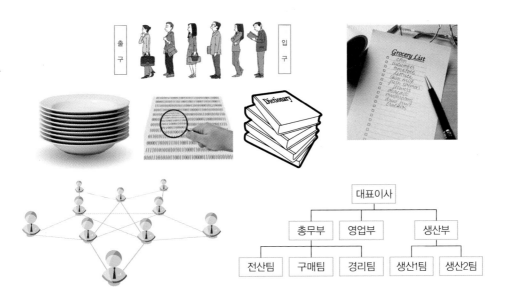

| 그림 1.1 일상생활에서의 다양한 자료를 효율적인 규칙에 따라 정리한 예

■ 자료구조의 분류

컴퓨터에서 사용하는 자료들은 여러 가지 형태로 분류할 수 있다. 자료구조는 크게 정수나 실수, 문자와 같이 많은 프로그래밍 언어에서 기본적으로 제공하는 단순 자료구조와 여러 가지 자료들이 복합적으로 구성된 복합 자료구조로 나눌 수 있다. 복합 자료구조는 다시 선형 구조와 비선형 구조로 나눌 수 있는데, 이 책에서는 다양한 복합 자료구조에 대해서 공부한다.

선형 자료구조

선형 자료구조(linear data structure)는 기본적으로 자료들이 순서적으로 나열된다. 데이터를 찾기 위해 자료에 접근하는 방법은 **순서 접근**(sequential access)과 **직접 접근** (direct access) 방법으로 나눌 수 있다. 배열은 대표적인 직접 접근 방법으로 인덱스 i를 이용하여 배열의 i번째 요소 A[i]를 한 번 만에 접근할 수 있다. 연결 리스트는 대표적인 순서 접근 방법이다. 시작 노드에서부터 하나씩 다음 노드로 이동하면서 원하는 자료를 찾아야 한다. 2장에서 배열을, 5장과 6장에서 연결 리스트를 자세히 공부한다. 선형 자료구조의 일종인 스택, 큐, 덱은 자료의 접근이 맨 앞과 맨 뒤 항목으로 제한된다. 3장에서 스택을 4장에서 큐와 덱을 공부한다.

| 그림 1.2 자료구조의 분류

비선형 자료구조

비선형 자료구조(non-linear data structure)는 자료들 간에 선형적인 순서가 있는 것이 아니라 보다 복잡한 연결을 갖는 형태로 트리와 그래프 등이 여기에 속한다.

트리는 회사의 조직도나 컴퓨터의 폴더와 같은 계층 구조를 표현하기에 적합한 구조이다. 기본적인 트리 구조에 대해 8장에서 공부하고, 탐색에 적합하도록 만든 이진 탐색 트리는 9장에서 자세히 알아본다. 트리의 중요한 응용의 하나인 힙 구조에 대해서는 10장에서 배우고, 이진 탐색 트리의 효율을 높이기 위한 방법인 AVL 트리는 14장에서 살펴본다.

그래프는 지하철 노선도나 SNS의 인맥 지도, 인터넷 망 등을 표현할 수 있는 가장 복잡한 형태의 자료구조이다. 정점을 연결하는 간선의 방향성 유무에 따라 방향 그래프와 무방향 그래프로 나눌 수 있으며, 간선이 가중치 가질 수 있으면 가중치 그래프라 부른다. 11장에서 기본적인 그래프에 대해 알아보고 12장에서 신장 트리나 최단 경로와 같은 가중치 그래프에서의 주요 문제들을 자세히 공부한다.

자료구조의 활용

컴퓨터에서 다양한 자료구조를 활용하는 대표적인 사례가 정렬과 탐색일 것이다. 정렬은 주어진 자료들을 어떤 기준을 바탕으로 순서대로 나열한다. 정렬은 다소 알고리즘적인 측면이 강하지만 효율적인 정렬을 위해 다양한 자료구조의 활용이 필요하다. 이 책에서는 13장에서 여러 가지 정렬 방법을 공부하고 자료구조와의 연관성을 생각해 본다.

탐색도 컴퓨터의 활용에서 가장 핵심이 되는 작업이다. 많은 경우 컴퓨터를 활용하면 자료를 찾는 일을 효율적으로 처리할 수 있을 것이다. 그러나 적절한 자료구조와 그에 따른 알고리즘을 사용하는 경우 가장 효율적인 탐색이 가능하다. 탐색을 위한 다양한 방법들은 14장에서 공부한다.

1.2 알고리즘

■ 알고리즘이란?

영어 사전에서 어떤 단어를 찾는 방법을 생각해 보자. 가장 단순한 방법은 사전의 첫 페이지에 있는 단어들부터 시작하여 한 장씩 넘기면서 순서대로 찾는 것이다. 이것은 확실하기는 하지만 엄청난 시간이 걸리는 비효율적인 방법이므로 이런 식으로 사전에서 단어를 찾는 사람은 거의 없을 것이다. 그렇다면 우리는 어떻게 사전에서 단어를 찾나? 사전의 단어들이 알파벳순으로 정렬되어 있는 것을 이용한다. 즉, 찾고자 하는 단어가 "structure"이면 먼저 's'로 시작하는 위치로 바로 이동한다. 만약 너무 적게 갔으면 약간 앞으로 더 가고, 너무 많이 갔으면 조금 뒤로 간다. 이 과정을 "structure"란 단어를 찾을 때까지 반복한다. 이것은 첫 페이지에서부터 순서적으로 찾는 것에 비해 단어 찾기에 훨씬 효율적인 절차이다. 이와 같이 어떤 문제를 해결하는 절차를 **알고리즘**(algorithm)이라고 한다.

이러한 문제해결 절차는 보통 프로그래밍 스타일이나 프로그래밍 언어와는 무관하다. 즉, 알고리즘은 C언어를 사용하건, C++이나 Java를 사용하건, 사용되는 프로그래밍 언어에 상관없이 문제를 해결하는 절차를 말한다.

| 그림 1.3 알고리즘은 문제를 해결하는 절차

■ 프로그램 = 자료구조 + 알고리즘

컴퓨터 프로그램은 무엇으로 이루어져 있을까? 대부분의 프로그램은 데이터를 처리하고 있고 이들 자료는 **자료구조**를 사용하여 표현되고 저장된다. 또한 주어진 문제를 처리하는 절차, 즉 **알고리즘**이 필요하다. 따라서 프로그램은 자료구조와 알고리즘으로 구성되어 있다고 볼 수 있다.

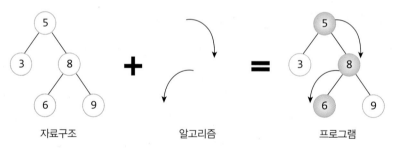

자료구조   알고리즘   프로그램

| 그림 1.4 프로그램 = 자료구조 + 알고리즘

성적 처리 프로그램을 생각해보자. 학생들의 성적을 읽어 들여서 최고 성적을 찾고자 한다. 이를 위해서 먼저 학생들의 성적을 처리하기 좋도록 프로그램 내부의 어딘가에 저장시켜야 한다. 이때 가장 쉽게 사용할 수 있는 것이 배열이다. 배열에 점수를 저장하면 바로 배열이 자료를 저장하는 구조, 즉 자료구조가 된다. 이제 배열에 저장된 점수들 중에서 가장 큰 점수를 찾아야 한다. 변수를 하나 만들어 배열의 첫 번째 요소 값을 변수에 대입한

다음, 이것을 배열의 각 요소들과 순차적으로 비교한다. 만약 배열의 요소가 더 크면 그 요소의 값을 이 변수에 저장한다. 이 과정을 배열의 끝까지 진행하면 이 변수에는 최고 성적이 남아있게 된다. 이와 같이 문제를 해결하는 절차를 알고리즘이라 한다.

| 그림 1.5 최고 성적을 찾아내는 프로그램에서의 자료구조와 알고리즘

자료구조와 알고리즘은 밀접한 관계가 있어서 자료구조가 결정되면 그 자료구조에서 사용할 수 있는 알고리즘이 결정된다. 컴퓨터가 복잡한 자료들을 빠르게 저장, 검색, 분석, 전송, 갱신하기 위해서는 자료구조가 효율적으로 조직화되어 있어야 한다. 또한 응용 프로그램에 가장 적합한 자료구조와 알고리즘을 선택하여야 한다.

자 그러면 컴퓨터에서 알고리즘을 보다 정확하게 정의해보자. 알고리즘은 컴퓨터가 주어진 상태에서 문제를 해결하는 방법을 장치가 이해할 수 있는 언어로 정밀하게 기술한 것이다. 따라서 알고리즘은 특정한 일을 수행하는 명령어들의 집합이다. 여기서 명령어란 컴퓨터에서 수행되는 문장들을 의미한다. 그렇다고 모든 명령어들의 집합이 알고리즘이 되는 것은 아니다. 알고리즘은 다음과 같은 조건들을 만족해야 한다.

| 정의 1.1 **알고리즘의 조건**

- 입 력: 0개 이상의 입력이 존재하여야 한다.
- 출 력: 1개 이상의 출력이 존재하여야 한다.
- 명백성: 각 명령어의 의미는 모호하지 않고 명확해야 한다.
- 유한성: 한정된 수의 단계 후에는 반드시 종료되어야 한다.
- 유효성: 각 명령어들은 실행 가능한 연산이어야 한다.

알고리즘에는 입력은 없어도 되지만 출력은 반드시 하나 이상 있어야 한다. 모호한 방법으로 기술된 명령어들의 집합도 알고리즘이 될 수 없다. 또 컴퓨터가 실행할 수 없는 명령어(예를 들면 0으로 나누는 연산)를 사용하면 역시 알고리즘이 아니다. 무한히 반복되는 명령어들의 집합도 알고리즘이 아니다.

■ 알고리즘 기술 방법

알고리즘을 기술하는 방법은 다음과 같이 4가지가 있다.

① 영어나 한국어와 같은 자연어
② 흐름도(flowchart)
③ 유사 코드(pseudo-code)
④ 특정한 프로그래밍 언어(C언어, C++, java 등)

앞에서 살펴본 n개의 정수를 저장하고 있는 배열 A에서 최댓값을 찾는 문제를 이용하여 각 알고리즘의 기술 방법을 살펴보자.

영어나 한국어와 같은 자연어

이 방법은 자연어를 사용하므로 기술이 편리하지만 모호성을 제거하기 위하여 명령어로 쓰이는 단어들을 명백하게 해야만 알고리즘이 될 수 있다.

| 알고리즘 1.1 최댓값을 찾는 알고리즘을 자연어로 표현한 예

ArrayMax(A,n)

1. 배열 A의 첫 번째 요소를 변수 tmp에 복사한다.
2. 배열 A의 다음 요소들을 차례대로 tmp와 비교하여, 더 크면 그 값을 tmp로 복사한다.
3. 배열 A의 모든 요소를 비교했으면 tmp를 반환한다.

흐름도(flowchart)

흐름도는 명확하게 표현할 수 있다는 장점이 있어 특히 명세서 등에서 많이 사용된다. 그러나 알고리즘이 조금만 복잡해져도 흐름도가 매우 복잡하게 표시되는 단점이 있다.

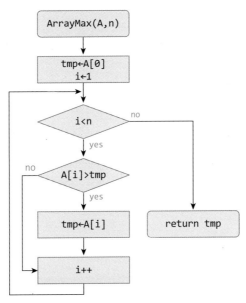

| 그림 1.6 알고리즘을 흐름도로 나타낸 예

유사 코드(pseudo-code)

유사 코드(pseudo code)는 자연어보다는 더 체계적이지만 프로그래밍 언어보다는 덜 엄격한 언어로서 알고리즘의 표현에 흔히 사용되는 방법이다. 유사 코드의 문법은 보통 C, C++, Java 등 실제 프로그래밍 언어와 비슷하여 쉽게 이해가 가능하면서도 특정 프로그래밍 언어로 구현할 때의 여러 가지 문제들을 감출 수 있고, 알고리즘의 핵심적인 내용에 대한 표현에만 집중할 수 있어 알고리즘의 기술에 많이 사용되고 있다. 알고리즘 1.2는 유사 코드로 표현된 알고리즘의 예를 보여주고 있다. 이때, 대입 연산자가 =가 아닌 ←임을 유의해야 한다. =는 대입이 아니라 비교 연산자로 사용된다. 유사 코드는 알고리즘을 기술하는데 가장 선호되는 표기법으로 이 책에서도 유사 코드를 많이 사용할 것이다.

| 알고리즘 1.2 최댓값을 찾는 알고리즘을 유사 코드로 표현한 예

ArrayMax(A,n)

tmp ← *A*[0];
for *i*←1 **to** *n*-1 do
    if *tmp* < *A*[*i*] then
        tmp ← *A*[*i*];
return *tmp*;

특정한 프로그래밍 언어

이 방법은 특정한 프로그래밍 언어를 사용하여 알고리즘을 기술하는 방법이다. 이것은 알고리즘의 가장 정확한 표현이지만, 구현을 위한 많은 구체적인 사항들을 포함하고 있어 알고리즘의 핵심적인 내용 이해를 방해할 수 있다. 프로그램 1.1은 C++로 기술한 알고리즘의 예를 보여주고 있다.

프로그램 1.1　최댓값을 찾는 알고리즘을 C++ 함수로 구현한 예

```
01   int ArrayMax(int score[], int n)     // 자료구조: 배열 array, n은 배열 길이
02   {
03       int tmp=score[0];
04       for( int i=1 ; i<n ; i++ ){              // 알고리즘
05           if( score[i] > tmp ){
06               tmp = score[i];
07           }
08       }
09       return tmp;
10   }
```

1.3 추상 자료형

■ 추상화란?

소프트웨어의 개발과 유지보수에 있어서 가장 중요한 문제는 "어떻게 소프트웨어 시스템의 복잡성을 관리할 것인가"이다. 이러한 복잡성에 대처하기 위한 새로운 아이디어들이 등장하였고 이들을 구체화한 프로그래밍 방법론과 언어들이 개발되었다. 이러한 방법론이나 언어의 핵심이 **추상화**(abstraction)이다. 추상화란 복잡한 자료, 모듈, 시스템 등으로부터 핵심적인 개념이나 기능을 간추려 내는 것을 말한다. 즉, 어떤 시스템의 간략화 된 기술 또는 명세로서 시스템의 정말 핵심적인 구조나 동작에만 집중하는 것이다. 좋은 추상화는 사용자에게 중요한 정보는 강조되고 반면 중요하지 않은 구현 세부 사항은 제거되는 것이다. 이를 위하여 **정보은닉기법**(information hiding)이 개발되었고 추상 자료형의 개념으로 발전되었다.

■ 추상 자료형이란?

추상 자료형(Abstract Data Type: ADT)은 추상화한 자료형, 즉 추상적으로 정의한 자료형을 의미한다. 구체적으로는 자료의 집합과 자료에 가해지는 연산들의 집합에 대한 수학적인 명세이다. 이러한 추상 자료형은 그 자료형의 구현으로부터 분리된 자료형을 의미하는데, 자료나 연산이 무엇(what)인가는 정의되지만 이들을 컴퓨터에서 어떤 프로그래밍 언어를 이용해 어떻게(how) 구현할 것인지는 정의하지 않는다.

예를 들어 자연수(즉, 양의 정수)를 생각해보자. 자연수는 일반적으로 컴퓨터에서 기본적으로 제공하지 않는 자료형이다. 자연수를 추상 자료형으로 정의해보면 ADT 1.1과 같다.

| ADT 1.1 Natural_Number(자연수에 대한 추상 자료형)

> **데이터:** 1에서 시작하여 INT_MAX까지의 순서화된 정수의 부분 범위
>
> **연산** • add(x,y): x+y가 INT_MAX보다 크면 INT_MAX를 반환하고 아니면 x+y를 반환한다.
> • distance(x,y): x가 y보다 크면 x-y를 반환하고 작으면 y-x를 반환한다.
> • equal(x,y): x와 y가 같은 값이면 TRUE를 반환하고 아니면 FALSE를 반환한다.
> • successor(x): x가 INT_MAX보다 작으면 x+1을 반환한다.

추상 자료형을 표현할 때는 먼저 **데이터**를 정의하고, 다음으로 **연산**들을 정의한다. 데이터는 주로 집합의 개념을 사용하여 표현하고, 연산의 정의에는 연산의 이름, 매개변수, 연산의 결과, 연산이 수행하는 기능 등을 기술한다.

추상 자료형을 컴퓨터 프로그램으로 구현할 때는 보통 구현에 관한 세부사항들은 외부에서 모르게 하고 외부에는 간단한 **인터페이스(interface)**만을 공개한다. 사용자는 공개된 인터페이스만 사용하고 이것이 어떻게 구현되었는지를 알 필요가 없다. 추후에 구현 방법이 변경될 수 있지만, 인터페이스만 정확하게 지켜진다면 사용자는 변경된 내용을 알 수도 없고 사용하는데도 전혀 문제가 없다. 이것이 **정보은닉**의 기본 개념이다. 즉, **"구현으로부터 명세의 분리"**가 추상 자료형의 중심 아이디어이다.

■ 추상 자료형과 C++

추상 자료형은 실제로 사용하는 프로그래밍 언어에 따라 여러 가지 방법으로 구현될 수 있다. C언어에서는 주로 구조체를 사용해서 완벽하지는 않지만 구현할 수 있다. 추상 자료형의 이론은 C++나 Java와 같은 최근의 객체지향 프로그램 언어에 큰 영향을 주었다. 추상 자료형과 C++의 관계를 살펴보자.

- 추상 자료형의 개념은 객체지향의 개념과 정확히 일치한다.
- 객체지향언어인 C++에서는 클래스를 사용하여 추상 자료형을 구현한다.
- 추상 자료형에서의 "데이터"는 클래스의 속성(멤버 변수)으로 구현되고 "연산"은 클래스의 메소드(멤버 함수)로 구현된다.
- C++에서는 private나 protected 키워드를 이용하여 속성과 연산에 대한 접근을 제한할 수 있다.
- 클래스는 계층구조(상속)로 구성될 수 있다.

이 책에서는 여러 가지 자료구조를 C++를 이용하여 설명한다. 구체적인 추상 자료형의 정의와 구현 방법에 대해서는 각 장에서 자세히 다룰 것이다.

1.4 알고리즘의 성능 분석

요즘의 컴퓨터는 예전에 비하여 엄청난 계산속도와 방대한 메모리를 자랑하고 있으며 또한 계속해서 발전하고 있다. 그렇다면 프로그램 작성 시에 계산시간을 줄이고 메모리를 효과적으로 사용하기 위해 더 이상 고민하지 않아도 되는 것일까? 물론 정답은 "아니다"이다.

첫 번째 이유는 프로그램의 규모가 이전에 비해서는 엄청나게 커지고 있기 때문이다. 처리해야 할 자료의 양이 많아질수록 알고리즘의 효율성이 더욱 중요해진다. 예를 들어, 동일한 작업을 하는 두 개의 프로그램 A와 B가 있다고 생각하자. 입력 자료의 개수가 n일 때 A와 B의 실행 시간은 각각 n^2과 2^n에 비례하여 커진다고 가정하자.

| 표 1.1 두 알고리즘의 실행 시간 비교

입력 자료의 개수	프로그램 A: n^2	프로그램 B: 2^n
$n = 6$	36초	64초
$n = 100$	10000초	2^{100}초$=4 \times 10^{22}$년

n이 6 미만일 때는 두 프로그램의 실행 속도 차이는 크게 차이가 없다. 그러나 n이 100이면 알고리즘 A는 여전히 괜찮은 반면, B는 4×10^{22}년 동안 실행해야 결과가 나온다.

두 번째 이유는 사용자들이 여전히 빠른 프로그램을 선호하기 때문이다. 경쟁사보다 실행 속도가 조금이라도 느리면 경쟁에서 밀릴 수밖에 없다. 예를 들어, 스마트폰에서 화면 터치 후 반응 속도가 조금이라도 느리면 그 제품은 성공하기 어렵다. 따라서 프로그램 개발자는 하드웨어와는 상관없이 최선의 효율성을 갖는 알고리즘을 개발하도록 노력하여야 할 것이다.

효율적인 알고리즘이란 전체 실행 시간이 짧으면서 메모리와 같은 컴퓨터의 자원들을 적게 사용하는 알고리즘이다. 일반적으로 실행 시간이 메모리 공간보다 더 중요하게 생각되기 때문에 알고리즘의 실행 시간을 효율적인 알고리즘의 기준으로 삼는다.

■ 실행 시간 측정 방법

그렇다면 어떻게 프로그램의 효율성을 측정할 수 있을까? 가장 단순하지만 확실한 방법은 알고리즘을 프로그래밍 언어로 작성하여 실제로 컴퓨터에서 실행시킨 다음, 그 실행 시간을 측정하는 것이다. 동일한 작업을 하는 2개의 서로 다른 알고리즘 A와 B가 있다고 가정하자. 동일한 컴퓨터와 동일한 컴파일러를 사용하여 구현하였을 때 그림 1.7과 같이 알고리즘 A는 10초가 걸렸고 알고리즘 B는 50초가 걸렸다고 한다면 알고리즘 A가 더 효율적인 알고리즘이라고 말할 수 있다. 따라서 알고리즘을 구현하여 실행 시간을 측정하는 방법은 대단히 정확하고 확실한 방법이다.

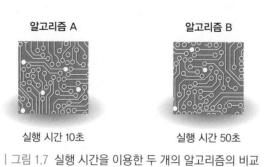

알고리즘 A   알고리즘 B

실행 시간 10초   실행 시간 50초

| 그림 1.7 실행 시간을 이용한 두 개의 알고리즘의 비교

컴퓨터에서 실행 시간을 측정하는 방법에는 주로 clock() 함수가 이용된다. 이 함수는 호출되었을 때의 시스템 시각을 CLOCKS_PER_SEC 단위로 반환하는데, 반환형은 clock_t형이다. 프로그램 1.2는 실행 시간을 측정하는 전형적인 프로그램을 보여준다.

프로그램 1.2   실행 시간을 측정하는 프로그램의 예

```
01  #include <cstdio>      /* C 헤더파일 <stdio.h>을 포함하는 것과 동일 */
02  #include <cstdlib>     /* C 헤더파일 <stdlib.h>을 포함하는 것과 동일 */
03  #include <ctime>       /* C 헤더파일 <time.h>을 포함하는 것과 동일 */
04  void main( void )
05  {
06       clock_t start, finish;
07       double  duration;
08       start = clock();
09       ... // 실행 시간을 측정하고자 하는 코드....
10       ... // 화면 출력문은 제외시켜야 함에 유의할 것.
11       finish = clock();
12       duration = (double)(finish - start) / CLOCKS_PER_SEC;
13       printf("%f 초입니다.\n", duration);
14  }
```

| 코드 설명 |

3행 clock_t 구조체와 clock() 함수 등을 사용하기 위한 헤더파일 포함.

6행 시작 시각 및 종료 시각을 저장할 변수 선언.

7행 실행 시간을 저장할 변수 선언.

8행 컴퓨터의 현재 시각을 start에 저장.

9~10행 실제로 실행 시간을 측정하고 싶은 코드를 삽입하거나 함수를 호출함.

11행 코드 실행 후의 현재 시각을 finish에 저장.

12행 실행 시간 (finish−start)를 CLOCKS_PER_SEC로 나누어 초 단위의 실행 시간을 계산해 duration 변수에 저장. 나눗셈 연산이 double 형으로 이루어지도록 피연산자를 (double)로 형 변환해야 하는 것에 유의할 것.

이 방법으로 두 개의 서로 다른 알고리즘의 성능을 비교하는 데는 몇 가지의 문제가 있다.

- 당연한 이야기겠지만 이 두 알고리즘을 반드시 "구현"해야 한다. 알고리즘이 비교적 단순한 경우에는 쉽게 구현할 수 있지만 복잡한 알고리즘의 경우에는 구현이 큰 부담이 될 수 있다.
- 2개의 알고리즘을 반드시 동일한 조건의 하드웨어를 사용하여 실행 시간을 측정하여야 한다. 아주 비효율적인 알고리즘도 슈퍼컴퓨터에서 실행하면 가장 효율적인 알고리즘을 스마트폰에서 실행하는 것보다 더 빠른 시간에 처리될 수 있기 때문이다.
- 사용한 소프트웨어 환경도 동일해야 한다. 예를 들어, 알고리즘의 구현에 사용된 프로그래밍 언어에 따라서도 실행 속도가 크게 달라질 수 있다. 보통 C나 C++와 같은 **컴파일 방식 언어**를 사용한 경우가 파이선(python)이나 베이직과 같이 명령어를 직접 실행하는 **인터프리트 방식 언어**보다 빠르다.
- 성능 비교에 사용했던 데이터가 아닌 다른 데이터에 대해서는 다른 결과가 나올 수 있어 실험되지 않은 입력에 대해서는 동일한 실행 시간을 주장할 수 없다.

이와 같은 여러 가지 문제점 때문에 구현하지 않고서도 알고리즘의 효율성을 따져보는 기법이 개발되었다.

■ 알고리즘의 복잡도 분석 방법

알고리즘을 직접 구현하지 않고서도 대략적인 효율성을 분석할 수 있는데, 이것을 알고리즘 복잡도 분석(complexity analysis)이라 한다. 이 방법은 구현하지 않고도 모든 입력을 고려하는 방법으로 실행 하드웨어나 소프트웨어 환경과는 관계없이 알고리즘의 효율성을 평가할 수 있다.

알고리즘 분석에서는 먼저 "좋다"는 의미를 분명히 하여야 한다. 좋은 알고리즘은 **실행 시간**이 빠르고 처리를 위해 필요한 **기억 공간**이 적은 알고리즘이다. 알고리즘의 실행 시간 분석을 **시간 복잡도**(time complexity)라고 하고 알고리즘이 사용하는 기억 공간 분석을 **공간 복잡도**(space complexity)라고 한다. 우리가 알고리즘의 복잡도를 이야기할 때 대개는 시간 복잡도를 말한다. 그 이유는 알고리즘이 사용하는 메모리 공간보다는 실행 시간에 더 관심이 많기 때문이다.

■ 시간 복잡도 함수

시간 복잡도는 알고리즘의 절대적인 실행 시간을 나타내는 것이 아니라 알고리즘을 이루고 있는 연산들이 몇 번이나 실행되는지를 숫자로 표시한다. 연산에는 산술 연산, 대입 연산, 비교 연산, 이동 연산 등이 모두 포함되는데, 복잡도 분석에 이들 연산의 실행횟수를 사용한다.

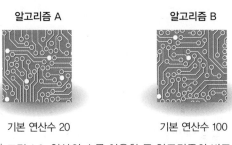

알고리즘 A   알고리즘 B

기본 연산수 20   기본 연산수 100

| 그림 1.8 연산의 수를 이용한 두 알고리즘의 비교

만약 동일한 조건에서 동일한 일은 하는데 알고리즘 A는 20번의 연산이 필요하고 알고리즘 B는 100번의 연산이 필요하다면 알고리즘 A가 알고리즘 B에 비해 더 효율적이라고 할 수 있다. 이것이 시간복잡도 분석의 기본 개념이다.

어떤 알고리즘을 실행하는데 필요한 연산의 수는 보통 입력의 개수 n에 영향을 받는다. 이와 같이 연산의 수를 n의 함수로 나타낸 것을 **시간 복잡도 함수**라고 하고 $T(n)$이라고 표기한다.

알고리즘 A

$3n+2$

알고리즘 B

$5n^2+6$

| 그림 1.9 시간 복잡도 함수를 이용한 알고리즘의 비교: 연산의 수는 보통 n의 함수로 표시됨

양의 정수 n의 제곱, 즉 n^2을 구하는 문제에 대한 몇 가지 알고리즘을 생각해보자. 시간 복잡도 설명을 위해 좀 다양한 방법을 생각하면 다음과 같이 세 가지 알고리즘이 있다.

- 알고리즘 A: 곱셈 연산을 이용해 n과 n을 곱하는 ($n*n$) 방법
- 알고리즘 B: 덧셈 연산을 이용해 n을 n번 더하는 방법
- 알고리즘 C: 덧셈 연산을 이용해 1을 $n*n$번 더하는 방법

이 알고리즘들을 유사 코드로 나타내면 다음과 같다.

| 표 1.2 n^2을 구하는 세 가지 알고리즘

알고리즘 A	알고리즘 B	알고리즘 C

sum ← n*n;	for i←1 to n do
	  sum ← sum + n;
		for i←1 to n do
		  for j←1 to n do
		    sum ← sum + 1;

이제 이들 알고리즘을 구현하지 않고 분석 기법을 사용하여 수행 속도를 예측하여보자. 여기서 입력의 개수 또는 문제의 크기는 n으로 볼 수 있다. 연산의 횟수를 세어보자. 단, 간단한 분석을 위해 루프를 제어하는 연산들은 제외시켰다. 보통 이들은 알고리즘의 복잡도에 크게 영향을 끼치지 않는다.

사실 덧셈 연산보다는 곱셈 연산에 더 많은 시간이 걸릴 것이다. 그러나 모든 연산에 동일한 시간이 걸린다고 가정하고 알고리즘들을 비교하자. 하나의 연산이 t만큼의 시간이 걸린다고 하면 알고리즘 A는 $2t$에 비례하는 시간이 필요하고 알고리즘 B는 $2nt$의 시간이, 알고리즘 C는 $2n^2t$만큼의 시간이 걸린다. 이들 연산들의 개수를 그래프로 그리면 그림 1.10과

| 표 1.3 알고리즘의 비교

	알고리즘 A	알고리즘 B	알고리즘 C
대입 연산	1	n	n^*n
덧셈 연산		n	n^*n
곱셈 연산	1		
전체 연산수	2	$2n$	$2n^2$

같다. n이 커질수록 알고리즘간의 연산 양의 차이가 커지는 것을 알 수 있으며, 따라서 우리는 가장 효율적인 알고리즘이 무엇인지 판단할 수 있다.

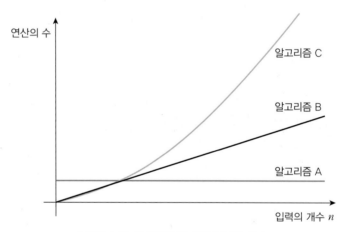

| 그림 1.10 알고리즘의 시간 복잡도 함수

▪ 빅오 표기법

일반적으로 시간 복잡도 함수 $T(n)$은 입력의 개수 n에 대한 상당히 복잡한 수식으로 나타날 수 있다. 그러나 자료의 개수가 많아질수록, 즉 n이 커질수록 $T(n)$에서 차수가 가장 큰 항의 영향이 절대적이 되고 다른 항들은 무시될 수 있을 정도로 작아진다.

예를 들면, 시간 복잡도 함수 $T(n) = n^2 + n + 1$을 생각해보자.

- $n=1$일 때: $T(n) = 1 + 1 + 1 = 3$ (n^2항이 33.3%)
- $n=10$일 때: $T(n) = 100 + 10 + 1 = 111$ (n^2항이 90%)
- $n=100$일 때: $T(n) = 10000 + 100 + 1 = 10101$ (n^2항이 99%)

- n=1,000일 때: $T(n)$ = 1000000 + 1000 + 1 = 1001001 (n^2항이 99.9%)

$T(n)$의 최고차항의 영향이 n의 증가에 따라 점점 커져서 n=1,000일 때는 전체의 약 99.9%가 되는 것을 알 수 있다. 이것은 시간 복잡도 분석에서는 함수의 전체 항이 아니라 최고차항만을 고려하면 될 것임을 짐작하게 한다.

결국 시간 복잡도 함수에서 중요한 것은 n에 대해 연산이 몇 번 필요한가가 아니라 n이 증가함에 따라 **무엇에 비례하는 수의 연산**이 필요한가이다. 예를 들어, 그림 1.10에서 알고리즘 A는 n에 상관없이 동일한 수의 연산만 있으면 되고, 알고리즘 B는 n에 비례하는 연산이 필요하며, 알고리즘 C는 n^2에 비례하는 연산이 필요하다는 것이 중요하다.

이와 같이 시간 복잡도 함수에서 불필요한 정보를 제거하여 알고리즘 분석을 쉽게 할 목적으로 시간 복잡도를 표시하는 방법을 **빅오 표기법**이라고 한다. 즉, 알고리즘이 n에 비례하는 실행 시간을 가진다고 말하는 대신에 알고리즘 A의 시간 복잡도가 $O(n)$이라고 한다. $O(n)$은 "빅오 of n"이라고 읽는다. 빅오 표기법은 n에 따른 함수의 상한값을 나타내는 방법이다. 빅오 표기법은 수학적으로는 정의 1.2와 같이 정의된다.

| 정의 1.2 **빅오 표기법**

> 두 개의 함수 $f(n)$과 $g(n)$이 주어졌을 때 모든 $n>n_0$에 대해 $|f(n)| \leq c|g(n)|$을 만족하는 상수 c와 n_0가 존재하면 $f(n) = O(g(n))$이다.

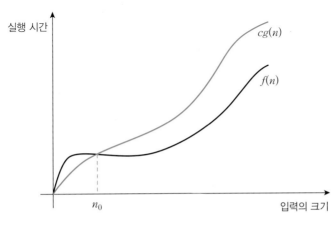

| 그림 1.11 빅오 표기법

앞의 그래프에서 $f(n)$값은 n이 매우 커지게 되면 결국은 $g(n)$보다 작거나 같게 된다. 따라서 이 정의는 $g(n)$이 $f(n)$의 상한값이라는 것을 의미한다. 여기서 어떤 수 c와 n_0에 대해서는 아무런 언급이 없음을 주의하라. c나 n_0는 아무런 제한 없이 결정될 수 있다. 보통 위의 부등식을 만족하는 c나 n_0는 무수히 많을 수 있다. 예를 들어, $f(n)$이 $2n^2 + 3n + 1$이고 $g(n)$이 n^2이라면 $n > n_0$일 때 부등식 $|2n^2 + 3n + 1| < c|n^2|$를 만족하는 c와 n_0쌍은 $(6, 1), (5, 2), (4, 3), \ldots$ 등이 가능하다. 따라서 앞의 정의에 의하여 $2n^2 + 3n + 1 = O(n^2)$이라 말할 수 있다.

| 예제 1.1 빅오 표기법

- $f(n) = 5$이면 $O(1)$이다. 왜냐하면 $n_0 = 1, c = 10$일 때, $n \geq 1$에 대하여 $5 \leq 10 \cdot 1$이 되기 때문이다.
- $f(n) = 2n + 1$이면 $O(n)$이다. 왜냐하면 $n_0 = 2, c = 3$일 때, $n \geq 2$에 대하여 $2 \cdot 2 + 1 \leq 3 \cdot 2$이 되기 때문이다.
- $f(n) = 3n^2 + 100$이면 $O(n^2)$이다. 왜냐하면 $n_0 = 100, c = 5$일 때, $n \geq 100$에 대하여 $3 \cdot 100^2 + 100 \leq 5 \cdot 100^2$이 되기 때문이다.
- $f(n) = 5 \cdot 2^n + 10n^2 + 100$이면 $O(2^n)$이다. 왜냐하면 $n_0 = 1000, c = 10$일 때, $n \geq 1000$에 대하여 $5 \cdot 2^{1000} + 10 \cdot 1000^2 + 100 \leq 10 \cdot 2^{1000}$이 되기 때문이다.

빅오 표기법을 사용하면 시간 복잡도 함수의 증가에 별로 기여하지 못하는 항을 생략함으로써 시간 복잡도를 간단하게 표시할 수 있다. 빅오 표기법을 얻는 간단한 방법은 기본 연산의 횟수가 다항식으로 표현되었을 경우 다항식의 최고차항만을 남기고 다른 항들과 상수항을 버리는 것이다. 최고차항의 계수도 버리고 단지 최고차항의 차수만을 사용한다. 다음은 많이 사용되는 빅오 표기법을 복잡도 순으로 표시한 것이다.

- $O(1)$: 상수형
- $O(\log n)$: 로그형
- $O(n)$: 선형
- $O(n \log n)$: 선형로그형
- $O(n^2)$: 2차형
- $O(n^3)$: 3차형
- $O(2^n)$: 지수형
- $O(n!)$: 팩토리얼형

이들의 실행 시간을 비교하면 다음과 같다.

$$O(1) < O(\log n) < O(n) < O(n \log n) < O(n^2) < O(2^n) < O(n!)$$

빅오 표기법은 결국은 입력의 개수에 따른 기본 연산의 수행 횟수를 개략적으로 나타낸 것으로 알고리즘의 성능을 비교할 수 있다. 예를 들어, $O(n)$ 알고리즘은 $O(n^2)$ 알고리즘보다 훨씬 빠르다고 할 수 있다.

| 표 1.4 n이 증가할 때 시간 복잡도 함수의 증가

시간 복잡도	n					
	1	2	4	8	16	32
1	1	1	1	1	1	1
$\log n$	0	1	2	3	4	5
n	1	2	4	8	16	32
$n \log n$	0	2	8	24	64	160
n^2	1	4	16	64	256	1024
n^3	1	8	64	512	4096	32768
2^n	2	4	16	256	65536	4294967296
$n!$	1	2	24	40326	20922789888000	26313×10^{33}

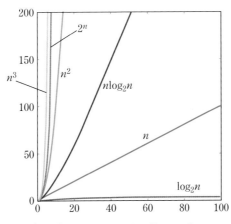

| 그림 1.12 시간 복잡도 함수 그래프

n이 증가할 때 시간 복잡도 함수가 얼마나 증가하는지 도표로 살펴보자. 알고리즘이 지수형이나 팩토리얼형의 시간 복잡도를 가지면 사실상 사용할 수 없는데 그 이유를 표 1.4에서 알 수 있다. 알고리즘이 지수형이나 팩토리얼형의 시간 복잡도를 가지고 있는 경우, 입력의 개수가 30만 넘어도 현재의 가장 강력한 슈퍼컴퓨터를 사용하더라도 우주가 탄생되어 지금까지 흘러온 시간보다 더 많은 실행 시간을 요구한다.

■ 빅오 표기법 이외의 표기법

빅오 표기법이 편리하기는 하지만 한 가지 문제점이 있다. 예를 들어, $f(n)=2n+1$인 경우 $f(n)=O(n)$이라 하였지만 사실은 $f(n)=O(n^2)$라고도 할 수 있다. 왜냐하면 $n_0=1$, $c=2$로 잡으면 $n\geq 1$에 대하여 $2n+1\leq 2n^2$이기 때문이다. 사실 빅오 표기법은 상한을 표기한 것이므로 상한은 여러 개가 존재할 수 있다. 그러나 빅오 표기법이 최소 차수 함수로 표기되었을 경우만 의미가 있다. 따라서 빅오의 이와 같은 문제점을 보완하기 위하여 빅오메가와 빅쎄타 표기법이 있다. 간단히 말하면 **빅오메가**(big omega)는 어떤 함수의 하한을 표시하는 방법이다. 예를 들면, $f(n)=2n+1$이면 $n>1$에 대하여 $2n+1\geq n$이므로 $f(n)=\Omega(n)$이다.

| 정의 1.3 **빅오메가 표기법**

> 두 개의 함수 $f(n)$과 $g(n)$이 주어졌을 때 모든 $n>n_0$에 대해 $|f(n)|\geq c|g(n)|$을 만족하는 상수 c와 n_0가 존재하면 $f(n)=\Omega(g(n))$이다.

또한 **빅세타**(big theta)는 동일한 함수로 상한과 하한을 만들 수 있는 경우, 즉 $f(n)=O(g(n))$이고 $f(n)=\Omega(g(n))$인 경우를 $f(n)=\Theta(g(n))$이라 한다. 예를 들면, $f(n)=2n+1$이면 $n>1$에 대하여 $n\leq 2n+1\leq 3n$이므로 $f(n)=\Theta(n)$이다.

| 정의 1.4 **빅세타 표기법**

> 두 개의 함수 $f(n)$과 $g(n)$이 주어졌을 때 모든 $n>n_0$에 대해 $c_1|g(n)|\leq f(n)\leq c_2|g(n)|$을 만족하는 상수 c_1, c_2와 n_0가 존재하면 $f(n)=\Theta(g(n))$이다.

3개의 표기법을 그래프로 비교를 해보면 다음과 같다.

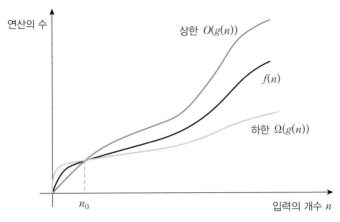

| 그림 1.13 빅오, 빅오메가, 빅세타 표기법의 비교

3개의 표기법 중에서 가장 정밀한 것은 역시 빅세타이다. 그러나 통상적으로 빅오 표기법을 많이 사용한다. 단, 그때는 최소차수로 상한을 표시한다고 가정하자.

■ 최선, 평균, 최악의 경우

같은 알고리즘도 주어지는 입력에 따라 다른 실행 시간을 보일 수 있다. 예를 들어 어떤 정렬 알고리즘은 거의 정렬이 되어 있는 입력에 대해서는 다른 알고리즘보다 훨씬 효율적이다. 그렇다면 알고리즘의 성능을 이야기할 때 도대체 어떤 입력 데이터를 기준으로 해야 할까? 알고리즘의 효율성은 주어지는 자료 집합에 따라 다음의 3가지 경우로 나누어서 평가할 수 있다.

- **최선의 경우**(best case)는 실행 시간이 가장 적은 경우를 말하는데, 알고리즘 분석에서는 큰 의미가 없다.
- **평균적인 경우**(average case)는 알고리즘의 모든 입력을 고려하고 각 입력이 발생하는 확률을 고려한 평균적인 실행 시간을 의미하는데 산출하기 어렵다.
- **최악의 경우**(worst case)는 자료 집합 중에서 알고리즘의 실행 시간이 가장 오래 걸리는 경우를 말하는데, 가장 중요하게 사용된다.

평균적인 실행 시간이 가장 좋아 보이지만 계산하기 어려운 경우가 많으며, 최악의 상황에 대한 시간을 보장하지 못한다는 점에서 문제가 있다. 따라서 알고리즘의 시간 복잡도로 최악의 경우의 실행 시간이 많이 쓰인다. 이것은 알고리즘에 최대한 불리한 입력 데이터를 사용하는 것으로 평균적인 실행 시간보다 더 중요한 의미를 가지는 경우가 많다. 예를 들어, 비행기 관제 업무에 사용되는 알고리즘은 어떠한 입력에 대해서도 일정한 시간 안에 반드시 계산을 끝내야하기 때문이다.

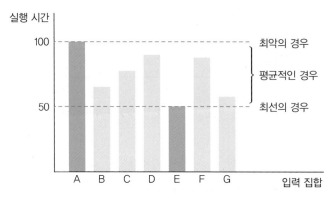

| 그림 1.14 최악의 경우, 평균적인 경우, 최선의 경우

정렬되지 않은 배열을 순차적으로 탐색하여 특정한 값을 찾는 알고리즘에서 최악, 최상, 평균적인 경우의 시간 복잡도 함수를 계산하여 보자. 이러한 알고리즘을 순차 탐색이라고 한다. 여기서의 기본 연산은 비교 연산이라고 가정하자.

프로그램 1.3   순차 탐색

```
01   int sequentialSearch(int list[], int n, int key)
02   {
03       for(int i=0 ; i<n ; i++)
04          if(list[i]==key)
05             return i;  // 탐색에 성공하면 키 값의 인덱스 반환
06       return -1;      // 탐색에 실패하면 -1 반환
07   }
```

- 최선의 경우: 찾는 숫자가 배열의 맨 처음에 있는 경우로 복잡도가 $O(1)$이다.

| 그림 1.15 순차 탐색에서의 최선의 경우

- 최악의 경우: 찾고자 하는 숫자가 배열에 없거나 맨 뒤에 있는 경우로 복잡도가 $O(n)$이다.

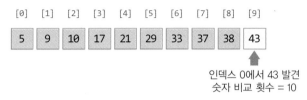

| 그림 1.16 순차 탐색에서의 최악의 경우

- 평균적인 경우: 모든 숫자가 균일하게 탐색된다고 가정하면 모든 숫자들이 탐색될 가능성이 $1/n$이다. 모든 숫자들이 탐색되었을 경우의 비교 연산의 수를 더한 다음, 이것을 n으로 나누면 평균적인 연산 횟수가 된다.

$$(1+2+\cdots+n)/n=(n+1)/2$$

따라서 빅오 표기법으로는 $O(n)$이다.

1.5 자료구조 표기법

▪ ADT – Class Diagram – C++

이 책에서는 다음과 같은 방법으로 자료구조를 설명한다.

(1) **추상 자료형**: 먼저 그 자료구조의 추상 자료형(ADT)을 생각해본다. 앞에서 설명한 것과 같이 ADT는 그 자료구조가 무엇이냐(what)에만 관심이 있고 어떻게 구현할 것인가

에 대해서는 상관하지 않는다. 즉, 그 자료구조에서 필요한 데이터(객체)는 무엇이고 어떤 연산들이 필요한가만을 정의한다.

(2) **UML 다이어그램**: ADT로 표현된 자료구조를 문제 해결에 적응하기 위해 필요한 클래스들을 보다 구체적으로 설계하는 단계이다. 이 책에서는 클래스 다이어그램을 설계한 예를 제시하는데, ADT보다는 구체화되었지만 아직 프로그래밍 언어에는 독립적인 상태이다.

(3) **C++ 클래스**: 보다 구체적으로 설계된 UML 다이어그램을 바탕으로 해당 자료구조를 C++ 클래스로 구현하고, main() 함수에서 구현된 클래스를 사용해 문제를 해결하는 예를 제시한다.

▪ UML Diagram

UML은 통합 모델링 언어(Unified Modeling Language)의 약자로 소프트웨어 개발에서 시스템의 구조와 상호 작용, 컴포넌트 관계, 객체 간의 메시지 전달, 업무 흐름 등을 표현하는 통합된 객체지향개발 표준통합 모델링 언어이다. 이 책에서는 클래스의 구성과 클래스 사이의 관계를 나타내는 **클래스 다이어그램**을 표현하기 위해 사용하는데, UML 자체를 깊이 다루지는 않는다.

그림 1.17과 같이 UML 다이어그램에서 하나의 클래스는 세 영역으로 나누어진다. 맨 위쪽에는 클래스 이름이, 가운데에는 클래스의 데이터 멤버(class field)가 들어가며, 맨 아래에 연산(method)들을 표현한다. 데이터 멤버와 연산에서 맨 앞 문자는 접근 범위를 나타내는데, −는 private, +는 public을 #은 protected 멤버를 나타낸다. 각 데이터 멤버와 연산 선언에 이어 :(colon)과 함께 반환형을 표시할 수 있다. 클래스 사이의 주요 관계를 나타내는 UML 심벌들과 그 의미는 표 1.5와 같다.

| 표 1.5 클래스 사이의 관계를 나타내는 UML 심벌들

관계	UML Symbol	의미	예
inheritance	⟶▷	is-a	A book is a printed resource.
aggregation	⟶◇	has-a	A book has a publisher.
dependency	----→	use	A book uses several fonts.

그림 1.17은 UML로 표현된 클래스 다이어그램의 예를 보여주는데, 클래스의 데이터 멤버와 멤버 함수들의 사양과 접근 제한, 반환형 등과 함께 클래스간의 관계를 알 수 있다. 자세한 내용은 각 자료구조에서 다시 설명한다.

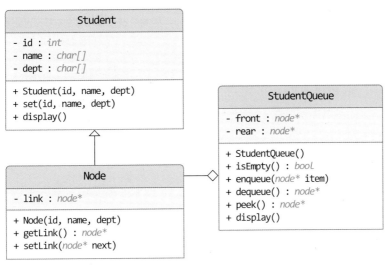

| 그림 1.17 UML로 표현된 클래스 다이어그램의 예

■ C++

자료구조를 구현하기 위해 이 책에서는 객체지향언어인 C++를 이용하였다. C++는 언어의 다양한 사용 방법을 허용해 주는데, 이로 인해 매우 복잡한 언어로 생각된다. C++를 잘 모르면 이 책을 공부할 수 없을까? 물론 아니다. 이 책에서는 C++의 복잡한 문법이 아니라 자료구조에 초점을 맞추기 위해 기본적이고 실용적인 부분들만을 이용하여 설명한다. 따라서 C++를 잘 알지 못한다고 해서 너무 걱정할 필요는 없다. 각 장에서 자료구조들을 공부하면서 C++ 문법도 하나씩 알아나가자(물론 C++를 이미 잘 알고 있으면 더욱 좋다). 다음은 C++의 다양한 기능들 중에서 이 책에서 주로 사용하는 것들과 그렇지 않은 기능들을 정리하였다. 이들에 대해서는 다음 장에서 간단하게 복습한다.

| 표 1.6 이 책에서 사용하는 C++ 분법 분류

이 책에서 주로 사용하는 문법	사용하지 않는 문법
클래스 멤버 변수, 멤버 함수 생성자와 소멸자 멤버 초기화 리스트 함수 오버로딩 디폴트 매개변수 레퍼런스형 클래스 상속 this 포인터	연산자 오버로딩 깊은 복사 복사 생성자, 대입 연산자 오버로딩 다중 상속 동적 바인딩 입출력 객체(cin, cout 등) 예외 처리, 템플릿

■ 표준 템플릿 라이브러리(STL)

이 책에서는 템플릿에 대해서는 다루지 않지만 C++에서 제공하는 표준 템플릿 라이브러리(STL)을 사용하는 방법들을 간략히 소개한다. **표준 템플릿 라이브러리(Standard template Library)**는 프로그래밍에서 공통적으로 사용되는 자료구조와 알고리즘을 템플릿 기반으로 작성하여 제공한다. 자세한 내용은 관련 장에서 설명하기로 한다.

| 연습문제 |

1 선형 구조만으로 나열된 것은? [기사시험 기출문제]

   ① 트리, 그래프   ② 트리, 그래프, 스택, 큐

   ③ 트리, 배열, 스택, 큐   ④ 배열, 스택, 큐

2 자료 구조의 성격이 나머지 셋과 다른 하나는? [기사시험 기출문제]

   ① 큐(Queue)   ② 그래프(Graph)

   ③ 데크(Deque)   ④ 리스트(List)

3 Set(집합) 추상 데이터 타입을 정의하라. 다음과 같은 연산자들을 포함시켜라.

> Create, Insert, Remove, Is_In, Union, Intersection, Difference

4 시간 복잡도 함수 $n^2 + 10n + 8$ 를 빅오 표기법으로 나타내면?

   ① $O(n)$ ② $O(n\log_2 n)$ ③ $O(n^2)$ ④ $O(n^2\log_2 n)$

5 다음의 빅오 표기법들을 수행 시간이 적게 걸리는 것부터 나열하라.

> $O(1)$ $O(n)$ $O(\log n)$ $O(n^2)$ $O(n\log n)$ $O(n!)$ $O(2^n)$

6 다음 알고리즘의 시간 복잡도를 n에 대한 함수로 나타내고, 빅오 표기법으로도 나타내라.

```
int algorithm(int n) {
    int k = 0;
    while (n > 1) {
        n = n/2;
        k++;
    }
    return k;
}
```

7 빅오 표기법의 정의를 사용하여 다음을 증명하라.

$$3n^2 + 10n + 2 = O(n^2)$$

8 sub 함수의 시간 복잡도가 $O(n)$일 때 다음 문장의 시간 복잡도는?

```
for( i = 1 ; i<n ; i *= 2)
    sub();
```

9 배열에 정수가 들어 있다고 가정하고 다음 작업의 최악, 최선의 시간 복잡도를 빅오 표기법으로 말하라.

(1) 배열의 n번째 숫자를 화면에 출력한다.

(2) 배열안의 숫자 중에서 최솟값을 찾는다.

(3) 배열의 모든 숫자를 더한다.

(4) 배열안의 숫자 중에서 어떤 값을 찾는다.

| 프로그래밍 프로젝트 |

1 1부터 n까지의 합을 구하는 방법은 다음과 같이 3가지가 있다.

> 알고리즘 A: $sum = n(n+1)/2$ 공식 사용
> 알고리즘 B: $sum = 1+2+\cdots+n$
> 알고리즘 C: $sum = 0+(1)+(1+1)+(1+1+1)+\cdots+(1+1+\cdots+1)$

(1) 각 알고리즘을 함수로 구현하라. n을 매개변수로 전달받고 결과를 반환한다.
  예) int sumAlgorithmA (int n);   // 알고리즘 A 구현 함수

(2) 비교적 작은 n에 대해 각 함수를 호출하여 세 알고리즘의 계산 결과가 동일함을 확인하라.

(3) 세 알고리즘의 시간 복잡도를 이론적으로 분석해보고 빅오 표기법으로 나타내라.

(4) 각 알고리즘의 실제 실행 시간을 측정하여 이론적인 분석과 같게 나오는지를 조사해보라. 실행 시간 측정을 위해 한 번의 루프에서 n은 2000 정도씩 증가시키고, 알고리즘 C의 실행 시간이 5초가 이하일 때까지 실행시킨 결과를 표로 만들고, 다음과 같이 선 그래프로 그려라. 마이크로소프트의 엑셀 등을 사용할 수 있다.

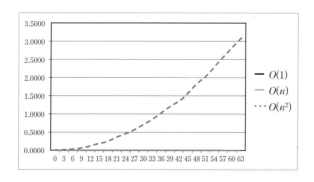

(5) 앞에서 알고리즘 A와 B의 시간 차이가 나타나지 않았을 것이다. 그 이유를 생각해보라. 이제 이 두 알고리즘만을 비교해보자. 한 번의 루프에서 n을 보다 더 크게 증가시켜 알고리즘 B가 1초 이하일 때까지 실행시킨 결과를 표로 만들고, 그래프로 그려라. 결과가 이론적인 분석과 같은지 조사해보라.

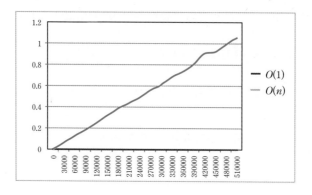

CHAPTER

02

배열과 클래스

학습목표

- 배열의 개념을 이해한다.
- 함수 호출에서 배열의 전달 방법을 이해한다.
- 클래스의 개념을 이해한다.
- 자주 사용되는 C++언어의 문법을 이해한다.
- 배열을 사용한 클래스를 구현하는 능력을 배양한다.

2 배열과 클래스

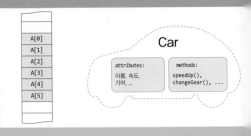

2.1 배열

■ 배열의 개념

배열(array)은 거의 모든 프로그래밍 언어에서 기본적으로 제공된다. 배열은 기본이 되는 중요한 자료형으로 많은 고급 자료구조들에서 사용된다. 배열은 주로 여러 개의 동일한 자료형의 데이터를 한꺼번에 만들 때 사용된다. 예를 들어, 6개의 정수를 저장할 공간이 필요한 경우, 배열이 없다면 6개의 정수형 변수를 독립적으로 선언하여야 하지만, 배열을 이용하면 아주 간단하게 선언할 수 있다.

```
int a1, a2, a3, a4, a5, a6;        // 6개의 정수형 변수를 각각 선언
int A[6];                          // 배열로 6개의 정수형 변수 선언
```

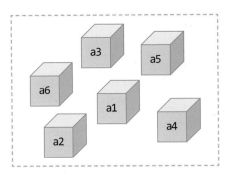

변수 선언

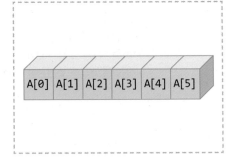

배열 선언

| 그림 2.1 여러 개의 변수 선언과 배열의 선언

여러 개의 변수를 사용하는 것은 각각을 다른 이름으로 접근을 해야 하므로 연산이나 자료의 교환 등에서 많은 불편함이 따른다. 이런 경우 배열을 사용하면 편리하다. 배열은 동일한 이름을 사용하고 **인덱스**(index) 번호로 각 항목을 접근할 수 있다. 특히 반복문을 활용하여 코드의 길이를 크게 줄일 수 있다.

배열이 대부분의 언어에서 제공되는 기본적인 자료형이지만 배열의 핵심적인 내용을 보다 추상적으로 살펴보자. 배열의 가장 기본적인 특징은 **〈인덱스, 요소〉** 쌍의 집합이라는 것이다. 즉, 인덱스가 주어지면 해당하는 요소가 대응되는 자료구조이다. 배열에서는 모든 요소가 동일한 자료형이며, 인덱스를 사용하여 요소를 **직접 접근**(direct access)할 수 있다.

이 책에서 배열과 대응되는 개념으로 5장에서 **연결 리스트**를 공부한다. 배열이 인덱스를 이용하여 요소를 직접 접근할 수 있는데 비해 연결 리스트는 맨 처음 요소부터 하나씩 순서적으로 찾아가야 원하는 요소에 접근할 수 있다. 이런 방법을 **순차 접근**(sequential access) 방식이라고 한다. 물론 각 방법은 서로 장단점을 갖는다. 연결 리스트에 대해서는 5장에서 자세히 공부한다.

■ 배열의 추상 자료형

배열의 추상 자료형을 정의해보자. 추상 자료형은 자료구조의 핵심적이고 본질적인 면만을 정의한 것이다. 따라서 배열의 특징 중에서 구현에 상관없이 핵심적이고 본질적인 면을 찾아내어 정리하면 다음과 같다.

| ADT 2.1 **Array**

데이터: 〈인덱스, 요소〉 쌍의 집합

연산 • create(n): n개의 요소를 가진 배열을 생성한다.
　　 • retrieve(i): 배열의 i번째 요소를 반환한다.
　　 • store(i, item): 배열의 i번째 위치에 item을 저장한다.

C++에서는 배열이 기본적으로 제공되기 때문에 위의 연산들을 구현할 필요는 없다. 그러나 만약 기본적으로 제공이 되지 않는다면 프로그램 개발자가 구현하여야 할 것이다.

C++의 표준 템플릿 라이브러리에서는 배열에 여러 가지 기능을 추가한 **벡터**(vector)라는

자료형을 제공한다. 벡터는 기존의 배열에서 불편했던 점들을 개선하여 일반화시킨 것으로 다음과 같은 특징을 갖는다.

- 배열과 마찬가지로 인덱스로 항목을 접근할 수 있다. 이때 인덱스의 범위는 0부터 (원소의 개수 − 1)까지이다.
- 벡터는 일반 배열보다 자신에 관한 정보를 더 많이 가지고 있다. 특히, 벡터의 크기나 잠정적으로 가질 수 있는 원소의 개수에 관한 정보를 얻을 수 있다.
- 벡터의 크기는 동적으로 변할 수 있다. 새로운 원소를 벡터의 끝이나 중간에 삽입할 수 있다. 메모리 관리도 효율적이고 자동적으로 이루어진다.

그러나 벡터도 중간에 원소를 삽입할 때는 배열처럼 효율적이지 않다. 즉, 배열보다 편리하게 사용할 수는 있지만 더 효율적이라고 말할 수는 없다. 삽입 연산을 많이 수행하는 경우라면, 배열이나 벡터보다는 연결 리스트를 사용하는 것이 좋다.

■ 1차원 배열

1차원 배열을 선언하는 방법은 다음과 같다.

```
자료형 배열이름[배열의_크기];
```

- 자료형: 배열 요소들의 자료형. 모든 요소들은 같은 자료형으로 만들어짐.
- 배열이름: 배열의 요소에 접근할 수 있는 유일한 이름.
- 배열의_크기: 배열 요소의 개수를 나타내는 정수. 배열 요소의 인덱스는 0부터 배열의_크기−1이 됨.

배열에서 꼭 기억해야 하는 것은 요소들이 모두 메모리의 연속된 공간에 저장된다는 것이다. 다음과 같이 간단한 정수 배열을 만들어보자.

```
int A[6];
```

이 선언에서 배열의 첫 번째 요소는 A[0]이고 마지막 요소는 A[5]이며 A는 배열의 시작 주소(또는 기본 주소)가 된다. 다음 그림과 같이 배열 요소들의 주소는 기본 주소로부터 일정하게 계산된다. 이때 sizeof 연산자는 자료형의 크기를 계산하는데, int와 같은 자료형의 메모리 할당 크기는 컴퓨터에 따라 다를 수 있다(PC에서 마이크로소프트사의 VisualStudio를 사용한다면 보통 int 형의 크기는 4바이트가 된다).

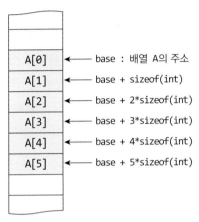

| 그림 2.2 int 형 1차원 배열과 각 요소의 주소

문자열: 특별한 1차원 배열

문자열은 1차원 배열의 한 종류로 char 형의 요소를 갖는 배열을 의미한다. 하나의 문자는 'a'나 '0'과 같이 작은따옴표를 이용해 표현하는데, 문자열은 문자들을 모은 것으로 "hello"와 같이 큰 따옴표로 나타낸다. 문자열을 저장하기 위해서는 char 형 1차원 배열을 사용한다. 문자 배열을 "game over"로 초기화 하는 예를 보자.

char s[12] = "game over";

이와 같은 문자열 s에 대한 메모리 구조는 다음과 같다.

	s[0]	s[1]	s[2]	s[3]	s[4]	s[5]	s[6]	s[7]	s[8]	s[9]	s[10]	s[11]
s	'g'	'a'	'm'	'e'	' '	'o'	'v'	'e'	'r'	'\0'		

| 그림 2.3 문자열 s의 메모리 구조

문자열의 끝에는 s[9]와 같이 반드시 문자열의 끝을 나타내는 NULL 문자 '\0'이 있어야 한다. s[4]는 공백 문자 ' '를 나타내는데 이것도 문자열의 일부분일 뿐이다. 결국 s는 "game"을 나타내는 것이 아니라 '\0'가 나타나기 바로 전까지인 "game over"를 나타내는 문자열임을 명심해야 한다.

만약 s[10]의 값이 '!'이라면 어떻게 될까? 문자열의 끝을 나타내는 NULL 문자 이후의 내용은 문자열에 아무런 영향을 미치지 않는다. 어떤 값이 있던지 문자열 s와는 상관없고, 문자열 s는 "game over!"가 아니라 "game over"일 뿐이다.

일반적인 일차원 배열은 한꺼번에 크기를 비교하는 연산이 없지만 특별히 문자열을 위해서는 표준 라이브러리에서 여러 가지 함수들이 제공된다. 문자열을 비교하는 strcmp()와 문자열 복사를 위한 strcpy() 정도만 한번 찾아서 공부해보기 바란다. 물론 헤더파일 <cstring>이나 C언어 형식의 헤더파일인 <string.h>를 파일에 포함시켜야 한다.

C++에서는 문자열을 위한 클래스인 string을 제공한다. 이 클래스를 사용하려면 C++ 헤더파일인 <string>을 포함시켜야 한다. 헤더파일의 이름에 유의하라. <string.h>은 C 형식의 헤더파일이고, C++ 헤더파일을 포함할 때에는 .h를 생략한다. string 클래스를 사용하면 문자열의 결합에 + 연산자를 사용한다던지 문자열의 비교에 == 연산자를 사용하는 등의 편리한 기능이 있다. 그러나 이 책에서는 문자열 처리를 위해 이것을 사용하지 않고 앞에서 설명한 표준 라이브러리의 문자열 함수들을 사용할 것이다. string 클래스에 관련해서는 C++ 도서를 참고하라. 문자열 처리를 위해 string 외에도 MFC에서 제공하는 CString을 비롯하여 다양한 클래스를 사용할 수 있다. 그러나 이 책에서는 가능한 한 다른 클래스를 사용하지 않고 C++의 내장 자료형들을 바탕으로 설명하기로 한다.

▪ 2차원 배열

2차원 배열은 1차원 배열이 여러 개 모여서 이루어진다. 2차원 배열에서 가로줄을 행(row), 세로줄을 열(column)이라고 하는데, 다음과 같이 선언한다.

```
자료형 배열이름[행의_크기][열의_크기];
```

- 배열이름: 2차원 배열의 이름.
- 행의_크기: 2차원 배열의 가로줄의 개수.

- 열의_크기: 2차원 배열의 세로줄의 개수.

다음과 같은 2차원 배열을 생각해 보자.

int A[4][3];

이 선언에서는 4개의 행과 3개의 열로 구성된 2차원 int 배열을 그림과 같이 생성한다. 각 배열 요소의 위치는 그림 2.4의 (a)와 같이 생각할 수 있지만 실제 메모리 안에서는 (b)와 같은 순서로 저장된다.

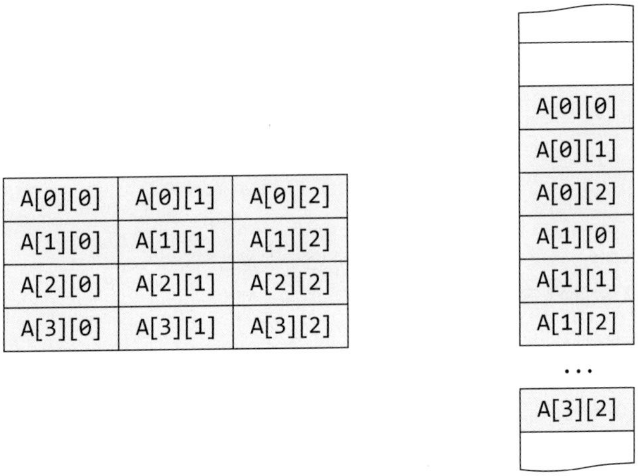

A[0][0]	A[0][1]	A[0][2]
A[1][0]	A[1][1]	A[1][2]
A[2][0]	A[2][1]	A[2][2]
A[3][0]	A[3][1]	A[3][2]

A[0][0]
A[0][1]
A[0][2]
A[1][0]
A[1][1]
A[1][2]
...
A[3][2]

(a) 2차원 배열   (b) 실제 메모리 안에서의 위치

| 그림 2.4 2차원 배열의 선언

2차원 배열을 초기화하는 방법은 다음과 같다. 데이터가 일부만 주어져 있다면 앞에서부터 초기화된다.

int A[4][3]= { {1,2,3}, {4,5,6}, {7,8,9}, {10,11,12} };

■ 함수의 파라미터로서의 배열

함수 안에서 파라미터로 배열을 받아서 배열의 내용을 수정하면 원래의 배열이 수정된다. 사실 **배열의 이름은 포인터의 역할**을 한다(포인터는 5장에서 다시 자세하게 다룬다). 즉,

배열의 이름을 전달하면 배열의 포인터(첫 번째 항목의 주소)가 전달되는 것이나 마찬가지
이다. 따라서 배열을 함수의 파라미터로 전달할 때는 항상 이것을 염두에 두어야 한다. 다
음 프로그램을 참고하라.

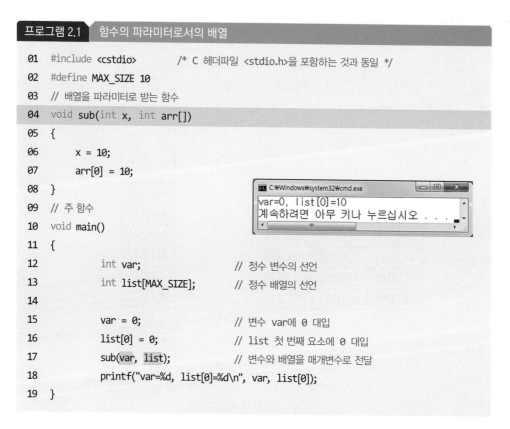

프로그램 2.1 함수의 파라미터로서의 배열

```
01  #include <cstdio>           /* C 헤더파일 <stdio.h>을 포함하는 것과 동일 */
02  #define MAX_SIZE 10
03  // 배열을 파라미터로 받는 함수
04  void sub(int x, int arr[])
05  {
06      x = 10;
07      arr[0] = 10;
08  }
09  // 주 함수
10  void main()
11  {
12      int var;                // 정수 변수의 선언
13      int list[MAX_SIZE];     // 정수 배열의 선언
14
15      var = 0;                // 변수 var에 0 대입
16      list[0] = 0;            // list 첫 번째 요소에 0 대입
17      sub(var, list);         // 변수와 배열을 매개변수로 전달
18      printf("var=%d, list[0]=%d\n", var, list[0]);
19  }
```

코드 설명

4행 새로운 변수 x에 17행에서 호출된 var의 값이 복사됨. 새로운 변수 arr에는 main() 함수의 배열 list의 시작 주소가
복사됨.

6행 변수 x에 10을 복사.

7행 arr 배열의 0번째 원소에 10을 복사. 실제로는 main() 함수의 list[0]의 값이 바뀜.

함수 sub()의 실행 이후에도 변수 **var**의 값은 변경되지 않았지만 배열의 원소 내용은 변
경되었다. 이것은 배열의 이름이 포인터의 역할을 하여 배열의 주소를 함수로 전달하게 되
기 때문이다. 약간 어렵게 느껴지면 C나 C++의 함수에서 값에 의한 호출(call-by-value)

부분을 복습하라. 배열의 사용은 비교적 쉽지만 배열을 함수의 파라미터로 전달할 때 꼭 기억해야 할 사항이 두 가지 있다.

매개변수로 배열의 길이도 전달

배열의 이름이 포인터 역할을 한다. 따라서 함수를 호출할 때 배열의 이름을 매개변수로 전달하면 호출되는 함수에서는 이 주소를 이용해서 배열의 모든 요소들을 접근할 수 있다. 그렇다면 **배열의 길이**는 어떻게 알 수 있을까? 불행히도 방법이 없다. 따라서 배열 이름을 매개변수로 전달할 때 반드시 배열의 길이도 함께 전달해야 한다. Java에서는 배열 길이를 전달하지 않더라도 이것을 알 수 있는 방법을 제공하지만 C나 C++에서는 그렇지 않다. 물론 앞에서 설명한 벡터 클래스를 배열 대신에 사용한다면 가능하다.

다음은 배열에서 가장 큰 값을 찾아 반환하는 함수를 구현한 코드이다. 이름과 함께 배열의 길이를 매개변수로 전달하는 것에 유의하라.

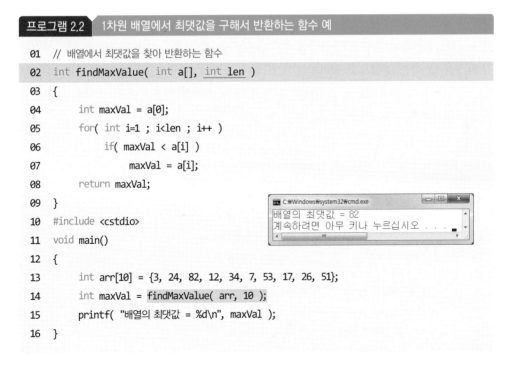

```
프로그램 2.2    1차원 배열에서 최댓값을 구해서 반환하는 함수 예
01    // 배열에서 최댓값을 찾아 반환하는 함수
02    int findMaxValue( int a[], int len )
03    {
04        int maxVal = a[0];
05        for( int i=1 ; i<len ; i++ )
06            if( maxVal < a[i] )
07                maxVal = a[i];
08        return maxVal;
09    }
10    #include <cstdio>
11    void main()
12    {
13        int arr[10] = {3, 24, 82, 12, 34, 7, 53, 17, 26, 51};
14        int maxVal = findMaxValue( arr, 10 );
15        printf( "배열의 최댓값 = %d\n", maxVal );
16    }
```

```
C:\Windows\system32\cmd.exe
배열의 최댓값 = 82
계속하려면 아무 키나 누르십시오 . . .
```

코드 설명

2행 배열에서 최댓값을 찾아 반환하는 함수. 배열의 주소와 배열의 길이를 매개변수로 전달받아 각각 a와 len에 복사함.

3∼9행 최댓값을 찾아 반환하는 알고리즘 구현.

14행 arr 배열의 주소와 길이를 매개변수로 findMaxValue 함수를 호출하고 반환되는 결과 값을 maxVal에 저장함.

2차원 이상의 다차원 배열의 매개변수 전달

이것은 조금 더 어려운 문제이다. 프로그램 2.2를 2차원 배열로 확장해보자. 예를 들어, 영상에서 밝기 값이 최대인 화소를 찾아 그 값을 반환하는 프로그램을 생각해보자. 프로그램 2.2의 findMaxValue()를 2차원으로 확장한 함수 findMaxPixel()는 2차원 배열과 크기를 입력받아 가장 큰 값을 찾아 반환한다. 이때 문제는 매개변수의 자료형이다. 첫 번째 매개변수를 a[][]나 int** 형으로 선언할 수 있으면 문제가 없다. 그러나 2차원 배열을 매개변수로 보낼 때 반드시 a[][5]와 같이 가로 값을 지정해 주어야 한다. 이것은 일단 불편하다. 더 큰 문제는 이 함수가 배열의 세로 길이는 상관이 없지만 가로 길이가 반드시 5인 2차원 배열에 대해서만 동작하는 함수라는 것이다. 즉, 임의의 크기의 영상에는 적용할 수 없는 엉터리 함수이다.

실제 응용에서 행렬이나 영상과 같이 2차원 배열 형태의 자료를 다루는 경우가 흔히 발생한다. 그때마다 가로 크기를 제한하여 함수를 만드는 것은 매우 비효율적이다. 따라서 2차원 배열은 좀 다른 방법으로 처리하는 것이 좋다. 어려운 내용이지만 동적 할당과 이중 포인터에서 답을 찾을 수 있다. 포인터와 동적 할당 및 2차원 배열의 동적 할당과 해제는 5장에서 자세히 공부하도록 한다.

프로그램 2.3 2차원 이미지에서 최대 화소 밝기를 구해서 반환하는 함수 예

```
01    // 2차원 영상에서 최대 밝기 값을 찾아 반환하는 함수
02    // 파라미터로 배열 주소와 길이를 받아야 함
03    // 문제점: 가로크기가 5인 영상에 대해서만 적용 가능한 함수
04    int findMaxPixel( int a[][5], int h, int w )
05    {
06        int maxVal = 0;        // 영상의 최소 밝기 = 0
07        for( int i=0 ; i<h ; i++ )
08        for( int j=0 ; j<w ; j++ )
09            if( maxVal < a[i][j] )
10                maxVal = a[i][j];
11        return maxVal;
```

```
12   }
13   #include <cstdio>
14   void main()
15   {
16       // 2차원 배열 (영상)의 정적 할당 및 초기화
17       int img[4][5]= {      {  3, 24, 82, 12, 22},
18                     { 34,  7, 12, 19, 21},
19                     { 99,  7, 65, 73, 58},
20                     { 20,  7,  9, 48, 29}};
21       int maxPixel = findMaxPixel( img, 4, 5 );
22       printf( "영상의 최대 밝기 = %d\n", maxPixel );
23   }
```

```
C:\Windows\system32\cmd.exe
영상의 최대 밝기 = 99
계속하려면 아무 키나 누르십시오 . . .
```

2.2 클래스

■ 구조체의 개념

복잡한 객체들은 배열처럼 같은 자료형으로만 구성되어 있지는 않다. 일반적인 객체에는 보통 여러 가지 다른 자료형의 데이터들이 한데 묶여져 있다. 예를 들어, 학생이라는 추상 자료형을 만든다면 학번과 같은 정수형 요소와 이름과 같은 문자열, 평균 학점과 같은 실수형 요소들이 섞여 있어야 할 것이다. 배열이 같은 자료형의 데이터 모임이라면 **구조체** (structure)는 다양한 자료형의 데이터를 묶어주는 방법이다. C언어에서는 struct라고 표기하는데, C언어의 확대 집합(superset)인 C++에서도 동일하게 사용할 수 있다.

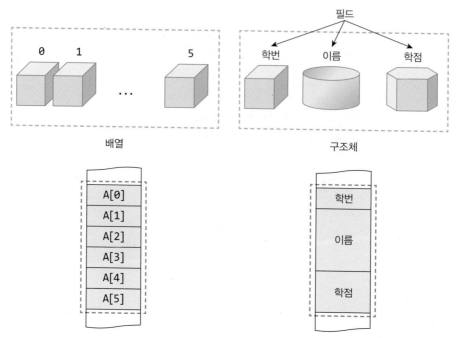

| 그림 2.5 배열과 구조체의 비교

■ 클래스와 C++ 문법

객체지향언어인 C++는 구조체를 확장하여 객체지향의 핵심 개념인 **클래스(class)**를 지원한다. 이 책에서는 자료구조의 표현을 위해 클래스를 광범위하게 사용하므로 먼저 C++의 클래스에 대해 간단하게 공부해보자. C++는 다양한 기능을 허용해주는 복잡한 프로그래밍 언어이다. 이 책은 C++ 교재가 아니므로 C++ 문법을 자세히 다루지는 않으며, 주로 이 책에서 설명하는 코드에 사용되는 문법들을 위주로 설명한다. 사실 C++에는 연산자 오버로딩이나 다중 상속과 같이 Java와 같은 다른 객체지향언어에서 일반적으로 지원하지 않는 기능들도 허용하고 있다. 이 책에서는 이들을 배제하고 객체지향언어에서 공통적으로 지원하고 실용적인 C++ 문법들만을 사용할 예정이다. C++가 어렵다고 너무 걱정하지 말자. C언어를 어느 정도 이해하고 있으면 충분히 할 수 있다. C++ 문법과 관련된 추가적인 사항들은 C++ 관련 서적을 참고하라.

클래스의 선언

클래스란 객체(object)를 정의하는 틀 또는 설계도이다(변수 선언 문장인 `int x;`를 예로

들면 int가 클래스에 해당하고 변수 x가 객체에 해당한다. int는 기본적으로 제공되는 내
장 자료형이지만 클래스는 우리가 만드는 자료형이다). 클래스는 객체의 속성을 나타내는
멤버 변수(또는 데이터 필드)와 연산 또는 동작을 나타내는 **멤버 함수**(또는 메소드)로 이루
어진다. 클래스는 다음과 같이 구성된다.

```
class 클래스명 {
private:                    // 멤버에 대한 접근 지정자
                            // public, private, protected가 있음
        멤버 변수1;          // 멤버 변수는 객체의 속성을 나타냄
        멤버 변수2;
        ...
public:                     // 멤버에 대한 접근 지정자
        멤버 함수1();        // 멤버 함수는 객체의 동작을 나타냄
        멤버 함수2();
        ...

};
```

C++ 문법을 설명하기 위해 먼저 다음과 같이 자동차 클래스 **Car**를 만들어보자. 단순하게
하기 위해 자동차의 속성으로는 현재의 속도와 자동차의 이름, 현재의 기어 단수로 한다.
또한 생성자와 소멸자를 포함한 몇 가지의 멤버 함수를 다음과 같이 갖는다.

프로그램 2.4	자동차 클래스 Car의 구현(Car.h)

```
01   class Car {
02   protected:
03       int  speed;          // 속도 (private)
04       char name[40];       // 이름 (private)
05   public:
06       int  gear;           // 기어 (public)
07       Car(){ }             // 기본 생성자
08       ~Car(){ }            // 소멸자
09       Car(int s, int g, char* n)      // 매개변수가 있는 생성자
10           : speed(s), gear(g) {       // 멤버 초기화 리스트 (멤버변수 초기화)
11               strcpy(name, n);        // 생성자 함수 몸체 (name 멤버 초기화)
12       }
13       void changeGear(int g=4){       // 기어 단수를 변경하는 멤버 함수
```

```
14          gear = g;
15      }
16      void speedUp(){        // 속도를 5씩 증가 멤버 함수
17          speed += 5;
18      }
19      void display(){        // 자동차의 정보를 화면에 출력함.
20          printf("[%s] : 기어=%d단 속도=%dkmph\n", name, gear, speed);
21      }
22      void whereAmI() { printf("객체 주소 = %x\n", this); }
23  };
```

코드 설명

1행 새로운 클래스 Car를 선언하는 문장. 이제 Car는 하나의 새로운 자료형이 됨.

2,5행 클래스 멤버의 접근 권한을 지정하는 접근 권한 지정자.

3~4행 Car 클래스의 멤버 변수 중에서 접근 권한이 protected인 변수들. 이들은 Car 클래스의 멤버 함수나 Car의 자식 클래스에서 접근할 수 있지만, main()과 같은 외부 함수에서는 접근이 불가능함.

6행 자동차의 현재 단수를 나타내는 변수. 이 변수는 접근 권한이 public이므로 모든 함수에서 접근이 가능함.

7행 Car의 기본 생성자 함수. 객체가 생성될 때마다 호출됨.

8행 Car의 소멸자 함수. 객체가 없어질 때마다 호출됨.

9~12행 매개변수가 있는 Car의 생성자. Car 객체를 생성하면서 동시에 원하는 대로 초기화할 수 있음.

10행 멤버 초기화 리스트를 이용한 데이터 멤버 초기화(speed, gear).

11행 생성자 함수 몸체에서의 데이터 멤버 초기화(name). 문자열 복사에는 strcpy() 함수를 사용함. 따라서 〈cstring〉를 포함시켜야 함.

13~15행 자동차의 기어 단수를 변경하는 함수. 매개변수로 기어 단수를 입력 받아 현재의 기어 단수를 변경함. 매개변수에 디폴트 값을 사용하여 매개변수가 없이 호출되는 경우 매개변수 g에 디폴트 값인 4가 복사됨.

16~18행 자동차의 속도를 5씩 올리는 함수.

19~21행 자동차의 현재 정보를 화면에 출력하는 함수. printf() 함수를 사용하였고, 이에 따라 〈cstdio〉(또는 C언어 형식의 〈stdio.h〉)를 포함시켜야 함.

22행 현재 객체의 주소를 화면에 출력하는 함수. 현재 객체의 주소를 나타내는 this 포인터를 사용하였음.

이 클래스를 이용해 C++ 문법을 복습해 보자.

멤버 접근 지정자

멤버에 대한 접근 지정자는 public 외에도 protected와 private가 있다.

- private 멤버: 현재 클래스의 멤버함수에서만 접근이 가능함.
- protected 멤버: 현재 클래스와 이 클래스의 자식 클래스의 멤버 함수에서만 접근이 가능함.
- public 멤버: 외부로 공개한 인터페이스. 어떤 클래스나 함수에서도 이 멤버를 접근할 수 있음.

 키워드 class로 선언된 클래스에서 접근 지정자 선언이 없으면 모든 멤버는 private가 된다. 한번 public으로 접근 지정자가 변경되면 이후 선언된 모든 멤버는 다시 다른 지정자가 나오기 전까지 모두 public이 된다. 프로그램 2.4에서 Car 클래스의 데이터 멤버들 중에서 **speed**와 **name**은 protected로 선언되었고, 나머지 모든 데이터 멤버와 함수들은 public으로 선언되었다.

객체 생성 및 멤버 접근

클래스가 선언되면 Car는 기본 자료형인 int나 float와 마찬가지로 새로운 하나의 자료형이 된다. 따라서 Car myCar;와 같은 문장으로 손쉽게 Car의 변수(보통 **객체(object)**라 불림)를 만들 수 있다. 객체명 바로 뒤에 '.'을 첨가하고 멤버 이름을 적는 방법으로 객체의 해당 멤버(변수 또는 함수)를 접근할 수 있다. 이때 사용하는 '.'을 **항목 연산자(membership operator)**라고 한다. 외부에서는 기본적으로 클래스의 public 멤버만을 접근할 수 있다. 다음 코드는 main() 함수에서 자동차 클래스를 사용하는 코드 일부를 보여주고 있다.

```
Car myCar;          // 자동차 객체 myCar 생성
myCar.gear = 4;     // myCar의 속성 기어를 4로 설정
myCar.speedUp();    // myCar의 동작 speedUp()을 호출
myCar.speed =0;     // 에러: speed가 private 멤버임. 접근불가!
```

생성자와 소멸자

생성자(constructor)는 객체가 생성될 때에 멤버 변수에게 초깃값을 제공하고 필요한 초기화 절차를 실행하기 위한 특별한 멤버 함수이다. **소멸자(destructor)**는 이와 반대로 객체가 파괴될 때 뒷마무리를 담당하는 함수이다. 생성자는 매개변수를 다양하게 가질 수 있고 여러 생성자 함수를 선언할 수 있다. 생성자를 잘 사용하면 객체(변수)를 선언하고 초기화하는 코드가 매우 간결해진다. Car 클래스에서는 매개변수가 없는 기본 생성자(7행)와

매개변수 3개를 갖는 생성자(9~12행)을 갖고 있다. 이에 비해 소멸자는 하나만 존재한다. 다음은 main() 함수에서 Car 객체를 생성하면서 초기화하는 코드로 myCar는 9~12행의 생성자가 호출되어 객체를 초기화하고, yourCar는 기본 생성자(7행)에 의해 생성된다.

```
Car myCar( 10, 3, "나의 보물 1호");    // myCar 생성 및 초기화
Car yourCar;                          // 기본 생성자 사용
```

소멸자는 클래스에 동적으로 할당되는 멤버 변수가 있는 경우에 매우 중요하며, 그렇지 않은 경우는 대부분 비워두어도 된다.

멤버 초기화 리스트

클래스의 생성자 함수에서 데이터 멤버를 초기화하는 방법에는 두 가지가 있다. 하나는 일반 함수와 같이 생성자 함수 몸체에서 필요한 초기화를 하는 방법(11행)이고, 다른 하나는 10행과 같이 **멤버 초기화 리스트**(member initialization list)를 사용하는 것이다. 클래스의 데이터 멤버가 다른 클래스의 객체인 경우나 부모 클래스로부터 상속받은 자식 클래스의 생성자에서는 특히 멤버 초기화 리스트를 사용하는 방법이 매우 유용하다. 이 책에서는 멤버 초기화 리스트를 많이 사용한다. 9~12행의 생성자는 다음과 동일하다.

```
Car(int s, int g, char *str){
    speed = s;      // 함수 몸체에서 초기화 함.
    gear = g;       // 함수 몸체에서 초기화 함.
    strcpy( name, str );
}
```

함수 오버로딩

Car 클래스의 기본 생성자 Car();가 있는데도 9~12행의 생성자를 추가하였는데, 이것을 **함수 오버로딩**(function overloading)이라고 한다. C++에서는 함수이름의 중복을 허용하는데, 이러한 함수 오버로딩은 클래스의 멤버 함수나 일반 함수에서 모두 가능하다. 이것은 매개변수가 다른 여러 개의 함수를 동일한 이름으로 만들 수 있어 매우 편리하다.

디폴트 매개변수

changeGear() 함수에서 **디폴트 매개변수(default function parameter)**가 사용되었다. 이것은 함수의 매개변수에 디폴트 값을 부여하는 것으로, 이 함수를 호출할 때 인수(argument)를 넣으면 그 값이 매개변수 g로 복사되고, 인수가 없으면 디폴트 값이 그 매개변수에 복사된다.

```
myCar.changeGear(2);        // g 변수에 2가 복사됨
myCar.changeGear();         // g 변수에 디폴트 값인 4가 복사됨
```

이러한 방법을 사용하면 함수 오버로딩을 이용해 여러 개의 함수를 구현하지 않아도 하나의 함수로 여러 개의 함수를 구현한 효과를 낸다. 따라서 매우 유용한 방법이고, 이 책에서도 많이 사용한다.

입출력 함수

19~21행은 현재 자동차 객체의 정보를 화면에 출력하는 멤버 함수이다. 여기서 화면 출력문으로 C언어에서와 같은 printf() 함수를 사용한 것에 유의하라. 물론 C++의 입출력 객체인 cout을 사용할 수도 있다. 이 책에서는 입력과 출력 함수로 C언어에서 사용해왔던 scanf()와 printf() 함수를 사용한다.

약간 잔소리를 하자. **"가능하면 cout이나 cin을 사용하지 말자"**는 말은 다소 이상하게 들릴 수도 있겠다. 많은 C++ 교재가 cout을 사용하는 것부터 시작하고 있는데, 정작 cout의 의미는 생각보다 어렵다. 입출력 클래스에서 시프트 연산자("<<" 와 ">>")를 다양한 자료형에 대해 오버로딩하여 사용할 수 있도록 한다. 프로그래밍에 익숙하지 않은 학생들이 printf()나 scanf() 함수 대신에 cout이나 cin을 사용하는 경우를 많이 보아왔다. 그런데 이들을 사용하려는 가장 큰 이유는 입출력을 할 자료형에 신경을 쓰기 싫어서였다. 즉, 정수는 %d, 실수형은 %f, 문자열은 %s 등 자료에 따라 출력 형태를 명시해주어야 하는 printf()나 scanf()의 사용이 입출력 객체를 사용하는 것에 비해 어렵기 때문이다. 그러나 이것은 매우 좋지 않은 습관이다. 프로그래밍에서 가장 중요한 것이 자료형이며, 항상 자신이 처리하는 데이터의 자료형을 명확히 생각해야 한다는 점에서 먼저 printf()나 scanf()를 잘 사용할 줄 알아야 된다고 저자는 생각한다. 이 두 함수만 잘 활용하면 표준 입출력 외에도 파일 입출력(fprintf(), fscanf())이나 문자열 입출력(sprintf(), sscanf())

등을 같은 방식으로 매우 편리하게 할 수 있다. 물론 입출력 객체를 잘 이해하고 C++ 프로그래밍에 익숙하다면 자신에게 편리한 방법을 사용하면 된다.

this 포인터

클래스의 멤버 함수에서 객체 자신의 주소가 필요한 경우가 종종 발생한다. C++에서는 이를 위해 특별한 키워드를 제공하는데, 이것이 this이다. this는 현재 객체의 메모리상의 주소를 반환한다.

클래스의 상속

객체지향언어에서는 상속을 통하여 기존 클래스의 필드와 메소드를 재사용하는 방법을 제공한다. C++도 물론 상속을 지원하는데, 부모 클래스를 상속하여 특화된 자식 클래스를 간단히 만들 수 있다. 다음은 Car 클래스를 상속한 SportsCar 클래스를 보여주고 있다.

프로그램 2.5   Car를 상속한 스포츠카 클래스 SportsCar의 구현(SportsCar.h)

```cpp
01  #include "Car.h"          // 자동차 클래스 헤더파일 포함
02  // 스포츠카 클래스 (자식 클래스) : 자동차 클래스에 터보 기능 추가
03  class SportsCar : public Car
04  {
05  public:
06      bool bTurbo;          // 터보 장치 ON?
07      void setTurbo(bool bTur) { bTurbo = bTur; }
08      void speedUp() {      // 터보가 ON이 되어 있으면 가속이 빨리됨
09          if( bTurbo ) speed += 20;
10          else Car::speedUp();
11      }
12  };
```

코드 설명

1행 부모 클래스 파일을 포함시킴.

3행 Car 클래스를 상속한 SportsCar 클래스를 선언함. 상속은 대부분 public으로 함.

6행 Car에 터보 기능을 추가함. bTurbo가 true이면 현재 자동차가 터보 모드로 동작하고 있음을 의미함.

7행 자동차를 터보 모드로 설정하고 해제하는 함수. 이 책에서는 이와 같이 한 줄에 모든 코드가 구현되는 함수를 많이 사용함.

8~11행 Car의 speedUp() 함수를 재정의함.

9행 만약 현재 자동차기 터보 모드이면 한 번 호출에 속도가 20씩 증가함.

10행 터보 모드가 아니면 부모 클래스의 speedUp() 함수를 호출함. 이 경우 속도는 5씩 증가함.

SportsCar 클래스는 부모 클래스인 Car의 모든 데이터 멤버와 멤버 함수를 상속받아 사용할 수 있는데, 터보 기능을 추가로 구현하였다. SportsCar에는 기존의 Car 클래스에 추가적인 새로운 멤버를 넣을 수 있는데, 멤버 변수 **bTurbo**와 **setTurbo()** 연산이 새롭게 추가되었다.

이와 같이 상속은 이미 작성된 검증된 소프트웨어를 재사용하는 장점이 있으며, 신뢰성 있는 소프트웨어를 손쉽게 개발할 수 있고, 코드의 중복을 줄여 소프트웨어의 유지 보수를 쉽게 할 수 있다. 예를 들면, 윈도우 프로그래밍에서 상속을 이용하면 복잡한 GUI 프로그램을 순식간에 작성할 수도 있다. 이 책에서도 여러 곳에서 상속을 사용하여 자료구조를 설명하도록 한다.

오버라이딩

때로는 자식 클래스에서 부모 클래스의 멤버 함수들을 다시 정의하는 경우가 있다. 이를 **재정의** 또는 **오버라이딩**(overriding)이라 한다. speedUp() 함수가 SportsCar 클래스에서 오버라이딩 되었는데, 만약 터보 모드가 작동된 상태이면 차를 더 빨리 가속시키고, 아니면 일반 자동차의 speedUp() 함수가 호출되도록 하였다.

클래스 객체의 기본 대입 연산자는 C++에서 제공해 줌

다음과 같이 두 개의 Car 객체가 있다고 생각해 보자. 하나의 객체를 다른 객체에 대입할 수 있을까?

```
// 클래스 대입 검사 프로그램
void main() {
    Car a(30,3,"myCar"),  b(60,4,"yourCar");
    b = a;          // 이것이 가능한가?
}
```

만약 이것이 가능하지 않다면 다음과 같이 항목별로 각각 대입하여야 한다(클래스의 모든 멤버 변수가 public으로 선언되었다고 가정하자).

```
b.gear = a.gear;
b.speed = a.speed;
strcpy(b.name, a.name);
```

결론은 "할 수 있다"이다. C++에서 이러한 기능을 제공해 준다. 좀 어려운 설명인데, C++가 제공하는 디폴트 대입연산자를 사용하는 것이다. 문장 b = a;는 객체 a의 모든 내용을 (비록 쓰레기 값이 들어 있더라도) 객체 b에 그대로 복사한다. 만약 다른 방식으로 복사하고 싶다면 대입 연산자 '='에 대한 연산자 오버로딩 함수를 구현해야 한다. 이것은 C++의 연산자 오버로딩 부분을 공부하면 더 자세히 이해할 수 있다.

클래스 객체의 다른 연산자들은 제공하지 않음

다른 연산자들은 어떨까? 다른 대부분의 연산자들은 기본으로 제공하지 않는다. 물론 제공할 수도 없는데, 예를 들어 두 자동차 객체를 비교하는 연산 **a>b**를 생각해 보자. 이 연산이 a가 b보다 속도가 빠른지를 말하는지, 기어 단수가 높은 것을 말하는지 아니면 이름이 사전적으로 더 뒤쪽에 있는지를 말하는지가 애매하다. 이것은 컴파일러가 결코 마음대로 판단하여 제공할 수 없는 문제이다. 따라서 이들은 기본적으로 제공되지 않으며, 컴파일 시에 오류를 발생시킨다.

```
void main() {
    Car a(30,3,"myCar"), b(60,4,"yourCar");
    if( a > b )          // 컴파일 오류가 발생하는 문장
        printf("a가 b보다 속도가 빠름");
    a += b;              // 컴파일 오류가 발생하는 문장
}
```

따라서 두 개의 Car 객체를 비교하기 위해서는 프로그램 개발자가 직접 함수를 작성하여야 한다. 예를 들면, Car 클래스에 다음과 같은 멤버 함수를 추가할 수 있다.

```
// 현재 객체(자동차)의 속도가 b보다 빠르면 양수를,  같으면 0을,
// 느리면 음수 반환 하는 Car 클래스의 멤버 함수
int Car::Compare( Car& b) {          // 속도가 같으면 0,
    return speed - b.speed;          // b보다 빠르면 양수,
}                                    // 느리면 음수를 반환

// CCar 객체의 속도 비교 프로그램
void main() {
    Car a(30,3,"myCar"),  b(60,4,"yourCar");
    if( a.Compare(b) == 0 )
        printf("a와  b의 속도가 같음");
    else if( a.Compare(b) > 0 )
        printf("a가  b보다 속도가 빠름");
    else
        printf("a가  b보다 속도가 느림");
}
```

객체 배열

클래스의 객체를 배열로 한꺼번에도 생성할 수 있다. 또한 클래스의 객체를 포함한 새로운 클래스도 선언할 수 있다. 다음은 Birthday라는 클래스를 선언하고 Student에서 이 클래스를 포함한 다음, Student의 배열을 만드는 예이다.

```
class Birthday {          // 생일 클래스 선언
public:
    int month;
    int date;
};
class Student {          // 학생 클래스 선언
public:
    char name[80];
    Birthday bDay;
};

void main() {
    Student students[30];  // Student 객체 배열 생성
    strcpy(students[0].name,"HongGilDong");
    students[0].bDay.month = 10;
    students[0].bDay.date = 28;
}
```

참조형 또는 레퍼런스 형

C++에서는 기존의 메모리 공간에 별명을 붙이는 방법을 **레퍼런스(reference)**란 방법으로 지원한다. 이것은 C언어와 달리 하나의 변수에 여러 개의 이름을 부여할 수 있는 것을 의미한다. 다음 코드를 보자.

```
int var = 10;
int& ref = var;
```

이 문장에서 ref는 변수 var에 대한 별명(alias)으로 var과 ref는 동일하게 사용된다. 실제로 위와 같은 용도로 레퍼런스 형을 사용하는 경우는 많지 않고, 대부분 함수의 매개변수에서 레퍼런스 형을 많이 사용한다. 예를 들어, swap() 함수에서 두 변수의 값이 교환되기 위해서는 포인터 변수를 사용하지 않고 레퍼런스를 이용할 수 있다. 이것은 잘 사용하면 매우 편리하다. 프로그램 2.6에서 swap() 함수에 매개변수로 전달된 x와 y는 새로운 int 변수가 아니라 main() 함수의 a와 b에 대한 별명이다. 따라서 swap() 함수에서 x와 y를 변경하는 것은 main() 함수의 a와 b를 변경하는 것과 동일하다. 이것을 **참조에 의한 호출(call-by-reference)**이라고 한다. 만약 swap()에서 이들 변수를 잘못 사용하면 호출한 함수인 main()에도 그 영향이 전달되어 문제를 발생시킬 수 있다는 단점을 동시에 가지므로 조심해서 사용해야 한다.

프로그램 2.6　함수의 매개변수로 레퍼런스 형을 사용한 프로그램

```
01   // 레퍼런스를 이용한 두 변수의 교환 함수
02   void swap(int& x, int& y)
03   {
04       int tmp;
05       tmp = x;
06       x = y;
07       y = tmp;
08   }
09   void main() {
10       int a=1, b=2;
11       printf("swap을 호출하기 전: a=%d, b=%d\n", a,b);
12       swap(a, b);          // 레퍼런스를 전달
13       printf("swap을 호출한 다음: a=%d, b=%d\n", a,b);
14   }
```

C:\Windows\system32\cmd.exe

```
swap을 호출하기 전: a=1, b=2
swap을 호출한 다음: a=2, b=1
계속하려면 아무 키나 누르십시오 . . .
```

이와 같은 레퍼런스의 사용은 매개변수로 객체를 보내는 경우 발생되는 **복사 생성자**(copy constructor) 문제를 해결할 수 있는데, 복사 생성자는 다음에 다시 설명한다.

레퍼런스를 사용하는 또 하나의 중요한 부분이 함수의 반환형에서이다. 매개변수 전달에서와 같이 함수가 어떤 클래스의 객체를 반환하는 경우 return 과정에 복사 생성자가 호출되어 반환하고자 하는 객체 자체가 아니라 그 객체의 복사본이 전달된다. 이때 반환형을 참조형으로 처리하면 반환하고자 하는 객체 자체가 반환된다. 물론 이 경우 반환하는 객체가 함수가 끝날 때 자동으로 소멸되는 객체가 아니어야 하는 것에 유의해야 한다. 이 책에서는 함수의 매개변수로 객체의 레퍼런스 형을 많이 사용하며, 가끔 함수의 반환형으로 레퍼런스를 사용한다. 이와 같은 참조형에 대한 설명은 매우 어렵게 느껴질 것이다. 이 책의 코드에서 참조형을 사용하는 부분에서 다시 설명하기로 한다.

■ 교재에서 거의 사용하지 않는 C++ 문법

C++는 다양한 문법을 제공하는 복잡한 프로그래밍 언어이다. "산이 앞에 있다고 꼭 올라가야 하는 것은 아니다"란 말이 있다. C++에서 다양한 프로그래밍 방법을 제공하지만 모든 방법들을 사용하는 것이 더 좋은 프로그래밍인 것은 아니다. 다음은 이 책에서는 거의 사용하지 않는 C++ 문법들을 간략히 정리하였다.

연산자 오버로딩

C++의 **연산자 오버로딩**(operator overloading) 기능을 사용하면 if(a > b)와 같은 문장으로 두 객체를 비교할 수 있다. 그렇지만 이 책에서는 연산자 오버로딩을 가급적 사용하지 않는다. 연산자 오버로딩은 경우에 따라 코드를 매우 깔끔하게 보이도록 하는 좋은 기능이 될 수 있지만, 연산자 자체의 고유한 의미를 훼손할 수 있고 Java등 다른 객체지향 언어에서도 지원하지 않는 경우가 많다.

복사 생성자와 깊은 복사

앞에서 레퍼런스 형을 설명하였는데, Car::Compare() 함수의 매개변수에 레퍼런스 형을 사용하였다. 이것은 복사 생성자를 호출하지 않으면서도 포인터에 비해 간편한 코드를 만들 수 있는 장점이 있다. 보통 C++에서 동적으로 할당되는 클래스의 멤버 변수와, 이때 발생하는 객체의 깊은 복사 문제, 복사 생성자와 대입 연산자 등은 매우 어렵게 느껴질 것이다.

포인터의 개념이 명확해야만 정확히 이해할 수 있다. 이 책에서는 자료구조에 더 집중하기 위해 복사 생성자가 필요한 경우를 만들지 않는다. 복사 생성자도 연산자 오버로딩과 마찬가지로 무조건 사용하는 것이 더 좋은 것은 아니다. 그러나 좋은 프로그램 개발자가 되기 위해서는 관련 내용을 이해는 하고 있어야 한다. C++의 복사 생성자와 깊은 복사의 개념을 공부해 보기 바란다. 이 책을 이해하기 위해서 꼭 필요하지는 않다.

동적 바인딩

C++에서는 virtual 키워드를 이용해 가장 복잡한 **다형성**(polymorphism)인 **동적 바인딩**(dynamic binding)을 구현한다. 이것은 객체지향언어에서 매우 중요한 개념 중 하나이다. 그러나 동적 바인딩은 필요한 상황에서는 매우 효율적이고 코드를 간결하게 만들지만 일반적인 프로그램 구현에서는 필요가 없다. 이 책에서는 **정적 바인딩**(static binding)만을 사용한다. 이것은 링크 단계에서 모든 함수의 호출이 실제로 어떤 함수를 말하는지를 알 수 있는 바인딩을 말한다. 자세한 내용은 C++ 서적을 참고하기 바란다.

다중 상속

다중 상속은 효율적으로 사용할 수도 있지만 여러 가지 잠재적인 위험이 있어 java 등 많은 객체지향언어에서 제공하지 않지만 C++에서는 제공한다. 본 교재에서는 이를 사용하지 않는다.

템플릿

실제로 외국의 많은 자료구조 책들이 템플릿을 이용하여 내용을 설명하고 있다. 동일한 자료구조의 구현 코드가 다양한 자료형에 대응할 수 있다면 매우 유용할 것이고, 템플릿이 이를 위한 방법을 제공한다. 그러나 본 교재에서는 이들을 사용하지 않는데, 자료구조 자체에 초점을 맞추고 이들을 템플릿이 아닌 C++로 구현해 보는 것이 더 중요하다고 판단하기 때문이다. 그렇지만 표준 템플릿 라이브러리는 이미 만들어진 템플릿을 사용하는 것으로 크게 어렵지 않게 이해할 수 있다. 따라서 이 책에서는 템플릿을 구현하는 방법을 다루지는 않지만 각 자료구조에서 STL이 제공하는 템플릿 클래스를 간단하게 사용하는 방법들은 설명한다.

예외처리

프로그램의 실행 중에 발생하는 경미한 에러를 예외(exception)라고 한다. C++는 Java 와 비슷한 방식의 예외처리 방법을 제공한다. 그러나 이 책에서는 자료구조에 초점을 두기 위해 예외 상항이 발생하면 에러 메시지 출력 함수를 호출하는 것으로 간단히 처리하였다. C++에서 제공하는 예외처리 기법은 관련 도서를 참고하기 바란다.

지금까지 클래스와 C++의 주요 문법에 대해 간략하게 알아보았다. 클래스는 객체지향언어의 핵심이며, C++에서는 앞에서 소개한 부분 이외에도 다양한 기능을 지원한다. 이러한 기능들은 편리하게 사용할 수도 있지만, 반드시 다양한 기능들을 사용하는 것이 더 좋은 프로그램인 것은 아니다. 어떤 기능들은 프로그램을 더 복잡하게 만들고 의미를 모호하게 만든다. 이 책에서는 앞에서 설명한 C++의 기본적이고 핵심적인 부분만을 활용하는데, 이것만으로 대부분의 문제 해결을 효율적으로 할 수 있다. C++의 더 자세한 내용은 관련 자료를 참고하기 바란다.

2.3 배열과 클래스의 응용: 다항식 프로그램

■ 다항식의 추상 자료형

앞에서 공부한 배열과 클래스를 사용하여 **다항식**(polynomial)을 표현하고 여러 가지 연산을 할 수 있는 프로그램을 구현해 보자. 변수(variable) x의 다항식 $p(x)$는 다음과 같이 $a_i x^i$ 형태의 항들의 합으로 구성된다.

$$p(x) = a_n x^n + a_{n-1} x^{n-1} + \cdots + a_1 x + a_0$$

이때 a_i를 **계수**(coefficient), i를 **차수**(exponent)라 부르고, $p(x)$의 가장 큰 차수를 그 **다항식의 차수**라고 부른다. 다항식과 관련된 여러 가지 연산들이 많지만 입출력 연산과 사칙연산 중에서 덧셈과 곱셈을 생각해 보자. 뺄셈은 다항식의 부호를 바꿀 수 있는 연산이 있다면 덧셈을 이용하면 된다. 이들을 바탕으로 다항식의 추상 자료형을 정의해보자.

| ADT 2.2 Polynomial

> 데이터: 음이 아닌 정수 차수와 실수인 계수의 순서 쌍 $<i, a_i>$의 집합으로 표현된 다항식
>
> $$p(x) = a_n x^n + a_{n-1} x^{n-1} + \cdots + a_1 x + a_0$$
>
> 연산 • read(): 다항식을 입력 받는다.
>   • display(): 다항식을 화면에 출력한다.
>   • isZero(): 최고 차수가 0인지를 검사하여 0이면 true를 반환한다.
>   • negate(): 모든 계수의 부호를 바꾼다.
>   • add(p1, p2): 다항식 p1과 p2를 더한다.
>   • mult(p1, p2): 다항식 p1과 p2를 곱한다.

■ 다항식의 표현 방법

다항식을 프로그램에서 표현하려면 어떻게 해야 할까? 여러 가지 방법들을 사용할 수 있다. 아무래도 가장 간단한 방법은 다항식의 모든 계수들을 배열에 저장하는 방법일 것이다. 예를 들어, 다항식 $p(x) = 10x^5 + 6x + 3$을 값이 0인 모든 계수를 포함하서 다시 기술하면 다음과 같다.

$$p(x) = 10x^5 + 0x^4 + 0x^3 + 0x^2 + 6x^1 + 3x^0$$

따라서 다항식의 표현을 위해 계수값의 리스트인 (10, 0, 0, 0, 6, 3)을 배열에 저장하는 방법을 생각할 수 있다.

저장할 배열의 이름을 coef라 하자. 배열에는 어떤 순서로 저장하는 것이 좋을까? 한 가지 방법은 coef[0]에 최고차항의 계수를 저장하고 coef[1]에 그 다음차 등으로 하나씩 내려가면서 저장하는 방법이 있을 것이다. 다른 방법도 있다. 다항식의 계수를 배열의 인덱스(요소 번호)와 동일하게 저장하는 방법이다. 다음 그림은 이들 두 방법의 차이를 보여주고 있다.

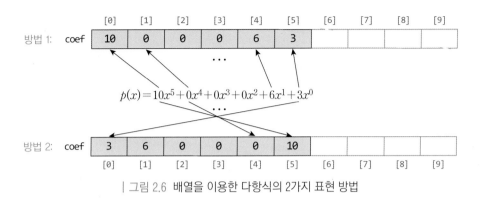

| 그림 2.6 배열을 이용한 다항식의 2가지 표현 방법

그렇다면 어느 방법이 더 좋은가? 어떤 방법을 사용해도 문제없다. 여기서는 방법 1을 사용하자. 물론 최고 차수를 저장하는 변수 **degree**도 하나 있어야 한다.

■ 다항식 프로그램의 구현

추상 자료형을 바탕으로 다항식 클래스를 좀 더 구체적으로 설계하자. 클래식의 이름을 Polynomial이라 하면 다음과 같은 UML 클래스 다이어그램으로 나타낼 수 있다.

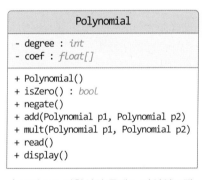

| 그림 2.7 다항식의 클래스 다이어그램

데이터 멤버로는 다항식의 최고차수를 나타내는 변수와 각 항의 계수를 저장할 배열을 갖는다. 계수는 float로 처리하자. 이들은 모두 private로 선언하여 외부에서는 접근할 수 없도록 하였다. 연산들은 ADT에서 생각해 본 것들을 public으로 추가한다. 이제 이를 바탕으로 다항식 클래스를 C++로 구현하자. 구현에는 앞 절에서 설명한 다양한 C++ 문법들을 사용하는데, 이들은 실제로 매우 많이 활용되는 문법이므로 잘 이해해야 할 것이다. 클

래스 다이어그램을 C++로 구현할 예는 다음과 같다.

프로그램 2.7 다항식 클래스의 C++ 구현

```
01  // 파일명: Polynomial.h
02  #include <cstdio>
03  #define MAX_DEGREE 80              // 다항식의 처리 가능한 최대 차수+1
04  class Polynomial {
05      int     degree;               // 다항식의 최고 차수
06      float   coef[MAX_DEGREE];     // 각 항에 대한 계수
07  public:
08      Polynomial() { degree = 0; }  // 생성자: 최대 차수를 0으로 초기화
09
10      // 다항식의 내용을 입력받는 멤버함수
11      void read() {
12          printf("다항식의 최고 차수를 입력하시오: ");
13          scanf( "%d", &degree );
14          printf("각 항의 계수를 입력하시오 (총 %d개): ", degree+1);
15          for( int i=0 ; i<=degree ; i++)
16              scanf( "%f", coef+i );
17      }
18      // 다항식의 내용을 화면에 출력하는 함수
19      void display(char *str=" Poly = ") {        // 디폴트 매개변수 사용
20          printf("\t%s", str);
21          for( int i=0 ; i<degree ; i++)
22              printf("%5.1f x^%d + ", coef[i], degree-i);
23          printf( "%4.1f\n", coef[degree] );
24      }
25      // 다항식 a와 b를 더하는 함수. a와 b를 더해 자신의 다항식 설정.
26      void add( Polynomial a, Polynomial b) {
27          if (a.degree > b.degree) {              // a항 > b항
28              *this = a;                          // a 다항식을 자기 객체에 복사
29              for( int i=0 ; i<=b.degree ; i++ )
30                  coef[i+(degree-b.degree)] += b.coef[i];
31          }
32          else {                                  // a항 <= b항
33              *this = b;                          // b 다항식을 자신에 복사
34              for( int i=0 ; i<=a.degree ; i++ )
```

```
35                      coef[i+(degree-a.degree)] += a.coef[i];
36              }
37       }
38       bool isZero() { return degree == 0; }          // 최고차수가 0 인가?
39       void negate() {                                // 모든 계수의 부호를 바꿈
40           for( int i=0 ; i<=degree ; i++)
41               coef[i] = -coef[i] ;                   // 계수의 부호를 바꿈
42           }
43   };
```

코드 설명

5~6행 데이터 멤버. 다항식의 최고차수 degree와 계수 배열 coef 선언. 배열의 개수는 MAX_DEGREE로 제한함. 즉, MAX_DEGREE−1차 다항식까지만 처리할 수 있도록 선언됨.

8행 생성자. 공백 다항식으로 초기화. 소멸자는 필요 없음.

11~17행 최고차수 degree를 먼저 읽음. 다음으로 degree+1개의 계수를 연속적으로 읽어 들임. 계수의 저장 방법은 그림 2.6의 방법 1과 같음.

19~24행 다항식의 내용을 화면에 출력하는 함수. 디폴트 매개변수를 사용함. p.display("A = ");와 같이 호출하면 str에 "A = "이 전달되고, a.display();와 같이 호출시 매개변수가 생략되면 디폴트 매개변수인 " Poly = "가 str로 복사됨.

26~37행 두 다항식 a와 b를 받아 합을 구하는 함수. 코드를 보다 간결하게 구현하기 위해 두 다항식 a와 b 중 차수가 큰 다항식을 자신으로 복사한 후 나머지 다항식의 계수를 순서적으로 자신의 계수 배열에 차수를 맞춰 더하면 다항식의 덧셈이 완료된다. 즉, c=a+b;를 구하기 위해 먼저 차수가 큰 다항식 a를 선택하고 c=a; 연산을 한 후 차수가 작은 b를 더하는 c+=b; 연산을 통해 합을 구함(28행의 *this = a;는 c=a; 연산이며, 29-30은 c+=b;의 의미임). 배열의 인덱스에 주의할 것.

38행 다항식의 최고 차수가 0인지를 검사하여 0이면 true를 아니면 false를 반환함. 이것은 다음 코드와 동일하며, 이 책에서는 이런 코드를 많이 사용할 예정이므로 반드시 이해해야 함.

```
        if( degree == 0 ) return true;
        else return false;
```

39~42행 모든 계수의 부호를 바꾸는 함수. 즉, $-p(x)$ 로 만드는 함수.

이제 다항식 클래스를 테스트하기 위한 프로그램을 작성한다. 이 프로그램은 다음과 같은 처리를 통해 다항식 클래스의 기능들을 시험한다.

(1) 두 다항식 a와 b를 사용자로부터 읽어 들인다.

(2) 두 다항식 a와 b의 합을 구해 c에 저장한다.

(3) 모든 다항식 a, b, c를 화면에 출력한다.

곱셈을 비롯한 다른 연산은 이 예제에서는 구현하지 않는데, 덧셈과 비슷한 방법으로 어렵지 않게 구현할 수 있을 것이다. 다음은 테스트 프로그램과 실행 결과를 보여준다.

프로그램 2.8 | 다항식 클래스 테스트 프로그램

```
01  // 2장-Polynomial.cpp
02  #include "Polynomial.h"
03  void main() {
04      Polynomial a, b, c;
05      a.read();               // 다항식 a를 읽음 (키보드로 입력)
06      b.read();               // 다항식 b를 읽음 (키보드로 입력)
07      c.add (a, b);           // c = a + b
08      a.display("A = ");      // 다항식 a를 화면에 출력
09      b.display("B = ");      // 다항식 b를 화면에 출력
10      c.display("A+B=");      // 다항식 c=a+b를 화면에 출력
11  }
```

```
C:\Windows\system32\cmd.exe

다항식의 최고 차수를 입력하시오: 5
각 항의 계수를 입력하시오 (총 6개): 3 6 0 0 0 10
다항식의 최고 차수를 입력하시오: 4
각 항의 계수를 입력하시오 (총 5개): 7 0 5 0 1
        A =   3.0 x^5 +   6.0 x^4 +   0.0 x^3 +   0.0 x^2 +   0.0 x^1 + 10.0
        B =   7.0 x^4 +   0.0 x^3 +   5.0 x^2 +   0.0 x^1 + 1.0
        A+B=  3.0 x^5 +  13.0 x^4 +   0.0 x^3 +   5.0 x^2 +   0.0 x^1 + 11.0
계속하려면 아무 키나 누르십시오 . . .
```

■ 희소 다항식의 표현

$10x^{100}+6$과 같은 다항식을 생각해 보자. 차수가 100으로 매우 큰데 비해 계수가 0이 아닌 항은 2개뿐이다. 이와 같이 대부분 항의 계수가 0인 다항식을 **희소 다항식**(Sparse Polynomial)이라 한다. 앞에서 구현한 다항식 클래스로 희소 다항식을 표현한다면 메모리의 낭비가 심한데, 예를 들어 $10x^{100}+6$에서는 101개의 항의 계수를 저장하기 위한 공간 중에서 실제로 2개만 사용되고 나머지는 모두 0으로 채워진다.

희소 다항식을 표현하는데 발생하는 메모리의 낭비를 줄이기 위해 다른 방법으로 다항식 클래스를 설계할 수 있다. 이 방법은 다항식의 모든 계수를 저장하는 것이 아니라 계수가 0이 아닌 항들만을 저장하는 방법이다. 즉, 모든 계수들을 배열에 저장하는 것이 아니라 0이 아닌 항의 정보를 (**계수, 지수**)의 형식으로 저장하는 것이다. 예를 들어, $10x^{100}+6$은

((10, 100), (6, 0))으로 표시하고, $10x^5 + 6x + 3$ 은 ((10, 5), (6, 1), (3, 0))으로 나타낼 수 있다. 그림 2.8은 다항식 $10x^{100} + 6$ 을 앞에서 전체 계수를 저장하는 방법과 0이 아닌 계수를 사용하는 방법으로 표현하였을 때의 메모리 상황을 보여주고 있는데, 확실히 후자가 메모리 측면에서 효율적인 것으로 보인다.

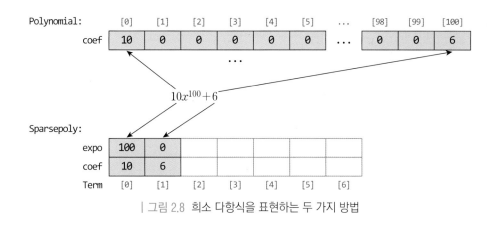

| 그림 2.8 희소 다항식을 표현하는 두 가지 방법

이와 같은 희소 다항식 처리에 유리한 클래스는 어떻게 구현할 수 있을까? 이를 위해서 2개의 클래스가 필요하다. 먼저 항의 정보를 (계수, 지수)의 형태로 저장하기 위해 항을 표현하는 클래스가 있어야 한다. 이 클래스를 Term이라 하면 다음과 같은 구조가 될 것이다.

```
struct Term {              // 하나의 항을 표현하는 클래스
    int      expon;        // 항의 지수
    float    coeff;        // 항의 계수
};
```

Term을 이용해 희소 다항식 클래스를 표현할 수 있다. 이 클래스를 SparsePoly라 하자. 희소 다항식 클래스는 다음과 같이 Term의 객체를 배열로 갖는 구조가 되어야 한다. 물론 계수가 0이 아닌 항의 개수를 저장할 멤버 변수도 필요할 것이다.

```
class SparsePoly {              // 희소 다항식 클래스
    int   nTerms;              // 계수가 0이 아닌 항의 개수
    Term  term[MAX_TERMS];     // 계수가 0이 아닌 항의 배열
    ...                        // 멤버 함수들
};
```

SparsePoly를 구현하는 것은 확실히 Poynomial에 비해 복잡해질 것이다. 따라서 일반적인 다항식이거나 심하지 않은 희소 다항식은 Poynomial를 사용하는 것이 좋다. 만약 메모리의 제한이 큰 시스템이나 심한 희소 다항식에 대해서는 SparsePoly가 더 효율적일 것이다.

| 연습문제 |

1   float **a[100]**;으로 선언된 배열의 시작 주소를 1000번지라고 할 때, 요소 **a[10]**의 주소는 몇 번지인가?

2   다음 배열 중에서 크기가 더 큰 배열은?

① int **array1[10]**;   ② double **array2[6]**;

3   크기가 10인 배열 **two[]**를 선언하고 여기에 2의 제곱 값들을 저장해보자. 즉 배열의 첫 번째 요소에는 2^0을 저장하고 두 번째 요소에는 2^1 값을 저장한다. 마지막 요소에는 2^9 값을 저장한다. for 루프를 이용하여 **two[]** 배열의 전체 요소의 값을 출력하는 프로그램을 작성하라.

4   복소수를 나타내는 클래스를 만들어보자. 복소수는 $real+imag*i$와 같은 형태를 갖는다. 여기서 $i=\sqrt{-1}$ 이다. 복소수에 필요한 속성들과 가능한 메소드들을 결정한 후에, 클래스를 작성하고 객체를 생성하여서 테스트하라.

5   사각형을 나타내는 클래스 Rectangle을 만들어보자. 사각형은 가로(w)와 세로(h)를 가지며, 사각형의 넓이를 반환하는 area(), 사각형의 둘레를 반환하는 perimeter() 등의 메소드를 가진다. Rectangle 클래스를 작성하고 객체를 생성하여 테스트하라.

6   2차원 배열로 행렬(matrix)이 주어졌을 때 전치 행렬(transpose)을 구하는 프로그램을 작성하라.

| 프로그래밍 프로젝트 |

1 프로그램 2.7의 다항식 클래스를 다음과 같이 확장하라.

(1) 두 다항식 a와 b의 뺄셈을 구하는 멤버 함수 sub를 구현하라.

```
void sub( Polynomial a, Polynomial b );  // c.sub(a,b)는 c=a-b
```

(2) 두 다항식의 곱셈을 구하는 멤버 함수 mult를 구현하라.

```
void mult( Polynomial a, Polynomial b );  // c.mult(a,b)는 c=a*b
```

(3) 다항식의 연산 결과 최고차항의 계수가 0으로 변할 수 있다. 현재 다항식의 계수를 분석해 최고차항의 계수가 0이 아닌 값이 나오도록 다항식의 속성 값들을 변경하는 멤버 함수 trim을 구현하라.

```
void trim( );
```

```
A-B=  0.0 x^5 +  0.0 x^4 +   0.0 x^3 +   5.0 x^2 +   0.0 x^1 + 11.0
변경 후 -->
A-B=  5.0 x^2 +   0.0 x^1 + 11.0
```

(4) 다항식의 출력 함수 display를 수정하여 계수가 0인 항은 출력되지 않도록 변경하라. 또한 계수가 1인 경우는 계수 1을 출력하지 않도록 변경하라.

```
void display(char *str=" Poly = ");
```

```
A+B=  3.0 x^5 + 1.0 x^4 +  0.0 x^3 +   5.0 x^2 +  0.0 x^1 + 11.0
변경 후 -->
A+B=  3.0 x^5 +  x^4 +   5.0 x^2 +   11.0
```

| Hint | 이 문제를 해결하기 위해서는 그림 2.6의 방법 2와 같이 다항식의 계수를 저장하는 것이 더 유리할 것이다.

2   [심화문제] 희소 다항식을 위한 클래스 SparsePoly를 구현하라.

(1) 각 항을 나타내는 Term 클래스를 설계하고 구현하라.

(2) SparsePoly 클래스를 설계하고 다음 멤버 함수를 구현하라.

```
void read();                            // 희소 다항식 입력 함수
void add( SparsePoly a, SparsePoly b ); // c.add(a,b)는 c=a+b
void display(char *str="SPoly = ");     // 희소 다항식 출력 함수
```

CHAPTER

03

스택

학습목표

- 스택의 개념과 추상 자료형을 이해한다.
- 스택의 동작 원리를 이해한다.
- 배열을 이용한 스택의 구현 방법을 이해한다.
- 추상 자료형을 C++ 클래스로 구현할 수 있는 능력을 배양한다.
- 괄호 검사, 수식의 계산 및 미로 탐색 등에 스택을 활용하여 문제를 해결할 수 있는 능력을 배양한다.
- STL의 스택을 사용할 수 있는 능력을 배양한다.

3 스택

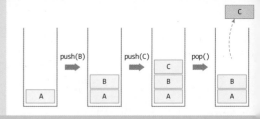

3.1 스택의 추상 자료형

■ 스택이란?

스택은 가장 간단한 형태의 자료구조 중 하나로, 식당의 주방에 쌓여있는 접시 더미를 생각하면 쉽게 이해할 수 있다. 주방에서 접시를 닦는 사람은 방금 닦은 접시를 항상 접시더미의 맨 위에 올려놓는다. 요리사는 요리를 담을 새 접시가 필요하면 항상 맨 위에 있는 접시를 꺼내 음식을 담아 손님들에게 제공한다. 접시를 닦아 넣거나 꺼낼 때 접시 더미의 중간에 있는 것들을 사용할 수도 있겠지만, 쌓인 접시가 넘어져 깨지지 않도록 하기 위해서는 매우 조심스럽고 번거로운 작업이 필요할 것이다. 따라서 가장 최근에 들어온 접시가 맨 위에 놓이고, 또 이 접시가 가장 먼저 사용된다. 이런 입출력 형태를 **후입선출**(LIFO:Last-In First-Out)이라고 한다. **스택(stack)**은 이와 같이 자료의 입출력이 후입선출의 형태로 일어나는 자료구조를 말한다.

| 그림 3.1 일상생활에서의 스택의 예(식당 주방에서 접시를 닦아 쌓는 사람과 접시를 꺼내 요리를 담는 주방장)

스택은 가장 먼저 입력된 데이터가 맨 아래에 쌓이고 가장 최근에 입력된 데이터가 가장 위에 쌓이는 구조를 가지고 있다. 스택에서의 입출력은 맨 위에서만 일어나고 스택의 중간에서는 데이터를 삽입하거나 삭제할 수 없다. 그림 3.2와 같이 스택에서 입출력이 이루어지는 부분을 **스택 상단**(stack top)이라 하고 반대쪽인 바닥부분을 **스택 하단**(stack bottom)이라고 한다. 스택에 저장되는 것을 **요소**(element) 또는 항목이라 부른다. 스택에 요소가 하나도 없는 경우를 **공백**(empty) **상태**라 하고 꽉 차서 더 이상 요소를 넣을 수 없는 상태를 **포화**(full) **상태**라 한다.

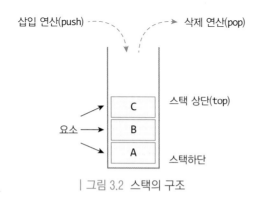

| 그림 3.2 스택의 구조

■ 스택의 추상 자료형

스택에 보관할 수 있는 자료들에는 어떤 것이 있을까? 접시나 상자는 물론이고 해야 할 일이나 문서 편집기에서 자신이 실행했던 작업 등 어떤 것이든 될 수 있다. 그러면 스택으로 할 수 있는 연산들에는 무엇이 있을까? 접시를 보관하는 접시 함을 스택으로 구현한다고 생각해보자. 우리는 접시함을 이용해 다음과 같은 작업을 하려고 할 것이고, 이것을 스택의 연산으로 대응시키면 다음과 같다.

- 닦은 접시를 보관함에 넣는다. → 새로운 항목을 스택에 삽입한다.
- 보관함에서 접시 하나를 꺼낸다. → 스택에서 하나의 항목을 가져온다.
- 보관함에 접시가 있는지 살핀다. → 스택이 비어있는지 살핀다.

만약 접시함이 더 고급이라면 다른 기능들도 많을 것이다. 몇 가지의 고급 기능을 생각해보자.

- 접시를 꺼내지 않고 맨 위의 접시가 무엇인지 알아본다.
- 보관함이 가득 차 있는지를 살핀다.
- 보관함 내의 접시 개수를 알려준다.
- 보관함 내에 어떤 접시가 있는지 모니터에 출력해준다.

물론 이 기능들은 핵심 기능들은 아니며 기본 연산들을 조합해서 구현할 수 있을 것이다. 예를 들어, 첫 번째 기능은 먼저 접시를 하나 꺼내서 무슨 접시인지 알아보고 다시 원래대로 삽입하면 되므로 접시 보관함의 필수 기능이라고 보기는 어려울 것이다.

아직까지 우리는 스택을 어떻게 구현할 것인지에 대해서는 전혀 생각하지 않았다. 추상 자료형은 스택이 무엇이냐(what)에 대해서만 관심이 있고 어떻게(how) 구현할 것인가에 대해서는 걱정하지 않는다. 스택을 추상 자료형으로 정의해보자. 앞에서 생각한 연산들에 이름을 붙이고 설명한다.

| ADT 3.1 **Stack**

> 데이터: 후입선출(LIFO)의 접근 방법을 유지하는 요소들의 모음
>
> 연산 • push(x): 주어진 요소 x를 스택의 맨 위에 추가한다.
>
> - pop(): 스택이 비어있지 않으면 맨 위에 있는 요소를 삭제하고 반환한다.
> - isEmpty(): 스택이 비어있으면 true를 아니면 false를 반환한다.
> - peek(): 스택이 비어있지 않으면 맨 위에 있는 요소를 삭제하지 않고 반환한다.
> - isFull(): 스택이 가득 차 있으면 true를 아니면 false을 반환한다.
> - size(): 스택 내의 모든 요소들의 개수를 반환한다.
> - display(): 스택 내의 모든 요소들을 출력한다.

스택에서 가장 중요한 연산은 요소를 삽입하는 push와 삭제하는 pop이다. 그림 3.3은 초기의 공백 스택에 일련의 push와 pop 연산이 진행되는 과정을 보여준다. push(A), push(B), push(C)가 수행됨에 따라 맨 먼저 A가 스택에 들어가고, 그 위에 B와 C가 순서적으로 쌓이게 된다. pop()은 맨 위에 있는 C를 꺼낸다. 만약 삽입 과정에 더 이상 쌓을 공간이 없다면 push 연산이 불가능하고, 따라서 오류가 발생한다. 마찬가지로 스택이 공백 상태가 되면 pop 연산이 불가능하고, 역시 오류가 발생한다.

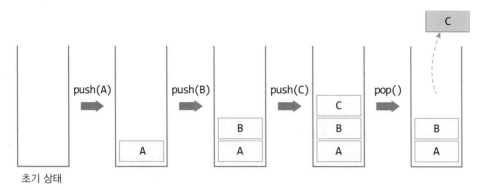

| 그림 3.3 스택의 삽입과 삭제 연산

isEmpty와 isFull 연산은 스택이 공백 상태에 있는지 포화 상태에 있는지를 검사한다.
pop 연산에서는 먼저 isEmpty 연산을 호출하여 혹시 스택이 공백 상태가 아닌지를 검사해
야 할 것이다. 반대로 push 연산에서는 먼저 스택이 가득 차서 더 삽입할 수 없는 상태인
지를 isFull 연산을 이용해 검사해야 한다. **peek 연산**은 요소를 스택에서 삭제하지 않고
보기만 하는 연산이다. 이에 비해 **pop 연산**은 요소를 스택에서 꺼내오기 때문에 스택에서
는 없어진다.

■ 스택의 활용 예

스택은 특히 자료의 출력순서가 입력순서의 역순으로 이루어져야 할 경우에 매우 긴요하게
사용된다. 예를 들면 (A, B, C, D, E)의 데이터가 있을 때 데이터들의 순서를 (E, D, C, B,
A)처럼 역순으로 하고 싶다면 데이터를 전부 스택에 입력했다가 다시 꺼내면 된다. 스택의
주요 활용 분야는 다음과 같다.

- 문서나 그림, 수식 등의 편집기(Editor)에서 **되돌리기(undo) 기능**을 구현할 때 스택
  이 사용된다. 보통 되돌리기 기능은 수행된 명령어들 중에서 가장 최근에 수행된 것
  부터 순서적으로 취소해야하기 때문이다.
- **함수 호출**에서 복귀 주소를 기억하는데 스택을 사용한다. 그림 3.4는 함수 호출에
  서 스택이 사용되는 예를 보여준다. main()에서 함수 a()를 호출하고 a()에서 다
  시 b()와 c()를 연속적으로 호출하였다. 프로그램에서 함수가 호출될 때 마다 스택
  에 현재 수행 중인 문장의 주소와 그 함수에서 사용되고 있는 변수의 값들이 스택

에 저장된다. 하나의 함수가 끝나면 스택에서 가장 최근의 복귀 주소를 구해서 그 곳으로 돌아간다. 이때 사용되는 스택은 운영체제가 사용하는 시스템 스택으로 사용자는 접근할 수 없다. 이 시스템 스택에는 함수가 호출될 때마다 **활성화 레코드**(activation record)가 만들어지며 여기에 현재 수행되는 명령어의 주소인 프로그램 카운터(program counter) 값이 기록된다. 이 값이 복귀 주소가 된다. 활성화 레코드에는 함수 호출시 파라미터와 함수 안에서 선언된 지역 변수들도 함께 저장된다.

- 소스코드나 문서에서 괄호 닫기가 정상적으로 되었는지를 검사하는 프로그램에서도 스택을 사용한다. 계산기 프로그램에서 입력된 수식을 계산하는 과정에 스택이 사용된다. 또한 미로에서 출구를 찾기 위해서도 스택을 사용할 수 있다. 이 장에서는 먼저 기본적인 스택의 구현 방법을 공부한 후 이들 문제의 해결에 스택을 활용하는 방법을 배운다.

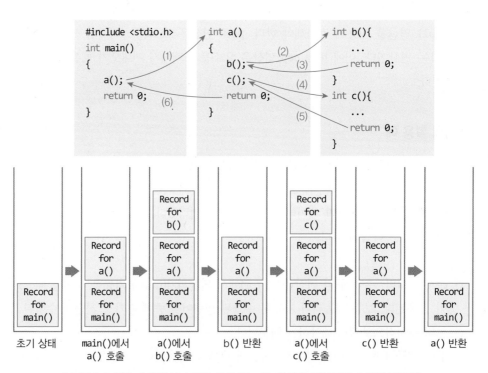

| 그림 3.4 함수 호출에서 스택을 사용하는 예: 활성화 레코드가 스택에 저장됨.

■ 스택의 구현 방법

자 그러면 추상 자료형을 바탕으로 스택을 어떻게 구현할 것인가를 생각해보자. 스택을 구현하기 위해 배열을 사용할 수도 있고, 연결 리스트를 사용할 수도 있다. 배열을 이용하면 스택 ADT를 가장 간단하게 구현할 수 있다. 그러나 배열의 특성에 따라 스택의 크기가 고정되는 단점이 있다. 즉, 그림 3.5의 일반 공책과 같이 크기가 고정된 공책에 항목들을 적으면 언젠가 공책이 가득 찰 수 있듯이 스택을 배열로 구현하면 넣을 수 있는 항목의 수가 제한된다.

다른 방법으로 포인터를 이용한 연결 리스트를 활용하여 구현할 수 있다. 이것은 그림 3.5의 오른쪽과 같이 필요할 때마다 중간에 속지를 추가해서 사용할 수 있는 바인더 공책과 비슷하다. 이 방법은 조금 복잡하긴 하지만 크기가 제한되지 않는 유연한 리스트를 구현할 수 있다. 연결 리스트로 스택을 구현하면 크기의 제한이 없으므로 스택 ADT에서 `isFull` 연산이 더 이상 필요가 없다.

일반 공책 = 배열   바인더 공책 = 연결 리스트

| 그림 3.5 배열과 연결 리스트의 차이점

먼저 이 장에서는 배열을 이용하여 스택 ADT를 구현하는 방법을 다룬다. 연결 리스트로 구현하는 방법은 5장에서 포인터와 함께 다시 설명하기로 한다.

3.2 스택의 구현

배열은 거의 모든 프로그래밍 언어에서 지원한다. 배열은 순차적인 메모리 공간에 할당된다고 해서 **순차적 표현**(sequential representation)라고도 한다. 배열은 같은 자료형의 변수를 여러 개 만드는 경우에 특히 유용하고, 항목을 저장할 수 있는 여러 개의 공간을 제공한다. 각 공간은 정확히 하나의 항목만을 담으며 각 항목들은 인덱스 번호를 통해 직접 접근할 수 있다. 크기가 고정된 배열은 그 크기만큼의 상자들의 집합과 같다. 상자에는 우리가 저장하고 싶은 항목을 저장한다. 상자에는 번호가 붙어 있고 0부터 시작한다.

■ 배열을 이용한 스택의 표현

스택을 가장 간단하게 구현할 수 있는 방법은 배열을 이용하는 것이다. 정수를 저장할 수 있는 스택을 생각해보자. 정수를 저장할 스택을 만들려면 정수의 1차원 배열이 있어야 한다. 이를 data[MAX_STACK_SIZE]라 하자. 이 배열을 이용하여 스택의 요소들을 저장하게 된다. 스택에서는 삽입과 삭제 연산을 위한 변수인 top이 필요하다. 이 변수는 스택에서 가장 최근에 입력되었던 자료의 위치를 가리킨다. 상수인 MAX_STACK_SIZE은 스택에 저장할 수 있는 최대 요소의 개수를 나타낸다. 그림 3.6은 배열을 이용한 스택의 구조를 보여주고 있다.

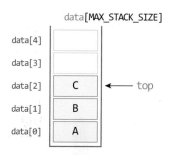

| 그림 3.6 배열을 이용한 스택의 구현

스택이 처음 생성되면 top은 −1로 초기화된다. 새로운 항목이 스택에 push()로 추가된다면 top+1 위치인 data[0]에 저장된다.

공백 상태와 포화 상태 검사

그림 3.7은 스택의 공백 상태와 포화 상태를 나타내고 있다. top이 −1이면 스택에는 항목이 하나도 없는 공백 상태이고, top이 MAX_STACK_SIZE−1이면 포화 상태를 의미한다.

알고리즘 3.1은 스택이 공백 상태를 검사하기 위한 isEmpty 연산을 유사 코드로 표현한 것이다. 또한 알고리즘 3.2는 스택의 포화 상태를 검사하기 위한 isFull 연산을 유사 코드로 표현하고 있다(유사 코드에서 =는 비교 연산을 의미한다. 대입 연산은 ←로 나타낸다).

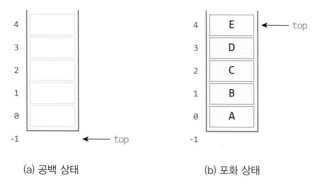

(a) 공백 상태   (b) 포화 상태

| 그림 3.7 스택의 공백 상태와 포화 상태(MAX_STACK_SIZE는 5이다.)

| 알고리즘 3.1 스택의 isEmpty 연산

> *isEmpty()*
>
> if *top* = -1
>   then return TRUE
>   else return FALSE

| 알고리즘 3.2 스택의 isFull 연산

> *isFull()*
>
> if *top* = MAX_STACK_SIZE-1
>   then return TRUE
>   else return FALSE

삽입 연산

push 연산을 생각해보자. 그림 3.8과 같이 새로운 항목 C를 스택에 삽입하면 C는 스택의 맨 위에 올라간다. 물론 top도 하나 증가시켜야 한다. 알고리즘 3.3은 스택의 push 연산을 유사 코드로 표현한 것이다. 스택이 가득 차면 더 이상 삽입이 불가능하므로 push 연산에서는 먼저 isFull 연산을 이용하여 이를 검사한다. 스택이 가득 차 있다면 에러 메시지만 출력한다. 그렇지 않으면 top을 먼저 하나 증가시킨 후 이 위치에 요소 x를 스택에 삽입한다. 이 순서에 유의하라. 삽입 연산 후 top은 여전히 가장 최근에 삽입된 요소의 위치를 가리켜야 한다.

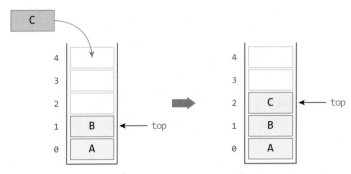

| 그림 3.8 스택의 push 연산

| 알고리즘 3.3 스택의 push 연산

push(x)

if isFull()
    then error "overflow"
    else *top* ← top + 1
        data[top] ← *x*

삭제 연산

pop 연산은 **top**이 가리키는 요소를 스택에서 꺼내서 반환하는 연산이다. 이 경우에도

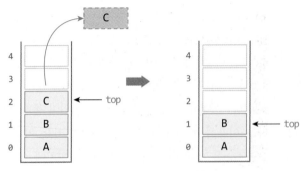

| 그림 3.9 스택의 pop 연산

isEmpty 연산을 이용하여 먼저 스택의 공백 여부를 검사해야 하는데, 공백이면 에러 메시지만 출력한다. 비어 있지 않으면 top이 가리키는 값을 반환하고 top을 하나 감소시킨다.

| 알고리즘 3.4 스택의 pop 연산

---

pop()

if isEmpty()
    then error "underflow"
    else e ← *data[top]*
        top ← top-1
        return e

■ 배열을 이용한 스택의 구현

이제 배열을 이용한 스택을 C++로 구현해보자. 스택 클래스의 이름은 ArrayStack으로 하고, 단순화를 위해 스택에 저장되는 요소들의 자료형은 int로 한다. 스택의 추상 자료형을 바탕으로 UML 다이어그램을 이용하여 스택을 보다 구체적으로 설계하자. 클래스 다이어그램으로 설계한 ArrayStack 클래스는 그림 3.10과 같다. UML 다이어그램에서 파란색으로 표시된 자료형 *int*는 스택 요소의 자료형을 나타낸다. 이 자료형은 스택의 동작과는 관련이 없으며 스택의 용도에 따라 다양하게 변경될 수 있다. 클래스 다이어그램은 다음을 나타낸다. 클래스 다이어그램의 구성을 다시 한번 확인하자.

- 첫 번째 박스는 클래스의 이름을 나타낸다.
- 두 번째 박스는 데이터 멤버를 나타낸다. 스택의 **top** 변수와 항목을 저장할 배열을 데이터 멤버로 갖는다. 이들은 모두 '–'로 나타내었으므로 private의 접근 권한을 갖는다.
- 세 번째 박스는 멤버 함수(method)들을 나타낸다. 생성자와 함께 앞에서 설명한 연산들을 이름과 매개변수, 반환형을 나타내고 있다.

```
┌─────────────────────────────┐
│         ArrayStack          │
├─────────────────────────────┤
│ - top : int                 │
│ - data : int[]              │
├─────────────────────────────┤
│ + ArrayStack(void)          │
│ + push(int item)            │
│ + pop() : int               │
│ + peek() : int              │
│ + isEmpty() : bool          │
│ + isFull() : bool           │
│ + display()                 │
└─────────────────────────────┘
```

| 그림 3.10 ArrayStack의 설계(클래스 다이어그램)

이를 바탕으로 최종적으로 구현된 ArrayStack 클래스는 프로그램 3.1과 같다. 이 책에서는 클래스의 멤버 함수들을 대부분 인라인(inline) 함수로 모두 헤더파일(.h)에서만 구현할 것이다. 이것은 구현할 멤버 함수가 크게 복잡하지 않고, 설명의 혼란을 피하며, 소스 파일의 수를 줄이고 Java 등 다른 언어와 비슷한 방법으로 구현하기 위해서이다.

C++에서는 bool 자료형을 제공하는데 isEmpty()와 isFull()과 같은 상태 검사 연산들의 반환형은 bool 형이 적절하다. int 형과 bool 형은 정확히 구분하여 사용하는 것이 좋다. 예를 들어, 프로그램 3.1의 19행에서 연산 top == -1의 자료형은 int가 아니라 bool 형이며 참이면 true를, 거짓이면 false를 반환한다.

프로그램 3.1　C++ 배열로 구현한 int 스택 클래스

```
01   // ArrayStack.h : 배열을 이용한 int 스택 클래스
02   #include <cstdio>    /* C 헤더파일 <stdio.h>을 포함하는 것과 동일 */
03   #include <cstdlib>   /* C 헤더파일 <stdlib.h>을 포함하는 것과 동일 */
04
05   // 오류 처리 함수
06   inline void error(char *message) {
07           printf("%s\n",message);
08           exit(1);
09   }
10
11   const int MAX_STACK_SIZE = 20;     // 스택의 최대 크기 설정
12   class ArrayStack
13   {
```

```
14        int  top;                      // 요소의 개수
15        int  data[MAX_STACK_SIZE];      // 요소의 배열
16    public:
17        ArrayStack() { top = -1; }      // 스택 생성자 (ADT의 create()역할)
18        ~ArrayStack(){}                 // 스택 소멸자
19        bool isEmpty() { return top == -1; }
20        bool isFull()  { return top == MAX_STACK_SIZE-1; }
21
22        void push ( int e ) {           // 맨 위에 항목 삽입
23            if( isFull() ) error ("스택 포화 에러");
24            data[++top] = e;
25        }
26
27        int pop ( ) {                   // 맨 위의 요소를 삭제하고 반환
28            if( isEmpty() ) error ("스택 공백 에러");
29            return data[top--];
30        }
31
32        int peek ( ){                   // 삭제하지 않고 요소 반환
33            if( isEmpty() ) error ("스택 공백 에러");
34            return data[top];
35        }
36        void display ( ) {              // 스택 내용을 화면에 출력
37            printf("[스택 항목의 수 = %2d] ==> ", top+1) ;
38            for (int i=0 ; i<=top ; i++ )
39                printf("<%2d>", data[i]);
40            printf("\n");
41        }
42    };
```

코드 설명

6~9행 오류 처리 함수. 공백 상태에서 pop()이나 peek() 연산을 하거나 포화 상태에서 push() 연산을 시도하면 정상적인 처리가 불가능하므로 오류 상황이 됨. 이 책에서는 오류가 발생하면 오류 메시지를 출력하고 프로그램을 종료하는 것으로 간단히 처리하였음. 만약 오류 상황이 발생해도 프로그램을 종료하고 싶지 않으면 그에 따른 처리를 해주어야 함. exit() 함수를 사용하기 위해 3행의 〈cstdlib〉를 포함시킴. 헤더파일에서 구현하였으므로 이 함수는 inline 함수로 처리함.

11행 스택의 최대 크기를 설정함. #define을 이용한 매크로 방식을 사용할 수도 있고 const 키워드를 이용한 방법을 사용할 수도 있음.

12행 배열을 이용한 스택 클래스 선언.

14~15행 데이터 멤버 선언. 스택의 항목 개수와 항목들을 저장할 배열을 선언. 이들은 모두 private로 선언되어 있음.

16행 접근 지정자. 이 행 이후의 모든 멤버(변수와 함수)들은 다른 접근 지정자가 나타나기 전까지 모두 public이 됨.

17행 기본 생성자. 새로운 스택 객체가 만들어지면 이 함수가 호출됨. 새로운 객체는 공백 상태이어야 하므로 top은 −1로 설정해야 함.

18행 소멸자. 스택 객체가 소멸될 때 이 함수가 호출됨. 특별한 처리가 필요 없는 경우는 이 행을 생략해도 됨.

19~20행 스택의 공백 상태와 포화 상태를 검사하는 함수.

22~25행 삽입 연산. 알고리즘 3.3의 구현. 실제 삽입 전에 스택이 삽입할 수 있는 상태인지 isFull()을 이용해 검사해야 함. top 변수의 증감 연산자에 유의할 것.

27~30행 삭제 연산. 알고리즘 3.4의 구현. 먼저 스택이 공백 상태가 아닌지를 검사해야 함. top 변수의 증감 연산자에 유의할 것.

32~35행 peek 연산. 삭제 연산과 유사하지만 top 변수의 변화가 없음.

36~41행 스택의 현재 상태를 화면에 출력하는 함수. 먼저 전체 스택의 항목 수를 출력하고, 가장 먼저 들어온 요소부터 최근에 들어온 요소 순으로 내용을 출력함. 반복문 for의 종료 조건 (i<=top)에 유의할 것.

프로그램 3.2는 구현된 ArrayStack 클래스를 테스트하는 프로그램을 보여주고 있다. 프로그램이 실행되면 스택 객체를 하나 생성하고 1부터 9까지의 int 값을 순서대로 스택에 저장한다. 다음으로 스택의 내용을 출력하고, pop 연산을 세 번 호출한다. 마지막으로 남은 스택의 내용을 화면에 출력한다.

프로그램 3.2 ArrayStack 클래스 테스트 프로그램

```
01  // 3장-ArrayStackTest.cpp
02  #include "ArrayStack.h"  // ArrayStack 클래스 포함
03  void main()
04  {
05      ArrayStack stack;
06      for( int i=1 ; i<10 ; i++ )
07          stack.push( i );
08      stack.display();
09      stack.pop();
10      stack.pop();
11      stack.pop();
12      stack.display();
13  }
```

```
[스택 항목의 수 =  9] ==> < 1>< 2>< 3>< 4>< 5>< 6>< 7>< 8>< 9>
[스택 항목의 수 =  6] ==> < 1>< 2>< 3>< 4>< 5>< 6>
계속하려면 아무 키나 누르십시오 . . . .
```

■ 복잡한 구조의 항목에 대한 스택의 구현

만약 스택에 저장되어야 하는 값이 정수나 문자가 아니고 더 복잡한 구조를 갖는 항목이면 어떻게 해야 할까? 예를 들어, 학생에 대한 정보라면 학번, 이름, 학과 등의 정보가 포함되어야 할 것이다. 프로그램 3.1에서는 int를 저장하는 스택을 구현하였다. 만약 학생 정보를 저장하는 스택을 구현하려면 먼저 스택에 저장할 요소를 위한 새로운 클래스가 필요하다. 그림 3.11은 학생의 정보를 나타내는 Student 클래스를 만들고, Student 객체들을 관리하는 학생 스택을 만드는 예를 클래스 다이어그램으로 보여준다. 이제 스택의 요소에는 한 학생의 학번(int), 이름(문자열, char[]) 및 학과(문자열) 정보가 저장된다.

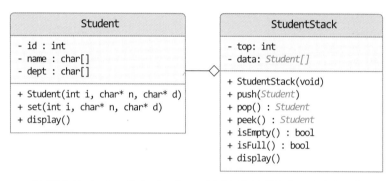

| 그림 3.11 Student와 StudentStack 클래스의 설계(클래스 다이어그램)

이 클래스 다이어그램을 C++로 구현한 예는 프로그램 3.3 및 3.4와 같다. 스택에 저장하는 요소의 자료형이 바뀌더라도 스택의 동작에는 큰 차이가 없다.

프로그램 3.3   Student 클래스

```
01  // Student.h : 학생 정보를 나타내는 클래스
02  #include <cstdio>
03  #include <cstdlib>
04  #include <cstring>              // C 헤더파일 <string.h>을 포함하는 것과 동일
05  #define MAX_STRING 100
06  class Student {
07      int  id;                    // 학번
08      char name[MAX_STRING];      // 이름
09      char dept[MAX_STRING];      // 소속 학과
```

```cpp
10   public:
11       Student(int i=0, char* n="", char* d="") { set( i, n, d ); }
12       void set(int i, char* n, char* d) {
13           id = i;
14           strcpy( name, n );          // 문자열 복사 함수
15           strcpy( dept, d );          // 문자열 복사 함수
16       }
17       void display() {
18           printf(" 학번:%-15d 성명:%-10s 학과:%-20s\n", id, name, dept);
19       }
20   };
```

코드 설명

4행 문자열 복사 함수 strcpy()를 위해 포함.

5행 학생의 이름과 학과 정보를 위한 문자열의 최대 길이.

7~9행 데이터 멤버 선언. 학번, 이름 및 학과를 저장할 수 있도록 함.

11행 디폴트 매개변수를 사용하여 기본 생성자를 겸해서 사용할 수 있도록 만든 생성자. set() 함수를 이용해 데이터 멤버를 초기화 함.

12~16행 학생 정보를 설정하는 함수. 문자열 복사에는 strcpy()를 사용함.

17~19행 학생 정보를 화면에 출력하는 함수.

프로그램 3.4　StudentStack 클래스

```cpp
01   // StudentStack.h : 학생정보 스택 클래스
02   #include "Student.h"
03   const int MAX_STACK_SIZE = 100;    // 스택의 최대 크기 설정
04   inline void error(char* str) {...}  // 프로그램 3.1의 error()함수와 동일
05
06   class StudentStack {
07       int  top;                       // 요소의 개수
08       Student data[MAX_STACK_SIZE];   // 요소의 배열
09   public:
10       StudentStack() { top = -1; }    // 스택 생성자
11       bool isEmpty() { return top == -1; }
12       bool isFull()  { return top == MAX_STACK_SIZE-1; }
```

```
13
14      void push ( Student e ) {        // 맨 위에 항목 삽입
15          if( isFull() ) error ("스택 포화 에러");
16          data[++top] = e;
17      }
18      Student pop ( ) {                // 맨 위의 요소를 삭제하고 반환
19          if( isEmpty() ) error ("스택 공백 에러");
20          return data[top--];
21      }
22      Student peek ( ){                // 삭제하지 않고 요소 반환
23          if( isEmpty() ) error ("스택 공백 에러");
24          return data[top];
25      }
26      void display ( ) {       // 스택 내용을 화면에 출력
27          printf("[전체 학생의 수 = %2d]\n", top+1) ;
28          for (int i=0 ; i<=top ; i++ )
29              data[i].display();       // 각 학생 정보 출력
30          printf("\n");
31      }
32  };
```

코드 설명

2행 학생 정보 클래스를 포함.

8행 배열의 요소가 Student가 됨. 따라서 data는 Student의 배열이 됨.

14행 삽입 연산 함수의 매개변수를 Student로 선언함. push() 함수 호출시 매개변수 e에 Student 객체가 복사됨(디폴트 복사 생성자가 사용됨). 만약 Student 객체가 너무 커서 복사의 부담이 있다면 다음과 같이 포인터 형이나 레퍼런스 형으로 선언할 수도 있음.

```
void push (Student* pe);        // 포인터 형으로 처리한 매개변수
void push (Student& e);         // 레퍼런스 형으로 처리한 매개변수
```

16행 객체 간에 대입 연산자가 사용됨. 객체의 복사가 이루어짐(디폴트 대입 연산자가 사용됨).

18, 22행 pop과 peek 연산의 반환형을 Student로 선언함. 역시 포인터 형 Student*나 레퍼런스 형 Student&로 처리할 수도 있음.

29행 각 학생 정보의 출력은 Student의 멤버함수 display()에서 처리함.

마지막으로 이 클래스들을 사용하는 방법을 생각해보자. 스택 객체를 먼저 하나 만드는 것까지는 동일하다. 그러나 스택에 int 값 하나를 넣는 것과는 달리 Student 객체를 만들

어 push 연산의 매개변수로 전달하여야 한다. 먼저 다음과 같이 구현할 수 있다.

```
Student  s;
s.set( 2015130007, "홍길동", "컴퓨터공학과" );
stack.push (s);
```

코드가 너무 길다. Student의 생성자를 사용하면 다음과 같이 줄일 수 있다.

```
Student  s( 2015130007, "홍길동", "컴퓨터공학과" );
stack.push (s);
```

이것 역시 여러 학생 정보를 스택에 넣기에는 좀 번거롭다. 다음 코드는 한 줄로 객체를 만들어 삽입한다(임시 객체를 만들어 전달하고 임시 객체는 삭제됨).

```
stack.push( Student( 2015130007, "홍길동", "컴퓨터공학과" ) );
```

프로그램 3.5는 이와 같은 방법으로 학생 스택을 테스트하는 예를 보여준다.

프로그램 3.5 StudentStack 테스트 프로그램

```cpp
01  // 3장-StudentStack.cpp : StudentStack 테스트 프로그램
02  #include "StudentStack.h"
03  void main() {
04      StudentStack stack;
05      stack.push( Student(2015130007, "홍길동", "컴퓨터공학과") );
06      stack.push( Student(2015130100, "이순신", "기계공학과") );
07      stack.push( Student(2015130135, "황희", "법학과") );
08      stack.display();
09      stack.pop( );
10      stack.display();
11  }
```

```
C:\Windows\system32\cmd.exe
[전체 학생의 수 =  3]
 학번:2015130007      성명:홍길동       학과:컴퓨터공학과
 학번:2015130100      성명:이순신       학과:기계공학과
 학번:2015130135      성명:황희         학과:법학과

[전체 학생의 수 =  2]
 학번:2015130007      성명:홍길동       학과:컴퓨터공학과
 학번:2015130100      성명:이순신       학과:기계공학과

계속하려면 아무 키나 누르십시오 . . .
```

■ 연결 리스트를 이용한 스택

배열을 이용하여 구현한 스택은 구현이 간편하지만 약점이 하나 있다. 스택의 크기가 제한된다는 것이다. 앞에서 구현한 스택의 크기는 MAX_STACK_SIZE에 제한된다. 그러면 다른 방법은 없을까? 물론 있다. 다음 그림의 방법 2와 같이 연결 리스트를 이용하는 것이다.

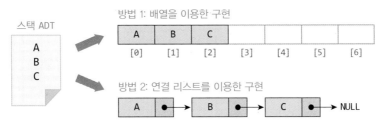

| 그림 3.12 스택 추상 자료형을 구현하는 2가지 방법: 배열을 이용하는 방법과 연결 리스트를 이용하는 방법

방법 2와 같이 구현한 스택을 **연결된 스택**(linked stack) 또는 **연결 리스트로 구현한 스택**이라고 한다. 연결 리스트는 복잡한 포인터 연산을 필요로 하는 구현 방법이다. 따라서 연결 리스트로 스택을 구현하는 것은 5장에서 포인터를 더 자세히 다룬 후 공부하기로 한다.

3.3 스택의 응용: 괄호 검사

■ 괄호 검사와 스택

프로그램의 소스코드에서는 여러 가지 유형의 괄호들이 사용되는데, 같은 유형의 괄호가 쌍이 되도록 구성되어 있어야 한다. C++ 소스코드에서도 대괄호 [ ], 중괄호 { }, 소괄호 ( ) 등이 사용되는데, 일반적인 괄호의 검사 조건은 다음의 3가지로 나눌 수 있다.

- 조건 1: 왼쪽 괄호의 개수와 오른쪽 괄호의 개수가 같아야 한다.
- 조건 2: 같은 타입의 괄호에서 왼쪽 괄호는 오른쪽 괄호보다 먼저 나와야 한다.
- 조건 3: 서로 다른 타입의 왼쪽 괄호와 오른쪽 괄호 쌍은 서로를 교차하면 안된다.

괄호가 일치하지 않으면 잘못된 소스코드이기 때문에 컴파일러가 이것을 검사하여야 한다. 이러한 괄호 사용의 오류를 검사하는데도 스택이 사용된다.

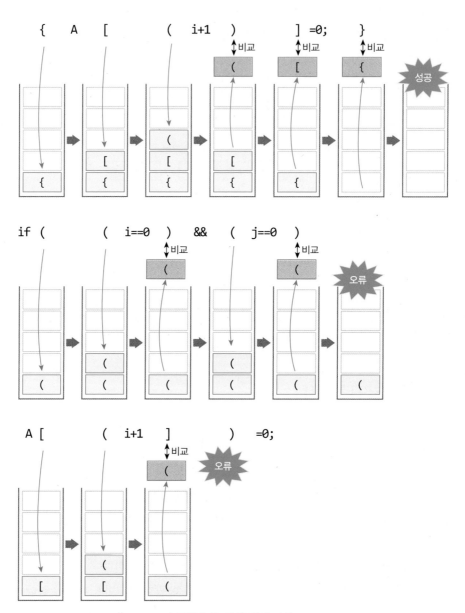

| 그림 3.13 괄호 검사 과정

```
{ A[(i+1)]=0; }        → 오류 없음
if((i==0) && (j==0)    → 오류: 조건 1 위반
A[(i+1)]=0;            → 오류: 조건 3 위반
```

위의 괄호들을 자세히 살펴보면 가장 가까운 거리에 있는 괄호들끼리 서로 쌍을 이루어야 됨을 알 수 있다. 따라서 스택을 사용하여 왼쪽 괄호들을 만나면 계속 삽입하다가 오른쪽 괄호들이 나오면 스택에서 가장 최근의 왼쪽 괄호를 꺼내어 짝을 맞추어보면 쉽게 괄호들의 오류를 검사할 수 있다. 스택은 가장 최근에 삽입한 것이 가장 먼저 필요한 경우에 유용하다.

■ 괄호 검사 알고리즘

좀 더 상세하게 알고리즘을 살펴보자. 괄호의 오류 여부를 조사하려면 먼저 문자열에 있는 괄호를 차례대로 조사하면서 왼쪽 괄호를 만나면 스택에 삽입하고, 오른쪽 괄호를 만나면 스택에서 맨 위의 괄호를 꺼낸 후 오른쪽 괄호와 짝이 맞는지를 검사한다. 이때 스택이 비어 있으면 조건 1이나 조건 2를 위배하게 되고 괄호의 짝이 맞지 않으면 조건 3에 위배된다. 마지막 괄호까지를 조사한 후에도 스택에 괄호가 남아 있으면 조건 1에 위배된다. 하나의 조건이라도 위배하면 오류이므로 false를 반환하고 그렇지 않으면 성공이므로 true를 반환한다. 그림 3.13은 몇 가지 괄호 예제 문장에 대하여 이 알고리즘을 적용시켰을 때의 처리 과정을 단계별로 보여주고 있다.

이상의 알고리즘을 유사 코드로 만들어보면 다음과 같다.

| 알고리즘 3.5 괄호 검사 알고리즘

```
checkMatching(expr)

while (입력 expr의 끝이 아니면) do
    ch ← expr의 다음 글자;
    switch(ch)
        case '(': case '[': case '{':
            ch를 스택에 삽입;
            break;
        case ')': case ']': case ']':
```

```
        if ( 스택이 비어 있으면 )
            then 오류;
            else 스택에서 open_ch를 꺼냄
                if (ch 와 open_ch가 같은 짝이 아니면)
                    then 오류 보고;
        break;
    if( 스택이 비어 있지 않으면 )
        then 오류 보고;
```

■ 괄호 검사 프로그램 구현

이제 괄호 검사 알고리즘을 C++를 이용하여 구현해보자. 먼저 괄호 검사에서는 스택에 문자를 저장해야 한다. 프로그램 3.1에서 구현한 ArrayStack을 사용하자. 이때 스택 요소들의 자료형을 char로 변경해도 되고, char 형들은 필요시 자동으로 int 형으로 변환될 수 있으므로 코드를 그대로 사용해도 무방하다.

괄호 검사 알고리즘은 일반 함수로 구현해도 되고, 괄호 검사를 위한 클래스를 만들어 멤버 함수로 구현해도 된다. 여기서는 일반 함수 checkMatching()으로 구현한다. checkMatching()은 파일 이름을 매개변수로 받아 이 파일을 읽어 괄호 검사를 하도록 구현하고, 테스트에는 구현한 소스 파일을 사용하자. 구현된 코드는 프로그램의 예는 3.6과 같다.

프로그램 3.6　괄호 검사 프로그램

```
01  // 03장-CheckMatching.cpp: 괄호 검사 프로그램
02  #include "ArrayStack.h"      // 프로그램 3.1의 ArrayStack 클래스 코드 사용
03
04  // 주어진 파일을 읽어 괄호 매칭을 검사를 하고 결과를 출력하는 함수
05  bool checkMatching( char* filename ) {
06      FILE *fp = fopen( filename, "r" );
07      if( fp == NULL )
08          error("Error: 파일 존재하지 않습니다.\n");
09
10      int nLine = 1;       // 읽은 라인의 개수
11      int nChar = 0;       // 읽은 문자 개수
```

```
12          ArrayStack stack;    // 스택 객체
13          char ch;
14
15          while ( (ch = getc(fp)) != EOF ) {
16              if( ch == '\n' ) nLine++;
17              nChar++;
18              if( ch == '[' || ch == '(' || ch == '{' )
19                  stack.push(ch);
20              else if( ch == ']' || ch == ')' || ch == '}' ) {
21                  int prev = stack.pop();
22                  if( ( ch == ']' && prev != '[' )
23                  || ( ch == ')' && prev != '(' )
24                  || ( ch == '}' && prev != '{' ) ) break;
25              }
26          }
27          fclose(fp);
28          printf("[%s] 파일 검사결과:\n", filename );
29          if( !stack.isEmpty() )
30              printf("Error: 문제발견!(라인수=%d, 문자수=%d)\n\n",nLine,nChar);
31          else
32              printf(" OK: 괄호닫기정상(라인수=%d, 문자수=%d)\n\n",nLine,nChar);
33          return stack.isEmpty();
34  }
35  // 주 함수: ArrayStack.h, 03장-CheckMatching.cpp의 두 파일 검사
36  void main()
37  {
38          checkMatching("ArrayStack.h");
39          checkMatching("03장-checkMatching.cpp");
40  }
```

C:₩Windows₩system32₩cmd.exe

```
[ArrayStack.h] 파일 검사결과:
 OK: 괄호닫기정상 (라인수=44, 문자수=996)

[03장-CheckBracketMain.cpp] 파일 검사결과:
 Error: 문제발견! (라인수=18, 문자수=505)

계속하려면 아무 키나 누르십시오 . . .
```

코드 설명

5행 파일에서 괄호 매칭을 검사하는 함수. 파일 이름을 입력받음.

6행 파일을 읽기 모드로 열어 파일 포인터를 fp에 복사.

7~8행 파일이 존재하지 않으면 NULL 반환. 에러 출력 후 종료.

10~13행 스택 객체 생성 및 필요한 변수들 선언.

15행 파일의 끝이 나타나기 전까지 반복. getc()는 문자 입력 함수임.

16~17행 읽은 문자가 '\n'이면 라인수를 증가시킴. 문자수는 getc()를 호출할 때마다 하나씩 증가.

18~19행 열리는 괄호이면 스택에 저장.

20~25행 닫히는 괄호이면 스택에서 하나를 꺼내 비교함. 만약 맞지 않은 괄호이면 매칭 실패이므로 반복문을 빠져나감.

27행 파일을 닫음.

28~32행 결과 출력. 만약 스택이 비어있지 않으면 실패한 라인 번호, 문자 개수와 함께 매칭 실패 메시지 출력. 성공이면 성공 메시지 출력.

38~39행 두 개의 소스코드 파일에 대해 검사함.

실행 결과에서 ArrayStack.h 파일은 괄호 닫기가 정상인데 비해 03장-Check Matching.cpp 파일은 18번 라인에서 문제가 발생하였다. 이것은 다음 문장에서이다.

if(ch == '[' || ch == '(' || ch == '{')

왜 불일치가 생겼을까? 작은따옴표가 문제이다. 소스코드에서 작은따옴표 안에 있는 괄호는 괄호로 생각하지 않고 하나의 문자로 처리해야 한다. 즉, 작은따옴표 안에 있는 괄호는 무시해야 하는데, 이들 괄호도 프로그램의 일반적인 괄호로 생각하여 검사했기 때문에 조건 3의 위배가 발생하였다. 실제 이 코드를 컴파일러로 컴파일 할 때는 문제가 없다. 이것은 큰따옴표나 작은따옴표, 주석 등에 대한 처리를 컴파일러에서 적절히 해 주기 때문이다. 프로그램 3.6을 조금 확장하면 실제 컴파일러와 비슷하게 따옴표나 주석 등에 대한 처리가 기능한 괄호 검사 프로그램을 구현할 수 있다. 크게 어렵지 않으니 한번 시도해 보기 바란다.

3.4 스택의 응용: 수식의 계산

■ 수식의 계산과 스택

수식의 계산에서도 스택이 이용된다. 보통 수식은 연산자와 피연산자를 이용해 나타내는데, 연산자의 위치에 따라 다음과 같이 나눌 수 있다.

- 전위(prefix) 표기법: 연산자를 피연산자 앞에 표기한다.
  예) +AB, +5*AB

- 중위(infix) 표기법: 연산자를 피연산자 사이에 표기한다.
  예) A+B, 5+A*B

- 후위(postfix) 표기법: 연산자를 피연산자 뒤에 표기한다.
  예) AB+, 5AB*+

사람들은 중위 표기법에 익숙하다. 그러나 컴파일러는 주로 후위 표기법을 사용한다. 왜 그럴까? 후위 표기 수식은 컴퓨터 입장에서 여러 가지 장점이 있다. 중위 표기 수식 (A + B) * C를 생각해보자. 괄호는 더하기 연산이 곱하기 연산보다 먼저 수행되어야 함을 나타낸다. 이에 대한 후위 표기식은 A B + C *이다. 이 표기법은 다음과 같은 장점을 가진다.

- 괄호를 사용하지 않고도 계산해야 할 순서를 알 수 있다.
- 연산자의 우선순위를 생각할 필요가 없다. 식 자체에 우선순위가 이미 포함되어 있기 때문이다.
- 수식을 읽으면서 바로 계산할 수 있다. 중위 표현식은 괄호와 연산자의 우선순위 때문에 수식을 끝까지 읽은 다음에야 계산이 가능하다.

컴파일러는 이러한 장점 때문에 프로그램 개발자가 입력한 중위 표기 수식을 일단 후위 표기 수식으로 바꾸고, 변환된 후위 표기 수식을 계산하는 방법을 사용한다. 일단 중위 표기 수식이 후위 표기법으로 변환되었다고 가정하고 후위 표기 수식을 어떻게 계산할 수 있는지를 먼저 살펴보자. 중위 표기 수식을 후위 표기법으로 변환하는 방법은 그 다음에 설명한다.

■ 후위 표기 수식의 계산

후위 표기 수식의 계산에 스택이 사용된다. 계산을 위해 전체 수식을 왼쪽에서 오른쪽으로 스캔하는데, 스캔 과정에 피연산자가 나오면 무조건 스택에 저장한다. 연산자가 나오면 스택에서 피연산자 두 개를 꺼내 연산을 실행하고 그 결과를 다시 스택에 저장한다. 이 과정은 수식이 모두 처리될 때까지 반복되고, 마지막으로 스택에는 최종 계산 결과만 하나 남는다.

예를 들어, 그림 3.14와 같이 후위 표기 수식 8 2 / 3 - 3 2 * +을 계산해 보자. 수식은

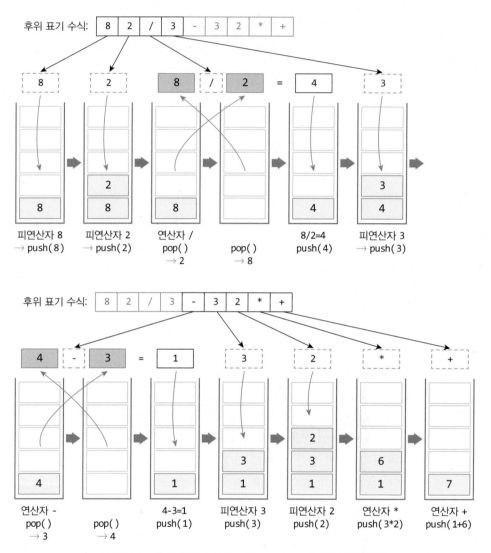

| 그림 3.14 후위 표기 수식 8 2 / 3 − 3 2 * + 의 전체 계산 과정

왼쪽부터 오른쪽으로 스캔하고 다음과 같이 처리된다.

- 8은 피연산자이므로 스택에 삽입하고, 2도 피연산자이므로 스택에 삽입한다.
- /는 연산자이므로 스택에서 2와 8을 순서대로 꺼내 나누기 연산을 하고 연산 결과인 8/2 = 4를 다시 스택에 삽입한다.
- 3은 피연산자이므로 스택에 삽입한다.

- – 는 연산자이므로 3과 4를 꺼내고, 4–3=1을 스택에 저장한다.
- 3과 2는 피연산자이므로 스택에 차례로 삽입한다.
- * 는 연산자이므로 2과 3를 꺼내고, 3*2=6을 스택에 저장한다.
- + 는 연산자이므로 6과 1를 꺼내고, 1+6=7을 스택에 저장한다.
- 스캔이 완료되었고, 스택에서 최종 계산 결과 7을 꺼내 반환한다.

이와 같은 후위 표기 수식 계산 알고리즘을 정리해보면 다음과 같다.

| 알고리즘 3.6 후위 표기 수식 계산 알고리즘

calcPostfixExpr(expr)

```
스택 객체 s를 생성하고 초기화한다.
for 항목 in expr
  do if (항목이 피연산자이면)
         s.push(item);
     if (항목이 연산자 op이면)
       then second ← s.pop();
            first ← s.pop();
            temp ← first op second;   // op 는 +-*/중의 하나
            s.push(temp);
result ← s.pop();
```

■ 후위 표기 수식 계산 프로그램 구현

이제 후위 표기 수식 계산 프로그램을 구현해 보자. 먼저 스택에 저장할 요소의 자료형을 정해야 한다. 입력을 정수로 제한하더라도 나눗셈의 중간 결과로 실수(real number)가 발생할 수 있다. 또한 이 값도 스택에 저장될 수 있어야 한다. 따라서 스택에는 실수형 double을 저장하도록 한다. 프로그램 3.7은 이와 같이 실수형 피연산자를 저장하는 스택 클래스를 보여준다. 프로그램 3.1에서 int 부분만 수정해주면 되며, peek와 display 등 사용하지 않는 메소드는 생략했다.

프로그램 3.7 후위 표기 수식의 계산을 위한 피연산자 스택 클래스

```
01  // OperandStack.h : 피연산자 스택 클래스
02  #include <cstdio>
03  #include <cstdlib>
04  inline void error(char* str) {...}    // 프로그램 3.1의 error()함수와 동일
05  class OperandStack {
06      double data[MAX_STACK_SIZE];    // 요소의 배열
07      int  top;                       // 요소의 개수
08  public:
09      OperandStack() { top = -1; }    // 스택 생성자
10      bool isEmpty() { return top == -1; }
11      bool isFull()  { return top == MAX_STACK_SIZE-1; }
12      void push ( double e ) {        // 맨 위에 항목 삽입
13          if( isFull() ) error ("스택 포화 에러");
14          data[++top] = e;
15      }
16      double pop ( ) {        // 맨 위의 요소를 삭제하고 반환
17          if( isEmpty() ) error ("스택 공백 에러");
18          return data[top--];
19      }
20  };
```

코드 설명

6, 12, 16행 스택 클래스의 동작은 프로그램 3.1의 ArrayStack과 동일하고, 스택에 저장할 자료형만 double로 변경됨. 이에 따라 배열의 자료형과 push 연산의 매개변수, pop 연산의 반환형만 수정해주면 됨.

수식 계산에서 처리하는 연산자를 사칙 연산 +, −, *, /로 제한한다. 사용자는 키보드로 후위 표기 수식을 입력하고, 입력이 끝나면 엔터를 눌러 수식이 끝났음을 알린다. 이때 연산자와 피연산자는 어떻게 구분해서 입력받을 수 있을까? 입력은 기본적으로 문자 단위로 처리하고, 입력된 문자가 연산자인지를 검사하여 연산자이면 관련 처리를 하면 된다. 숫자 (피연산자)인 경우는 문제가 조금 복잡해진다. 왜냐하면 이 숫자가 전체 피연산자의 일부분일 수도 있기 때문이다. 4 + 3.5를 위한 다음의 후위 표기식을 보자.

후위 표기식: 4 3.5 +

피연산자가 "4"와 같이 한 자리 숫자로 주어지면 문제가 없겠지만 "3.5"와 같이 여러 자리로 주어질 수도 있다. 따라서 문자 단위로 입력을 받다가 만약 읽은 문자가 숫자('3')이면 ungetc() 함수를 이용해 방금 읽은 문자를 입력 버퍼로 되돌려준다. 읽어야 할 값이 피연산자임을 알게 되었으므로 다시 scanf() 함수를 이용해 전체 숫자(3.5)를 double 형으로 한꺼번에 읽기 위해서이다.

입력 처리에 비해 전체 알고리즘의 구현은 크게 어렵지 않다. 프로그램 3.8은 후위 표기 수식을 읽어 계산하는 함수 calcPostFixExpr()의 구현을 보여준다.

프로그램 3.8 후위 표기 수식의 계산 함수와 테스트 프로그램

```cpp
01  // 3장-EvalPostfixMain.cpp
02  #include "OperandStack.h"
03  // 입력으로부터 후위 표기 수식을 읽어 계산하는 함수
04  double calcPostfixExpr( FILE *fp = stdin ) {
05      char            c;
06      OperandStack    st;
07
08      while ((c=getc(fp)) != '\n') {              // '\n' 입력 전까지
09          if( c=='+' || c=='-' || c=='*' || c=='/' ){   // 연산자이면
10              double val2 = st.pop();
11              double val1 = st.pop();
12              switch( c ) {
13                  case '+': st.push( val1 + val2); break;
14                  case '-': st.push( val1 - val2); break;
15                  case '*': st.push( val1 * val2); break;
16                  case '/': st.push( val1 / val2); break;
17              }
18          }
19          else if (c>='0' && c<='9') {            // 피연산자(숫자)의 시작이면
20              ungetc( c, fp );                    // 문자를 입력 버퍼에 돌려주고
21              double val;
22              fscanf( fp, "%lf", &val );          // double로 다시 읽음
23              st.push( val );                     // 읽은 값을 스택에 저장
24          }
25      }
26      return (st.pop());
```

```
27    }
28    // 주 함수
29    void main() {
30            printf("수식 입력 (Postfix)= ");
31            double res = calcPostfixExpr();              // PostFix수식 계산
32            printf("계산 결과 => %f\n", res);             // 결과를 화면에 출력
33    }
```

```
C:\Windows\system32\cmd.exe
수식 입력 (Postfix)= 8 2 / 3 - 3 2 * +
계산 결과 => 7.000000
```

```
C:\Windows\system32\cmd.exe
수식 입력 (Postfix)= 2 3 4 * /
계산 결과 => 0.166667
```

```
C:\Windows\system32\cmd.exe
수식 입력 (Postfix)= 2.0 3.0 8.0 3.0 / 2.0 * 4.0 - * + 5.0 3.0 / -
계산 결과 => 4.333333
계속하려면 아무 키나 누르십시오 . . .
```

코드 설명

4행 후위 표기 수식의 계산 함수. 입력으로 파일 포인터를 받음. 디폴트 매개변수를 이용하여 매개변수가 없으면 표준 입력(키보드)에서 입력을 받도록 구현함.

8행 문자를 하나씩 입력받아서 만약 '\n'이면 수식이 끝났음을 의미함.

9~18행 문자가 사칙 연산이면 스택에서 두 항목을 pop 해서 연산하고 결과를 스택에 다시 push 함.

19~24행 만약 입력 문자가 숫자이면 그 문자를 입력 버퍼로 되돌려줌. 이후 scanf를 이용해 하나의 double 값을 읽음. 읽은 값(피연산자)은 스택에 push 함.

26행 최종적으로 스택에 하나의 결과값이 남고, 이를 반환함.

29~33행 후위 표기 수식을 입력 받고 계산한 후 결과를 화면에 출력함.

후위 표기 수식을 입력할 때 각 피연산자들은 반드시 공백문자나 탭 등으로 분리해주어야 한다.

■ 중위 표기 수식의 후위 표기 변환 알고리즘

컴퓨터는 후위 표기식을 선호하지만 인간은 중위 표기식에 익숙하다. 따라서 계산기 프로그램을 구현하려면 사람이 기술하는 중위 표기식을 컴퓨터가 계산할 수 있는 후위 표기식으로 변경하는 과정이 필요하다. 두 표기식의 공통점은 피연산자의 순서가 동일하다는 것이다. 물론 연산자들의 순서는 달라진다. 연산자의 출력 순서는 연산자들의 우선순위 관계

와 괄호에 의해 결정된다.

방법을 생각해 보자. 먼저 입력된 중위 표기 수식을 왼쪽부터 오른쪽으로 하나씩 스캔한다. 만약 피연산자를 만나면 바로 (후위 표기식으로) 출력하면 된다. 연산자를 만나면 어딘가에 잠시 저장해야 한다. 왜냐하면 후위 표기 수식은 기본적으로 연산자가 피연산자들 뒤에 나오기 때문이다. 따라서 적절한 위치를 찾을 때까지 출력을 보류하여야 한다. 예를 들어, $a+b$라는 수식이 있으면 a는 그대로 출력되고 $+$는 저장되며 b도 출력되고 최종적으로 저장되었던 $+$를 출력하면 $ab+$가 된다. $a+b*c$의 경우 a, b, c는 그대로 출력되고 $+$, $*$는 어딘가에 저장된다. 문제는 $+$ 연산자와 $*$ 연산자 중에서 어떤 것이 먼저 출력되어야 하는가이다. 연산자 우선순위와 괄호를 고려해야 한다. 연산자의 저장에는 스택이 사용된다. 다음 세 가지 경우를 생각해보자.

• 예제 1) 중위 표기 수식 A+B*C의 후위 수식 변환

그림 3.15를 보자. A, +, B까지는 문제가 없다. 피연산자는 그대로 출력하고 연산자는 스택이 비어 있으면 스택에 넣으면 된다. 문제는 *에서이다. 연산자 우선순위를 생각해야 한다. +를 꺼내 먼저 출력하고 *를 넣으면 어떻게 될까? +가 먼저 계산되므로 잘못된 계산 결과가 나온다. 따라서 *을 + 위에 넣어야 한다. 따라서 규칙은 다음과 같다. 현재 연산자보다 우선순위가 높거나 같은 연산자는 모두 출력한 후 현재 연산자를 스택에 넣는다. 우선순위가 같은 경우도 먼저 출력해야 한다. $a-b+c$ 같은 경우에 만약 $abc+-$로 출력한다면 문제가 발생한다. 따라서 우선순위가 같은 연산자는 먼저 나온 연산자가 먼저 처리되어야 하므로 꺼내서 출력하여야 한다. 그림 3.15에서는 스택에 +가 있으므로 *보다 우선순위가 낮다. 따라서 + 위에 *를 삽입한다. 입력 수식이 끝나면 스택의 남은 연산자들을 모두 pop 해서 후위 표기식으로 출력하면 된다.

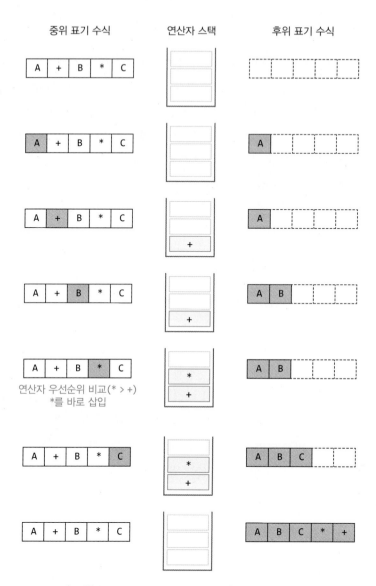

| 그림 3.15 중위 표기 수식의 후위 표기 변환 예제 1

- **예제 2) 중위 표기 수식 $A*B+C$의 후위 수식 변환**

$A*B+C$을 생각해보자. 역시 A, *, B까지는 문제가 없다. 다음으로 +가 들어오면 *가 스택에 들어가 있는 상태에서 +를 스택에 넣어도 될까? 안 된다. *가 +보다 우선순위가 높기 때문에 먼저 출력되어야 하기 때문이다. *를 꺼내 출력하고 +를 삽입한다.

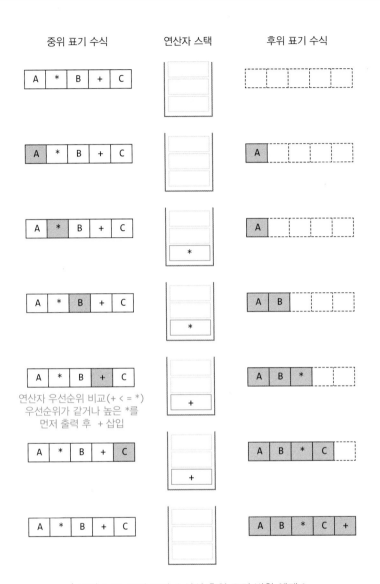

| 그림 3.16 중위 표기 수식의 후위 표기 변환 예제 2

- **예제 3) 괄호를 포함한 수식** (A+B)*C**의 후위 수식 변환**

괄호는 어떻게 처리해야 하는가? **왼쪽 괄호는 무조건 스택에 삽입한다.** 왼쪽 괄호가 일단 스택에 삽입되면 우리는 왼쪽 괄호를 제일 우선순위가 낮은 연산자로 취급한다. 즉, 다음에 만나는 어떤 연산자도 스택에 삽입된다. **오른쪽 괄호를 만나면 왼쪽 괄호가 삭제될 때까지 왼쪽 괄호 위에 쌓여있는 모든 연산자들을 출력한다.** 다음 그림은 입력 수식이 $(a+b)*c$일 때의 알고리즘의 진행을 보여준다.

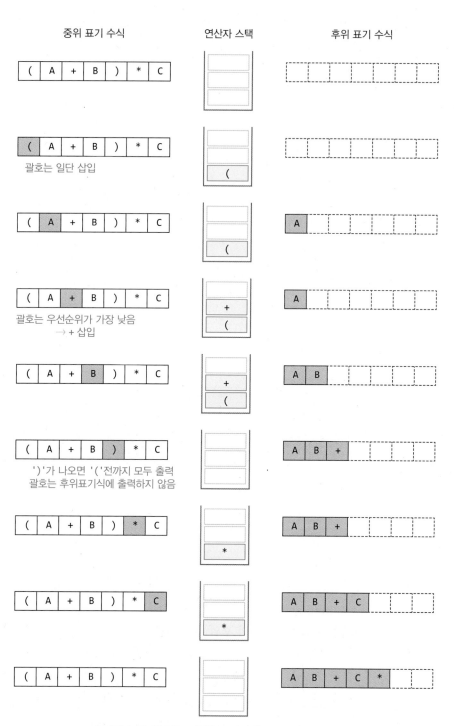

| 그림 3.17 괄호를 포함한 수식의 후위 표기 변환 예제 3

지금까지 설명했던 규칙들을 이용해 알고리즘을 만들어보면 다음과 같다.

| 알고리즘 3.7 중위 표기 수식을 후위 표기 수식으로 변환하는 알고리즘

---

infixToPostfix(expr)

스택 객체 s를 생성하고 초기화 한다.
while (expr에 처리할 항이 남아 있으면)
    term ← 다음에 처리할 항;
    switch (term)
      case 피연산자:
        term을 출력;
        break;
      case 왼쪽 괄호:
        s.push(term);
        break;
      case 오른쪽 괄호:
        e ← s.pop();
        while(e ≠ 왼쪽 괄호)
          do e를 출력;
            e ← s.pop();
        break;
      case 연산자:
        while (s.peek()의 우선순위 ≥ term의 우선순위)
          do e ← s.pop();
            e를 출력;
        s.push(term);
        break;
while(not s.isEmpty())
    do e ← s.pop();
      e를 출력;

■ 중위 표기 수식의 후위 표기 변환 프로그램 구현

이제 알고리즘 3.7을 바탕으로 중위 표기식을 후위 표기로 변환하는 프로그램을 구현해보자. 이 알고리즘에서 스택에 저장되는 것은 연산자이다. 따라서 프로그램 3.1의 ArrayStack 클래스를 그대로 사용해도 되고, 자료형을 char로 바꾸어 사용해도 된다.

중위 표기 수식의 입력은 프로그램 3.8에서와 동일한 방법을 사용한다. 방금 읽은 문자가 숫자인 경우 ungetc() 함수로 그 문자를 입력 버퍼로 돌려준 후 scanf()로 전체 숫자를 한 꺼번에 읽는다. '\n'은 수식의 끝을 나타낸다.

프로그램 3.9는 중위 표기 수식을 후위 표기로 변환하는 프로그램을 보여준다. 연산자의 우선순위 값을 반환하는 precedence() 함수와 중위 표기 수식을 읽어 후위 수식으로 변환하여 출력하는 infix2Postfix() 함수, 그리고 이들을 테스트하기 위한 main() 함수로 이루어진다.

프로그램 3.9 중위 표기 수식을 후위 표기로 변환하는 프로그램

```cpp
01  // Infix2Postfix.cpp
02  #include "ArrayStack.h"  // 프로그램 3.1의 ArrayStack 클래스 포함
03
04  // 객체의 우선순위 계산
05  inline int precedence( char op ) {
06      switch (op) {
07        case '(' : case ')' : return 0;
08        case '+' : case '-' : return 1;        // 우선순위 중간
09        case '*' : case '/' : return 2;        // 우선순위 높음
10      }
11      return -1;
12  }
13  // 중위 표기 수식을 후위 표기 수식으로 변환하는 함수
14  void infix2Postfix( FILE *fp = stdin ) {
15      char        c, op;
16      double      val;
17      ArrayStack  st;
18
19      while ( (c=getc(fp)) != '\n' ) {         // 엔터 문자 입력 전까지
20          // 피연산자이면 --> 그대로 출력
21          if ((c>='0' && c<='9')) {            // 연산항(숫자)의 시작이면
22              ungetc( c, fp );                 // 문자를 돌려놓고
23              fscanf( fp, "%lf", &val );       // double로 다시 읽음
24              printf("%4.1f ", val);
25          }
26          // '(' 이면 --> 스택에 삽입
```

```
27          else if ( c=='(' ) st.push( c );
28          // ')' 이면 --> '('가 나올때까지 연산자 출력
29          else if ( c==')' ) {
30              while (!st.isEmpty()) {
31                  op = st.pop();
32                  if ( op== '(' ) break;
33                  else printf( "%c ", op );
34              }
35          }
36          // 연산자('+', '-', '/', '*')이면 --> 우선순위 비교 처리
37          else if ( c=='+' || c=='-' || c=='*' || c=='/' ){  // 연산자이면
38              while ( !st.isEmpty() ) {
39                  op = st.peek();
40                  if ( precedence(c) <= precedence(op) ) {
41                      printf( "%c ", op );
42                      st.pop();
43                  }
44                  else break;
45              }
46              st.push( c );
47          }
48      }
49      while (!st.isEmpty())
50          printf( "%c ", st.pop() );
51      printf( "\n");
52  }
53  // 주 함수
54  void main() {
55      printf("수식 입력 (Infix) = ");
56      infix2Postfix( );            // infix 수식을 postfix로 변환
57  }
```

```
C:\Windows\system32\cmd.exe
수식 입력 (Infix) = (3.1 + 4.2) * 5
3.1  4.2 +  5.0 *
```

```
C:\Windows\system32\cmd.exe
수식 입력 (Infix) = 2 + 3 * (8/3*2-4) - 5/3
2.0  3.0  8.0  3.0 /  2.0 *  4.0 - * +  5.0  3.0 / -
계속하려면 아무 키나 누르십시오 . . . .
```

코드 설명

5~12행 연산자의 우선순위를 반환하는 함수. 괄호는 0, +와 −는 1, *와 /는 2로 처리. 숫자가 클수록 우선순위가 높음.

14행 중위 표기 수식을 후위 표기 수식으로 변환하는 함수. 매개변수는 프로그램 3.8의 calcPostfixExpr()에서와 동일.

21~25행 피연산자이면 그대로 출력. 피연산자 입력 방법은 프로그램 3.8의 calcPostfixExpr()에서와 동일.

27행 열리는 괄호이면 무조건 스택에 삽입.

29~35행 닫히는 괄호 ')'이면 '(' 위의 모든 연산자들을 pop 해서 출력.

37~47행 사칙 연산이면, 스택 top의 연산자가 자신보다 우선순위가 높거나 같을 때까지 모두 pop 해서 출력.

49~50행 스택에 남은 모든 연산자들을 꺼내서 출력.

구현된 프로그램을 몇 가지 수식에 대해 처리한 결과가 코드에 나타나 있다. 이러한 처리 결과를 프로그램 3.8에 입력하면 중위 표기 수식의 최종적인 계산 결과를 얻을 수 있다.

3.5 미로 탐색 문제와 표준템플릿 라이브러리(STL)

■ 미로 탐색 문제

미로 탐색 문제란 그림과 같이 미로에 갇힌 생쥐가 출구를 찾는 문제이다. 미로가 서로 연결된 여러 개의 작은 방 또는 칸으로 구성되어 있다고 가정하자.

| 그림 3.18 미로 탐색 문제

미로에서 출구를 찾기 위해 생쥐는 다양한 탐색 방법을 사용할 수 있다. 가장 간단한 것은 시행착오 방법으로 하나의 경로를 선택하여 시도하고 막히면 다시 다른 경로를 시도하는

것이다. 이때 현재의 경로가 막혔을 때 다시 선택할 수 있는 다른 경로들을 어딘가에 저장해야 한다.

그러면 어떤 자료구조에 경로들을 저장하는 것이 좋을까? 이것은 그래프 탐색 문제와 유사한데 다양한 방법들이 있다(자세한 내용은 11장에서 다룬다). 여기서는 가장 간단한 방법을 선택하자. 경로를 찾아가다가 막히면 가장 최근에 분기되어 가보지 못했던 경로를 선택하여 계속 탐색하는 전략을 사용하자. 이 전략에서는 가장 최근에 저장한 경로를 쉽게 추출할 수 있는 자료구조가 필요하며, 따라서 스택 구조가 필요하다.

구체적인 방법을 생각해보자. 현재 위치에서 갈 수 있는 방들의 좌표를 스택에 기억하였다가 막다른 길을 만나면 가장 최근에 저장한 아직 가보지 않은 방으로부터 새로운 경로를 찾는다. 한번 지나간 방을 다시 가면 안 되는 것에 유의하라. 만약 이렇게 되면 탐색이 무한 루프에 빠지게 된다. 방들을 지나갈 때마다 그 방에 방문한 표시를 해서 다시 가지 않도록 하면 된다. 생쥐는 현재 위치가 출구가 아니면 이동이 가능한 이웃(상하좌우) 칸들의 위치를 스택에 저장한다. 다음으로 스택에서 하나의 위치를 꺼내 현재의 위치로 설정하고, 같은 작업을 반복한다. 반복은 현재의 위치가 출구와 같거나 더 이상 갈 수 있는 위치가 없을 때까지 계속된다.

■ 미로 탐색 알고리즘

이제 알고리즘을 생각해 보자. 모든 위치는 (행, 열)로 표시하기로 한다. 입구 위치를 스택에 넣어주면 탐색이 시작된다. 현재 스택에는 입구 위치만 들어 있다. 생쥐는 스택이 공백 상태가 아닌 동안 스택에서 하나의 위치를 꺼내 현재 위치로 만든다(만약 공백 상태가 되면 생쥐는 미로를 빠져나갈 수 없다). 만약 현재 위치 (r,c)가 출구이면 탐색은 성공으로 끝난다. 그렇지 않으면 생쥐는 현재 위치에서 이웃인 위쪽과 아래쪽, 왼쪽과 오른쪽 위치를 살펴본다. 만약 이들이 아직 방문되지 않았고 갈 수 있는 위치이면 그 위치들을 모두 스택에 삽입한다.

그림 3.19에서 생각해 보자. 최초의 위치인 (1,0)에서 갈 수 있는 위치는 오른쪽 방향인 (1,1)뿐이다. 따라서 (1,1)은 아직 방문하지 않은 위치이므로 스택에 삽입된다. 여기서 (1,0)으로도 갈 수 있지만 이미 방문한 것으로 표시되어 있기 때문에 스택에 삽입되지 않는다. 다음 단계는 스택에서 최근 위치 (1,1)를 꺼내어 그 위치를 현재 위치로 만들고 (1,1)에서 갈 수 있는 위치들을 탐색한다. (1,1)에서는 (2,1)과 (1,2)로 갈 수 있다. 이 위치들을 모두

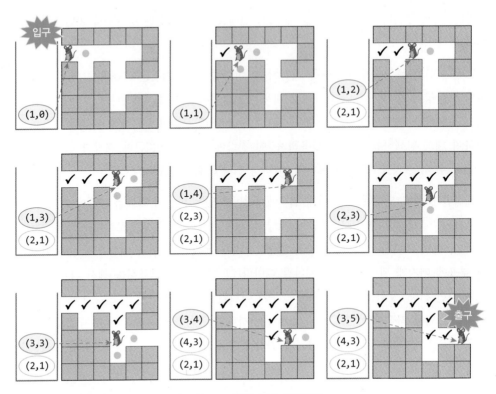

| 그림 3.19 미로 탐색 알고리즘

스택에 저장한다. 다음에도 마찬가지로 스택에서 맨 위에 있는 위치인 (1,2)를 꺼내어 현재 위치로 만들고 목표 위치에 도달했는지를 검사한 다음, 목표 위치가 아니면 이동이 가능한 위치들 중에서 방문하지 않은 위치들을 스택에 저장한다. 한번 방문한 위치는 표시를 해서 다시 방문하지 않도록 한다. 이러한 과정을 출구 위치에 도달할 때까지 반복하면 된다. 이와 같은 탐색 방법을 유사 코드로 표현하면 알고리즘 3.8과 같다.

| 알고리즘 3.8 미로 탐색 알고리즘

searchExit()

```
스택 s와 출구의 위치 x를 초기화;
s에 입구의 위치를 삽입;
while( s.isEmpty() = false )
```

```
do      현재위치 ← s.pop();
    if( 현재 위치가 출구이면 )
        then 성공;
    if( 현재위치의 위, 아래, 왼쪽, 오른쪽 위치가 아직 방문되지 않았고 갈수 있으면 )
        then 그 위치들을 스택 s에 push();
실패;
```

미로 탐색 문제에서 스택의 요소는 "미로 내의 위치"인데 (행,열)로 표시할 수 있다. 이러한 위치의 표현을 위해 먼저 간단한 클래스를 만들자. 프로그램 3.10은 미로상의 어떤 위치를 나타내기 위한 2차원 좌표 클래스이다.

프로그램 3.10   미로 탐색을 위한 2차원 좌표 클래스

```
01  struct Location2D {
02      int  row;       // 현재 위치의 행 번호
03      int  col;       // 현재 위치의 열 번호
04      Location2D ( int r=0, int c=0 ) { row = r; col = c; }
05      // 위치 p가 자신의 이웃인지 검사하는 함수
06      bool isNeighbor( Location2D &p ) {
07          return( (row==p.row && (col==p.col-1 || col==p.col+1))
08              || (col==p.col && (row==p.row-1 || row==p.row+1)) );
09      }
10      // 위치 p가 자신과 같은 위치인지를 검사하는 함수(연산자 오버로딩 사용)
11      bool operator==( Location2D &p ) { return row==p.row && col==p.col; }
12  };
```

코드 설명

1행 2차원상의 위치 표현을 위한 클래스 선언. struct로 선언하면 모든 멤버가 기본적으로 public의 접근 권한을 가짐.

2~3행 위치의 행 번호와 열 번호.

4행 생성자. 디폴트 매개변수를 사용함. 좌표 객체의 초기화.

6~9행 좌표 p가 현재 좌표의 이웃인지를 검사하는 함수. 이웃이면 true를 아니면 false를 반환함.

11행 현재 위치가 p와 같은 좌표인지를 검사하는 함수. 연산자 오버로딩으로 구현되어 두 위치가 동일한지를 검사하기 위해 (p==q)를 사용할 수 있음. 함수의 이름을 operator== 대신에 isSameLocation과 같은 일반적인 멤버 함수로 구현해도 됨. 이 경우 p와 q가 동일한 위치를 나타내는지 검사하기 위하여 p.isSameLocaion(q)를 호출하면 됨.

앞에서 이 책에서 연산자 오버로딩은 거의 사용하지 않겠다고 했는데, 여기서만 예
외적으로 사용하였다. 그러나 코드를 이해하는 것은 크게 어렵지 않을 것이다. 물론
isSameLocation()과 같은 일반적인 멤버함수로 구현할 수도 있다.

■ 표준 템플릿 라이브러리(STL)

앞에서 우리는 배열을 이용한 스택 클래스를 직접 구현해보았다. 미로 탐색에는 스택에
Location2D 객체가 저장되어야 한다. 이를 위해 프로그램 3.1의 ArrayStack 클래스의
기본 틀을 사용할 수도 있다. 그러나 Location2D 객체가 저장되어야 하므로 프로그램 3.1
의 관련 부분들을 int에서 Location2D로 수정하여야 한다.

이제 새로운 방법을 사용해보자. 우리가 직접 구현한 스택 클래스를 사용하지 않고 C++
에서 제공하는 표준 템플릿 라이브러리(STL)를 사용하는 것이다. STL은 프로그래밍에서
공통적으로 사용되는 자료구조와 알고리즘에 대한 클래스로 템플릿 기반으로 작성되었기
때문에 어떤 자료형에도 적용할 수 있다. STL은 컨테이너(container), 반복자(iterator),
알고리즘(algorithm)이라고 하는 세 종류의 컴포넌트를 제공하는데, 자료를 저장하는 창
고와 같은 역할을 하는 컨테이너 컴포넌트의 하나로 스택 템플릿 stack을 제공한다. STL
의 스택을 사용하면 프로그램 3.1과 같이 스택을 우리가 직접 구현하지 않더라도 다음과
같이 헤더파일을 프로그램에 포함시키는 것만으로 바로 스택을 사용할 수 있다.

```
#include <stack>
using namespace std;
```

이 책에서는 STL에 대해 자세히 다루지는 않을 것이고, 미로 탐색 프로그램을 통해 STL
의 스택을 사용하는 방법만을 소개한다. 보다 자세한 내용은 C++ 관련 서적을 참고하라.
STL의 스택을 사용하는 방법은 일반적인 템플릿 클래스의 사용과 동일하다.

```
stack<int> intStack;        // int 스택 객체 생성
intStack.push( 3 );         // int 스택에 3을 삽입
int x = intStack.top();     // 스택 상단 요소를 x에 복사
intStack.pop( );            // 스택 상단 요소를 제거
```

Location2D를 저장하는 스택의 생성과 사용 예는 다음과 같다.

```
stack<Location2D> locSt;              // 위치 스택 객체 생성
locSt.push(Location2D(1,0));          // 위치(1,0)을 push
Locarion2D p = locSt.top( );          // 최근 위치 p에 복사
locSt.pop( );                         // 최근 위치를 삭제
```

STL의 pop() 연산은 우리가 정의한 스택 ADT의 pop()과는 약간 다르게 설계된 것에 유의하라. STL의 pop()은 객체를 반환하지 않고 단지 스택 맨 위의 요소를 삭제만 한다. 대신 top()이 맨 위의 요소를 반환한다. 이것은 ADT의 peek() 연산에 해당하다. 따라서 스택에서 하나를 꺼내서 사용하려면 top() 연산과 pop() 연산을 연속적으로 사용해야 하는 것에 주의하라. empty()를 이용해 스택이 비어있는지를 검사할 수 있다.

STL은 객체지향 기법과 **일반화**(generic) 프로그래밍 기법을 적용하여 만들어졌으므로 어떤 자료형에 대해서도 적용할 수 있고 대부분의 C++ 컴파일러에서 지원한다는 장점이 있다.

■ STL을 이용한 미로 탐색 프로그램 구현

이제 Location2D와 STL의 스택을 이용해 미로 탐색 프로그램을 구현하자. 코드를 단순화하기 위해 프로그램 3.11과 같이 6×6으로 미로 배열의 크기를 고정시켰다. 미로 맵에서 '0'은 갈 수 있는 길을, 'e'는 입구를, 'x'는 출구를 그리고 '1'은 벽을 의미한다.

프로그램 3.11	STL을 이용한 미로 탐색 프로그램

```
01  #include "Location2D.h"              // 위치 클래스 포함
02  #include <stack>                     // STL의 stack 템플릿 파일 포함
03  using namespace std;
04  const     int MAZE_SIZE = 6;         // 미로 맵 크기 고정
05  char map[MAZE_SIZE][MAZE_SIZE] = {   // 미로 맵 데이터
06      {'1', '1', '1', '1', '1', '1'},
07      {'e', '0', '1', '0', '0', '1'},
08      {'1', '0', '0', '0', '1', '1'},
09      {'1', '0', '1', '0', '1', '1'},
10      {'1', '0', '1', '0', '0', 'x'},
11      {'1', '1', '1', '1', '1', '1'},
12  };
```

```
13  // (r,c)가 갈 수 있는 위치인지를 검사하는 함수
14  // (r,c)가 배열 안에 있고, 값이 갈 수 있는 위치 '0'이거나 출구 'x'이어야 함
15  bool isValidLoc( int r, int c ) {
16      if( r < 0 || c < 0 || r>=MAZE_SIZE || c>=MAZE_SIZE ) return false;
17      else return map[r][c] == '0' || map[r][c] == 'x' ;
18  }
19  // 미로 탐색 프로그램 주 함수
20  void main() {
21      stack<Location2D> locStack;                    // 위치 스택 객체 생성
22      Location2D entry(1,0);                          // 입구 객체
23      locStack.push( entry );                         // 스택에 입구 위치 삽입
24
25      while ( locStack.empty() == false ) {          // 스택이 비어있지 않는 동안
26          Location2D  here = locStack.top();         // 스택에 상단 객체 복사
27          locStack.pop();                            // 스택에 상단 객체 삭제
28
29          int r = here.row;
30          int c = here.col;
31          printf( "(%d,%d) ", r, c );                // 현재 위치를 화면에 출력
32          if( map[r][c] == 'x' ) {                   // 출구이면 -> 탐색 성공
33              printf(" 미로 탐색 성공\n");
34              return;
35          }
36          else {                                     // 출구가 아니면
37              map[r][c] = '.';                       // 현재 위치를 "지나옴" 처리
38              if( isValidLoc( r-1, c ) ) locStack.push(Location2D(r-1,c));
39              if( isValidLoc( r+1, c ) ) locStack.push(Location2D(r+1,c));
40              if( isValidLoc( r, c-1 ) ) locStack.push(Location2D(r,c-1));
41              if( isValidLoc( r, c+1 ) ) locStack.push(Location2D(r,c+1));
42          }
43      }
44      printf("미로 탐색 실패\n");
45  }
```

```
C:\Windows\system32\cmd.exe
(1,0) (1,1) (2,1) (2,2) (2,3) (3,3) (4,3) (4,4) (4,5) 미로 탐색 성공
계속하려면 아무 키나 누르십시오 . . .
```

코드 설명

2~3행 STL의 스택을 사용하기 위해 〈stack〉을 포함해야 하며 namespace std를 사용해야 함.

4~12행 미로 맵은 고정된 크기의 고정된 맵을 사용.

15~18행 어떤 위치가 갈 수 있는 위치인지를 검사하는 함수. 미로 맵 안에 있는 위치이며, 비어있거나 출구인 위치만 갈 수 있음.

16행 미로 맵 외부의 위치이면 false를 반환.

17행 해당 위치가 비어있거나 출구이면 true를 아니면 false를 반환

21행 STL의 스택을 이용해 Location2D 형의 스택 클래스의 객체 locStack을 생성.

22~23행 최초에는 스택에 입구·위치를 삽입함.

25행 스택이 비어있지 않은 동안.

26~27행 스택 상단의 객체를 꺼냄. 이때 top()과 pop() 함수를 사용한 것에 유의할 것.

31행 현재 위치를 화면에 출력함.

32~35행 현재 위치가 출구이면 탐색 성공.

36~42행 아니면 현재 위치를 지나왔다고 표시하고, 4방향의 이웃 위치에 대해 갈 수 있는 위치이면 그 위치를 스택에 삽입함.

44행 스택이 공백 상태가 되면 출구 탐색이 실패함.

미로 찾기의 출력 결과에서는 검사한 방의 위치를 순서대로 출력하고 있다.

| 연습문제 |

1 순서가 A, B, C, D로 정해진 입력 자료를 스택에 입력하였다가 출력할 때, 가능한 출력 순서의 결과가 아닌 것은? [기사시험 기출문제]

① D, A, B, C   ② A, B, C, D

③ A, B, D, C   ④ B, C, D, A

2 스택(Stack)의 응용 분야로 거리가 먼 것은? [기사시험 기출문제]

① 미로 찾기
② 수식 계산 및 수식 표기법
③ 운영체제의 작업 스케줄링
④ 서브루틴의 복귀번지 저장

3 스택에 대한 설명으로 틀린 것은?

① 입출력이 한쪽 끝으로만 제한된 리스트이다.
② head(front)와 tail(rear)의 2개 포인터를 갖고 있다.
③ LIFO 구조이다.
④ 배열로도 구현이 가능하다.

4 스택의 자료 삭제 알고리즘이다. ( ) 안 내용으로 가장 적합한 것은? (단, Top: 스택 포인터, S: 스택의 이름) [기사시험 기출문제]

```
If Top = 0
  Then (      )
Else
{
   remove S(Top)
   Top = Top-1
}
```

① Overflow   ② Top = Top+1

③ Underflow   ④ Top = Top-2

5   스택 알고리즘에서 T가 스택 포인터이고, m이 스택의 길이일 때, 서브루틴 "**AA**"가 처리해야
    하는 것은? [기사시험 기출문제]

```
T ← T+1
if T > m then goto AA
else STACK(T) ← item
```

① 오버플로우 처리   ② 언더플로우 처리
③ 삭제 처리   ④ 삽입 처리

6   스택에서 삽입 작업이 발생하면 top의 값은 어떻게 변경되는가?

① top==0   ② top==1   ③ top = top-1   ④ top = top+1

7   문자 A, B, C, D, E를 스택에 넣었다가 다시 꺼내어 출력하면 어떻게 되는가?

① A, B, C, D, E   ② E, D, C, B, A   ③ A, B, C, E, D   ④ B, A, C, D, E

8   10, 20, 30, 40, 50을 스택에 넣었다가 3개의 항목을 삭제하였다. 남아 있는 항목은?

9   다음 중 배열로 구현된 스택에서 공백 상태에 해당하는 조건은? 또 포화 상태에 해당되는
    조건은?

① top == -1
② top == 0
③ top == (MAX_STACK_SIZE-1)
④ top == MAX_STACK_SIZE

10 다음과 같은 중위식 표현을 후위식으로 옳게 표현한 것은? [기사시험 기출문제]

$$A*(B+C)/D-E$$

① +E−AB*CE/   ② ABC+*D/E−
③ +D/*E−ABC   ④ ABC+D/*E−

11 스택에 항목들을 삽입하고 삭제하는 연산은 시간 복잡도가 어떻게 되는가?

① $O(1)$ ② $O(\log_2 n)$ ③ $O(n)$ ④ $O(n^2)$

12 A와 B가 스택이라고 하고, a, b, c, d가 객체라고 하자. 다음의 일련의 스택 연산을 수행한 뒤의 각각의 스택을 그려라.

```
A.push(a);
A.push(b);
A.push(c);
B.push(d);
B.push(A.pop());
A.push(B.pop());
B.pop()
```

13 괄호 검사 프로그램에서 다음과 같은 수식이 주어졌을 경우, 알고리즘을 추적해서 각 단계에서의 스택의 내용을 그려라.

$$a\{b[(c+d)*e]-f\}$$

14 다음은 어떤 수식의 후위 표기이다. 이 때 최초로 수행되는 연산은 어느 것인가?

A	B	E	+	D	*	−

① B + E   ② E + A   ③ D * B   ④ B * E

| 프로그래밍 프로젝트 |

1 프로그램 3.6의 괄호 검사 프로그램을 다음과 같이 확장하라.

(1) 03장-CheckMatching.cpp의 검사 결과 괄호 닫기의 문제가 발생했다. 이것은 작은 따옴표 처리를 하지 않았기 때문이다. 작은따옴표를 처리하여 이 파일에서도 괄호 닫기 검사가 성공할 수 있도록 함수를 수정하라.

| Hint | 작은따옴표 내의 문자들을 입력에서 무시하도록 하면 된다.

(2) 작은따옴표 처리 중에서 이스케이프 시퀀스 문자('\n', '\\' 등)에 대해서도 정상적인 처리가 될 수 있도록 수정하라.

(3) 큰따옴표 처리 기능을 추가하라. 다음 문장은 괄호 닫기에 문제가 없다고 판단되어야 한다.

```
printf(" 왼쪽 괄호 = (((((( ");
printf(" 오른쪽 괄호 = }}}}}} ");
```

| Hint | 큰따옴표가 한번 나오면 다시 나올 때까지 입력되는 모든 문자는 문자열로 생각하고 무시하면 된다.

(4) 주석 처리된 부분에 대해서는 괄호 검사를 하지 않도록 프로그램을 수정하라. 다음 문장은 괄호 닫기에 문제가 없다고 판단되어야 한다.

```
printf(" 왼쪽 괄호 = ( ");            // 왼쪽 괄호 ( 설명
printf(" 오른쪽 괄호 = } ");           /* 오른쪽 괄호 } 설명 */
```

| Hint | 한 줄 주석은 '\n'이 나올 때까지 무시하면 되고, 여러 라인 주석은 /*이 시작된 후 처음 */이 나올 때까지 모든 입력을 주석으로 판단하고 무시하면 된다.

CHAPTER

04

큐

학습목표

- 큐의 개념과 추상 자료형을 이해한다.
- 배열을 이용한 큐의 구현 방법을 이해한다.
- 덱의 개념과 구현 방법을 이해한다.
- 큐를 이용하여 프로그래밍 할 수 있는 능력을 키운다.
- STL의 큐와 덱을 사용할 수 있는 능력을 배양한다.

4 큐

4.1 큐의 추상 자료형

■ 큐(Queue)란?

스택이 나중에 들어온 데이터가 먼저 나가는 구조인데 반하여 큐(queue)는 먼저 들어온 데이터가 먼저 나가는 자료구조이다. 이러한 특성을 **선입선출**(FIFO: First-In First-Out)이라고 한다. 큐의 대표적인 예로는 은행에서 서비스를 기다리는 고객들이나 매표소에서 표를 사기 위해 기다리는 사람들이 한 줄로 늘어선 열을 들 수 있다. 열에 있는 사람들 중 가장 앞에 있는 사람(가장 먼저 온 사람)이 가장 먼저 표를 사게 될 것이다. 나중에 온 사람들은 줄의 맨 뒤에 서야 할 것이다.

| 그림 4.1 일상생활에서의 큐

큐는 뒤에서 새로운 데이터가 추가되고 앞에서 데이터가 하나씩 삭제되는 구조를 가지고 있다. 구조상으로 큐가 스택과 다른 점은 스택에서는 삽입과 삭제가 같은 쪽에서 일어나지

만 큐에서는 다른 쪽에서 일어난다는 것이다. 그림 4.2와 같이, 큐에서 삽입이 일어나는 곳을 **후단**(rear)라고 하고 삭제가 일어나는 곳을 **전단**(front)라고 한다.

전단(front)　　　　　　후단(rear)

| 그림 4.2 큐의 구조

큐의 추상 자료형

큐에 저장하는 자료에도 특별한 제한이 없다. 큐의 연산들도 스택과 매우 유사하다. 큐의 추상 자료형을 정의하면 다음과 같다.

| ADT 4.1 Queue

> **데이터:** 선입선출(FIFO)의 접근 방법을 유지하는 요소들의 모음
>
> **연산** • enqueue(e): 주어진 요소 e를 큐의 맨 뒤에 추가한다.
> • dequeue(): 큐가 비어 있지 않으면 맨 앞 요소를 삭제하고 반환한다.
> • isEmpty(): 큐가 비어 있으면 true를 아니면 false를 반환한다.
> • peek(): 큐가 비어 있지 않으면 맨 앞 요소를 삭제하지 않고 반환한다.
> • isFull(): 큐가 가득 차 있으면 true을 아니면 false을 반환한다.
> • size(): 큐의 모든 요소들의 개수를 반환한다.
> • display(): 큐의 모든 요소들을 출력한다.

스택에서는 **top**으로 불리는 변수 하나만을 이용하여 삽입과 삭제 연산의 위치를 알 수 있었지만, 큐에서는 삽입과 삭제가 후단과 전단에서 각각 독립적으로 이루어지므로 양쪽의 위치를 기억해야 하고, 따라서 두 개의 변수가 필요하다. 보통 삽입 위치와 관련 변수를 **rear**라 하고, 삭제 관련 변수를 **front**라 한다.

연산들도 스택과 거의 동일하다. isEmpty와 isFull은 각각 큐가 비어 있는지와 가득 차 있는지를 검사한다. peek, size, display 연산도 스택과 동일한 의미를 갖는다. 큐에서도 가장 중요한 연산은 삽입과 삭제 연산인 enqueue와 dequeue이다. enqueue는 큐에 새로운 자료를 삽입하는 연산으로서 큐의 후단을 통해 요소를 추가한다. dequeue는 큐의 맨 앞에

있는 요소를 꺼내서 반환한다. 그림 4.3은 큐에서 일련의 삽입과 삭제가 이루어지는 과정을 보여주는데, 데이터들이 들어온 순서대로 나가는 것을 알 수 있다.

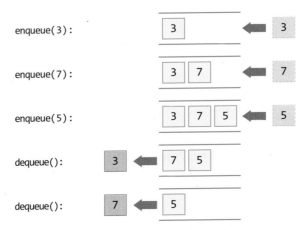

| 그림 4.3 큐의 삽입과 삭제 연산들

■ 큐의 활용

일상생활에서 대부분의 일들이 줄서기와 같이 먼저 들어온 순서대로 처리되는 것처럼 컴퓨터에서도 큐는 매우 광범위하게 사용된다. 컴퓨터 장치들 사이에서 데이터를 주고받을 때 각 장치들 사이에 존재하는 속도의 차이나 시간 차이를 극복하기 위한 임시 기억 장치로 큐가 사용되는데, 이것을 보통 **버퍼(buffer)**라고 한다. 다음 그림은 큐를 사용한 **버퍼링(buffering)**의 개념을 보여주고 있다. 대부분의 장치에서 발생하는 이벤트는 오른쪽 그래프와 같이 시간에 따라 불규칙적으로 발생한다. 이에 비해 CPU와 같이 발생한 이벤트를 처리하는 장치는 일정한 처리 속도를 갖는다. 따라서 이 둘 사이의 속도 차이를 버퍼를 사용하여 해결한다.

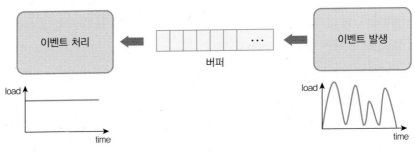

| 그림 4.4 버퍼링의 개념

이런 상황은 일상생활이나 컴퓨터에서 매우 광범위하게 발생하는데, 몇 가지 예를 들면 다음과 같다.

- 키보드와 컴퓨터 사이에 큐(입력 버퍼)가 필요하다. 컴퓨터가 다른 작업을 하고 있는 순간에 사용자가 키보드로 타이핑 하더라도 키 스트로크(key stroke) 정보를 잃어버리지 않아야 하므로 이것을 입력 버퍼에 저장한다. 이것은 컴퓨터가 현재 하던 작업을 끝낸 후 순서대로 가져가서 처리하게 된다.
- 컴퓨터와 프린터 사이에도 인쇄 작업 큐가 존재한다. 보통 프린터는 속도가 느리고 상대적으로 CPU는 속도가 빠르기 때문에 CPU는 빠른 속도로 인쇄 데이터를 만든 다음, 인쇄 작업 큐에 저장하고 다른 작업으로 넘어간다. 프린터는 인쇄 작업 큐에서 데이터를 가져가서 일정한 속도로 인쇄한다.
- 실시간 비디오 스트리밍에서의 버퍼링은 다운로드 된 데이터가 비디오를 재생하기에 충분하지 않으면 순서대로 모아두었다가 충분한 양이 되었을 때 비디오를 복원하여 재생한다.

컴퓨터를 이용하여 현실 세계의 실제 상황을 시뮬레이션 하는 분야에서도 큐가 폭넓게 사용된다. 예를 들어, 은행에서 대기표를 뽑고 기다리는 고객들, 공항에서 활주로를 이용해 이륙하는 비행기들, 인터넷에서 전송되는 데이터 패킷들을 모델링하는데 큐가 이용된다. 이러한 시뮬레이션을 잘 활용하면 은행이나 공항 시스템을 최적으로 설계하고 운영하는 방법을 찾을 수 있어 최소의 비용으로 최고의 수익을 올릴 수 있도록 해 준다.

스택과 마찬가지로 큐도 프로그래머의 도구로서 폭넓게 이용된다. 큐도 스택과 마찬가지로 배열과 연결 리스트를 이용하여 구현할 수 있다. 이 장에서는 배열을 이용한 구현을 자세히 알아본다. 연결 리스트를 이용한 구현은 5장에서 공부한다.

4.2 큐의 구현

■ 선형 큐

1차원 배열을 이용하여 큐를 구현해 보자. 일단 큐에는 정수를 저장한다고 하자. 이를 위해서 큐에는 정수의 1차원 배열이 있어야 하고, 삽입과 삭제 연산을 위한 변수가 있어야한다. 삭제를 위한 변수를 front라 하고, 삽입을 위한 변수를 rear라 하자. front는 큐의첫 번째 요소를 가리키고 rear는 큐의 마지막 요소를 가리켜야 한다.

그림 4.5의 큐를 살펴보자. 먼저 큐 객체가 생성되면 큐는 공백 상태가 되어야 하고 front와 rear의 초기 값은 −1이 된다. enqueue 연산을 통해 데이터가 삽입되면 먼저 rear를하나 증가하고 그 위치에 데이터를 저장한다. 삭제 시에는 front를 먼저 하나 증가시키고

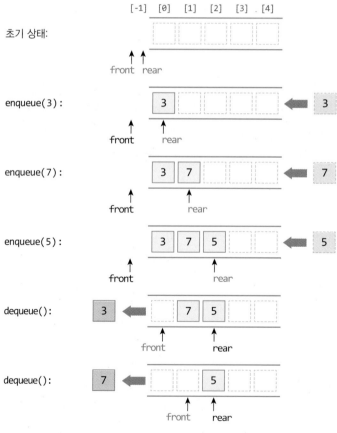

| 그림 4.5 1차원 배열을 이용한 큐의 구현

front가 가리키는 위치에 있는 요소를 삭제한다. 위와 같은 큐를 **선형 큐**(linear queue)라고 한다. 그림 4.5는 선형 큐에 3, 7, 5를 순서대로 삽입한 후 두 번의 삭제 연산을 수행하는 과정을 보여주고 있다.

이와 같은 선형 큐는 이해하기는 쉽지만 문제점이 있다. front와 rear의 값이 계속 증가만 한다는 것이다. 즉, 언젠가는 배열의 끝에 도달하게 되고 배열의 앞부분이 비어 있더라도 더 이상 삽입하지 못한다는 점이다. 따라서 그림 4.6과 같이 후단에 더 이상 삽입할 공간이 없으면 모든 요소들을 왼쪽으로 이동시켜야 한다. 이것은 매우 번거롭고 비효율적인 방법이다. 삭제 연산은 복잡도는 $O(1)$으로 항상 일정한 시간을 보장하지만 삽입 연산의 시간 복잡도는 $O(n)$이 된다. 보다 효율적인 방법은 없을까?

| 그림 4.6 선형 큐의 경우 이동이 필요하다.

■ 원형 큐

물론 있다. 배열을 선형으로 생각하지 말고 원형으로 생각하면 쉽게 해결된다. 즉, front와 rear의 값이 배열의 끝인 (MAX_SIZE_QUEUE-1)에 도달하면 다음에 증가되는 값은 0이 되도록 하는 것이다. 즉, 다음과 같이 배열이 원형으로 처음과 끝이 연결되어 있다고 생각하는 것이다. 여기서 실제 배열이 원형으로 변화되는 것은 아니다. 그냥 개념상으로 원형으로 배열의 인덱스를 변화시켜주는 것뿐이다.

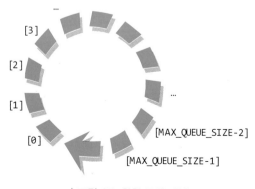

| 그림 4.7 원형 큐의 개념

원형 큐에서는 front와 rear의 개념이 약간 변경된다. 먼저 초기 값은 −1이 아닌 0이다(사실 front와 rear가 같은 위치를 가리키기만 하면 된다). **front는 항상 큐의 첫 번째 요소의 하나 앞을, rear는 마지막 요소를 가리킨다.** 그림 4.8은 원형 큐에 데이터가 삽입, 삭제될 때에 front와 rear가 어떻게 변화되는지를 보여주고 있다. 처음에 front, rear는 모두 0을 가리킨다. A를 큐에 삽입하는 enqueue(A) 연산은 먼저 rear를 증가시키고 증가된 위치에 데이터 A를 삽입한다. enqueue(B) 연산을 통해 이제 rear는 2가 되었다. 삭제 연산 dequeue()에서는 먼저 front를 증가시키고 증가된 위치에서 데이터를 꺼낸다. 이제 front는 1이 되었다. 이런 식으로 삽입과 삭제를 아무리 반복하더라도 선형 큐에서와 같은 요소들의 이동이 필요 없다. 이것은 그림 4.8에서 front와 rear의 값이 계속 증가하다가 7이 되면 다음 값은 0이 되어 배열의 범위 안에서 계속 움직이기 때문이다.

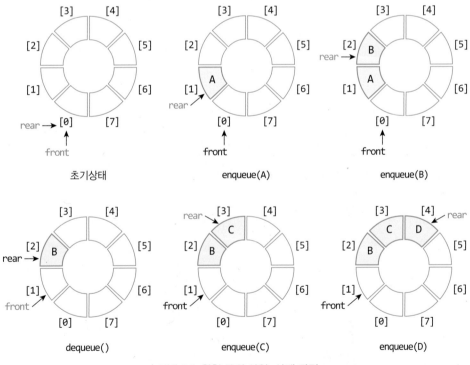

| 그림 4.8 원형 큐의 삽입, 삭제 과정

이제 큐의 공백 상태와 포화 상태를 생각해 보자. front와 rear의 값이 같으면 원형 큐가 비어 있는 공백 상태이다. 포화 상태에 조심하여야 한다. 원형 큐에서는 하나의 자리는 항상 비워두어야 한다. 왜냐하면 포화 상태와 공백 상태를 구별하기 위해서이다. 만약 한 자

리를 비워두지 않는다면 그림 4.9의 (a)와 (c)처럼 공백 상태와 포화 상태를 구분할 수 없을 것이다. 따라서 원형 큐에서 front==rear이면 공백 상태가 되고 만약 front가 rear보다 하나 앞에 있으면 포화 상태가 된다. 만약 큐의 요소들의 개수를 관리하는 추가적인 변수를 사용한다면 한 자리를 비워두지 않아도 된다. 그러나 이 방법은 이 변수를 정확히 관리해야 하므로 프로그램이 복잡해질 수 있다.

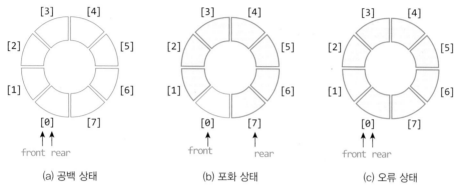

| 그림 4.9 원형 큐의 공백 상태와 포화 상태 및 오류 상태

■ 삽입과 삭제 알고리즘

원형 큐의 삽입과 삭제 알고리즘을 유사 코드로 나타내면 각각 알고리즘 4.1, 4.2와 같다. 삽입이나 삭제 전에 먼저 front와 rear를 원형 회전시켜서 하나 증가시키고 증가된 위치에 데이터를 삽입하거나 삭제해야 한다. 이때 원형으로 회전시키는 것은 나머지 연산자 mod 를 이용하여 쉽게 구현할 수 있다(C++에서 %).

```
front ← (front+1) mod MAX_QUEUE_SIZE;
rear ← (rear +1) mod MAX_QUEUE_SIZE;
```

위의 식에 의하여 front와 rear 값은 (MAX_QUEUE_SIZE-1)에서 하나 증가되면 0으로 된다. 그림 4.9와 같은 큐에서 front와 rear 값은 0, 1, 2, 3, 4, 5, 6, 7, 0과 같이 변화된다.

| 알고리즘 4.1 원형 큐에서의 삽입 알고리즘

---

enqueue(x)

rear ← (rear+1) mod MAX_QUEUE_SIZE;
data[rear] ← x;

| 알고리즘 4.2 원형 큐에서의 삭제 알고리즘

---

dequeue()

front ← (front+1) mod MAX_QUEUE_SIZE;
return data[front];

■ 원형 큐의 구현

큐의 추상 자료형을 바탕으로 배열을 이용한 원형 큐를 구현해보자. 원형 큐 클래스 이름
은 CircularQueue로 하고, 단순화를 위해 int 값을 저장하는 큐를 만들어보자. 원형 큐
의 클래스 다이어그램을 다음과 같이 설계할 수 있다.

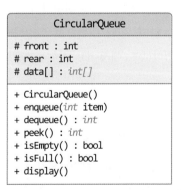

| 그림 4.10 CircularQueue의 설계(클래스 다이어그램)

원형 큐에 필요한 **front**와 **rear**는 int 형으로 선언하고, 큐의 각 요소를 저장하는 배열
data는 int 형 요소들을 저장한다. 이들 데이터 멤버는 일단 protected로 선언하자. 이

것은 원형 큐 클래스를 상속한 자식 클래스의 멤버 함수에서 이들 멤버를 접근할 수 있도록 하기 위해서이다. 스택에서 삽입과 삭제를 의미하던 push와 pop은 큐에서 enqueue와 dequeue 연산으로 대응된다. 다른 연산들도 스택에서와 유사하게 선언된다. 멤버 함수들은 모두 public으로 선언한다. 프로그램 4.1은 이를 바탕으로 원형 큐 클래스를 C++로 구현한 예를 보여주고 있다.

프로그램 4.1　　원형 큐 프로그램

```
01  // CircularQueue.h: 배열을 이용한 원형 큐 클래스
02  #include <cstdio>    /* C 헤더파일 <stdio.h>을 포함하는 것과 동일 */
03  #include <cstdlib>   /* C 헤더파일 <stdlib.h>을 포함하는 것과 동일 */
04  #define MAX_QUEUE_SIZE  100
05  inline void error(char* str) {...}            // 프로그램 3.1의 error()함수와 동일
06  class CircularQueue {
07  protected:
08      int     front;                    // 첫 번째 요소 앞의 위치
09      int     rear;                     // 마지막 요소 위치
10      int     data[MAX_QUEUE_SIZE];     // 요소의 배열
11  public:
12      CircularQueue(){ front = rear = 0; }
13      bool isEmpty()  { return front == rear; }
14      bool isFull()   { return (rear+1)%MAX_QUEUE_SIZE == front; }
15      void enqueue( int val ) {         // 큐에 삽입
16        if( isFull() )
17            error("  error: 큐가 포화상태입니다\n");
18        else {
19            rear = (rear+1) % MAX_QUEUE_SIZE;
20            data[rear] = val;
21        }
22      }
23      int dequeue( ) {                  // 첫 항목을 큐에서 빼서 반환
24        if( isEmpty() )
25            error("  Error: 큐가 공백상태입니다\n");
26        else {
27            front = (front+1) % MAX_QUEUE_SIZE;
28            return data[front];
29        }
```

```
30          }
31          int peek( ){                           // 첫 항목을 큐에서 빼지 않고 반환
32              if( isEmpty() )
33                  error("  Error: 큐가 공백상태입니다\n");
34              else
35                  return data[(front+1) % MAX_QUEUE_SIZE];
36          }
37          void display( ) {                       // 큐의 모든 내용을 순서대로 출력
38              printf( "큐 내용 : ");
39              int maxi = (front < rear) ? rear : rear+MAX_QUEUE_SIZE;
40              for( int i = front+1 ; i<=maxi ; i++ )
41                  printf( "[%2d] ", data[i%MAX_QUEUE_SIZE]);
42              printf( "\n");
43          }
44      };
```

코드 설명

5행 오류 처리 함수. 프로그램 3.1의 오류 처리 함수와 동일.

6행 배열을 이용한 원형 큐 클래스 선언.

7행 데이터 멤버들을 protected로 선언함.

8~10행 데이터 멤버 선언. 큐의 배열과 전단과 후단 위치를 저장할 변수.

12행 생성자. 큐 초기화. front와 rear가 같은 값이어야 함.

13, 14행 큐의 공백 상태와 포화 상태 검사 함수. 그림 4.9 참조. 연산 (front==rear)의 결과는 bool 형이며 front와 rear가 같으면 true를 아니면 false임. 이와 같은 프로그래밍 스타일에 익숙해져야 함.

15~22행 삽입 연산. 알고리즘 4.1의 구현. 먼저 큐가 포화 상태가 아닌지 검사해야 함. rear 변수를 원형으로 증가시키는 코드에 유의할 것. 알고리즘에서의 나머지 연산자 mod는 C++에서는 %에 해당됨.

23~30행 삭제 연산. 알고리즘 4.2의 구현. 먼저 큐가 공백 상태가 아닌지 검사해야 함. front 변수를 원형으로 증가시키는 부분에 유의할 것.

31~36행 peek 연산. 삭제 연산과 유사하지만 front 변수는 변화 없음.

37~42행 큐의 현재 상태를 화면에 출력하는 함수. i를 원형으로 증가시키는 코드에 유의할 것.

프로그램 4.2　원형 큐 테스트 프로그램

```
01  // 04장-CircularQueue.cpp
02  #include "CircularQueue.h"
```

```
03   void main() {
04       CircularQueue que;
05       for( int i=1 ; i<10 ; i++ )
06           que.enqueue( i );
07       que.display();
08       que.dequeue();
09       que.dequeue();
10       que.dequeue();
11       que.display();
12   }
```

```
C:₩Windows₩system32₩cmd.exe
큐 내용 : [ 1] [ 2] [ 3] [ 4] [ 5] [ 6] [ 7] [ 8] [ 9]
큐 내용 : [ 4] [ 5] [ 6] [ 7] [ 8] [ 9]
계속하려면 아무 키나 누르십시오 . . . ■
```

프로그램 4.2은 CircularQueue 클래스를 사용하는 프로그램을 보여주는데, 먼저 9개의 정수를 삽입하고, 큐를 출력한 후 세 번 삭제 연산을 하고 큐의 내용을 출력하였다.

만약 큐에 저장되어야 하는 값이 프로그램 3.3의 Student 클래스와 같은 복잡한 형태이더라도 큰 문제는 없다. 프로그램 4.1에서 `int` 부분들을 모두 Student로 변경해주면 된다.

■ 연결 리스트로 구현한 큐

배열을 이용하여 구현한 큐도 스택과 같이 크기가 제한된다는 약점이 있다. 따라서 이러한 문제를 해결하기 위해서는 연결 리스트를 이용하여 큐를 구현해야 한다. 연결 리스트로 스택을 구현할 때에는 하나의 포인터 변수 **top**을 사용하면 되겠지만, 큐에서는 **front**와 **rear**의 두 개의 포인터 변수를 사용해야 할 것이다. 자세한 구현 방법은 포인터와 함께 5장에서 설명한다.

4.3 덱

■ 덱의 소개

덱(deque)은 double−ended queue의 줄임말로서 큐의 전단(front)와 후단(rear)에서 모두 삽입과 삭제가 가능한 큐를 의미한다. 그렇지만 여전히 중간에 삽입하거나 삭제하는 것은 허용하지 않는다. 그림 4.11은 덱의 구조를 보여준다.

| 그림 4.11 덱의 구조

덱은 스택과 큐의 연산들을 모두 가지고 있다. 예를 들면 addFront와 deleteFront 연산은 스택의 push와 pop 연산과 동일하다. 또한 addRear 연산과 deleteFront 연산은 각각 큐의 enqueue와 dequeue 연산과 같다. 추가로 덱은 addFront, getRear, deleteRear 연산을 가지고 있다. 덱은 스택이나 큐에 비해 더 융통성이 많은 자료구조로 볼 수 있다. 예를 들어, 덱의 전단과 관련된 연산들만을 사용하면 스택이 된다. 또한 삽입은 후단만을 허용하고 삭제는 전단만을 사용하면 큐로 동작한다.

■ 덱 추상 자료형

덱을 추상 자료형으로 정의하면 다음과 같다.

| ADT 4.2 Deque

> 데이터: 전단과 후단을 통한 접근을 허용하는 요소들의 모음
>
> 연산 • addFront(e): 주어진 요소 e를 덱의 맨 앞에 추가한다.
> - deleteFront(): 덱이 비어 있지 않으면 맨 앞 요소를 삭제하고 반환한다.
> - addRear(e): 주어진 요소 e를 덱의 맨 뒤에 추가한다.
> - deleteRear(): 덱이 비어 있지 않으면 맨 뒤 요소를 삭제하고 반환한다.
> - isEmpty(): 큐가 비어 있으면 true를 아니면 false를 반환한다.
> - getFront(): 비어 있지 않으면 맨 앞 요소를 삭제하지 않고 반환한다.
> - getRear(): 비어 있지 않으면 맨 뒤 요소를 삭제하지 않고 반환한다.
> - isFull(): 덱이 가득 차 있으면 true를 아니면 false를 반환한다.
> - display(): 덱의 모든 요소들을 출력한다.

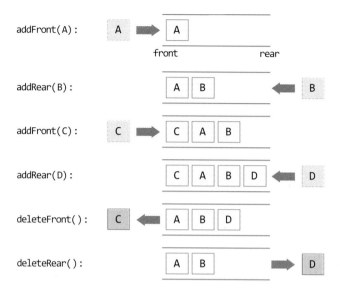

| 그림 4.12 덱에서 일련의 연산이 수행되는 예

그림 4.12는 공백 상태의 덱에 일련의 연산들이 수행되는 예를 보여주고 있다. 이와 같은 덱을 구현하는 방법에도 원형 큐에서와 같이 배열을 이용하는 방법과 연결 리스트를 사용하는 방법이 있다.

■ 배열을 이용한 원형 덱의 구현

배열을 이용한 원형 덱의 동작은 원형 큐에서와 거의 비슷하다. 앞에서 큐 클래스를 설계하여 구현하였으므로 덱은 큐 클래스를 이용해서 설계해 보자. 덱은 좀 특별한 형태의 큐로 볼 수 있으므로 CircularQueue 클래스를 상속해서 CircularDeque 클래스를 만들자.

- 큐는 전단(front)과 후단(rear)을 모두 사용한다. 따라서 큐를 상속하여 덱 클래스를 만들면 덱에서 추가로 필요한 데이터 멤버는 없고, 클래스 다이어그램에서 데이터 부분은 비워두면 된다.
- 큐 클래스의 isEmpty와 isFull 연산은 덱에서도 동작이 동일하다. 따라서 부모 클래스의 연산을 그대로 사용한다.
- 큐에 정의되었던 display 연산은 **재정의(오버라이딩, overriding)**하였다. 출력문을 덱에 맞게 약간 바꾸기 위해서이다.

• 생성자와 함께 덱의 ADT에서 정의하였던 덱 고유의 나머지 연산들을 덱 클래스의
연산 부분에 추가하였다.

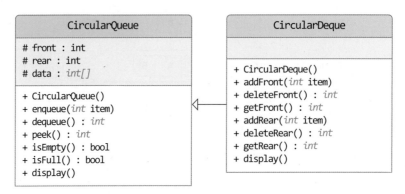

| 그림 4.13 CircularQueue를 상속한 CircularDeque의 클래스 다이어그램

최종적으로 큐를 상속한 원형 덱의 클래스 다이어그램은 그림 4.13과 같다. 덱의 addRear,
deleteFront, getFront 연산은 각각 큐의 enqueue, dequeue, peek 연산에 대응되므로 간
단히 처리할 수 있다. 따라서 실제 구현에서는 deleteRear, addFront, getRear 연산에만
초점을 맞추면 된다. 이러한 설계를 바탕으로 구현한 원형 덱은 프로그램 4.3과 같다.

프로그램 4.3   원형 덱 프로그램

```
01  // CircularDeque.h: CircularQueue클래스를 상속해서 구현한 원형 덱 클래스
02  #include "CircularQueue.h"
03
04  class CircularDeque : public CircularQueue {
05  public:
06      CircularDeque()   { }
07      void addRear( int val ) { enqueue(val);}      // enqueue() 호출
08      int deleteFront( ) { return dequeue(); }      // dequeue() 호출
09      int getFront( )    { return peek(); }         // peek() 호출
10      void addFront( int val ) {                    // 전단에 삽입
11        if( isFull() )
12            error("  error: 덱이 포화상태입니다\n");
13        else {
```

```
14              data[front] = val;
15              front = (front-1+MAX_QUEUE_SIZE) % MAX_QUEUE_SIZE;
16           }
17        }
18        int deleteRear( ) {                          // 후단에서 삭제
19           if( isEmpty() )
20                error("  Error: 덱이 공백상태입니다\n");
21           else {
22                int ret = data[rear];
23                rear = (rear-1+MAX_QUEUE_SIZE) % MAX_QUEUE_SIZE;
24                return ret;
25           }
26        }
27        int getRear( ){                              // 후단에서 peek
28           if( isEmpty() )
29                error("  Error: 덱이 공백상태입니다\n");
30           else return data[rear];
31        }
32        void display( ) {                  // CircularQueue::display()를 재정의
33           printf( "덱의 내용 : ");        // 이 출력 코드만 다름
34           int maxi = (front < rear) ? rear : rear+MAX_QUEUE_SIZE;
35           for( int i = front+1 ; i<=maxi ; i++ )
36                printf( "[%2d] ", data[i%MAX_QUEUE_SIZE]);
37           printf( "\n");
38        }
39  };


   // 04장-CircularDeque.cpp
   #include "CircularDeque.h"
   void main() {
        CircularDuque deq;
        for( int i=1 ; i<10 ; i++ ) {
           if( i % 2 ) deq.addFront( i );
           else deq.addrRear( i );
        }
        deq.display();
        deq.deleteFront();
        deq.deleteRear();
        deq.deleteFront();
        deq.display();
   }
```

C:₩Windows₩system32₩cmd.exe
덱의 내용 : [9] [7] [5] [3] [1] [2] [4] [6] [8]
덱의 내용 : [5] [3] [1] [2] [4] [6]
계속하려면 아무 키나 누르십시오 . . .

코드 설명

4행 CirculatQueue를 상속하여 CircularDeque 클래스를 선언함. 추가적인 데이터 멤버는 필요 없음.

7~9행 덱의 addRear, deleteFront, getFront 연산은 각각 큐 클래스의 enqueue, dequeue, peek 연산에 대응됨. 따라서 각 함수를 호출함.

10~17행 전단에 새로운 요소를 삽입하는 함수. 전단에 삽입을 위해서는 front가 원형으로 감소되어야 함. 15행의 front 처리에 유의할 것.

18~26행 후단에서 항목 삭제 함수. rear가 원형으로 감소되어야 함.

27~31행 후단의 항목을 반환하는 함수.

32~38행 덱의 현재 상태를 화면에 출력하는 함수. 큐의 dispay() 함수를 재정의(overriding) 하여 구현. 33행만 다르고 나머지 코드는 큐의 display() 함수와 동일함.

프로그램 4.3의 아래쪽 코드는 CircularDeque 클래스를 사용하는 프로그램을 보여준다. 1부터 9까지의 숫자를 삽입하는데 홀수는 전단을 통해 짝수는 후단을 통해 삽입한다. 전단과 후단을 통한 삭제 연산과 결과도 함께 보여주고 있다.

■ 연결된 덱의 구현

스택이나 큐와 같이 덱도 연결 리스트로 구현할 수 있다. 그러나 연결된 덱을 구현하는 것은 연결된 스택이나 큐에 비해 더 복잡하다. 스택이나 큐와는 달리 덱은 전단과 후단에서 모두 삽입, 삭제가 가능하기 때문에 하나의 노드에서 알아야 할 정보가 더 많다. 구체적으로는 선행 노드와 후속 노드를 가리키는 포인터 변수를 가져야 하는데, 이러한 구조를 **이중 연결 리스트**(double linked list)라고 부른다. 덱을 이중 연결 리스트로 구현하는 것은 6장에서 공부한다.

4.4 큐의 응용: 은행 시뮬레이션

■ 시뮬레이션

시뮬레이션(simulation)은 모의실험을 의미하는데, 어떤 일을 실행하기에 앞서서 프로그램을 이용하여 가상으로 실험해 보고 처리 과정과 결과를 미리 분석해 보는 것을 말한다. 시뮬레이션을 위해서는 먼저 주어진 시스템을 수학적으로 모델링하여야 하는데, 이러한 모델링에 사용되는 통계적 이론을 **큐잉이론**(queueing theory)이라 한다. 큐는 이와 같이 어떤 시스템을 컴퓨터를 이용하여 큐잉이론에 따라 시뮬레이션 하고, 이를 통해 시스템의 특성을 분석하는 데 이용된다. 보통 큐잉모델은 고객에 대한 서비스를 수행하는 **서버**(server)와 서비스를 받는 **고객**(client)들로 이루어진다. 제한된 수의 서버 때문에 고객들은 서비스를 받기 위하여 대기 행렬에서 기다리게 된다. 이 대기 행렬이 큐로 구현된다. 현실에서의 대기 행렬은 상점이나 극장, 세차장 같은 곳에서 서비스를 받기 위하여 기다리는 줄을 의미한다.

■ 은행 서비스 시뮬레이션 문제

여기서는 어떤 은행에 고객들이 들어와서 서비스를 받고 나가는 과정을 시뮬레이션 해 보려고 한다. 고객들이 서비스를 받기 위해 기다려야 하는 평균 시간이 고객 만족도 측면에서 매우 중요하다. 만약 고객들이 지나치게 많이 기다려야 한다면 창구를 늘려서 대기 시간을 줄여야 할 것이다. 물론 이렇게 되면 은행으로서는 당연히 비용이 증가된다. 은행은 이러한 창구를 늘리는 데에 따른 비용과 더 많은 고객을 받아서 발생되는 이윤을 동시에 고려해서 최적의 결론을 내려야 할 것이다.

은행 창구   큐(대기 행렬)

| 그림 4.14 은행에서의 서비스 대기 큐

여기서는 최대한 간단하게 설정하여 시뮬레이션의 핵심적인 내용만 알아보려고 한다. 먼저 서비스하는 행원은 한 사람이라고 가정한다. 고객의 대기 행렬은 큐로 시뮬레이션 된다. 큐에 들어있는 고객들은 순서대로 서비스를 받는다. 한 고객의 서비스가 끝나면 큐의 맨 앞에 있는 다른 고객이 서비스를 받기 시작한다. 이 시뮬레이션의 입력과 출력은 다음과 같다.

- 입력
  - 시뮬레이션 할 최대 시간 (예: 10 [단위 시간])
  - 단위 시간에 도착하는 고객 수 (예: 0.5 [고객수/단위 시간])
  - 한 고객에 대한 최대 서비스 시간 (예: 5 [단위 시간/고객])
- 출력
  - 고객들의 평균 대기 시간
- 서비스 인원(은행원): 1명
- 고객 정보
  - 발생: 단위 시간에 도착하는 고객 수를 바탕으로 무작위로 발생
  - 서비스 시간: 일정한 범위(최대 서비스 시간) 내에서 무작위로 결정

이와 같은 시뮬레이션 프로그램을 구현하기 위해서는 고객이 발생할 때마다 고객의 정보를 저장할 큐가 있어야 한다. 그렇다면 고객의 정보는 어떻게 할까? 최소한 고객의 번호, 도착 시간, 서비스에 필요한 시간 등의 정보가 하나의 고객 정보에 저장되어야 할 것이다. 따라서 클래스로 만들어 관리하는 것이 좋다. 프로그램 4.4는 시뮬레이션을 위한 고객 정보인 Customer 클래스의 예를 보여준다. 이 클래스는 struct로 선언하여 모든 필드가 public의 접근 권한을 갖도록 하였고, 고객의 번호와 도착 시각, 서비스에 필요한 시간을 데이터 멤버로 갖는다. 고객 객체를 편리하게 초기화할 수 있도록 하나의 생성자를 제공하였다.

프로그램 4.4   은행 서비스 시뮬레이션을 위한 고객 클래스

```
01  // Customer.h : 하나의 고객 정보를 관리하기 위한 클래스
02  struct Customer {
03      int  id;              // 고객 번호
04      int  tArrival;        // 고객이 도착한 시각
05      int  tService;        // 이 고객의 서비스에 필요한 시간
06      Customer( int i=0, int tArr=0, int tServ=0 )
07          : id(i), tArrival(tArr), tService(tServ) { }
08  };
```

시뮬레이션을 위한 큐 클래스는 프로그램 4.1의 원형 큐 클래스를 사용하면 된다. 이때 큐

에 저장할 데이터가 int가 아니라 Customer 객체이므로 관련 코드 (프로그램 4.1의 10, 15, 23, 31행)의 **int** 부분을 모두 Customer로 수정해 주어야 한다. display() 함수는 사용하지 않을 것이므로 생략했다. 이 큐 클래스를 CustomerQueue라고 하자.

시뮬레이션을 위한 고객 정보 클래스와 큐 클래스가 준비되면 마지막으로 실제 시뮬레이션 코드를 작성한다. 시뮬레이션은 일반 함수로 구현해도 되겠지만 이 장에서는 시뮬레이션을 위한 클래스 BankSimulator를 사용하였다. 대부분의 경우 클래스를 사용하는 것이 더 좋은데, 전역 변수를 사용하지 않으면서 시뮬레이션에 필요한 모든 멤버(데이터 멤버와 메소드)를 클래스 내부에서 선언하여 객체지향언어의 장점인 캡슐화와 정보 은닉이 가능하기 때문이다. BankSimulator에는 시뮬레이션에 사용되는 각종 속성들과 입력, 출력을 포함한 여러 가지 연산들을 포함하는데, 구현된 시뮬레이션 클래스는 프로그램 4.5와 같다.

프로그램 4.5	은행 서비스 시뮬레이션을 위한 시뮬레이터 클래스

```cpp
01  // BankSimulator.h: 은행 시뮬레이션 클래스
02  #include "CustomerQueue.h"
03  class BankSimulator
04  {
05      int    nSimulation;          // 입력: 전체 시뮬레이션 횟수
06      double    probArrival;       // 입력: 단위시간에 도착하는 평균 고객 수
07      int    tMaxService;          // 입력: 한 고객에 대한 최대 서비스 시간
08      int    totalWaitTime;        // 결과: 고객들이 기다린 전체시간
09      int    nCustomers;           // 결과: 전체 고객 수
10      int    nServedCustomers;     // 결과: 서비스 받은 고객 수
11      CustomerQueue  que;          // 고객 대기 큐
12
13      // 랜덤 숫자를 생성하여 고객 도착 여부와 서비스 시간 자동 생성 코드
14      double Random()      { return rand()/(double)RAND_MAX; }
15      bool IsNewCustomer() { return Random() < probArrival; }
16      int RandServiceTime() { return (int)(tMaxService*Random())+1; }
17
18      // 새로 도착한 고객을 큐에 삽입
19      void InsertCustomer( int arrivalTime ) {
20          Customer a(++nCustomers, arrivalTime, RandServiceTime());
21          printf("  고객 %d 방문 (서비스 시간:%d분)\n", a.id, a.tService);
```

```cpp
22          que.enqueue( a );
23      }
24  public:
25      // 생성자
26      BankSimulator(): nCustomers(0),totalWaitTime(0),nServedCustomers(0){}
27
28      // 시뮬레이션 파라미터 입력
29      void readSimulationParameters( ) {
30          printf("시뮬레이션 할 최대 시간 (예:10) = ");
31          scanf("%d", &nSimulation);
32          printf("단위시간에 도착하는 고객 수 (예:0.7) = ");
33          scanf("%lf", &probArrival);
34          printf("한 고객에 대한 최대 서비스 시간 (예:5) = ");
35          scanf("%d", &tMaxService);
36          printf("=====================================================\n");
37      }
38
39      // 시뮬레이션 실행
40      void run() {
41          int   clock = 0;                          // 현재 시각
42          int   serviceTime = -1;                   // 처리에 걸리는 잔여 시간
43          while(clock < nSimulation){
44              clock++;
45              printf("현재시각=%d\n", clock);
46
47              if ( IsNewCustomer())        // 새로운 고객이 도착했으면 큐에 삽입
48                  InsertCustomer(clock);
49              if ( serviceTime>0 ) serviceTime--;       // 현재 고객 서비스 중
50              else {
51                  if( que.isEmpty() ) continue;          // 기다리는 고객 없음
52                  Customer a = que.dequeue();            // 새로 서비스 할 고객
53                  nServedCustomers++;                    // 서비스한 고객 수
54                  totalWaitTime += clock-a.tArrival;     // 총 대기시간
55                  printf("  고객 %d 서비스 시작 (대기시간:%d분)\n",
56                         a.id, clock - a.tArrival);
57                  serviceTime = a.tService - 1;
58              }
59          }
```

```
60         }
61         // 시뮬레이션 결과를 출력한다.
62         void printStat() {
63             printf("===============================================\n");
64             printf("  서비스 받은 고객수    = %d\n",          nServedCustomers);
65             printf("  전체 대기 시간       = %d분\n", totalWaitTime);
66             printf("  서비스고객 평균대기시간 = %-5.2f분\n",
67                     (double)totalWaitTime/nServedCustomers);
68             printf("  현재 대기 고객 수   = %d\n", nCustomers-nServedCustomers);
69         }
70  };
```

코드 설명

3행 은행 시뮬레이션을 위한 시뮬레이터 클래스 선언.

5~11행 시뮬레이션을 위한 데이터 멤버. 시뮬레이션 파라미터 입력과 전체 처리 결과를 저장함. que는 고객 대기 큐.

14행 무작위로 0~1 사이의 실수를 반환하는 함수.

15행 무작위로 발생한 실수가 평균 고객수보다 작으면 고객이 발생한 것으로 판단하여 true를 반환하고, 아니면 false 를 반환.

16행 무작위로 1~tMaxService 사이의 정수 발생. 이 값이 새로운 고객의 서비스에 필요한 시간이 됨.

19~23행 새로운 고객이 도착한 경우 현재 시각 정보와 함께 고객 정보를 만들어 큐에 삽입.

26행 생성자. 멤버 초기화 리스트를 이용해 데이터 멤버를 초기화 함.

29~37행 사용자로부터 시뮬레이션 파라미터를 입력받는 함수.

40~60행 주 시뮬레이션 함수. 전체 시뮬레이션 시간만큼 반복문을 수행하고, 매 반복마다 현재 시각을 출력하고 새로운 고객이 왔는지를 확인해서 새로운 고객이 있으면 InsertCustomer() 함수를 호출해 고객 정보를 만들어 큐에 저장함.

42행 현재 고객에 대한 남은 처리 시간을 저장하는 변수. 만약 이 값이 0이 되면 서비스가 끝났거나 현재 고객이 하 나도 없음을 의미함. 이 경우 큐에서 새로운 고객 객체를 꺼내서 그 고객에 대한 서비스를 시작함.

49행 현재 서비스 받고 있는 고객이 있으면 남은 서비스 시간을 줄여줌.

50행 현재 서비스를 받고 있는 고객이 없으면.

51행 만약 기다리는 고객이 없으면 반복문 다시 수행.

52행 기다리는 고객 중 가장 먼저 온 고객을 큐에서 꺼내 서비스를 시작함.

53행 서비스를 한 전체 고객 수 갱신.

54행 총 대기 시간 갱신.

55~56행 새로운 고객 서비스 메시지를 화면에 출력.

57행 새로운 고객의 남은 서비스 시간을 serviceTime 변수에 복사.

62~70행 시뮬레이션 결과를 화면에 출력하는 함수.

프로그램 4.6 　**은행 서비스 시뮬레이션 테스트 프로그램**

```
01  // 04장-BankSimulator.cpp: 은행 시뮬레이션 프로그램
02  #include <ctime>                               // C 헤더파일 <time.h>포함과 동일
03  #include "BankSimulator.h"
04  void main() {
05      srand( (unsigned int)time(NULL) );
06      BankSimulator  sim;                         // 시뮬레이터 객체 생성
07      sim.readSimulationParameters( );            // 시뮬레이션 파라미터 설정
08      sim.run();                                  // 시뮬레이션 시작
09      sim.printStat();                            // 시뮬레이션 결과 출력
10  }
```

```
C:\Windows\system32\cmd.exe

시뮬레이션 할 최대 시간 (예:10) = 10
단위시간에 도착하는 고객 수 (예:0.5) = 0.6
한 고객에 대한 최대 서비스 시간 (예:5) = 5

현재시각=1
현재시각=2
  고객 1 방문 (서비스 시간:4분)
  고객 1 서비스 시작 (대기시간:0분)
현재시각=3
현재시각=4
현재시각=5
  고객 2 방문 (서비스 시간:3분)
현재시각=6
  고객 3 방문 (서비스 시간:5분)
  고객 2 서비스 시작 (대기시간:1분)
현재시각=7
현재시각=8
  고객 4 방문 (서비스 시간:1분)
현재시각=9
  고객 3 서비스 시작 (대기시간:3분)
현재시각=10
  고객 5 방문 (서비스 시간:4분)

  서비스 받은 고객수       = 3
  전체 대기 시간          = 4분
  서비스고객 평균대기시간 = 1.33 분
  현재 대기 고객 수       = 2
계속하려면 아무 키나 누르십시오 . . .
```

코드 설명

2행 time() 함수를 사용하기 위해 포함시킴.

5행 현재 시각을 이용하여 랜덤 숫자 표를 초기화함. 프로그램을 실행할 때 마다 다른 무작위 값이 나오도록 함.

6행 은행 시뮬레이션 객체.

7행 시뮬레이션 파라미터를 사용자가 입력함.

8행 전체 시뮬레이션 과정 수행.

9행 시뮬레이션 결과 출력.

프로그램 4.6은 은행 서비스 시뮬레이션을 테스트하는 프로그램과 실행 결과 예를 보여준다. 물론 여러 개의 창구를 포함하는 보다 복잡한 시뮬레이션을 위해서는 코드를 더 추가해야 한다.

4.5 덱의 응용: 미로 탐색 프로그램

■ 깊이 우선 탐색과 너비 우선 탐색

우리는 3.5절의 미로 탐색 문제에서 표준 템플릿 라이브러리(STL)에서 제공하는 스택을 사용해보았다. 큐와 덱도 물론 STL에서 제공하는데, 이들을 사용하는 방법을 알아보자.

미로 탐색 문제 해결을 위해 3.5절에서는 스택을 사용하였다. 11장의 그래프 탐색 부분에서 자세히 공부하겠지만 스택을 사용하는 것은 그래프의 여러 가지 탐색 기법들 중에서 **깊이 우선 탐색(DFS, Depth First Search)** 전략을 사용하는 것이다. 이것은 일단 최대한

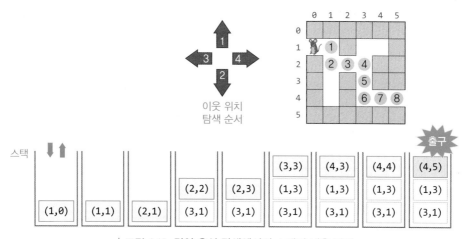

| 그림 4.15 깊이 우선 탐색에서의 스택의 내용 변화

갈 수 있는데 까지 가보고 막히면 다시 다른 길을 찾는 방식이다. 그림 4.15의 미로를 생각 해보자. 이웃의 탐색 순서는 그림과 같이 상-하-좌-우 순으로 진행한다고 하자. 현재 위 치에서 생쥐는 항상 상-하-좌-우를 검사하여 갈 수 있는 위치이면 스택에 저장한다(사 실 이 순서는 중요하지 않다). 다음으로 스택에서 꺼내지는 것은 항상 가장 최근에 저장된 위치이다. 그림은 생쥐가 깊이우선으로 탐색하는 순서를 표시하고 스택의 변화를 보여주고 있다.

미로 탐색 문제는 큐를 이용해서도 해결할 수 있다. 이것은 그래프 탐색에서 **너비 우선 탐색(BFS, Breadth First Search)** 전략을 사용하는 것으로, 탐색 순서에서 깊이보다는 폭을 우선으로 취한다. 그림 4.15와 동일한 미로를 너비 우선 전략으로 탐색하는 과정을 그림 4.16에서 나타내고 있다. 이 방법에서도 마찬가지로 생쥐는 현재 위치에서 상-하-좌-우 순서로 인접 위치를 검사한다. 생쥐가 인접한 갈 수 있는 위치를 찾으면 저장해야 하는데, 이때 큐를 사용하는 것이다. 한 위치에서의 처리가 끝나면 생쥐는 큐에서 다시 하나의 위치를 꺼내 현재 위치로 사용하는데, 이때 스택을 사용하는 경우와는 달리 가장 먼저 저장된 위치가 된다. 그림의 각 진행 단계별 큐의 변화 내용을 잘 살펴보라.

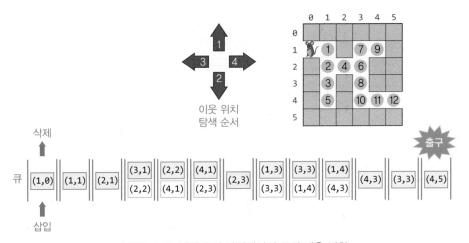

| 그림 4.16 너비 우선 탐색에서의 큐의 내용 변화

이 예제에서는 깊이 우선 탐색이 8번 만에, 너비우선 탐색이 12번 만에 출구를 찾았으므로 DFS가 효율적으로 보인다. 그러나 항상 그렇지는 않다. 미로가 어떻게 구성되어 있는가에 따라서 너비 우선 탐색이 먼저 출구를 찾을 수도 있다. 또한 이웃 위치를 탐색하는 순서에 따라서도 결과가 달라진다. 그림은 현재 위치에서 상-하-좌-우 의 순서로 검사했지

만 다른 순서, 예를 들어 상-우-하-좌 와 같이 탐색하면 스택이나 큐에 들어가는 순서가 달라지고, 그에 따라 출구를 찾는데 걸리는 시간이 달라질 수 있다. 그러나 연결된 출구가 하나뿐이라면 결국은 그 출구를 찾아준다.

■ STL의 큐를 이용한 미로 탐색

프로그램 3.11의 미로 탐색 문제를 STL의 큐를 이용한 너비 우선 탐색으로 구현하려면 프로그램 3.11을 몇 군데만 수정하면 된다. 표준 템플릿 라이브러리에서 큐를 사용하려면 다음과 같이 헤더파일을 포함시켜야 한다.

```
#include <queue>
using namespace std;
```

Location2D를 저장하는 큐의 생성과 사용 예는 다음과 같다.

```
queue<Location2D> locQue;            // 위치 큐 객체 생성
locQue.push(Location2D(1,0));        // 위치(1,0)을 push
Locarion2D p = locQue.front( );      // front 객체를 p에 복사
locQue.pop( );                       // front 객체를 삭제
```

STL의 큐에서도 연산의 이름이 이 장에서 설명한 이름과 약간 다르다. 먼저 **enqueue** 연산은 push() 함수로 제공한다. 그리고 **dequeue** 연산은 front 객체를 읽어오는 front() 함수 pop() 함수의 조합으로 구현된다. 즉, 먼저 front() 함수를 통해 front 객체를 읽어오고, pop() 함수를 이용해 front 객체를 삭제하는 방법을 이용한다. STL의 스택에서와 같이 empty() 연산을 제공하여 큐가 공백 상태인지를 검사할 수 있다. STL의 큐를 이용하여 프로그램 3.11과 동일한 문제를 BFS 전략으로 해결하는 코드는 다음과 같다.

프로그램 4.7	STL의 큐를 이용한 미로 탐색 프로그램(너비 우선 탐색)

```
01  #include "Location2D.h"     // 위치 클래스 포함
02  #include <queue>            // STL의 queue 템플릿 파일 포함
03  ...                         // 프로그램 3.11: 3~18행 추가
04  void main()
```

```
05  {
06      queue<Location2D> locQueue;                              // 위치 큐 객체 생성
07      Location2D entry(1,0);                                    // 입구 객체
08      locQueue.push( entry );                                   // 큐에 입구 위치 삽입
09
10      while ( locQueue.empty() == false ) {                     // 큐가 비어있지 않는 동안
11          Location2D  here = locQueue.front();                  // 큐의 front 상단 객체 복사
12          locQueue.pop();                                       // 큐 상단 객체 삭제
13          ...                                                   // 프로그램 3.11: 29~35행 추가
14          else {                                                // 출구가 아니면 현재 위치를
15          map[r][c] = '.';                                      // 현재 위치를 "지나옴" 처리
16          if( isValidLoc( r-1, c ) ) locQueue.push(Location2D(r-1,c));
17          if( isValidLoc( r+1, c ) ) locQueue.push(Location2D(r+1,c));
18          if( isValidLoc( r, c-1 ) ) locQueue.push(Location2D(r,c-1));
19          if( isValidLoc( r, c+1 ) ) locQueue.push(Location2D(r,c+1));
20          }
21      ...  // 프로그램 3.11과 코드 동일
22  }
```

```
C:\Windows\system32\cmd.exe
(1,0) (1,1) (2,1) (3,1) (2,2) (4,1) (2,3) (1,3) (3,3) (1,4) (4,3) (4,4) (4,5)
미로 탐색 성공
계속하려면 아무 키나 누르십시오 . . .
```

■ STL의 덱을 이용한 DFS 탐색

표준 템플릿 라이브러리에서 제공하는 덱을 사용해보자. 먼저 다음과 같이 헤더파일을 포함시켜야 하며 사용 예는 다음과 같다.

```
#include <deque>
using namespace std;

deque<Location2D> locDq;               // 위치 덱 객체 생성
locDq.push_front(Location2D(1,0));     // 전단 삽입
locDq.push_back(Location2D(2,0));      // 후단 삽입
Locarion2D p = locDq.front( );         // 전단 객체 복사
locDq.pop_front( );                    // 전단 객체 삭제
Locarion2D q = locDq.back( );          // 후단 객체 복사
locDq.pop_back( );                     // 후단 객체 삭제
```

덱의 경우도 삽입을 위해 push_front(), push_back() 함수를 제공한다. 전단과 후단 객체를 읽어오기 위해서는 front()와 back() 함수를 이용하고, 전단 및 후단 객체의 삭제를 위해 pop_front()와 pop_back() 함수를 제공한다. 덱을 이용하여 프로그램 3.10과 동일한 프로그램을 구현할 수 있다. 덱을 스택의 용도로 사용하려면 push_front(), front(), pop_front()를 push(), peek(), pop() 연산에 대응하여 사용하면 된다. 덱으로 구현한 깊이 우선 탐색 프로그램은 다음과 같다.

프로그램 4.8 STL의 덱를 이용한 미로 탐색 프로그램(깊이 우선 탐색)

```
01  #include "Location2D.h"        // 위치 클래스 포함
02  #include <deque>               // STL의 deque 템플릿 파일 포함
03  ...                            // 프로그램 3.11: 3~18행 추가
04  void main()
05  {
06      deque<Location2D> locDeque;              // 위치 덱 객체 생성
07      Location2D entry(1,0);                   // 입구 객체
08      locDeque.push_front( entry );            // 덱에 입구 위치 삽입
09
10      while ( locDeque.empty() == false ) {    // 덱이 비어있지 않는 동안
11          Location2D  here = locDeque.front(); // 덱의 front 상단 객체 복사
12          locDeque.pop_front();                // 덱 상단 객체 삭제
13          ...                                  // 프로그램 3.11: 29~35행 추가
14          else {                               // 출구가 아니면 현재 위치를
15              map[r][c] = '.';                 // 현재 위치를 "지나옴" 처리
16              if(isValidLoc(r-1,c)) locDeque.push_front(Location2D(r-1,c));
17              if(isValidLoc(r+1,c)) locDeque.push_front(Location2D(r+1,c));
18              if(isValidLoc(r,c-1)) locDeque.push_front(Location2D(r,c-1));
19              if(isValidLoc(r,c+1)) locDeque.push_front(Location2D(r,c+1));
20          }
21      }
22      printf("미로탐색실패\n");
23  }
```

```
C:\Windows\system32\cmd.exe
(1,0) (1,1) (2,1) (2,2) (2,3) (3,3) (4,3) (4,4) (4,5) 미로 탐색 성공
계속하려면 아무 키나 누르십시오 . . .
```

STL의 덱을 이용한 BFS 탐색

STL의 덱을 이용하여 너비 우선 탐색 방법으로 미로를 탐색해 보자. 덱을 큐의 용도로 사용하려면 push_back(), front(), pop_front()를 enqueue(), peek(), dequeue() 연산에 대응하여 사용하면 된다. 덱으로 구현한 너비 우선 탐색 프로그램은 다음과 같다.

프로그램 4.9　STL의 덱를 이용한 미로 탐색 프로그램(너비 우선 탐색)

```
01  #include "Location2D.h"              // 위치 클래스 포함
02  #include <deque>                     // STL의 deque 템플릿 파일 포함
03  ...                                  // 프로그램 3.11: 3~18행 추가
04  void main()
05  {
06      deque<Location2D> locDeque;      // 위치 덱 객체 생성
07      Location2D entry(1,0);           // 입구 객체
08      locDeque.push_back( entry );     // 덱에 입구 위치 삽입
09
10      while ( locDeque.empty() == false ) {    // 덱이 비어있지 않는 동안
11          Location2D  here = locDeque.front(); // 덱의 front 상단 객체 복사
12          locDeque.pop_front();                // 덱 상단 객체 삭제
13          ...                                  // 프로그램 3.11: 29~35행 추가
            else {                               // 출구가 아니면 현재 위치를
                map[r][c] = '.';                 // 현재 위치를 "지나옴" 처리
                if(isValidLoc(r-1,c)) locDeque.push_back(Location2D(r-1,c));
                if(isValidLoc(r+1,c)) locDeque.push_back(Location2D(r+1,c));
                if(isValidLoc(r,c-1)) locDeque.push_back(Location2D(r,c-1));
                if(isValidLoc(r,c+1)) locDeque.push_back(Location2D(r,c+1));
            }
        }
        printf("미로탐색실패\n");
    }
```

```
C:\Windows\system32\cmd.exe
(1,0) (1,1) (2,1) (2,2) (2,3) (3,3) (4,3) (4,4) (4,5)  미로 탐색 성공
계속하려면 아무 키나 누르십시오 . . . ■
```

| 연습문제 |

1 문자 A, B, C, D, E를 큐에 넣었다가 다시 꺼내어 출력하면 어떻게 되는가?

① A, B, C, D, E   ② E, D, C, B, A

③ A, B, C, E, D   ④ B, A, C, D, E

2 원형 큐의 front와 rear의 값이 각각 7과 2일 때, 이 원형 큐가 가지고 있는 데이터의 개수는? (단, MAX_QUEUE_SIZE는 12이고, front와 rear의 초깃값은 0이다.)

3 10, 20, 30, 40, 50을 큐에 넣었다고 가정하고 3개의 항목을 삭제하였다. 남아 있는 항목은?

4 원형 큐에서 front가 3이고 rear가 5라고 하면 현재 원형 큐에 저장된 요소들의 개수는?

① 1   ② 2

③ 3   ④ 4

5 다음 중 원형 큐에서 공백 상태에 해당하는 조건은? 또 포화 상태에 해당되는 조건은?

① front ==0 && rear == 0

② front == (MAX_QUEUE_SIZE-1) && rear == (MAX_QUEUE_SIZE-1)

③ front == rear

④ front == (rear+1) % MAX_QUEUE_SIZE

6 큐에 항목들을 삽입하고 삭제하는 연산은 시간 복잡도가 어떻게 되는가?

① $O(1)$ ② $O(\log_2 n)$

③ $O(n)$ ④ $O(n^2)$

7 크기가 8인 원형 큐 A에 다음과 같이 삽입과 삭제가 되풀이되었을 경우에 각 단계에서의 원형 큐의 내용(1차원 배열의 내용, front와 rear의 값)을 나타내라.

```
A.enqueue(1);
A.enqueue(2);
A.enqueue(3);
A.dequeue();
A.enqueue(4);
A.enqueue(5);
A.enqueue(6);
A.enqueue(7);
A.dequeue();
```

8 피보나치수열을 효과적으로 계산하기 위하여 큐를 이용할 수 있다. 만일 피보나치수열을 순환에 의하여 계산하게 되면 경우에 따라서는 많은 순환 함수의 호출에 의해 비효율적일 수 있다. 이를 개선하기 위하여 큐를 사용하는데 큐에는 처음에는 $F(0)$와 $F(1)$의 값이 들어가 있어 다음에 $F(2)$를 계산할 때 $F(0)$를 큐에서 제거한다. 그 다음에 계산된 $F(b)$를 다시 큐에 넣는다. 피보나치수열은 다음과 같이 정의된다. 큐를 이용하여 피보나치수열을 계산하는 프로그램을 작성하라.

$$F(0)=0, \quad F(1)=1$$
$$F(n)=F(n-1)+F(n-2)$$

| Hint | 7장 순환의 피보나치수열 부분을 참고할 것.

| 프로그래밍 프로젝트 |

1 가장 간단한 방법의 미팅 주선 프로그램을 만들려고 한다. 남학생과 여학생의 큐를 각각 만들어 학생이 등록하면 큐에 넣는다. 가장 먼저 등록한 남학생과 여학생을 뽑아 미팅을 주선하는 일을 반복한다. 만약 여학생 큐가 비었거나 남학생 큐가 비었으면 한쪽 큐에 있는 학생들은 기다려야 한다. 샘플 출력 화면은 다음과 같다.

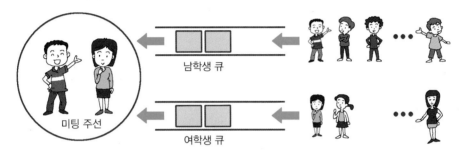

미팅 주선 프로그램입니다.

고객이름: 홍길동
성별을 입력하세요(f or m)   m
아직 대상자가 없습니다. 기다려주십시오.

고객이름: 이순신
성별을 입력하세요(f or m)   m
아직 대상자가 없습니다. 기다려주십시오.

고객이름: 황진이
성별을 입력하세요(f or m)   f
커플이 탄생했습니다! 홍길동과 황진이
…
…
…

(1) 등록한 학생 정보를 수동으로 입력하도록 사용자 인터페이스를 완성하라.

(2) 원형 큐를 사용하여 남학생 큐와 여학생 큐를 구현해보라.

(3) 덱을 이용하여 남학생 큐와 여학생 큐를 구현하고 큐에 입력될 때 즉시 원하는지를 물어보고 즉시 원한다고 하면 큐의 맨 처음에 삽입한다(addFront 연산을 이용할 것). 만약 즉시 원하지 않으면 큐의 끝에 삽입한다(addRear 연산을 이용할 것).

(4) 은행 서비스 시뮬레이션 프로그램을 참고하여 자동으로 시뮬레이션 할 수 있는 프로그램을 설계하고 구현하라. 다음과 같은 입출력을 참고하라.

- 입력
  - 시뮬레이션 할 최대 인원 (예: 100 [명])
  - 단위시간에 등록하는 학생 수 (예: 0.5 [학생/단위 시간])
- 출력
  - 미팅 주선에 성공한 커플의 쌍의 번호
  - 전체 미팅 주선 횟수
  - 남녀 학생의 평균 대기 시간
- 학생 정보
  - 학생들은 발생한 시간을 번호로 갖는다.
  - 등록하는 학생의 성별은 무작위로 선택한다.

CHAPTER

05 포인터와 연결 리스트

학습목표

- 포인터의 개념을 이해한다.
- 포인터 관련 연산자를 이해하고 활용 능력을 기른다.
- 동적 메모리의 할당과 반납의 메커니즘을 이해한다.
- 2차원 배열의 동적 할당과 해제 방법을 이해한다.
- 연결 리스트의 개념을 이해한다.
- 스택과 큐를 연결 리스트로 구현하는 방법을 이해한다.
- 연결 리스트로 자료 구조를 구현하는 능력을 기른다.

5 포인터와 연결 리스트

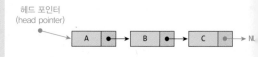

헤드 포인터
(head pointer)

A · → B · → C · → NL

5.1 포인터

■ 포인터의 개념

C나 C++ 프로그래밍에서 포인터(pointer)는 매우 중요하고 어려운 개념이다. 이 절에서 포인터를 자세히 공부해보자. 그림 5.1에서 편지봉투의 수신인 주소 부분에는 편지를 받을 사람의 집 위치가 기록된다. 컴퓨터를 생각해보자. 중앙처리장치(CPU)와 저장 공간 (memory)은 컴퓨터의 핵심 요소이고, 모든 메모리는 주소를 갖는다. 포인터는 이러한 메모리의 어떤 주소를 저장하기 위해 사용되는 변수를 말한다. 보통 그 주소에는 다른 변수가 저장되어 있다.

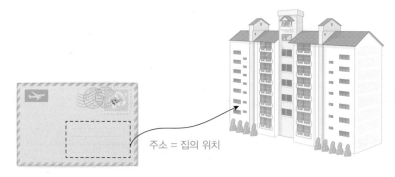

주소 = 집의 위치

| 그림 5.1 편지봉투의 주소는 집의 위치를 나타낸다. 포인터는 메모리상의 주소를 저장하기 위한 변수이다.

보통 컴퓨터의 메모리는 바이트 단위로 구성되어 있고 그림 5.2와 같이 각 바이트마다 순차적으로 주소가 매겨져 있다. 다음 문장들의 정확한 의미를 살펴보자.

```
char ch='a';      // ① 문자형 변수 ch 선언 및 초기화
char* p;          // ② 포인터 변수 p 선언
p = &ch;          // ③ 포인터 변수 값 저장
```

① 이 문장은 char형 **변수** ch를 선언하고 초기화한다. 즉, 메모리에서 char 형을 저장할 수 있는 크기의 공간을 찾아 ch란 이름을 부여하고, 그 공간에 'a'를 복사한다. 모든 메모리는 주소를 가지므로 변수 ch도 주소가 있는데, 그림의 예에서는 0x1236번지가 할당되었다. 모든 **변수**(또는 **객체**)는 반드시 메모리를 차지하며 주소를 갖지만 **상수**는 공간을 차지하지도 않고 따라서 주소도 없다.

② char* p; 문장은 새로운 **포인터 변수** p를 선언한다. 포인터 역시 변수이기 때문에 메모리를 차지하고 주소를 갖는다. 그림의 예에서는 0x5678번지가 이 변수를 위해 할당되었다. 자료형이 char*이므로 p는 char 변수가 저장되어 있는 공간의 주소를 저장하기 위해 사용될 것이다. 그렇다면 포인터 변수의 크기는 어떻게 될까? 일단은 단순히 4바이트라고 생각하자. 사실 최근에 개인용 컴퓨터의 메모리가 4G바이트(2^{32}바이트)를 넘어서면서 64비트 운영체제를 사용하는 경우가 많다. 만약 64비트 주소체계를 사용한다면 포인터 변수의 크기가 8바이트가 된다.

③ p = &ch; 문장은 ch의 주소를 포인터 변수 p에 저장하는 문장이다. 변수의 주소는 & 연산자를 변수에 적용하여 얻는다. 즉, &ch 연산의 결과는 주소(변수 ch가 있는 메모리

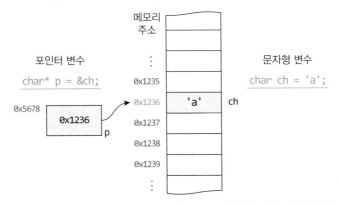

| 그림 5.2 포인터 변수 p는 변수 ch의 주소를 저장함: p가 ch를 가리킴

의 주소)이며, 자료형은 ch가 char 형이므로 &ch 는 char*가 된다. 그림 5.2에서는 &ch 가 주소가 0x1236번지이므로 p에는 이 주소가 복사된다. 결국 포인터 변수 p에 변수 ch의 주소가 저장되어 있으며, 이것을 보통 "**p가 변수 ch를 가리킨다**"라고 말한다.

int a;와 같이 변수 하나를 선언했을 때 a가 실제로 존재하는 메모리상의 주소는 프로그램이 실행될 때마다 다를 수 있으므로 포인터 변수는 대개 그림 5.1과 같이 정확한 숫자보다는 그냥 화살표로 그려진다.

포인터 변수가 가리키는 메모리의 내용을 추출하거나 변경하려면 * 연산자를 사용한다. 앞의 문장들에 이어서 다음과 같은 문장을 실행시키면 변수 ch의 값이 바뀌게 된다.

```
*p = 'b';   // ④ ch = 'b';와 동일
            // p가 가리키는 곳의 내용을 'b'로 교체
```

④ *p는 p가 가리키는 곳의 객체를 의미하는데, 즉 변수 ch를 말한다. 결국 *p와 변수 ch는 전적으로 동일하다. 따라서 *p의 값을 변경하면 변수 ch의 값도 바뀐다.

그림 5.2에서 p의 면적이 ch보다 넓게 그려진 것에 유의하라. 보통 char 형은 1바이트의 메모리 공간을 사용하고 포인터는 4바이트(또는 8바이트)의 공간을 사용한다. 각 자료형의 크기는 sizeof 연산자를 이용해 구할 수 있다. 마지막으로 다음 문장이 추가된다고 생각해보자.

```
char** pp;      // ⑤ 이중 포인터 변수 pp를 선언
pp = &p;        // ⑥ p의 주소를 pp에 복사
```

⑤ char** pp; 문장은 이중 포인터 변수 pp를 선언한다. pp도 변수이므로 메모리 공간을 차지하고 물론 주소를 갖는다. 그렇다면 pp의 크기는 어떨까? p와 동일하다. 모든 포인터 변수의 크기는 동일한데, 이것은 하나의 컴퓨터에서 주소체계는 동일하며, 주소가 몇 번지이든 주소를 저장하는데 필요한 공간은 동일하기 때문이다.

⑥ pp = &p; 문장은 변수 p의 주소를 이중 포인터 변수 pp에 복사한다. ③에서 설명한 바와 같이 &p는 변수 p의 주소(그림에서는 0x5678번지)를 추출한다. 그렇다면 &p의 자료형은 무엇일까? 답은 char**이다. p의 자료형이 char*이므로 &p는 char* 형 변수가 들어 있는 메모리의 주소이므로 char**가 된다. 결국 &p의 자료형은 변수 pp의 자료형과

일치하며 &p의 연산 결과를 pp에 복사할 수 있다. 이 문장으로 *pp와 p는 전적으로 동일해졌다. 그림 5.3은 이중 포인터 변수 pp가 포인터 변수 p를 가리키는 상황을 나타내고 있다.

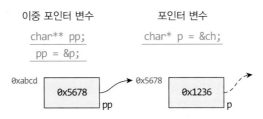

| 그림 5.3 이중 포인터 변수 pp는 포인터 변수 p를 가리킴

표 5.1은 이상의 코드에서 나타난 각 변수의 자료형과 동일한 표현을 정리하였다.

| 표 5.1 변수, 포인터 변수 및 이중 포인터 변수

표현	자료형	동일한 표현
'a'	char (상수)	
ch	char	*p, **pp
p	char*	*pp, &ch
pp	char**	&p

포인터 변수를 선언할 때 *는 다음과 같이 어느 쪽에 붙어도 상관없다.

```
char* p;   // 자료형+*, p는 char* 형 변수
char *p;   // *+변수, p는 char* 형 변수
```

그렇지만 의미적으로는 첫 번째 방법이 훨씬 우수하다. 변수 이름이 p이고 자료형이 char*인 것이 확실히 나타나기 때문이다. 그러나 다음과 같이 한 문장으로 여러 개의 포인터 변수를 선언하고자 할 때에는 두 번째 방법을 사용해야 하는 것을 유의하라.

```
char* p, q, r;     // p는 char* 변수, q와 r은 char 변수
char *p, *q, *r;   // p, q, r 모두 char* 형 변수
```

포인터는 다음과 같이 여러 가지 자료형의 대상에 대해 선언될 수 있다.

```
void*   p;              // 임의 자료형의 주소를 저장하기 위한 포인터
int*    pi;             // int 변수의 주소를 저장하기 위한 포인터
float*  pf;             // float 변수의 주소를 저장하기 위한 포인터
char*   pc;             // char 변수의 주소를 저장하기 위한 포인터
int**   pp;             // 포인터 변수의 주소를 저장하기 위한 포인터
Test*   ps;             // Test 객체의 주소를 저장하기 포인터
void (*f)(int);         // int를 매개변수로 갖고 반환이 없는 함수의 주소를 저장하기 위한 포인터
```

void *p는 아무것도 가리키지 않는 포인터를 의미한다. void 포인터는 필요할 때마다 다음과 같이 다른 포인터로 바꾸어서 사용한다.

```
pi = (int*)p;           // p를 정수 포인터로 변경하여 pi로 대입
```

■ 함수와 포인터

포인터는 함수의 매개변수나 반환형으로 사용될 수 있다. 특정한 변수를 가리키는 포인터가 함수의 매개변수로 전달되면 그 포인터를 이용하여 호출된 함수에서 원래의 변수를 변경할 수 있다. 두 변수의 값을 서로 바꾸는 swap() 함수가 대표적인 예이다. 물론 이 함수는 레퍼런스 형으로도 구현할 수 있다.

프로그램 5.1 포인터를 함수의 파라미터로 사용하는 프로그램

```
01  // 포인터를 이용한 두 변수의 값 교체
02  void swap(int* px, int* py) {
03      int tmp;
04      tmp = *px;
05      *px = *py;
06      *py = tmp;
07  }
08  // 주 함수
09  void main() {
10      int a=1, b=2;
11      printf("swap을 호출하기 전: a=%d, b=%d\n", a,b);
```

```
C:\Windows\system32\cmd.exe
swap을 호출하기 전: a=1, b=2
swap을 호출한 다음: a=2, b=1
계속하려면 아무 키나 누르십시오 . . .
```

```
12        swap(&a, &b);
13        printf("swap을 호출한 다음: a=%d, b=%d\n", a,b);
14   }
```

■ 배열과 포인터

함수의 파라미터로 배열이 전달되면 함수 안에서 배열의 내용을 변경할 수 있었다. 그 이유는 그림 5.4와 같이 배열의 이름이 배열의 첫 번째 항목을 가리키는 포인터처럼 사용되기 때문이다. 이 그림에서 배열의 이름이 점선으로 그려져 있는 이유는 실제로 컴파일러가 배열의 이름에 공간을 할당하지는 않기 때문이다. 대신에 배열의 이름이 있는 곳을 배열의 첫 번째 요소의 주소로 대치한다. 따라서 배열의 이름이 배열의 시작 주소값이기 때문에 이것을 함수의 매개변수로 전달하면 그 함수에서는 배열의 내용을 직접 건드릴 수 있게 된다.

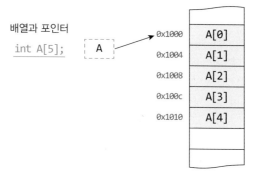

| 그림 5.4 배열과 포인터의 관계: 배열의 이름은 배열의 시작 부분을 가리키는 포인터처럼 사용된다.

■ 객체와 포인터

프로그램 5.2는 새로운 클래스를 하나 만들고 그 클래스의 객체 s와 포인터 변수 ps를 선언하는 코드이다. 클래스의 객체에 대한 포인터도 다른 자료형과 차이가 없다. 여기서 주의해야 할 것은 객체의 멤버를 접근하기 위한 편리한 표기법인 "->"이다. ps->i라고 쓰는 것은 (*ps).i와 정확히 동일하지만 더 명확하고 편리하다. 다음은 모두 동일하다.

```
s.i == ps->i == (*ps).i
s.f == ps->f == (*ps).f
```

프로그램 5.2 클래스의 객체를 포인터로 조작하는 프로그램

```
01  struct MyNewType {
02      int i;
03      float f;
04  };
05  void main() {
06      MyNewType s, *ps;
07      ps = &s;            // 객체 s의 주소를 ps에 저장
08      ps->i = 2;          // (*ps).i = 2; 와 동일
09      ps->f = 3.14f;      // (*ps).f = 3.14f; 와 동일
10  }
```

클래스의 객체에 대한 포인터는 자주 함수의 파라미터로도 사용된다. 두 점 사이의 거리를 계산하는 다음의 두 함수가 있다고 하자.

```
double pointDistance1( Point2D a, Point2D b );
double pointDistance2( Point2D* pa, Point2D* pb );
```

첫 번째 함수를 호출하면 두 개의 Point2D 변수(객체)에 대한 복사가 일어나는데, 이때 복사 생성자가 호출된다(만약 Point2D 클래스에 복사 생성자가 정의되어 있다면 이것이 호출되고, 만약 복사 생성자가 없다면 컴파일러가 디폴트 복사 생성자를 제공한다). 만약 Point2D가 많은 데이터 필드를 가지고 있는 커다란 클래스라면 매개변수의 전달을 위해 많은 메모리의 복사가 필요하고 이것은 시스템에 부담이 될 수 있다.

함수의 매개변수를 두 번째 함수와 같이 포인터 형으로 바꾸면 이런 문제가 해결된다. 이 함수에서는 Point2D 클래스의 크기와는 상관없이 매개변수 전달을 위해 pa와 pb의 주소만을 복사한다. 주소값의 복사는 객체의 복사에 비해 훨씬 용이하다.

다음과 같이 참조형(레퍼런스)을 사용하는 것도 좋은 방법이다. 이것은 복사가 일어나는 **값에 의한 호출**(call-by-value)이 아니라 인수에 대한 별명을 사용하여 단순히 참조하는 것으로 **참조에 의한 호출**(call-by-reference)이라고 부른다. 이 경우는 매개변수 전달을 위해 어떤 복사도 일어나지 않는다.

```
double pointDistance3( Point2D& a, Point2D& b );
```

이와 같은 값에 의한 호출과 참조에 의한 호출은 어렵지만 중요한 내용이므로 정확히 이해하고 있어야 한다.

▪ 자체 참조 클래스

자체 참조 클래스(self-referential class)는 특별한 클래스로서 멤버 변수들 중에서 동일한 클래스의 객체를 가리키는 포인터가 한 개 이상 존재하는 클래스를 말한다. 미리 일정한 크기를 할당하는 배열과 달리, 일반적으로 항목의 개수를 미리 예측할 수 없는 경우에 자체 참조 클래스를 정의하고 동적으로 객체를 생성하여 이들을 포인터로 연결하는 구조에서 흔히 사용된다.

```
struct ListNode {
    char        data[10];
    ListNode* link;
};
```

이러한 자체 참조는 리스트나 트리를 구성할 때 노드 클래스의 구조로 많이 사용되므로 약간 어렵지만 반드시 알고 넘어가야 한다. 이 장에서는 5.3절의 연결 리스트에서 자체 참조 클래스를 자세히 다룰 것이다. 또한 앞으로 리스트, 트리, 그래프 등에서 광범위하게 사용될 것이므로 꼭 이해해야 한다.

▪ 함수 포인터

변수의 주소뿐 아니라 아래 표현을 사용하면 함수의 주소를 담는 포인터 변수를 선언할 수 있다.

프로그램 5.3 함수 포인터

```
01  #include <cstdio>    /* C 헤더파일 <stdio.h>을 포함하는 것과 동일 */
02  void foo( int a ) {
03      printf("foo : %d\n", a );
04  }
05
```

```
06  void main() {
07      // f는 함수의 주소를 담는 Pointer type이다.
08      void (*f)(int) ;
09      f = foo;
10      f(10);      // == foo(10)
11      (*f)(10);   // == f(10)
12  }
```

위 코드에서 다음의 세 표현은 완전히 동일하다.

```
foo(10) == f(10) == (*f)(10)
```

■ 포인터에 대한 연산

포인터에 대한 연산은 보통의 연산과 다른 의미를 지닌다. 정수 포인터에 값을 더하거나 빼 보자. 다음과 같이 정수 포인터를 생성하고 정수 변수를 가리키도록 하자.

```
int A[5], int *pi;
pi = &A[2];
```

pi+1, pi-1의 값은 어떻게 될까? pi-1은 pi가 가리키는 객체 하나 앞에 있는 객체를 가리키고 pi+1은 pi가 가리키는 객체 하나 뒤에 있는 객체를 가리킨다. 즉, 그림 5.5와 같이 pi+1은 A[3]를 pi-1은 A[1]을 가리킨다. 포인터에 대한 사칙 연산은 일반적인 사칙 연산과 다른 의미를 가진다.

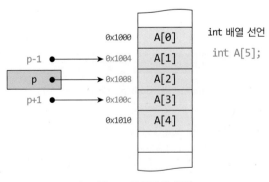

| 그림 5.5 포인터의 연산

다음의 문장들을 잘 구분하여 사용하여야 한다.

① p   <-- 포인터

② *p   <-- 포인터가 가리키는 값

③ *p++   <-- 포인터가 가리키는 값을 가져온 다음, 포인터를 한 칸 증가

④ *p--   <-- 포인터가 가리키는 값을 가져온 다음, 포인터를 한 칸 감소

⑤ (*p)++   <-- 포인터가 가리키는 값을 증가시킨다.

포인터 사용 시 주의점

포인터는 강력한 개념이지만 프로그램에서 오류를 발생시키는 원인이 되기도 한다. 포인터를 사용할 때는 상당히 많은 주의를 해야 하는데 특히 다음을 명심해야 한다.

① 포인터가 어떤 값을 가리키고 있지 않을 때는 NULL로 설정하는 것이 좋다.

```
int* pi=NULL;
```

② 초기화가 안 된 포인터 변수가 가리키는 곳에 자료를 저장하면 절대 안 된다. 예를 들어, 다음과 같은 코드는 포인터를 초기화시키지 않고 포인터가 가리키는 곳에 값을 대입하고 있어 매우 위험한 코드이다.

```
void main()
{
    char *pc;        // 포인터 pc는 초기화가 안 되어 있음
    *pc = 'E';       // 매우 위험한 코드
}
```

③ 포인터 타입 간의 변환 시에는 명시적인 형변환을 사용한다. 아래의 코드는 정수 포인터를 실수 포인터로 바꾸는 예제이다.

```
int *pi;
float *pf;
pf = (float *)pi;
```

지금까지 설명한 내용들을 충분히 이해한다면 포인터를 잘 이해하고 있는 것이다. 만약 그렇지 않더라도 너무 실망하지 말자. 포인터는 어렵다. 항상 메모리를 같이 생각해야 한다. 다음 절에서 동적 메모리 할당을 배운다. 그리고 그 다음에 연결 리스트를 배우는데, 포인터의 대표적인 응용인 연결 리스트를 통해 포인터에 자신감을 가져보자.

5.2 동적 메모리 할당

■ 동적 메모리 할당의 개념

프로그램에서 사용되는 변수나 객체들은 모두 자신만의 메모리를 갖는다. 예를 들어, `int x;`란 문장이 실행되면 x라는 이름으로 `int` 형 크기의 메모리가 자동으로 만들어진다. 이후 `x = 10;` 등의 문장을 이용하여 이 변수를 사용할 수 있게 된다. 이와 같은 방법을 **정적 메모리 할당**(static memory allocation)이라고 한다.

- 필요한 메모리의 크기가 프로그램이 컴파일 될 때 결정되고 프로그램의 실행 중에 크기를 변경할 수 없다.
- 생성과 제거가 자동으로 이루어져 프로그램 개발자가 신경 쓸 필요가 없다.
- 변수를 선언만 하면 자동으로 메모리가 할당되고 해당 프로그램 블록이 끝나면 자동으로 제거된다.

다음은 정적 메모리 할당의 예이다.

```
int x;
int buffer[100];
char name[] = "data structure";
```

정적 메모리 할당은 아주 간단한 방법이지만 경우에 따라 비효율적일 수 있다. 예를 들면, 프로그램이 처리해야 하는 입력의 크기를 미리 알 수 없는 경우에도 고정된 크기의 메모리를 할당할 수밖에 없다. 만약 처음에 결정된 크기보다 더 큰 입력이 들어온다면 처리하지 못할 것이고 더 작은 입력이 들어온다면 남은 메모리 공간은 낭비될 것이다. 따라서 **동적 메모리 할당**(dynamic memory allocation) 방법이 필요하다.

- 동적 메모리 할당은 실행 도중에 메모리를 할당받는 것이다.
- 프로그램 실행 중에 필요한 메모리의 크기를 결정하고 시스템으로부터 할당받아서 사용하고 해제한다.
- 필요한 만큼만 할당하고 필요할 때에 사용하고 반납하기 때문에 메모리를 매우 효율적으로 사용할 수 있다.

- 개발자가 메모리의 생성과 해제를 직접 관리해야 하는 번거로움이 있다.

전형적인 정적 및 동적 메모리 할당 코드는 다음과 같다.

```
main()
{
    int x;                      // 정적으로 int 객체 할당
    int* py = new int;          // 동적으로 int 객체 할당
    x = 10;
     *py = 20;
    delete py;                  // 동적으로 int 객체 제거

    int arrA[20];               // 정적으로 배열 할당
    int* arrB = new int [20];   // 동적으로 배열 할당
    arrA[3] = 10;               // 정적 배열의 사용
    arrB[3] = 20;               // 동적 배열의 사용
    delete [] arrB;             // 동적으로 배열 제거
}                               // 정적 객체(x, arrA) 자동 해제
```

변수 x는 선언하고 사용하기만 하면 되지만, int 객체의 주소를 저장하기 위한 포인터 py에는 동적으로 객체를 할당해 그 주소를 복사해 주어야 한다. 주의할 점은 동적으로 할당한 메모리의 주소를 잊어버리면 안 된다는 것이다. 변수 x는 프로그래머가 해제해 줄 필요가 없지만 py가 가리키는 곳의 메모리는 반드시 동적으로 해제해 주어야 하기 때문이다.

배열의 경우도 마찬가지이다. 위의 코드에서 arrA는 정적으로 선언되었고 해제할 필요도 없다. 그러나 arrB는 동적으로 할당되었고 따라서 동적으로 해제해야 한다. 배열을 사용하는 방법은 동일한 것에 유의하라. 동적으로 할당된 배열도 일반 배열처럼 arrB[3]과 같이 포인터의 이름과 인덱스로 쉽게 사용할 수 있다.

동적 배열에서 중요한 것은 arrB의 동적 할당에는 20과 같은 상수뿐 아니라 변수도 들어갈 수 있다는 것이다. 즉, 프로그램이 실행되는 중에도 그 크기를 변경하여 할당할 수 있다는 것을 의미한다. 아래의 코드에서 그 차이를 확인할 수 있다.

```
int x;                  // 정적으로 int 객체 할당
x = 100;                // 실행 중에 x에 임의의 값 복사
```

```
...
int  arrA[x];                 // 잘못된 코드(컴파일 오류 발생)
int  *arrB = new int [x];    // 문제없는 동적 할당 코드
...
```

거의 모든 운영체제에서 동적 메모리 할당을 지원하는데, C언어에서는 `malloc()`이나 `free()`와 같은 표준 라이브러리 함수를 사용하지만 C++에서는 new와 delete 연산자를 제공하여 더 편리한 메모리 할당 방법을 지원한다.

■ 동적 메모리 할당과 해제를 위한 연산자

new 연산자

new는 동적으로 메모리를 할당하여 주소를 반환하는 연산자로 보통 다음과 같이 사용된다.

```
data_type *pData = new data_type;
```

이 문장에서 new는 *data_type* 크기의 메모리 블록을 할당하여 그 블록의 시작 주소(즉, 포인터)를 반환하는 연산자이다. 반환된 주소값은 pData에 복사된다. 이때 *data_type*에는 int나 double과 같은 기본 자료형뿐 아니라 구조체(struct)나 클래스(class)도 포함된다. 할당된 메모리에 대한 접근은 pData가 포인터 변수이므로 `*pData = 10;`과 같은 방식으로 할 수 있다(data_type이 int인 경우).

new는 한꺼번에 여러 개의 객체를 동적으로 할당하는 방법도 제공한다.

```
data_type *array = new data_type [size];
```

이 문장에서는 size개의 *data_type*을 저장할 수 있는 연속된 메모리를 찾아 할당하고 그 메모리 블록의 시작 주소를 반환한다. 이 주소는 array 포인터 변수에 저장된다. 이것은 같은 자료형의 연속된 공간, 즉 배열을 할당하는 것을 의미하고, 따라서 각 요소에 대한 접근을 array[3]과 같이 일반적인 배열처럼 할 수 있다.

만약 메모리의 확보가 불가능하면 new는 NULL을 반환한다. 다음은 new 연산자의 사용 예

이다.

```
char *pc = new char[100] ; // char 형 100개의 메모리 할당
int *pi = new int;          // int 형 1개의 메모리 할당
Book *pb = new Book;        // Book 객체 1개의 메모리 할당
```

new 연산 후 반드시 할당된 메모리 주소를 포인터 변수에 복사하는 것에 유의하라. 이 주소를 잊어버리면 안 된다.

delete 연산자

delete는 동적으로 할당되었던 메모리 블록을 시스템에 반납한다. 앞에서 할당한 pData와 array에 대한 메모리 동적 해제 코드는 다음과 같다.

```
delete pData;      // 하나의 객체로 할당된 메모리 해제
delete [] array;   // []를 이용해 배열로 할당된 메모리 해제
```

pData가 하나의 객체가 할당되었던 것에 비해 array는 한꺼번에 size개의 객체를 할당하였다. 따라서 해제 시에도 이를 고려해주어야 하는데, 여러 개의 객체가 한꺼번에 할당된 경우 []를 사용하여 정확한 크기의 메모리 해제가 이루어지도록 해야 한다.

프로그램 5.4는 new와 delete를 이용한 동적 메모리 할당과 해제를 보여주는 예제 프로그램이다.

프로그램 5.4 new와 delete를 이용한 동적 메모리 할당의 예

```
01   // alloc.cpp: new를 이용하여 1000개의 char를 위한 메모리를
02   // 할당하고 delete를 이용하여 메모리를 반납한다.
03   #include <cstdio>
04   void main( void )
05   {
06      char *str;
07
08      str = new char [1000];
09      if( str == NULL )
```

```
10          printf( "Insufficient memory available\n" );
11      else {
12          printf( "Allocated 1000 bytes\n" );
13          delete [] str;
14          printf( "Memory freed\n" );
15      }
16  }
```

■ 2차원 배열의 동적 할당

new를 사용하면 1차원 배열 형태의 자료를 손쉽게 동적으로 할당할 수 있다. 그렇다면 2차원 배열 형태는 어떨까? 임의의 크기의 2차원 배열을 동적으로 할당하기 위해 다음 코드를 사용할 수 있을까?

```
int **arr2D = new int [cols][rows];   // 잘못된 코드
...
delete [][] arr2D;                    // 잘못된 코드
```

C++을 포함한 대부분의 프로그래밍 언어에서는 불행히도 이와 같은 편리한 방법을 제공해 주지 않는다. 단지 1차원 배열 형태의 동적 할당 및 해제 방법만을 제공한다. 그렇다면 영상 처리나 행렬 등에서 흔히 사용되는 2차원 배열 형태의 자료를 동적으로 할당할 수 없을까?

또 다른 문제를 생각해 보자. 우리는 2.1절에서 다차원 배열을 함수의 매개변수로 전달하는데 문제가 있는 것을 알았다. 정적으로 할당한 다차원 배열을 처리하기 위해 우리가 만들 수 있는 함수는 프로그램 2.3의 다음 함수와 같이 열의 개수가 정해진 경우만 가능하였다.

```
int findMaxPixel( int a[][5], int h, int w );
```

이것은 매우 불편한 일이다. 다음과 같이 함수를 구현할 수 있다면 모든 크기의 영상에 대해 적용할 수 있게 된다.

```
int findMaxPixel( int** a, int h, int w );
```

이 문제를 해결할 수 있는 방법도 2차원 배열의 동적 할당에 있다. 그렇다면 이 방법을 알아보자.

2차원 배열의 동적 할당

2차원 배열을 동적으로 할당하기 위해서는 1차원 배열을 여러 번 할당하는 과정이 필요하다. rows x cols 크기의 int 행렬 mat를 동적으로 할당하는 코드를 생각해보자. 다음의 과정이 필요한데, 그림 5.5에서 그림으로 보여주고 있다.

① int* 형 데이터를 저장할 공간 rows개를 동적으로 할당한다. 이 공간의 주소는 이중 포인터 변수 mat에 저장한다(int **mat;).

② 행렬의 i번째 행의 요소를 저장하기 위한 int 형 배열을 동적으로 할당하여 그 주소를 mat[i]에 저장한다. 이때 요소의 개수는 cols개이다.

③ 모든 행에 대해 ②번 과정을 반복한다.

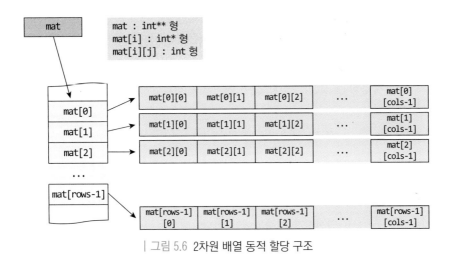

| 그림 5.6 2차원 배열 동적 할당 구조

다음은 2차원 배열의 동적 할당 함수를 구현한 예이다.

프로그램 5.5   **2차원 배열 동적 할당 함수**

```
01   // int형 2차원 배열 동적 할당 함수
02   int** alloc2DInt (int rows, int cols)
03   {
04       if( rows <= 0 || cols <= 0 ) return NULL;
05
06       int** mat = new int* [ rows ]; // 포인터 변수를 저장할 배열
07       for (int i=0 ; i<rows ; i++ )
08           mat[i] = new int [cols];    // 실제 각 행의 데이터를 저장할 배열
09       return mat;
10   }
```

코드 설명

2행 행의 수 rows와 열의 수 cols를 받아 2차원 배열을 동적으로 할당하고 그 결과를 반환하는 함수.

6행 먼저 행렬의 각 행에 해당하는 배열의 주소를 저장하기 위한 배열 mat (이중 int 포인터 형, int**)를 동적으로 할당.

7~8행 행렬의 각 행에 대해 실제 데이터가 들어갈 배열을 할당하여 그 주소를 복사.

9행 함수의 반환형은 int**가 됨. mat를 반환.

이때 행렬을 나타내는 것은 **mat** 변수이고, 이 변수의 자료형은 int**로 이중 포인터 변수이다. 그러나 걱정하지 말자. 2차원 배열을 만드는 과정은 조금 복잡해 보이지만, 일단 만들어지고 나면 사용하는 것은 다음과 같이 정적으로 선언한 2차원 배열과 동일하다.

int x = mat[3][4];   // 3행 4열의 값을 x에 복사

2차원 배열의 동적 해제

할당 과정에서 new 연산자가 여러 번 사용되었으므로 해제 과정에서도 new 연산자가 사용된 횟수만큼 delete 연산자가 호출되어야 한다. 해제는 할당 과정의 역순으로 다음과 같다.

① 각 행에 대해 할당된 메모리를 동적으로 해제한다. 이것은 행렬의 모든 행의 인덱스 i에 대해 delete [] mat[i];를 호출하면 된다.

② 이제 포인터를 저장한 배열 mat 메모리를 해제한다. delete [] mat;

다음은 이 과정을 함수로 구현한 예이다.

프로그램 5.6   2차원 배열 동적 해제 함수

```
01  // int형 2차원 배열 동적 해제 함수
02  void free2DInt ( int **mat, int rows, int cols=0)
03  {
04      if( mat != NULL ) {
05          for( int i=0 ; i<rows ; i++ )
06              delete [] mat[i];
07          delete [] mat;
08      }
09  }
```

코드 설명

2행 행의 수 rows와 열의 수 cols를 받아 2차원 배열을 동적으로 해제하는 함수. cols는 사용되지 않으므로 디폴트 매개변수 처리를 함.

5~6행 먼저 동적으로 할당된 각각의 데이터 mat[i](int 배열)를 없앰.

7행 최종적으로 포인터 배열(mat)을 해제함.

테스트 프로그램

다음은 2차원 배열을 동적으로 할당하여 사용하고 해제하는 프로그램의 예를 보여준다.

프로그램 5.7   2차원 배열 동적 할당 프로그램

```
01  #include <cstdio>
02  #include <cstdlib>
03  // int형 2차원 배열 동적 할당
04  int** alloc2DInt (int rows, int cols) {...}        // 프로그램 5.5
05  void free2DInt ( int **m, int r, int c=0){...}      // 프로그램 5.6
06
07  // 동적 생성된 2차원 배열을 랜덤으로 초기화하는 함수
08  void set2DRandom ( int **mat, int rows, int cols)
09  {
```

```c
10        for( int i=0 ; i<rows ; i++ )
11            for( int j=0 ; j<cols ; j++ )
12                mat[i][j] = rand()%100;
13    }
14    // 2차원 배열을 화면으로 보기 좋게 출력하는 함수
15    void print2DInt ( int **mat, int rows, int cols)
16    {
17        printf( "행의 수 = %d, 열의 수 = %d\n", rows, cols);
18        for (int i=0 ; i<rows ; i++ ) {
19            for (int j=0 ; j<cols ; j++ )
20                printf( "%4d", mat[i][j]);
21            printf( "\n");
22        }
23    }
24    // 주 함수: 2차원 배열 동적 할당 테스트
25    void main()
26    {
27        int  **mat;
28        int  rows, cols;
29
30        printf( "행과 열의 크기를 입력하시오: ");
31        scanf("%d%d", &rows, &cols);
32
33        mat = alloc2DInt( rows, cols );
34        set2DRandom( mat, rows, cols );
35        print2DInt( mat, rows, cols );
36        free2DInt( mat, rows, cols );
37    }
```

```
C:\Windows\system32\cmd.exe

행과 열의 크기를 입력하시오: 4 6
행의 수 = 4, 열의 수 = 6
   41  67  34   0  69  24
   78  58  62  64   5  45
   81  27  61  91  95  42
   27  36  91   4   2  53
계속하려면 아무 키나 누르십시오 . . .
```

코드 설명

8~13행 2차원 배열의 각 항목에 임의로 0~99 사이의 정수를 저장하는 함수. i행 j열의 행렬 요소 접근에 mat[i][j] 사용.

15~23행 2차원 배열을 화면에 보기 좋게 출력하는 함수.

25~37행 행과 열의 크기를 입력하면(30~31행) 동적으로 2차원 배열을 할당하고(33행) 무작위로 초기화한(34행) 후 행렬 내용을 화면에 출력하고(35행) 동적으로 해제하는(36행) 프로그램.

행렬이나 영상 처리 등 2차원 배열 형태의 데이터를 필요로 하는 분야는 많다. 따라서 이와 같은 2차원 배열의 동적 할당은 실제로 매우 유용하다. 또 이와 같이 2차원 배열을 2중 포인터로 처리하면 set2DRandom()이나 print2DInt()에서와 같이 임의의 크기의 영상이나 행렬에 대한 처리가 가능한 함수의 설계가 가능하다.

이와 같은 이차원 배열의 동적 할당은 다른 방법으로도 가능하다. 프로그램 5.5에서는 new 연산자를 행의 수보다 한 번 더 사용하였는데, new 연산자를 두 번만 사용하고 각 행 데이터에 대한 주소값을 계산하여 대입하는 방법으로 처리할 수도 있다. 심지어 new 연산자는 한 번만 사용하여 필요한 모든 데이터를 한꺼번에 동적으로 할당하고도 동일한 기능을 구현할 수 있다. 물론 할당 방법이 바뀌면 해제 과정도 변경되어야 한다. 이 방법들은 포인터의 이해에 큰 도움이 될 것이므로 한번 시도해 보기 바란다.

5.3 연결 리스트

■ 연결 리스트란?

우리는 앞에서 스택과 큐 등의 자료구조를 배열을 이용하여 구현해보았다. 이들을 배열로 구현했을 때 구현이 간단하고 빠르다는 장점이 있지만 크기가 고정된다는 단점이 있다는 것을 공부했다. 즉, 배열은 동적으로 크기를 늘리거나 줄일 수 없기 때문에 데이터를 추가하고 싶어도 처음에 설정한 공간이 가득 차면 더 이상 데이터를 추가할 수 없게 된다.

그렇다면 동적으로 크기가 변할 수 있는 보다 자유로운 방법은 없을까? 물론 있다. **연결된 표현**(linked representation)을 사용하면 된다. 연결된 표현은 데이터와 링크로 구성되어

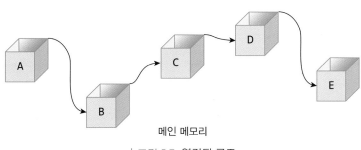

메인 메모리

| 그림 5.7 연결된 구조

있고 링크가 노드들을 연결하는 역할을 한다. 연결된 표현은 매우 널리 사용되는데, 스택이나 큐뿐만 아니라 리스트나 덱, 트리, 그래프 등 다른 여러 가지의 자료구조를 구현하기 위해 사용된다.

그림 5.7과 같이 연결된 표현은 줄로 연결된 상자(데이터)라고 생각할 수 있다. 연결된 표현의 특징은 다음과 같다.

- 데이터를 한군데 모아두는 것을 포기한다.
- 데이터들은 메인 메모리상의 어디에나 흩어져서 존재할 수 있다.
- 순서를 유지하기 위해 각각의 데이터는 다음 데이터를 가리키는 줄을 가진다.
- 첫 데이터에서부터 순서대로 줄을 따라가면 모든 데이터를 방문할 수 있다.

이와 같이 물리적으로 흩어져 있는 자료들을 서로 연결하여 하나로 묶는 방법을 **연결 리스트**(linked list)라고 한다. C++ 프로그램에서는 상자를 연결하는 줄을 **포인터**로 구현한다. 포인터를 사용하면 하나의 자료에서 다음 자료로 쉽게 이동할 수 있다. 연결 리스트는 배열에 대응되는 의미로 다음과 같은 장점이 있다.

- 크기가 고정되지 않는다. 배열을 사용하면 처음 선언한 배열의 크기로 고정되는데 비해 연결 리스트는 메모리를 할당할 수 있는 한 계속 자료를 넣을 수 있다.
- 중간에 자료를 삽입하는 것이 용이하다. 만약 배열에서 중간에 어떤 자료를 추가하려면 그 위치 이후의 모든 자료들을 뒤로 하나씩 복사한 후 그 자리에 자료를 넣어야 할 것이다. 그러나 연결 리스트에서는 이런 문제가 없다. 그림 5.8에서와 같이 데이터 B와 C 사이에 데이터 N을 삽입하고자 하면 점선과 같이 B에서 N을 가리키도록 하고 N이 C를 가리키도록 링크만 수정해 주면 된다.

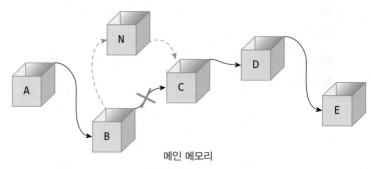

메인 메모리

| 그림 5.8 연결 리스트에서의 삽입 연산

- 삭제 연산도 마찬가지이다. 그림 5.9와 같은 연결 리스트에서 항목 C를 삭제하려고 하면 데이터들을 옮길 필요가 없이 그냥 데이터들을 연결하는 줄만 수정하면 된다.

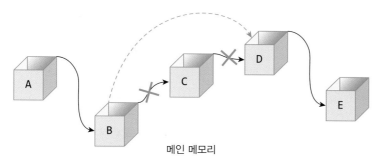

| 그림 5.9 연결 리스트에서의 삭제 연산

- 데이터 저장을 위한 메모리를 공간이 필요할 때마다 동적으로 만들어 쉽게 추가할 수 있다는 것이다. 이것은 사용하지 않더라도 한꺼번에 많은 공간을 할당해야 하는 배열에 비해 상당한 장점이다.

그러나 연결 리스트는 이러한 장점에도 불구하고 배열에 비해 상대적으로 구현이 어렵고 오류가 나기 쉬운 점은 단점이라 할 수 있다.

■ 연결 리스트의 구조

노드(node)

앞의 그림에서의 상자를 컴퓨터 용어로 **노드(node)**라고 부른다. 연결 리스트는 노드들의 집합이며 이들은 데이터를 저장하고 있고 서로 연결되어 있다. 일반적인 노드는 그림 5.10과 같이 **데이터 필드(data field)**와 **링크 필드(link field)**로 구성되어 있다.

| 그림 5.10 연결 리스트에서 노드의 구조

데이터 필드에는 우리가 저장하고 싶은 자료가 저장된다. 이것은 정수가 될 수도 있고 클래스의 객체와 같은 복잡한 자료형이 될 수도 있다. 링크 필드에는 다른 노드를 가리키는, 즉 다른 노드의 주소를 저장하는 포인터 변수가 있다. 이 포인터를 이용하여 현재 노드에 연결된 다음 노드를 알 수 있다.

헤드 포인터(head pointer)

연결 리스트는 첫 번째 노드를 알면 링크로 매달려 있는 전체 노드에 모두 접근할 수 있다. 따라서 연결 리스트에서는 첫 번째 노드를 가리키는 포인터가 필요한데 이것을 **헤드 포인터(head pointer)**라고 한다. 연결 리스트의 마지막 노드는 더 이상 연결할 노드가 없는데, 링크 필드의 값을 NULL로 설정함으로써 이 노드가 마지막 노드임을 표현한다.

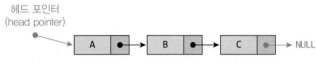

| 그림 5.11 연결 리스트에서의 헤드 포인터와 NULL 링크 필드

동적 할당과 해제

연결 리스트에서 노드들은 메모리상의 어떤 곳에나 위치할 수 있다. 즉, 노드들의 주소가 연결 리스트상의 순서와 동일하지 않을 수 있다는 특징을 가지고 있다. 연결 리스트를 사용하면 연속적인 기억 공간이 없어도 데이터를 저장하는 것이 가능하고 미리 기억 공간을 확보할 필요도 없다. 필요할 때마다 노드를 동적으로 생성하여 연결하면 된다.

물론 연결 리스트에는 단점도 있다. 링크 필드를 위한 추가 공간이 필요하고, 연산의 구현이나 사용 방법이 배열에 비해 복잡해진다. 이것은 프로그래밍이 어려워지고 오류가 발생할 가능성도 많아지는 것을 의미한다. 오류가 없이 정상적으로 구현이 되었다 하더라도 동적 할당과 해제가 너무 빈번하게 일어나는 경우 메모리 관리를 위한 처리 시간이 지나치게 길어져 프로그램이 느려질 수 있는 단점도 있다.

■ 연결 리스트의 종류

연결 리스트에는 다음과 같은 3가지 종류가 있다. **단순 연결 리스트(singly linked list)**는 하나의 방향으로만 연결되어 있으며, 맨 마지막 노드의 링크 필드는 NULL 값을 가진다. **원**

형 연결 리스트(circular linked list)는 단순 연결 리스트와 같지만 맨 마지막 노드의 링크 값이 다시 첫 번째 노드를 가리킨다는 것이 다르다. **이중 연결 리스트**(doubly linked list)는 각 노드마다 링크 필드, 즉 포인터가 2개씩 존재한다. 따라서 각각의 노드는 선행 노드와 후속 노드를 모두 가리킬 수 있다. 이 장에서는 단순 연결 리스트만을 다룬다.

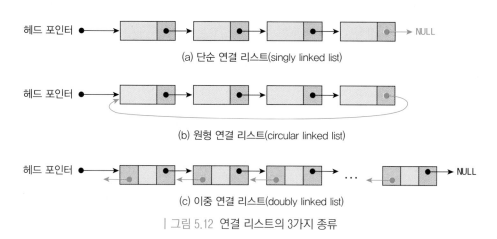

(a) 단순 연결 리스트(singly linked list)

(b) 원형 연결 리스트(circular linked list)

(c) 이중 연결 리스트(doubly linked list)

| 그림 5.12 연결 리스트의 3가지 종류

5.4 연결 리스트로 구현한 스택

■ 연결 리스트로 구현한 스택의 구조

우리는 3장에서 배열을 이용하여 스택을 구현하였다. 포인터를 이용한 연결 리스트로 스택을 다시 구현해보자.

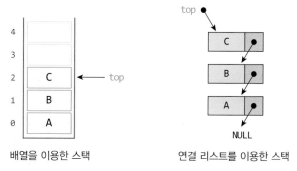

배열을 이용한 스택   연결 리스트를 이용한 스택

| 그림 5.13 배열을 이용한 스택과 연결 리스트를 이용한 스택의 비교

배열을 이용한 스택과는 달리 연결된 스택에서는 각 요소들을 한꺼번에 할당하지 않고 필요할 때마다 하나씩 동적으로 할당한다. 연결된 스택에서는 **노드 클래스**를 추가로 정의해야 하는데, 스택에 저장할 요소 정보(데이터 필드)와 함께 다음 노드를 가리키기 위한 포인터(링크 필드)를 데이터 멤버로 가진다. 배열로 구현된 스택에서 배열의 인덱스를 나타내던 top은 이제 포인터 변수가 되어야 한다. top은 그림과 같이 첫 번째 노드를 가리키고(첫 번째 노드의 주소를 저장함), 마지막 노드의 링크 필드는 마지막임을 나타내기 위해 NULL이 된다. 연결 리스트로 구현한 스택에서는 top이 **헤드 포인터**가 된다. 이것은 연결된 스택 클래스의 유일한 데이터 멤버이다.

■ 연결된 스택의 동작

스택에서는 삽입과 삭제 연산이 가장 핵심이 되는 것을 앞에서 공부했다. 연결된 스택에서 이들 연산이 어떻게 이루어지는지 알아보자.

삽입 연산

먼저 그림 5.14와 같이 헤드 포인터 top이 노드 C를 가리키고 있고, C의 링크 필드가 노드 B를, B의 링크 필드가 다시 노드 A를 가리키고 있다고 하자. 이것은 스택에 노드 A, 노드 B, 노드 C가 순서대로 삽입된 상황이다. 노드 A의 링크 필드는 NULL 값을 갖는데, 이것은 더 이상 연결된 노드가 없다는 것을 의미한다.

새로운 노드 D를 스택에 삽입하는 연산을 생각해보자. 연산이 성공하면 top은 노드 D를 가리키고, 노드 D는 노드 C를 가리켜야 한다. 포인터 변수 p가 노드 D를 가리키고 있다고 하면, 삽입 연산 과정은 다음과 같이 이루어진다.

① 노드 D의 링크 필드가 노드 C를 가리키도록 한다: p->link = top;
② 헤더 포인터 top이 노드 D를 가리키도록 한다: top = p;

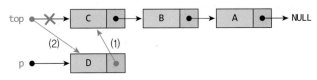

| 그림 5.14 연결된 스택의 삽입 연산: 노드 D를 스택에 삽입하는 과정

삭제 연산

그림 5.15는 삭제 연산 과정을 보여주고 있다. 스택에서의 삭제는 가장 최근에 삽입된 요소(노드 C)를 제거하는 것이다. 임시 포인터 변수 p가 있다고 하면, 삭제 연산은 다음과 같다.

① 포인터 변수 p가 노드 C를 가리키도록 한다: p = top;
② 헤더 포인터 top이 B를 가리키도록 한다: top = p->link;
③ 마지막으로 포인터 p를 반환한다: return p;

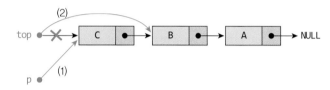

| 그림 5.15 연결된 스택의 삭제 연산: 스택 상단의 노드 C를 삭제하는 과정

연결된 스택에서 공백 상태는 헤드 포인터 top이 NULL 값을 갖는 경우이다. 그리고 포화 상태는 동적 메모리 할당만 된다면 노드를 생성할 수 있기 때문에 없는 것이나 마찬가지이다.

■ 연결 리스트로 구현한 스택: 학생 정보 스택

3.2절에서 배열을 이용해 구현한 학생 정보 스택을 연결 리스트를 이용해 다시 구현해보자. 먼저 노드에는 링크 필드가 있어야 하고, 데이터 필드는 학생 정보가 되어야 한다. 이를 위한 가장 단순한 방법은 Node 클래스에 Student 객체를 다음과 같이 포함시키는 방법이다.

```
class Node {
    Student  person;    // 데이터 필드: Student 객체를 포함
    Node*    link;      // 링크 필드
    ...
};
```

상속을 이용할 수도 있다. 코드의 재사용성을 극대화하기 위해서는 다음과 같이 Node가 Student를 상속하는 것이 더 바람직하다.

```
class Node: public Student {        // 데이터 필드는 상속으로 처리
    Node*     link;                 // 링크 필드
    ...
};
```

Node가 Student를 상속한 자식 클래스가 되면 Node에서는 이제 링크를 제외한 데이터 필드의 처리를 고민할 필요가 없다. 이것은 모두 부모 클래스인 Student가 처리할 것이기 때문이다. 이 클래스는 이미 3.2절에서 구현했고, 그대로 사용하기만 하면 된다. Node 클래스의 데이터 멤버로는 링크 필드인 link만 추가하면 된다. 생성자 이외의 Node 클래스의 멤버 함수는 private로 선언된 링크 필드를 접근하기 위한 getter 함수(getLink())와 setter 함수(setLink())만 있으면 된다. 생성자에서는 Student의 생성자 호출을 위한 약간의 고려가 필요할 것이다.

그림 5.16은 전체 클래스 다이어그램을 보여주고 있다. 또한 프로그램 5.8은 노드 클래스를 구현하는 예를 보여주고 있다.

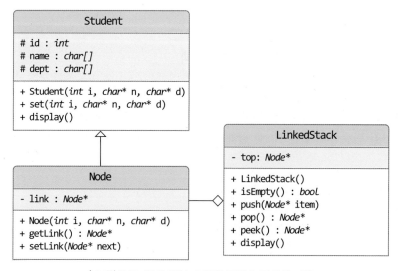

| 그림 5.16 학생 정보 스택의 클래스 다이어그램

　연결 리스트로 구현된 스택을 위한 노드 클래스

```
01    // Node.h : 연결된 스택을 위한 노드 클래스 구현 파일
02    #include "Student.h"                    // 프로그램 3.3의 "Student.h" 파일 포함
03    class Node : public Student {           // Student를 상속하여 구현함.
04        Node*    link;                      // 다음 노드를 가리키는 포인터 변수
05    public:
06        Node( int id=0, char* name="", char* dept="")
07            : Student(id, name, dept) { link = NULL; }
08        ~Node(void)    { }
09        Node* getLink(){ return link; }
10        void setLink( Node *p ) { link = p; }
11    };
```

코드 설명

2행 3장 프로그램 3.3의 Student.h 파일을 포함함.

3행 Student 클래스를 상속하여 Node 클래스를 정의함.

4행 Node에 추가적으로 필요한 데이터 멤버는 다음 노드를 위한 포인터임.

6~7행 생성자. 디폴트 매개변수 사용. 멤버 초기화 리스트를 사용하여 부모 클래스 Student의 생성자를 선택하여 호출한 것에 유의할 것. link는 반드시 NULL로 초기화해야 함.

8행 소멸자. 이 클래스 내에는 동적으로 할당된 멤버가 없으므로 반드시 처리해야 할 일은 없음.

9~10행 링크의 주소 값을 반환하고 설정하는 getter, setter 함수. Node의 링크 필드가 private로 선언되었으므로 getLink() 함수와 setLink() 연산을 제공하여 외부에서 이들을 접근할 수 있도록 함.

연결된 스택 클래스 LinkedStack도 크게 복잡하지 않다. 데이터 멤버로는 헤드 포인터 top이면 충분하다. 프로그램 5.9는 연결된 스택 클래스이다.

　연결 리스트로 구현된 스택 클래스

```
01    // LinkedStack.h : 연결된 스택 클래스 구현
02    #include "Node.h"                // Node 클래스 포함
03    class LinkedStack {
04        Node*    top;                // 헤드 포인터
05    public:
06        LinkedStack()  { top=NULL; }                          // 생성자
07        ~LinkedStack() { while(!isEmpty()) delete pop(); }    // 소멸자
```

```
08      bool isEmpty( ) { return top==NULL; }
09      void push( Node *p ) {
10          if( isEmpty() ) top = p;
11          else {
12              p->setLink( top );          // 그림 5.14의 (1)
13              top = p;                     // 그림 5.14의 (2)
14          }
15      }
16      Node* pop() {
17          if( isEmpty() ) return NULL;
18          Node *p = top;                   // 그림 5.15의 (1)
19          top = top->getLink();            // 그림 5.15의 (2)
20          return p;
21      }
22      Node* peek()   { return top; }
23      void display( ) {                    // 화면에 보기 좋게 출력
24          printf("[LinkedStack]\n") ;
25          for( Node *p = top ; p != NULL ; p=p->getLink() )
26              p->display();
27          printf( "\n");
28      }
29  };
```

코드 설명

3행 연결된 스택 클래스 선언.

4행 데이터 멤버로 헤드 포인터만 있으면 됨.

6행 생성자에서 반드시 헤드 포인터 top을 NULL로 초기화해야 함.

7행 소멸자. 연결 리스트 객체가 소멸될 때 호출됨. 현재의 연결 리스트에 동적으로 할당한 노드가 하나라도 있으면 모두 동적으로 해제해야 함. 이를 위해 공백 상태가 아닐 때 까지 pop() 연산으로 노드를 꺼내고 delete 연산으로 삭제하는 다음 코드에 유의할 것.

while (!isEmpty()) delete pop();

8행 공백 상태는 top이 NULL인 상태임.

9~15행 노드 p를 삽입하는 함수. 그림 5.14의 동작 구현. 공백 상태이면 p가 top이 되며, 그렇지 않은 경우는 현재의 top을 p 다음으로 연결하고 포인터 top을 새로 들어온 노드인 p로 변경함.

16~21행 삭제 함수. 그림 5.15의 동작 구현. 공백 상태이면 NULL을 반환하고, 아니면 현재의 top을 p에 저장하고 top을 다음 노드로 수정한 다음 p를 반환함.

22행 peek 함수. 현재의 top을 반환하면 됨.

23~28행 연결된 스택의 모든 노드 내용을 화면에 출력하는 함수. 모든 노드를 한 번씩 방문하기 위한 다음 코드에 유의할 것.

```
for( Node* p = top ; p != NULL ; p=p->getLink() ) { ... }
```

이 코드는 임시 포인터 변수 p를 선언하고 top을 복사한 후 루프가 반복될 때 마다 p가 연결 리스트의 다음 노드를 가리키도록 해서 모든 노드를 한 번씩 방문할 수 있도록 함. 배열을 사용할 때의 다음 코드에 대응됨.

```
for( int i = 0 ; i <= top ; i++ ) { ... }
```

프로그램 5.10은 연결된 스택을 테스트하기 위한 프로그램이다. main() 함수에서 스택 객체를 통해 push() 연산을 호출할 때 Node 객체를 동적으로 할당하여 매개변수로 전달해야 한다. 동적 할당은 new 연산자를 이용하여 다음과 같이 구현하였다.

```
new Node( 2015130007, "홍길동", "컴퓨터공학부" )
```

pop() 함수에서는 꺼낸 노드를 처리한 후 메모리를 해제해주어야 하는 것에 유의하라.

프로그램 5.10 연결 리스트로 구현된 스택 테스트 프로그램

```
01  // 5장-LinkedStack.cpp : 연결된 스택 클래스 구현
02  #include "LinkedStack.h"     // LinkedStack 클래스 포함
03  void main()
04  {
05      LinkedStack stack;
06      stack.push( new Node(2015130007, "홍길동", "컴퓨터공학과") );
07      stack.push( new Node(2015130100, "이순신", "기계공학과") );
08      stack.push( new Node(2015130135, "황희", "법학과") );
09      stack.display();
10
11      Node *node = stack.pop();
12      printf("[Pop항목]\n");
13      node->display();
14      printf("\n");
15      delete node;
16      stack.display();
17  }
```

스택 클래스를 사용하는 입장에서는 배열을 이용한 스택과 연결된 스택의 차이가 크게 없다. 즉, 제공되는 외부 인터페이스는 동일하다. 달라지는 것은 스택의 내부 구현 방법이다.

5.5 포인터의 응용: 연결 리스트로 구현한 큐

■ 연결 리스트로 구현한 큐의 구조

스택과 마찬가지로 큐도 연결 리스트를 이용하여 구현할 수 있다. 연결 리스트로 구현한 큐를 **연결된 큐**(linked queue)라고 한다. 연결된 큐도 스택에서와 마찬가지로 크기가 제한되지 않고 필요한 메모리만 사용한다는 장점과, 코드가 더 복잡하고 링크 필드 때문에 메모리 공간을 조금 더 사용하는 단점이 있다.

연결된 큐도 메모리 공간에서 물리적으로 흩어져 있는 노드들로 이루어진다. 원형 큐에서 front와 rear가 배열의 인덱스를 나타내는데 비해 연결된 큐에서 이들은 포인터 변수가된다. 그림 5.17과 같이 front는 큐에 가장 먼저 삽입된 노드를, rear는 가장 최근에 삽입된 노드를 가리킨다. 각 노드들은 다음 노드를 가리키는 링크 필드를 가지며, 마지막(가장 최근에 삽입된 노드) 노드의 링크 필드는 NULL이 되어 더 이상 연결된 요소가 없음을 나타낸다. 큐에 요소가 하나도 없는 공백 상태이면 front와 rear는 NULL이 된다.

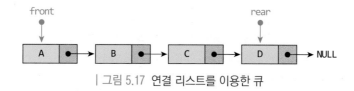

| 그림 5.17 연결 리스트를 이용한 큐

■ 연결된 큐의 연산

삽입 연산

연결된 큐에서의 삽입 연산은 연결 리스트의 끝에 새로운 노드를 추가하면 된다. 그림 5.18은 연결된 큐의 삽입 연산 과정을 보여준다. 만약 큐가 (a)와 같이 공백 상태라면 front와 rear 모두 새로운 노드 p를 가리키도록 해야 한다. 만약 (b)와 같이 공백 상태가아니고 기존의 노드가 있는 경우라면 다음과 같이 처리한다.

① rear가 가리키는 노드 C가 노드 p를 가리키도록 한다: rear->link = p;

② rear가 이제 노드 p를 가리키도록 한다: rear = p;

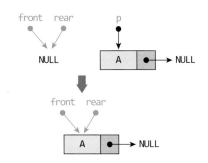

(a) 연결된 큐가 공백 상태일 때의 삽입 연산

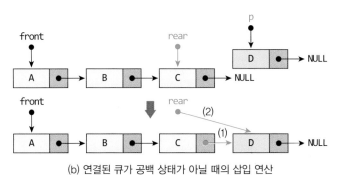

(b) 연결된 큐가 공백 상태가 아닐 때의 삽입 연산

| 그림 5.18 연결된 큐의 삽입 연산

삭제 연산

큐에서 삭제 연산은 연결 리스트의 맨 앞에서 노드를 꺼내오면 된다. 그림 5.19은 삭제 연산의 과정을 보여준다. 삭제 연산은 먼저 큐가 공백 상태인가를 검사하여야 한다. 만약 공백 상태라면 당연히 오류가 된다. 현재 구현에서는 오류이면 오류 메시지를 출력하고 종료하도록 되어 있다. 만약 공백 상태가 아니라면 임시 포인터 p를 이용하여 다음과 같이 처리한다.

① front가 가리키는 노드 A를 p가 가리키도록 한다: p = front;

② front가 다음 노드 B를 가리키도록 한다: front = p->link;

만약 노드가 하나뿐이면 처리 후 front가 NULL이 되는데, 이 경우 그림의 (b)와 같이 rear
도 NULL로 만들어주어야 한다.

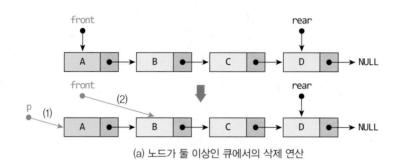

(a) 노드가 둘 이상인 큐에서의 삭제 연산

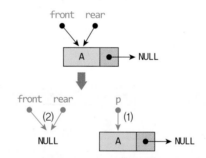

(b) 노드가 하나 있는 연결된 큐에서의 삭제 연산

| 그림 5.19 연결된 큐의 삭제 연산

■ 연결된 큐의 구현

큐의 ADT를 바탕으로 연결된 큐 클래스 LinkedQueue를 구현해보자. 스택에서와 마찬가
지로 연결된 큐를 위해서는 데이터 항목뿐 아니라 연결 링크 정보를 포함하는 Node 클래
스가 필요하다. 프로그램의 단순화를 위해 큐에 int 값을 저장한다고 하자. ADT를 바탕
으로 전체 클래스 다이어그램을 다음과 같이 설계한다.

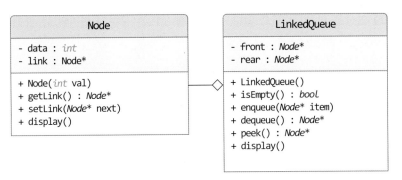

| 그림 5.20 연결된 큐의 클래스 다이어그램

먼저 Node 클래스는 요소의 데이터를 나타내는 **data**와 다음 노드를 가리키는 포인터 변수 **link**를 갖는다. 이들을 private로 선언했으므로 **getLink()** 함수와 **setLink()** 연산을 제공하여 외부에서 이들을 접근할 수 있도록 한다. **display()**는 현재 노드의 데이터 멤버를 화면에 출력하는 역할을 한다. 프로그램 5.11은 연결된 큐를 위한 노드 클래스를 보여준다.

프로그램 5.11　연결된 큐를 위한 노드 클래스

```
01   // Node.h: 연결된 큐를 위한 노드 클래스
02   #include <cstdio>
03   class Node {
04       Node*    link;        // 다음 노드를 가리키는 포인터 변수
05       int  data;            // 노드의 데이터 필드
06   public:
07       Node( int val=0) : data(val), link(NULL) { }
08       Node* getLink()                { return link; }
09       void setLink(Node* next)       { link=next; }
10       void display()                 { printf(" <%2d>", data); }
11   };
```

LinkedQueue 클래스는 노드의 포인터 변수인 **front**와 **rear**를 갖는다. 이들은 큐 객체 생성시 NULL로 초기화되어야 한다. 다른 멤버 함수들도 연결된 큐에서와 유사하게 선언한다. enqueue의 매개변수와 dequeue와 peek 연산의 반환형이 Node*가 되어야 함에 유의하라. 연결된 큐도 메모리 할당 과정에 오류가 있지 않는 한 포화 상태는 없다고 보아야 하므

로 isFull() 연산은 더 이상 필요 없다. 프로그램 5.12는 구현된 연결된 큐 클래스를 보여
주고 있다.

프로그램 5.12   연결된 큐 클래스

```
01  // LinkedQueue.h: 연결된 큐 클래스
02  #include "Node.h"            // Node 클래스 포함
03  class LinkedQueue {
04      Node*    front;         // 가장 먼저 삽입된 노드의 포인터
05      Node*    rear;          // 마지막에 삽입된 노드의 포인터
06  public:
07      LinkedQueue(): front(NULL), rear(NULL) { }
08      ~LinkedQueue() { while(!isEmpty()) delete dequeue(); }
09      bool isEmpty() { return front == NULL; }
10
11      // 삽입 연산: 연결된 큐의 맨 뒤에 노드 삽입
12      void enqueue (Node* p)           {
13          if( isEmpty() ) front = rear = p;   // 그림 5.18(a)
14          else {                              // 그림 5.18(b)
15              rear->setLink(p);               // 그림 5.18(b)의 (1)
16              rear = p;                       // 그림 5.18(b)의 (2)
17          }
18      }
19      // 삭제 연산: 연결된 큐의 맨 앞 노드를 삭제
20      Node* dequeue ( ) {
21          if( isEmpty() ) return NULL;
22          Node* p = front;                    // 그림 5.19(a)의 (1)
23          front = front->getLink();           // 그림 5.19(a)의 (2)
24          if( front == NULL ) rear = NULL;    // 그림 5.19(b)
25          return p;
26      }
27      Node* peek ( ){ return front; }
28      void display( ) {
29          printf( "[큐 내용] : ");
30          for( Node* p = front ; p != NULL ; p=p->getLink() )
31              p->display();
32          printf( "\n");
33      }
34  };
```

코드 설명

4~5행 데이터 멤버로 전단과 후단 노드를 가리키는 front와 rear 포인터를 선언함.

7행 생성자에서 반드시 front와 rear를 NULL로 초기화해야 함. 멤버 초기화 리스트를 사용함.

8행 소멸자. 연결된 큐 객체가 소멸될 때 호출되는데, 공백 상태가 아닐 때 까지 dequeue()로 노드를 꺼내서 delete 연산으로 삭제함.

9행 front가 NULL이면 큐는 공백 상태임.

12~18행 큐에 노드를 삽입하는 함수로 노드 p을 삽입하는 함수. 그림 5.18의 (a)와 (b)의 동작을 구현함.

20~26행 삭제 함수. 공백 상태이면 NULL을 반환하고, 아니면 그림 5.19의 동작 구현.

구현된 클래스의 테스트를 위해 9개의 노드를 삽입한 후 큐 내용을 출력해 보고, 다시 3개를 삭제한 후 큐의 내용을 출력하였다.

프로그램 5.13 연결된 큐 테스트 프로그램

```
01  // 05장-LinkedQueue.cpp
02  #include "LinkedQueue.h"    // LinkedQueue 클래스 포함
03  void main() {
04      LinkedQueue que;
05      for( int i=1 ; i<10 ; i++ )
06          que.enqueue( new Node(i) );
07      que.display();
08      delete que.dequeue();
09      delete que.dequeue();
10      delete que.dequeue();
11      que.display();
12  }
```

```
C:\Windows\system32\cmd.exe
[큐 내용] :  < 1 > < 2 > < 3 > < 4 > < 5 > < 6 > < 7 > < 8 > < 9 >
[큐 내용] :  < 4 > < 5 > < 6 > < 7 > < 8 > < 9 >
계속하려면 아무 키나 누르십시오 . . .
```

■ 복잡한 구조 항목에 대한 연결된 큐 구현: 학생 정보 큐

연결된 스택의 예제에서 사용한 것과 같은 학생 정보를 큐에 저장한다고 하자. 이 예제에서도 코드의 재사용성을 위해 Node 클래스가 Student 클래스를 상속하도록 하였다. 관련 클래스들은 스택에서와 비슷하게 다음과 같이 설계할 수 있다.

프로그램 5.14는 클래스 다이어그램을 바탕으로 구현한 학생 정보 큐 프로그램을 보여주

고 있다. Student 클래스는 3장의 프로그램 3.3과 동일하고, Node 클래스는 프로그램 5.8과 동일하다. StudentQueue 클래스도 크게 달라지는 것이 없는데, display() 연산의 출력 내용만 약간 수정했다. main() 함수에서 큐의 enqueue() 연산을 호출할 때 노드 객체를 동적으로 할당하고 그 주소를 전달한다.

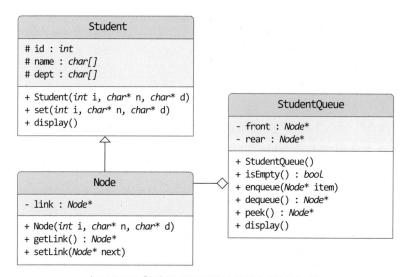

| 그림 5.21 학생 큐 프로그램의 클래스 다이어그램

```
프로그램 5.14    학생 정보 큐 프로그램

01   // StudentQueue.h: 큐 클래스
02   #include "Node.h"                    // Node 클래스 포함
03   class StudentQueue {
04       Node*    front;                  // 가장 먼저 삽입된 노드의 포인터
05       Node*    rear;                   // 마지막에 삽입된 노드의 포인터
06   public:
07       StudentQueue() {...}             // 생성자: LinkedQueue에서와 동일
08       ~StudentQueue() {...}            // 소멸자: LinkedQueue에서와 동일
09       bool isEmpty() {...}             // 공백 검사: LinkedQueue에서와 동일
10       void enqueue (Node* n) {...}     // 삽입 연산: LinkedQueue에서와 동일
11       Node* dequeue ( ) {...}          // 삭제 연산: LinkedQueue에서와 동일
12       Node* peek ( ) {...}             // peek 연산: LinkedQueue에서와 동일
13       void display( ) {                // 큐의 내용을 화면에 출력
14           printf( "[전체 학생 정보]\n");
```

```
15          for( Node* p = front ; p != NULL ; p=p->getLink() )
16              p->display();
17          printf( "\n");
18      }
19  };
20
21  // 05장-StudentQueueMain.cpp
22  #include "StudentQueue.h"              // StudentQueue 클래스 포함
23  void main()
24  {
25      StudentQueue que;
26      que.enqueue( new Node(2015130007, "홍길동", "컴퓨터공학과") );
27      que.enqueue( new Node(2015130100, "이순신", "기계공학과") );
28      que.enqueue( new Node(2015130135, "황희", "법학과") );
29      que.display();
30      delete que.dequeue();
31      que.display();
32  }
```

| 연습문제 |

1 다음과 같은 문장이 실행되면 i값은 얼마인가?

```
int i = 10;
int* p;
p = &i;
*p = 8;
```

2 다음과 같은 문장을 수행하고 난 뒤의 a[0]의 값은?

```
void sub(int b[]){
    b[0] = 0;
}
void main()
{
    int a[]={1, 2, 3, 4, 5, 6};
    sub(a);
}
```

3 단순 연결 리스트의 노드들을 노드 포인터 p로 탐색하고자 한다. p가 현재 가리키는 노드에서 다음 노드로 가려면 어떻게 하여야 하는가?

① p++;   ② p--;

③ p=p->link;   ④ p=p->data;

4   덱(deque: double-ended queue)은 삽입과 삭제가 양끝에서 임의로 수행되는 자료구조이다. 다음 그림과 같이 단순 연결 리스트(singly linked list)로 덱을 구현한다고 할 때 $O(1)$ 시간 내에 수행할 수 없는 연산은? (단, first와 last는 각각 덱의 첫 번째 원소와 마지막 원소를 가리키며, 연산이 수행된 후에도 덱의 원형이 유지되어야 한다.) [국가시험 기출문제]

① insertFirst 연산: 덱의 첫 번째 원소로 삽입
② insertLast 연산: 덱의 마지막 원소로 삽입
③ deleteFirst 연산: 덱의 첫 번째 원소를 삭제
④ deleteLast 연산: 덱의 마지막 원소를 삭제

5   다음은 연결 리스트를 이용하여 스택을 표현한 것이다. 이에 대한 설명으로 옳지 않은 것은? (단, push는 스택에 자료를 삽입하는 연산이고, pop은 스택에서 자료를 삭제하는 연산이다.) [국가시험 기출문제]

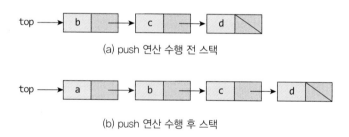

(a) push 연산 수행 전 스택

(b) push 연산 수행 후 스택

① 스택에 가장 최근에 입력된 자료는 top이 지시한다.
② 스택에 입력된 자료 중 d가 가장 오래된 자료이다.
③ (b)에서 자료 c를 가져오려면 pop 연산이 2회 필요하다.
④ (a)에서 자료의 입력된 순서는 d, c, b이다.

| 프로그래밍 프로젝트 |

1　2차원 배열의 동적 할당과 해제를 이용하여 3.5절에서 소개한 미로 탐색 문제를 다음과 같이 보완하라.

(1) 미로 탐색을 위한 클래스 Maze를 구현하라.

```cpp
class Maze {
    int    width;              // 미로의 너비
    int    height;             // 미로의 높이
    int**  map;                // 미로 맵
    Location2D exitLoc;        // 미로의 출구
public:
    Maze() { init( 0, 0 ); }
    ~Maze(){ reset(); }
    void init(int w, int h) {...} // map 이차원 배열을 동적으로 할당
    void reset() {...}            // 미로 맵 maze를 동적으로 해제
    void load( char *fname);      // 파일에서 미로 파일을 읽어옴
    void print();                 // 현재 Maze를 화면에 출력
    void searchExit() ;           // 실제 미로를 탐색하는 함수
};
```

- init(w,h): 가로가 w, 세로가 h인 2차원 배열을 동적으로 할당하여 그 주소를 map에 복사하는 멤버 함수이다.
- reset(): map을 동적으로 해제하는 함수이다.
- load(): 미로 맵 파일을 읽어 들이는 함수이다. 미로 맵 파일의 형식은 다음과 같다.

맵 정보: 0(벽), 1(길), 5(입구), 9(출구)

```
20 10
0 0 0 0 0 0 0 0 0 0 1 1 0 0 0 0 0 0 0 0
0 0 1 0 1 1 1 1 0 1 0 1 0 1 0 1 1 1 1 0
5 1 1 0 0 0 0 0 1 0 1 1 1 0 0 0 0 0 1 0
0 0 1 0 1 1 1 1 0 1 0 1 0 1 0 1 1 1 1 0
0 0 1 0 1 0 0 1 0 0 1 0 1 0 1 0 0 1 0 0
0 0 1 1 1 0 0 1 1 1 1 0 1 1 1 0 0 1 1 9
0 0 0 1 0 0 1 0 0 0 1 1 0 1 0 0 1 0 0 0
0 0 0 1 0 0 1 0 1 1 0 1 0 1 0 0 1 0 0 0
0 0 0 1 1 1 1 0 1 1 1 1 0 1 1 1 1 0 0 0
0 0 0 0 0 0 0 0 0 0 0 0 0 0 0 0 0 0 0 0
```

• print(): 현재 미로 맵 정보를 화면에 출력하는 함수이다. 앞의 미로 데이터에 대한 화면 출력 예는 다음과 같다.

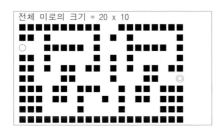

• searchExit(): 출구를 찾는 함수이다.

(2) 다음과 같은 전체 프로그램을 구현하라.

```cpp
#include "Maze.h"
void main() {
    Maze    maze;               // 미로 탐색 객체 생성
    maze.load("maze.txt");      // 미로 맵 정보 입력
    maze.print();               // 입력 미로 맵 화면 출력
    maze.searchExit();          // 미로를 탐색해 출구를 찾음
    maze.print();               // 결과 미로 맵 화면 출력
}
```

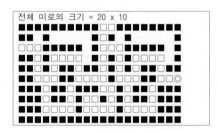

(3) [심화문제] 최적 경로를 찾을 수 있도록 프로그램을 수정하라.

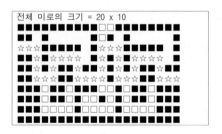

| Hint | 최적 경로의 저장을 위해 스택을 하나 더 사용해야 함

CHAPTER

06

리스트

학습목표

- 리스트의 개념과 추상 자료형을 이해한다.
- 리스트를 배열로 구현하는 방법을 이해한다.
- 리스트를 연결 리스트로 구현하는 방법을 이해한다.
- 시작 노드 표현 방법 2가지를 이해한다.
- 다양한 형태의 연결 리스트를 이해한다.
- 리스트를 이용한 프로그래밍 능력을 배양한다.

6 리스트

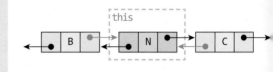

6.1 리스트 추상 자료형

■ 리스트란?

리스트(list) 또는 **선형 리스트**(linear list)는 우리들이 자료를 정리하는 방법 중의 하나이다. 그림 6.1처럼 우리는 일상생활에서 많은 리스트를 사용하고 있다. 오늘 해야 할 일이나 슈퍼에서 사야할 물건들을 리스트로 정리한다. 리스트에는 보통 항목들이 차례대로 정리되어 있다. 리스트의 항목들은 순서 또는 위치를 가진다. 리스트는 기호로 다음과 같이 표현한다.

$$L = (item_0, item_1, item_2, \cdots, item_{n-1})$$

| 그림 6.1 생활 속의 리스트 예: wish list, bucket list

리스트는 집합과는 다르다. 집합은 각 항목 간에 순서의 개념이 없지만 리스트에 들어있는 항목들 사이에는 순서가 있다. 예를 들어, 휴대폰의 문자 메시지함도 하나의 리스트인데 최근에 수신된 메시지부터 순서대로 들어있다. 다음은 대표적인 리스트의 예이다.

- 사고 싶은 물건들: (스마트폰, 자전거, 가방, ... , 신발)
- 이번 주에 해야 할 일들: (자료구조 숙제, 아르바이트, 집 청소, ... , 빨래)
- 가고 싶은 여행지들: (파리, 지리산, 마라도, ... , 안면도)
- 임의의 다항식의 각 항들: $(5x^3, 3x^2, 2x, 8)$

우리는 앞에서 스택과 큐, 덱을 공부했다. 리스트도 이들과 같은 **선형 자료구조**이다. 이때 선형이란 항목들이 일렬로 순서대로 들어 있는 것을 의미한다. 그렇다면 리스트와 이들 자료구조의 차이는 무엇일까? 답은 항목에 대한 접근 방법에 있다. 스택이나 큐에서 자료의 접근은 전단(front)이나 후단(rear)에 제한되어 있었다. 즉, 새로운 항목에 대한 삽입이나 삭제 연산이 맨 앞이나 맨 뒤로 제한되어 있고, 중간에 새로운 객체를 삽입하거나 삭제하는 것을 허용하지 않았다. 그러나 리스트는 이러한 제한이 없다. 즉, 임의의 위치에 있는 항목에 대한 연산을 허용하는 것이다. 따라서 선형 자료구조들 중에서는 가장 활용이 자유롭다고 볼 수 있다. 그 대신 구현 시에 고려해야 할 점들도 많다.

| 그림 6.2 리스트는 스택이나 큐와 달리 임의의 위치에서도 요소의 삽입과 삭제가 가능한 선형 자료구조이다.

5장에서 우리는 연결 리스트에 대해 공부했다. "연결 리스트"와 "리스트"란 용어가 약간 혼란스러울 수도 있을 것이다. 자료구조에서 **"리스트"는 특정한 자료 구조**를 말하고 **"연결 리스트"는 어떤 자료 구조를 구현하는 "프로그래밍 기법"**이라고 생각하면 된다. 스택이나 큐 등에 대응되는 용어가 리스트이고, 배열과 대응되는 용어가 연결 리스트라고 생각하자.

■ 리스트의 추상 자료형

리스트에 보관할 수 있는 자료에도 제한이 없다. 사고 싶은 물건, 수신된 메시지, 죽기 전에 꼭 해야 할 일들, 가고 싶은 여행지 등 무엇이든 될 수 있다. 리스트의 연산들에는 어떤 것이 있을까? 사고 싶은 물건 목록(wish list)을 생각해보면 기본적으로 다음과 같은 연산이 필요할 것이다.

- 리스트의 어떤 위치에 새로운 요소를 삽입한다.
- 리스트의 어떤 위치에 있는 요소를 삭제한다.
- 리스트의 어떤 위치에 있는 요소를 반환한다.
- 리스트가 비었는지를 살핀다.
- 리스트가 가득 차 있는지를 검사한다.

조금 더 고급 기능으로 다음과 같은 연산을 요구할 수도 있을 것이다.

- 리스트에 어떤 요소가 있는지를 살핀다.
- 리스트의 어떤 위치에 있는 요소를 새로운 요소로 대치한다.
- 리스트 안의 요소의 개수를 센다.
- 리스트 안의 모든 요소를 출력한다.

이 외에도 리스트는 많은 추가적인 연산을 만들 수 있다. 리스트의 맨 앞(전단)이나 맨 뒤(후단)에 요소를 삽입하거나 삭제하는 연산과 같은 비교적 간단한 것에서부터 리스트의 모든 요소들을 어떤 기준으로 다시 정렬하는 연산이나 두 개의 리스트를 합하는 것과 같은 다양한 연산들이 가능하다. 스택이나 큐에 비해 리스트에 대해 우리가 요구하는 연산이 많아진 것에 유의하라. 리스트는 이들 보다 할 수 있는 일들이 훨씬 많다. 이제 리스트의 추상 자료형을 정의해 보자. 다른 연산들은 이들을 이용하여 구현할 수 있다.

| ADT 6.1 **List**

데이터: 임의의 접근 방법을 제공하는 같은 타입 요소들의 순서 있는 모임

연산 • `insert(pos, item)`: 리스트의 pos 위치에 새로운 요소 item을 삽입한다.
  • `delete(pos)`: 리스트의 pos 위치에 있는 요소를 삭제한다.
  • `getEntry(pos)`: 리스트의 pos 위치에 있는 요소를 반환한다.
  • `isEmpty()`: 리스트가 비어 있는지를 검사한다.
  • `isFull()`: 리스트가 가득 차 있는지를 검사한다.
  • `find(item)`: 리스트에 요소 item이 있는지를 살핀다.
  • `replace(pos, item)`: 리스트의 pos 위치에 있는 요소를 새로운 요소 item으로 바꾼다.
  • `size()`: 리스트 안의 요소의 개수를 반환한다.
  • `display()`: 리스트 안의 모든 요소들을 출력한다.

사람들은 리스트를 사용할 때 보통 항목들의 위치에 대해 별로 신경을 쓰지 않는다. 그러나 프로그램에서는 요소의 위치를 사용하는 것이 매우 편리하다. 예를 들어, 첫 번째 위치에 있는 요소를 가져온다거나 10번째 위치에 새로운 요소를 저장하는 것이다. 이런 식으로 요소의 위치를 사용하면 보다 정밀하게 리스트 상에서의 연산을 기술할 수 있다.

자 이제 리스트를 어떻게 구현할 것인지를 생각해보자. 리스트도 스택이나 큐와 같이 배열을 사용할 수도 있고 포인터를 이용한 연결 리스트로 구현할 수도 있다. 배열을 이용하면 리스트 ADT를 가장 간단하게 구현할 수 있겠지만, 스택이나 큐에서와 같이 리스트에 저장할 수 있는 요소의 개수에 제한이 생긴다. 만약 리스트를 위해 아주 큰 배열을 사용한다면 넣을 수 있는 요소는 많아지지만 메모리 낭비의 비효율을 감수해야 한다.

이와 함께 배열로 리스트로 구현할 때는 추가적인 중요한 문제가 발생한다. 이것은 삽입과 삭제를 임의의 위치에서도 할 수 있기 때문에 발생하는 문제로 많은 요소들을 이동해야 하는 매우 심각한 결과를 만든다. 결국 실제 프로그램들에서 사용하는 리스트는 대부분 포인터를 사용한 연결 리스트 방식을 이용한다. 연결 리스트로 구현하는 방법도 단일 연결 리스트와 이중 연결 리스트 및 원형 연결 리스트도 다시 나눌 수 있다. 먼저 배열을 이용해서 리스트를 구현하는 방법과 문제들을 알아보고 다음으로 다양한 연결 리스트 구현 방법에 대해 자세히 공부한다.

6.2 배열로 구현한 리스트

■ 데이터 멤버

리스트를 가장 간단하게 구현할 수 있는 방법은 배열을 이용하는 것이다. 정수를 저장할 수 있는 리스트를 생각해보자. 먼저 정수의 1차원 배열이 있어야 할 것이다. 이를 data[MAX_LIST_SIZE]라 하자. 이때 MAX_LIST_SIZE는 배열의 크기를 나타내는 상수로 리스트의 최대 크기를 나타낸다. 이 배열에 리스트의 모든 요소들이 저장된다. 배열로 리스트를 구현하기 위해서는 현재 리스트에 저장된 요수의 개수를 나타내는 변수가 하나 더 필요하다. 이를 length라 하자.

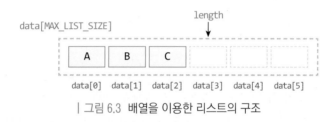

| 그림 6.3 배열을 이용한 리스트의 구조

그림 6.3은 배열을 이용한 리스트의 구조를 보여주고 있다. 모든 요소들은 배열의 첫 번째 위치부터 차곡차곡 저장되어야 하고, 중간에 비어 있는 항목이 없어야 하는 것에 유의하라. 이것은 배열을 이용한 리스트의 기본 가정이다. length 변수는 새로운 요소가 리스트의 맨 뒤에 추가될 때 삽입되어야 하는 위치를 나타내게 된다. 리스트 객체가 만들어지면 공백 상태, 즉 length가 0이 되어야 한다.

| 그림 6.4 리스트의 공백 상태와 포화 상태(MAX_LIST_SIZE가 10인 경우)

■ 주요 연산

그림 6.4는 리스트의 공백 상태와 포화 상태를 보여주고 있다. `length`가 0이면 리스트에 항목이 하나도 없는 공백 상태가 되고, `length`가 배열의 크기인 `MAX_LIST_SIZE`와 같아지면 더 이상 요소를 넣을 수 없는 포화 상태가 된다.

삽입 연산

삽입 연산을 살펴보자. 리스트에 그림 6.5 (a)와 같이 요소들이 저장되어 있는 상태에서 새로운 요소 N을 2번 위치에 삽입하는 연산을 하려고 한다. 2번 위치에 이미 C가 있으므로 N을 그냥 2번 위치에 복사하면 C가 없어지게 된다. 따라서 C 이후의 모든 요소들을 먼저 한 칸씩 뒤로 이동하여야 한다. 그 다음으로 N을 2번 위치에 복사한다. 물론 `length` 변수는 하나 증가된다.

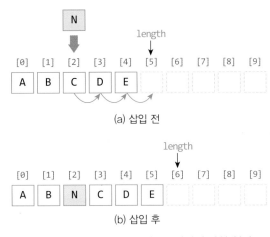

(a) 삽입 전

(b) 삽입 후

| 그림 6.5 배열로 구현된 리스트에서의 삽입 연산

삭제 연산

배열에서 하나의 항목을 삭제할 때도 마찬가지이다. 만약 그림 6.6에서 중간에 있는 항목 C를 삭제해 보자. C를 뺀다고 배열이 자동으로 재조정되는 것은 아니다. 빈 곳을 없애려면 당연히 뒤에 있는 항목들을 모두 한 칸씩 앞으로 옮겨야 한다.

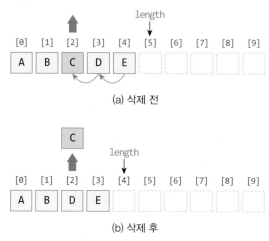

(a) 삭제 전

(b) 삭제 후

| 그림 6.6 배열로 구현된 리스트에서의 삭제 연산

이와 같이 배열을 사용하여 리스트를 구현하면 삽입과 삭제 연산에서 상당한 오버헤드가 따른다. 불필요한 자료의 복사가 필요하기 때문이다.

■ 배열을 이용한 리스트 구현

이제 배열을 이용한 리스트 클래스를 구현해보자. 클래스의 이름은 ArrayList로 하고, 단순화를 위해 요소의 자료형은 int로 하자. ArrayList 의 클래스 다이어그램은 그림 6.7과 같다. 데이터로는 요소를 저장할 배열 data와, 현재 리스트에 저장된 요소의 수를 나타내는 변수 length가 필요한데, 이들은 정보 은닉을 위해 private나 protected로 선언한다. 리스트 객체가 생성되면 length는 0으로 초기화된다.

생성자와 함께 리스트 ADT의 연산들도 각각 구현한다. 삽입과 삭제는 기본적으로 요소의 위치 정보 pos를 바탕으로 이루어지므로 이것을 매개변수로 전달한다. 삭제 연산의 이름을 remove로 변경한 것에 유의하라. 이것은 C++에서 메모리 해제를 위해 delete를 키워드로 사용되고 있기 때문에 혼란을 피해서이다. pos 위치의 요소를 반환하는 함수 getEntry 가 있으므로 삭제 연산 remove는 요소를 반환하지 않고 삭제만 하도록 설계하였다. find 연산은 찾는 요소가 리스트에 있으면 true를 없으면 false를 반환하도록 하였고, replace 연산은 pos 위치의 요소를 새로운 요소 item으로 변경한다. size 연산은 리스트의 크기, 즉 length를 반환하도록 하였고, 리스트의 모든 내용을 화면에 출력하기 위해 display 연산을 추가하였다.

```
┌─────────────────────────────────────┐
│             ArrayList               │
├─────────────────────────────────────┤
│ - data : int[]                      │
│ - length : int                      │
├─────────────────────────────────────┤
│ + ArrayList(void)                   │
│ + insert(int pos, int item)         │
│ + remove(int pos)                   │
│ + getEntry(int pos) : int           │
│ + isEmpty() : bool                  │
│ + isFull() : bool                   │
│ + find(int item) : bool             │
│ + replace(int pos, int item)        │
│ + size() : int                      │
│ + display()                         │
└─────────────────────────────────────┘
```

| 그림 6.7 배열로 구현된 리스트의 클래스 다이어그램

이러한 설계를 바탕으로 구현된 ArrayList 클래스는 프로그램 6.1과 같다. 삽입과 삭제 연산은 더 자세히 알아볼 것이고 간단한 연산들은 모두 구현하였다.

프로그램 6.1　배열을 이용한 리스트 클래스

```
01  // 파일명: ArrayList.h : 배열을 이용한 리스트 클래스 구현
02  #include <cstdio>          /* C 헤더파일 <stdio.h>을 포함하는 것과 동일 */
03  #define MAX_LIST_SIZE 100
04
05  class ArrayList {
06      int  data[MAX_LIST_SIZE];      // 실제로 항목 값들이 들어감.
07      int  length;                   // 현재 리스트 내의 항목들의 개수
08  public:
09      ArrayList(void) { length=0; }  // 생성자 ==> length을 초기화
10
11      // 삽입 연산: 리스트의 pos번째에 항목 e 추가
12      void insert( int pos, int e ) { ... }   // 프로그램 6.2
13
14      // 삭제 연산: pos번째에 항목을 리스트에서 제거
15      void remove( int pos ) { ... }          // 프로그램 6.3
16
17      int getEntry(int pos) { return data[pos];}      // pos번째 항목을 반환
18      bool isEmpty( ){ return length==0; }            // 공백 상태 검사
19      bool isFull( ) { return length==MAX_LIST_SIZE;} // 포화 상태 검사
```

```
20          bool find( int item ) {                          // item 항목이 있는지 검사
21              for( int i=0 ; i<length ; i++ )
22                  if( data[i] == item ) return true;
23              return false;
24          }
25          void replace( int pos, int e ) {                 // pos위치의 요소 변경
26              data[pos] = e;
27          }
28          int size() { return length; }            // 리스트의 길이 반환
29          void display( ) {                        // 화면에 보기 좋게 출력
30              printf( "[배열로구현한리스트 전체 항목 수 = %2d] : ", size());
31              for( int i=0 ; i<size() ; i++ )
32                  printf( "[%2d] ", data[i]);
33              printf( "\n");
34          }
35          void clear() { length=0; }               // 모든 요소 제거
36      };
```

코드 설명

5행 배열로 구현한 리스트 클래스 선언.

6~7행 데이터 멤버 선언.

9행 생성자에서 반드시 length를 0으로 초기화해야 함.

17행 pos 위치에 있는 요소를 반환하는 함수. 더 안전한 프로그램을 위해서는 먼저 pos 값이 유효한 범위 (0~length-1)인지를 검사해 유효하지 않으면 에러를 출력하고 유효한 경우만 반환하도록 구현할 수 있음.

18~19행 리스트의 공백 상태와 포화 상태를 검사하는 함수.

20~24행 리스트 내에 item이 있는지를 검사하여 있으면 true를 반환.

25~27행 pos 위치에 있는 요소를 새로운 요소 e로 변경함.

28행 리스트의 전체 요소들의 수를 반환.

29~34행 리스트 내의 모든 요소들을 보기 좋게 화면에 출력.

35행 리스트 내의 모든 요소를 제거함. length만 0으로 초기화하면 됨.

삽입 연산

삽입을 위해 가장 먼저 할 일은 리스트가 항목을 삽입할 수 있는 상태인지를 검사하는 것이다. 만약 리스트가 포화 상태이면 더 이상의 삽입이 불가능하므로 오류가 발생한 상태

가 되고 오류 함수를 호출한다. 만약 리스트가 삽입 가능한 상태이면 pos 위치에 새로운 항목을 삽입하여야 한다. 문제는 항목이 자동으로 늘어날 수 없으므로 삽입을 위해서는 먼저 삽입하고자 하는 위치 이후의 자료들을 하나씩 뒤로 이동하여야 한다. 이동 순서는? 맨 뒤쪽 자료부터 한 칸씩 이동해야 한다. 그렇지 않으면 이동하는 도중에 저장된 자료가 지워지게 된다. 이동이 끝나면 드디어 pos 위치에 새로운 항목을 복사한다. 항목이 하나 추가되었으므로 length를 증가시키는 것도 잊지 않아야 한다.

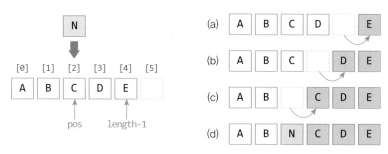

| 그림 6.8 배열로 구현된 리스트에서의 삽입 과정

이를 바탕으로 구현한 삽입 함수는 프로그램 6.2과 같다. 함수의 안전한 사용을 위해 입력된 pos 위치가 유효한지를 검사하는 코드를 추가하였다. 유효한 pos의 범위는 0부터 length까지이다. 리스트의 맨 끝에도 자료를 추가할 수 있어야 한다.

프로그램 6.2 배열을 이용한 리스트 클래스의 삽입 함수

```
01    // 리스트의 pos번째에 요소 e 추가
02    void insert( int pos, int e ) {
03        if( !isFull() && pos >= 0 && pos<=length ) {
04            for( int i=length ; i>pos ; i-- )
05                data[i] = data[i-1];    // 뒤로 한 칸씩 밀고
06            data[pos] = e;              // pos에 e를 복사하고
07            length++;                   // 리스트 항목의 개수 증가
08        }
09        else error("포화상태 오류 또는 삽입 위치 오류");
10    }
```

삭제 연산

삭제 함수 remove(pos)는 pos 위치의 요소를 삭제한다. 그런데 리스트에서 하나의 항목
이 삭제되면 빈자리가 발생하고, 따라서 빈자리 이후의 자료들을 모두 한 칸씩 앞으로 옮
겨 채워야 완전한 배열 형태를 계속 유지하게 된다. 이번에는 앞쪽 항목부터 이동해야 한
다. 즉, 그림 6.9와 같이 pos 위치에서 시작하여 (length−2)까지 하나씩 순서대로 앞으로
옮기면 된다. 물론 이 경우에도 삭제하고자 하는 위치가 유효한 위치인지를 검사하는 것이
좋다. 삭제를 위한 유효한 위치의 범위는 0~length−1이다. 삭제 함수는 프로그램 6.3과
같다.

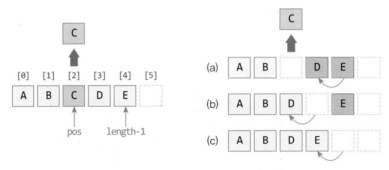

| 그림 6.9 배열로 구현된 리스트에서의 삭제 과정

프로그램 6.3 배열을 이용한 리스트 클래스의 삭제 함수

```
01   // 리스트의 pos번째 요소 삭제
02   void remove( int pos ) {
03       if( !isEmpty() && 0<=pos && pos<length ) {      // 유효한 위치검사
04       for(int i=pos+1 ; i<length ; i++ )
05           data[i-1] = data[i];                        // 앞으로 당기고
06       length--;                                       // 개수 감소
07       }
08       else  error("공백상태 오류 또는 삭제 위치 오류");
09   }
```

프로그램 6.4는 리스트의 여러 가지 기능을 테스트 하는 예를 보여주고 있다.

프로그램 6.4   배열을 이용한 리스트 클래스 테스트 프로그램

```
01    // 파일명: 6장-ArrayList.cpp : 배열을 이용한 리스트 클래스 테스트 프로그램
02    #include "ArrayList.h"
03    void main() {
04        ArrayList list;                      // 리스트 객체 생성
05
06        list.insert( 0, 10 );                // 리스트 맨 앞에 10 삽입
07        list.insert( 0, 20 );                // 리스트 맨 앞에 20 삽입
08        list.insert( 1, 30 );                // 리스트 1위치에 30 삽입
09        list.insert( list.size(), 40 );      // 리스트 마지막에 40 삽입
10        list.insert( 2, 50 );                // 리스트 2위치에 50 삽입
11        list.display();                      // 리스트내용 화면출력
12
13        list.remove( 2 );                    // 리스트 2위치의 항목 삭제
14        list.remove(list.size()-1);          // 리스트 마지막 항목 삭제
15        list.remove(0);                      // 리스트 맨 앞 항목 삭제
16        list.replace(1, 90);                 // 리스트의 1위치 항목 값 변경
17        list.display();                      // 리스트내용 화면출력
18
19        list.clear();                        // 리스트의 모든 항목 삭제
20        list.display();                      // 리스트내용 화면출력
21    }
```

```
C:\Windows\system32\cmd.exe
[배열로구현한리스트 전체 항목 수 =  5] : [20] [30] [50] [10] [40]
[배열로구현한리스트 전체 항목 수 =  2] : [30] [90]
[배열로구현한리스트 전체 항목 수 =  0] :
계속하려면 아무 키나 누르십시오 . . . .
```

6.3 연결 리스트로 구현된 리스트

■ 연결 리스트로 구현된 리스트

우리는 앞 장에서 포인터를 공부하고 포인터를 사용한 연결 리스트를 알아보았다. 연결 리스트는 물리적으로 흩어져 있는 자료들을 하나로 묶는 방법으로, 동적으로 크기가 변할 수 있는 자료에 적합하다. 연결 리스트에는 노드가 사용되고, 노드에는 데이터 필드와 함

께 노드의 연결 상태를 나타내는 링크 필드가 있다는 것을 알았다. 그리고 이러한 연결 리스트를 이용하여 스택과 큐를 구현하였다.

리스트는 스택이나 큐와 같은 선형 자료형이지만 전단과 후단뿐만 아니라 중간에 있는 요소들에 대한 삽입이나 삭제 연산을 허용한다. 따라서 리스트를 배열로 구현하면 그림 6.8, 6.9와 같이 비효율적인 많은 자료의 이동이 필요하였다. 연결 리스트를 이용하여 구현하면 이 문제를 해결할 수 있다.

그림 6.10은 연결 리스트로 구현된 리스트의 예를 보여주고 있다. 각 노드에는 항목의 자료를 저장하는 데이터 필드와 다음 노드를 가리키는 링크 필드가 있다. 시작 노드는 헤드 포인터 변수가 가리키고 있다. 물론 마지막 노드의 링크 필드는 NULL로 더 이상 연결된 노드가 없음을 가리킨다. 이와 같은 연결 리스트를 단순 연결 리스트(simply linked list) 구조라고 부른다.

| 그림 6.10 단순 연결 리스트로 구현한 리스트의 예

삽입 연산

리스트에 새로운 노드를 삽입하는 문제를 생각해보자. 그림 6.11에서 노드 B와 노드 C 사이에 N을 삽입하고자 한다. 그림 6.11 (a)는 삽입 전, (b)는 삽입 후의 연결 리스트 모습을 보여준다. 이 그림은 5장의 스택이나 큐에서의 그림과는 다른 것에 유의하라. 앞에서와는 달리 연결 리스트의 중앙에 있는 노드에 대한 삽입을 설명하고 있다. 삽입 연산을 위해서는 두 단계가 필요한데, 먼저 노드 N이 노드 C를 가리키게 하고(그림의 (1)) 다음으로 노드 B가 노드 N을 가리키게(그림의 (2)) 해야 한다.

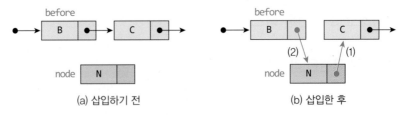

(a) 삽입하기 전   (b) 삽입한 후

| 그림 6.11 단순 연결 리스트에서의 삽입 연산

알고리즘 6.1은 이러한 삽입 연산 알고리즘을 보여주고 있다. 만약 리스트가 공백 상태라면 간단하게 헤더 포인터가 새로운 노드를 가리키게만 하면 된다. 그렇지 않으면 그림 6.11과 같이 링크를 수정해 주어야 한다.

| 알고리즘 6.1 단순 연결 리스트에서의 삽입 알고리즘

insert(before, node)

if   isEmpty()
  then head ← node
  else   node.link ← before.link
        before.link ← node

삭제연산

그림 6.12에서 before와 after 사이에 있는 removed 노드를 삭제하는 삭제 연산을 보여준다. (a)는 삭제하기 전이고 (b)는 삭제한 후의 연결 리스트 모습을 보여준다. 삭제는 단순히 before 노드가 다음 노드로 after를 가리키도록 변경하기만 하면 된다. 전체 노드의 연결은 before에서 바로 after로 넘어가므로 removed의 링크가 after를 가리키고 있는 것은 무시해도 된다.

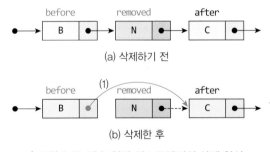

(a) 삭제하기 전

(b) 삭제한 후

| 그림 6.12 단순 연결 리스트에서의 삭제 연산

알고리즘 6.2는 이러한 삭제 알고리즘을 보여주고 있다. 리스트가 공백 상태이면 삭제할 수 없다. 공백 상태가 아니면, before의 다음 노드 주소를 removed 변수에 복사한다. 실제로 삭제되는 노드는 removed이다. before의 다음 노드로 removed의 다음 노드 after

를 복사한다. 연결 리스트에서는 모든 노드가 동적으로 생성되었으므로 removed 노드에 대한 삭제가 뒤따라야 한다.

| 알고리즘 6.2 단순 연결 리스트에서의 삭제 알고리즘

---

remove(before)

if isEmpty() = false
    then   removed ← before.link
            before.link ← removed.link
            destroy(removed)

이 알고리즘에서 removed 노드를 삭제하려고 할 때 매개변수로 removed가 아니라 before를 전달하는 것에 특히 유의해야 한다. removed 노드를 삭제하기 위해서는 removed의 내용이 아니라 removed의 선행 노드의 정보(링크 필드)가 변경되어야 한다. 단순 연결 리스트에서 각 노드는 후속 노드의 주소를 가지고 있지만 선행 노드는 알 수 없다. 따라서 어떤 노드를 삭제하기 위해서는 삭제할 노드가 아니라 삭제할 노드의 선행 노드를 알아야 하는 것에 유의해야 한다. 만약 다음 절에서 공부할 **이중 연결 리스트** 방식을 사용하면 모든 노드에서 자신의 선행 노드를 알 수 있다.

■ 시작 노드 표현 방법: 헤드 포인터와 헤드 노드

배열로 리스트를 구현하는 것과 달리 연결 리스트에서는 시작 노드의 주소만을 관리한다. 연결 리스트를 이용한 스택 예제(프로그램 5.9의 4행)에서는 다음과 같이 LinkedStack 클래스의 멤버로 시작 노드를 표현하였다.

```
Node*    top;          // 헤드 포인터
```

이때 **top**은 연결 리스트의 첫 번째 노드를 가리키는 포인터 변수이다. 큐 예제에서도 다음과 같이 동일한 방법을 사용하였다.

```
Node*    front;        // 헤드 포인터(가장 먼저 삽입된 노드). 프로그램 5.12의 4행
Node*    rear;         // 마지막에 삽입된 노드의 포인터. 프로그램 5.12의 5행
```

큐에서는 연결 리스트의 마지막 노드를 알아야 하므로 **rear** 포인터를 추가하였다. 연결된 리스트 클래스를 LinkedList라 한다면 마찬가지로 리스트의 데이터 멤버로 다음과 같은 포인터 변수가 하나 있어야 한다.

```
class LinkedList {        // 단순 연결 리스트 클래스
    Node* head;          // 헤드 포인터 head를 멤버로 가지는 경우
    ...
```

이와 같은 **head** 변수를 헤드 포인터(head pointer)라 부른다. 연결 리스트의 시작 노드를 다음과 같이 다른 방법으로 표현할 수도 있다.

```
class LinkedList {        // 단순 연결 리스트 클래스
    Node org;            // 헤드 노드 org를 멤버로 가지는 경우
    ...                  // 실제 헤드 포인터는 org.link가 됨
```

이 방법에서는 시작 노드를 가리킬 포인터 변수가 아니라 노드 객체를 리스트의 데이터 멤버로 갖는다. 이와 같은 노드를 **헤드 노드**(head node)라 부른다. 헤드 노드는 의미 있는 데이터를 가지지 않고 단지 삽입, 삭제 코드를 간단하게 할 목적으로 리스트 클래스에 하나의 노드 객체(포인터가 아님)를 선언하여 사용하는 것이다. 그렇다면 리스트의 시작 노드의 주소는 어떻게 알 수 있을까? 실질적인 연결 리스트의 시작 노드는 헤드 노드의 링크 필드가 가리키고 있다. 그림 6.13은 헤드 포인터와 헤드 노드의 차이를 보여주고 있는데, 만약 리스트가 공백이라면 헤드 포인터 방식에서는 **head** 변수가 NULL이 되는데 비해, 헤드 노드 방식은 헤드 노드 org의 링크 필드 값이 NULL이 된다. 그림 6.13에서 헤드 노드의 링크 필드인 **org.link**가 실질적인 헤드 포인터의 역할을 한다. 이렇게 헤드 노드를 사용하여

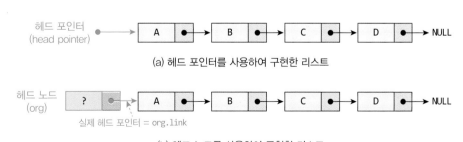

(a) 헤드 포인터를 사용하여 구현한 리스트

실제 헤드 포인터 = org.link

(b) 헤드 노드를 사용하여 구현한 리스트

| 그림 6.13 연결 리스트에서 첫 번째 항목을 표현하기 위한 두 가지 방법

구현하면 헤더 포인터에 비해 삽입이나 삭제 연산 등에서 프로그램 코드가 단순화 된다. 이 장에서는 헤드 노드를 사용하여 연결 리스트의 시작 노드를 표현한다.

■ 단순 연결 리스트를 이용한 리스트의 구현

리스트의 ADT를 바탕으로 단순 연결 리스트를 이용한 리스트를 구현해보자. 연결된 스택이나 큐와 마찬가지로 Node 클래스가 필요하고, 프로그램의 단순화를 위해 리스트에 int 값을 저장한다고 하자. ADT를 바탕으로 전체 클래스를 다음과 같은 클래스 다이어그램으로 설계한다.

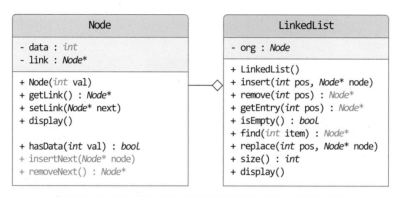

| 그림 6.14 연결 리스트로 구현된 리스트의 클래스 다이어그램

연결 리스트로 리스트를 구현하는 것은 배열을 이용하는 방법에 비해 다소 복잡하다. 기본적으로 노드 클래스와 리스트 클래스를 구현해야 하는데, 다음과 같은 두 가지 접근 방법을 생각해 볼 수 있다.

(1) 노드 클래스를 단순하게 만들고 노드의 연결 관계를 포함한 노드 처리 연산들을 모두 리스트 클래스에서 구현하는 방법
(2) 노드 클래스에서 가능한 많은 기능을 구현하고, 리스트 클래스에서 이들을 사용함으로써 리스트 클래스의 복잡도를 줄이는 방법

객체지향 프로그래밍은 문제를 데이터 위주의 관점으로 바라보면서 상향식(bottom up)으로 해결하는 개발 방법이다. 이것은 작은 모듈들을 잘 만들고 이들을 묶어서 보다 큰 모듈로 확장하여 나가는 것을 의미한다. 따라서 객체지향 프로그래밍 관점에서는 두 번째 방법

이 더 바람직할 것이다. 따라서 여기서는 두 번째 방법을 이용하자(물론 첫 번째 방법을 사용해서 구현해도 된다). 각 클래스를 자세히 알아보자.

Node 클래스

기본적으로 노드 클래스의 C++ 구현은 프로그램 5.11의 연결된 큐에서의 노드와 동일하지만 몇 가지 연산을 추가하였다. 먼저 hasData(val) 연산은 노드의 데이터 값이 val인지를 검사한다. 이것은 리스트의 find() 연산에서 사용될 것이다. 기존의 노드 클래스에 추가된 중요한 연산들이 노드의 삽입과 삭제 연산이다. 프로그램 5.11에서는 노드 클래스에 삽입이나 삭제 연산을 구현하지 않았음을 기억하라. 지금은 리스트가 아닌 노드 클래스에서 삽입과 삭제 연산을 구현하려는 것이다.

먼저 삽입 연산을 생각해 보자. 어떤 노드에서 자신의 선행 노드와 자신 사이에 다른 노드를 삽입할 수 있을까? 불가능하다. 왜냐하면 자신의 선행 노드를 알 수 없기 때문이다. 그렇다면 자신과 후속 노드 사이에 새로운 노드를 삽입할 수 있을까? 이것은 가능하다. 왜냐하면 링크 필드에 후속 노드의 정보가 있기 때문이다.

그림 6.15를 보자. 현재 노드 this는 후속 노드의 포인터를 갖고 있다. 이 상황에서 새로운 노드 N을 자신과 후속 노드 사이에 삽입하는 것은 가능하다. 그림의 (b)와 같이 N이 자신의 후속 노드를 가리키게 한 다음 자신이 N을 가리키면 된다. 이것은 전체 연결 리스트에 대한 정보 없이 이루어지는 것에 특히 주목해야 한다. 따라서 노드 클래스에서 구현할 수 있다. 그림 6.14의 클래스 다이어그램에서 이 연산을 노드 클래스의 멤버 함수 insertNext()로 추가하였다.

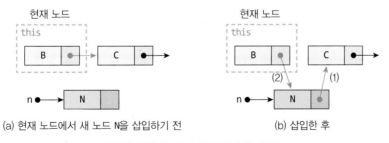

(a) 현재 노드에서 새 노드 N을 삽입하기 전   (b) 삽입한 후

| 그림 6.15 Node 클래스의 삽입 연산

삭제 연산도 생각해보자. 연결 리스트상의 어떤 노드가 자신을 리스트에서 빼낼 수 있을까? 불가능하다. 왜냐하면 연결 리스트에서 자신을 빼내기 위해서는 자신의 선행 노드가

자신의 후속 노드를 가리키도록 해야 하는데, 선행 노드에 대한 정보가 없기 때문이다. 그렇다면 자신의 후속 노드를 연결 리스트에서 빼는 것은 어떨까? 이것은 가능하다. 자신은 후속 노드의 주소를 알고 있기 때문이다. 그림 6.16을 보자. 현재 노드가 자신의 후속 노드 removed를 없애기 위해서는 자신의 링크 필드의 값을 removed의 후속 노드로 연결해 주기만 하면 된다. 이 연산도 전체 리스트 정보가 없더라도 현재 노드의 정보만으로 처리할 수 있다. 이 연산을 removeNext()라 하고 노드 클래스의 멤버로 추가하였다.

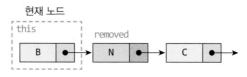

(a) 현재 노드에서 다음 노드(removed)를 삭제하기 전

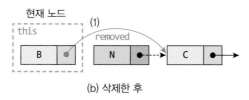

(b) 삭제한 후

| 그림 6.16 Node 클래스의 삭제 연산

프로그램 6.5는 연결 리스트를 위한 노드 클래스의 구현 예를 보여주고 있다. display() 연산까지는 프로그램 5.11의 연결된 큐에서의 노드 클래스와 동일하다. 추가적인 연산 hasData(val)은 노드가 val 값을 데이터로 가지고 있는지를 검사하고, 삽입과 삭제 연산은 각각 그림 6.15와 그림 6.16을 구현한 것이다.

프로그램 6.5　단순 연결 리스트를 위한 Node 클래스

```
01    // Node.h: 연결 리스트로 구현된 리스트를 위한 노드 클래스
02    #include <cstdio>
03    class Node {
04        Node* link;            // 다음 노드를 가리키는 포인터 변수
05        int data;              // 노드의 데이터 필드
06    public:
07        Node( int val=0 ) : data(val), link(NULL) { }
08        Node* getLink()                { return link; }
```

```
09      void setLink(Node* next)        { link=next; }
10      void display()                  { printf(" <%2d>", data); }
11      bool hasData(int val)           { return data == val; }
12
13      // 자신의 다음에 새로운 노드 n을 삽입하는 함수
14      void insertNext( Node *n ) {
15          if( n != NULL ) {
16              n->link = link;         // 그림 6.15의 (1)
17              link = n;               // 그림 6.15의 (2)
18          }
19      }
20
21      // 자신의 다음 노드를 리스트에서 삭제하는 함수
22      Node* removeNext( ) {
23          Node* removed = link;
24          if( removed != NULL )
25              link = removed->link; // 그림 6.16의 (1)
26          return removed;
27      }
28  };
```

코드 설명

1~10행 프로그램 5.9의 Node 클래스와 동일.

11행 데이터 멤버 data가 val과 같은지를 검사하는 함수. data==val 연산의 자료형은 bool이고 같으면 true를 아니면 false가 된다.

14~19행 현재 노드의 후속 노드로 새로운 노드 n을 삽입하는 함수. n이 NULL 이 아닐 때만 처리해야 하는 것에 유의할 것. 연결 방법은 그림 6.15와 동일.

22~27행 현재 노드의 후속 노드를 연결 리스트에서 삭제하는 함수. 그림 6.16의 동작을 구현함. 이 함수가 삭제된 노드의 주소를 반환하는 것에 유의할 것. 만약 그렇지 않으면 삭제된 노드의 메모리가 해제되지 않고 위치를 잃어버리게 됨.

C++와 같은 객체지향 프로그래밍에서 아주 중요한 습관 중 하나는 작은 클래스에서 할 수 있는 가능한 한 많은 기능을 구현하는 것이다. 어떤 노드에서 자신의 다음 노드를 삭제하거나, 자신 노드 다음에 어떤 노드를 삽입하는 등의 작업은 전체 리스트 정보가 없이도 처리할 수 있다. 따라서 이들은 Node 클래스에 멤버 함수로 구현해 주는 것이 좋다. 그렇지 않으면 리스트와 같이 이를 사용하는 클래스에서 노드의 연결과 관련된 복잡한 연산

을 위한 코드를 반복적으로 추가해야 하고, 결과적으로 코드가 매우 복잡하고 불안해진다.

LinkedList 클래스

연결된 리스트 클래스인 LinkedList의 설계도는 배열을 사용한 리스트 ArrayList와 거의 비슷하지만, 데이터 멤버가 배열과 길이가 아니라 헤드 노드로 바뀌어야 한다. 여기서는 헤드 포인터가 아니라 헤드 노드를 사용하자. 그리고 이제 더 이상 isFull() 연산은 필요 없다. 그림 6.14의 LinkedList의 클래스 다이어그램을 확인하라.

이제 리스트 클래스 LinkedList를 구현하자. 노드 클래스에서 삽입과 삭제 관련 연산을 구현해두었으므로 리스트에서의 이들 연산과 관련된 코드는 좀 짧아질 것을 기대하자. 프로그램 6.6은 단순 연결 리스트 클래스의 구현 예이다.

프로그램 6.6   단순 연결 리스트 클래스

```
01   // 파일명: LinkedList.h : 단순 연결 리스트 클래스
02   #include "Node.h"
03   class LinkedList {
04       Node org;                            // 헤드 노드 (헤드 포인터가 아님)
05   public:
06       LinkedList(): org(0) { }             // 생성자
07       ~LinkedList() { clear(); }           // 소멸자
08       void clear()        { while(!isEmpty()) delete remove(0); }
09       Node* getHead()     { return org.getLink(); }
10       bool isEmpty( )     { return getHead()==NULL; }
11
12       // pos번째 항목을 반환함
13       Node* getEntry(int pos) {
14           Node* n = &org;
15           for(int i=-1 ; i<pos ; i++, n=n->getLink())
16               if( n == NULL ) break;
17           return n;
18       }
19
20       // 리스트의 어떤 위치에 항목 삽입
21       void insert(int pos, Node *n) {
22           Node* prev = getEntry(pos-1);
```

```
23              if( prev != NULL )
24                  prev->insertNext( n );
25          }
26      // 리스트의 어떤 위치의 항목 삭제
27      Node* remove(int pos) {
28          Node* prev = getEntry(pos-1);
29          return prev->removeNext();
30      }
31
32      // 탐색 함수
33      Node* find(int val) {
34          for( Node *p = getHead() ; p != NULL ; p=p->getLink() )
35              if( p->hasData( val ) ) return p;
36          return NULL;
37      }
38
39      // 리스트의 pos번째 노드를 다른 노드로 교체
40      void replace(int pos, Node *n) {
41          Node* prev = getEntry(pos-1);
42          if( prev != NULL ) {
43              delete prev->removeNext( );
44              prev->insertNext( n );
45          }
46      }
47
48      // 리스트 항목 개수를 반환
49      int size( ){
50          int count = 0;
51          for( Node *p = getHead() ; p != NULL ; p=p->getLink() )
52              count++;
53          return count;
54      }
55
56      // 화면에 보기 좋게 출력
57      void display( ) {
58          printf( "[전체 항목 수 = %2d] : ", size());
59          for( Node *p = getHead() ; p != NULL ; p=p->getLink() )
60              p->display();
61          printf( "\n");
62      }
63  };
```

코드 설명

4행 데이터 멤버로 헤드 노드 선언. 헤드 포인터가 아님.

6행 생성자. 리스트 객체가 생성되면서 org의 link는 반드시 NULL로 초기화되어야 하는데, Node의 생성자에서 항상 link를 NULL로 초기화하므로 여기서는 그냥 두면 됨.

7~8행 소멸자. 연결 리스트의 노드들은 동적으로 할당되므로 리스트 객체가 소멸될 때 남아 있는 모든 노드의 메모리를 해제해야 메모리 누수(leakage)가 발생하지 않음. 소멸자에서 clear() 연산을 호출하고, clear()에서 리스트가 공백 상태가 될 때 첫 번째 항목을 반복적으로 삭제함. 배열에서와 동일하게 첫 번째 항목의 인덱스는 0으로 처리함.

9행 헤드 노드를 구하는 함수로 org의 링크 값을 반환.

10행 getHead()가 NULL이면 리스트에 항목이 하나도 없는 공백 상태임. isFull() 연산은 의미가 없으므로 제외함.

13~18행 pos번째 노드의 주소를 반환함. 이때 pos가 0인 노드가 리스트의 첫 번째 노드이므로 getEntry(0)와 getHead()는 동일한 값을 반환. getEntry(−1)이 의도적으로 NULL이 아니라 헤드 노드의 주소를 반환하도록 설계한 것에 유의할 것. 이는 몇몇 함수에서 코드를 단순하게 해주는 장점이 있음.

21~25행 리스트의 삽입 연산. pos 위치에 n을 삽입하는 연산임. 이 연산의 구현을 위해 먼저 pos−1 위치의 노드 prev를 찾고 이 노드의 삽입 함수를 prev->insertNext(n);와 같이 호출하여 실제의 삽입은 노드 클래스의 삽입 함수에서 이루어지도록 함. 이때 첫 번째 노드로 삽입하는 경우에도 특별한 처리를 않고도 잘 동작하는 것에 유의할 것. 이것은 getEntry(−1)이 NULL이 아니라 헤드 노드의 주소가 반환되도록 설계했기 때문임.

27~30행 리스트의 삭제 연산. pos 위치의 요소를 삭제하기 위해 먼저 pos−1 위치의 노드 prev를 찾고 이 노드에서 removeNext() 함수를 호출함. 이때 삽입에서와 같은 이유에 의해 첫 번째 노드를 삭제하는 경우도 코드의 변화 없이 잘 동작하는 것에 유의할 것.

33~37행 노드의 데이터 필드의 값이 val인 노드를 찾아 주소를 반환하는 탐색 연산. 모든 노드를 순서적으로 방문하는 다음 코드에 유의할 것.

```
for( Node* p = getHead() ; p != NULL ; p=p->getLink() ) ...
```

이 코드의 반복문에서 포인터 변수 p는 헤드 노드로 초기화되고, 이후 반복적으로 link 값을 따라 후속 노드로 진행하면서 방문하는데, p가 NULL이 되면 더 이상 노드가 없으므로 방문을 종료하게 됨. 다음 그림 참조.

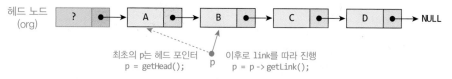

| 그림 6.17 방문 연산에서 포인터 변수 p의 변화

40~46행 pos 위치에 있는 노드를 n으로 바꾸는 함수. 먼저 pos−1 위치의 노드 prev를 구하고, prev의 후속 노드를 삭제한 후 prev의 후속 노드로 n을 삽입함. 후속 노드를 삭제 시 메모리 해제를 위한 다음 코드에 유의할 것.

```
delete prev->removeNext( );
```

49~54행 리스트의 전체 항목의 수를 계산해 반환하는 함수. 그림 6.17과 동일한 반복문을 사용함에 유의할 것.

57~62행 리스트의 전체 내용을 화면에 출력하는 함수. 그림 6.17과 동일한 반복문을 사용함.

코드가 약간 복잡해 보이지만 Node 클래스의 삽입과 삭제 함수를 사용하고, 헤드 노드를 사용함에 따라 복잡도가 다소 떨어진 것임을 이해해야 한다.

전체 프로그램

모든 클래스가 구현되었으면 여러 가지 연산들을 모아서 테스트하는 프로그램을 작성하여 보자. 리스트에 삽입할 노드 객체는 동적으로 할당하였는데, new **Node(10)** 문장은 Node 객체 하나를 동적으로 생성하고 초기화한 후 그 객체의 주소를 반환하는 문장이다. 리스트에 몇 개의 노드를 삽입하고 출력하였으며, 노드의 탐색과 대치 함수를 호출하였고, 마지막으로 삭제 함수를 호출하고 리스트의 내용을 출력했다.

프로그램 6.7　**단순 연결 리스트 테스트 프로그램**

```cpp
01  // 파일명: 6장-LinkedList.cpp : 단순 연결 리스트 클래스 테스트 프로그램
02  #include "LinkedList.h"
03  void main()
04  {
05      LinkedList list;                        // 리스트 객체 생성
06      list.insert( 0, new Node(10) );         // 리스트 맨 앞에 10 삽입
07      list.insert( 0, new Node(20) );         // 리스트 맨 앞에 20 삽입
08      list.insert( 1, new Node(30) );         // 리스트 1위치에 30 삽입
09      list.insert( list.size(), new Node(40) ); // 리스트 마지막에 40 삽입
10      list.insert( 2, new Node(50) );         // 리스트 1위치에 50 삽입
11      list.display();                         // 리스트내용 화면출력
12      list.remove( 2 );                       // 리스트 2위치의 항목 삭제
13      list.remove(list.size()-1);             // 리스트 마지막 항목 삭제
14      list.remove(0);                         // 리스트 맨 앞 항목 삭제
15      list.replace(1, new Node(90));          // 리스트의 1위치 항목 값 변경
16      list.display();                         // 리스트내용 화면출력
17      list.clear();                           // 리스트의 모든 항목 삭제
18      list.display();                         // 리스트내용 화면출력
19  }
```

```
C:\Windows\system32\cmd.exe
[단순연결리스트 항목 수 =  5] :  <20> <30> <50> <10> <40>
[단순연결리스트 항목 수 =  2] :  <30> <90>
[단순연결리스트 항목 수 =  0] :
계속하려면 아무 키나 누르십시오 . . .
```

연결 리스트를 이용한 리스트의 구현은 실제로 많이 사용되므로 코드가 복잡하더라도 잘 이해하는 것이 좋다. 포인터의 개념을 확실히 해 주고, 포인터에 대한 두려움을 없앨 수 있다.

앞에서 노드 클래스에 insertNext()와 removeNext() 연산을 추가하였다. 만약 노드가 자신의 후속 노드의 포인터뿐 아니라 선행 노드의 포인터를 알고 있다면 어떻게 될까? 노드 클래스에 insertPrev() 함수를 추가할 수 있다. 리스트의 전체 정보 없이도 선행 노드를 알 수 있기 때문이다. 삭제 함수는 이제 remove()가 더 적당할 것 같다. 자신을 연결 리스트에서 삭제하는 것이다. 자신의 선행 노드와 후속 노드를 알면 이렇게 구현할 수 있다. 이것은 이중 연결 리스트에서 다룬다.

6.4 다양한 형태의 연결 리스트

■ 원형 연결 리스트(circular linked list)

원형 연결 리스트란 리스트의 마지막 노드의 링크가 첫 번째 노드를 가리키는 연결 리스트를 말한다. 다시 말하면 마지막 노드의 링크 필드가 NULL이 아닌 첫 번째 노드 주소가 되는 리스트이다. 원형 연결 리스트의 장점은 한 노드에서 다른 모든 노드로의 접근이 가능하다는 것이다. 하나의 노드에서 링크를 계속 따라 가면 결국 모든 노드를 거쳐서 자기 자신으로 되돌아 올 수 있으므로 어떤 노드로도 갈 수 있다. 다음은 원형 연결 리스트의 구조를 보여주고 있다.

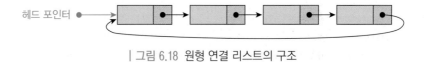

| 그림 6.18 원형 연결 리스트의 구조

원형 연결 리스트가 특히 유용한 경우는 리스트의 끝에 노드를 삽입하는 연산이 단순 연결 리스트보다 효율적일 수 있다는 것이다. 단순 연결 리스트에서 리스트의 끝에 노드를 삽입하려면 첫 번째 노드에서부터 링크를 따라서 노드의 개수만큼 진행하여 마지막 노드까지 간 다음에 삽입할 수 있다. 그러나 만약 원형 연결 리스트를 그림 6.19와 같이 변형한다면 상수 시간 안에 리스트의 끝에 노드를 삽입할 수 있다. 이 변형된 원형 연결 리스트에서 헤드 포인터는 실제로는 리스트의 마지막 노드를 가리키게 되고, 리스트의 첫 번째

노드는 그 다음 노드가 된다. 이렇게 함으로써 리스트의 마지막에 노드를 삽입하거나 삭제하기 위하여 리스트의 맨 끝까지 힘들게 찾아가지 않아도 된다.

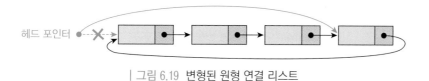

| 그림 6.19　변형된 원형 연결 리스트

■ 이중 연결 리스트(doubly linked list)

단순 연결 리스트는 어떤 노드에서 후속 노드를 찾기는 쉽지만 선행 노드를 찾기는 매우 어려운 구조이다. 즉, 헤드 포인터부터 시작해서 리스트 항목들에 대한 탐색이 필요하다. 원형 연결 리스트라고 하더라도 거의 리스트의 전체의 노드를 거쳐서 돌아서 와야 한다. 따라서 응용 프로그램에서 특정 노드에서 양방향으로 자유롭게 움직일 필요가 있다면 단순 연결 리스트 구조는 부적합하다. **이중 연결 리스트**(doubly linked list)는 이러한 문제점을 해결하기 위하여 만들어진 자료구조이다.

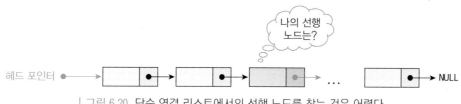

| 그림 6.20　단순 연결 리스트에서의 선행 노드를 찾는 것은 어렵다.

이중 연결 리스트는 하나의 노드가 선행 노드와 후속 노드에 대한 두 개의 링크를 가지는 리스트이다. 링크가 양방향이므로 양방향으로 검색이 가능해진다. 단점으로는 공간을 많이 차지하고 코드가 복잡해진다는 것이다. 그럼에도 불구하고 여러 가지 장점이 많기 때문에 자주 사용된다. 그림 6.21은 이중 연결 리스트를 위한 노드의 구조를 보여주며, 그림 6.22는 이들을 연결한 이중 연결 리스트로 구현한 리스트를 보여주고 있다.

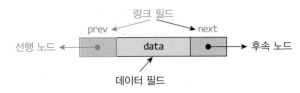

| 그림 6.21 이중 연결 리스트에서의 노드 구조

| 그림 6.22 이중 연결 리스트의 구조

이중 연결 리스트에서 임의의 노드를 가리키는 포인터를 p라 하면, 다음의 관계가 항상 성립한다.

p == p->next->prev == p->prev->next

노드 클래스의 삽입과 삭제 연산

이중 연결 리스트의 삽입과 삭제 연산은 더 복잡해진다. 먼저 삽입 연산을 살펴보자. 어떤 노드(현재 노드) 다음에 새로운 노드 N을 추가하려고 한다. 이를 위해 그림 6.23과 같이 네 단계 처리가 필요하다.

(1) N의 선행 노드를 현재 노드로 설정
(2) N의 후속 노드를 현재 노드의 후속 노드 설정
(3) 현재 노드의 후속 노드의 선행 노드를 N으로 설정
(4) 현재 노드의 후속 노드를 N으로 설정

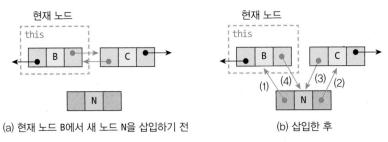

(a) 현재 노드 B에서 새 노드 N을 삽입하기 전   (b) 삽입한 후

| 그림 6.23 이중 연결 리스트의 노드 삽입

삭제 연산을 살펴보자. 이중 연결 리스트의 모든 노드는 자신의 선행 노드를 알 수 있다. 따라서 삭제 함수를 removeNext()와 같이 할 필요가 없다. 자신(현재 노드) 자체를 리스트에서 삭제할 수 있기 때문이다. 따라서 함수의 이름은 remove()로 변경한다. 그림 6.24는 현재 노드 N을 리스트에서 삭제하는 과정을 보여주고 있다.

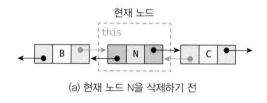

(a) 현재 노드 N을 삭제하기 전

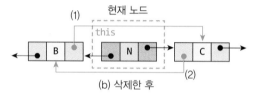

(b) 삭제한 후

| 그림 6.24 이중 연결 리스트의 노드 삭제

이중 연결 리스트로 구현된 리스트

이중 연결 리스트를 위한 노드를 Node2라 하자. Node2에는 단순 연결 리스트의 노드 Node에 선행 노드를 가리키는 포인터 변수를 하나 더 추가한다. 보다 더 정확한 의미를 위해 포인터 변수의 이름도 prev와 next로 변경하였다. 프로그램 6.8은 이중 연결 리스트의 노드 클래스를 보여주고 있다.

프로그램 6.8 이중 연결 리스트를 위한 노드 클래스

```
01   // 파일명: Node2.h : 이중연결리스트 노드를 나타내기 위한 클래스
02   #include <cstdio>
03   class Node2 {
04       Node2*    prev;        // 선행 노드를 가리키는 포인터 변수
05       Node2*    next;        // 후속 노드를 가리키는 포인터 변수
06       int       data;        // 데이터 필드
07   public:
08       Node2( int val=0) : data(val), prev(NULL), next(NULL) { }
09       Node2* getPrev()      { return prev; }
```

```
10        Node2* getNext()       { return next; }
11        void setPrev(Node2* p) { prev=p; }
12        void setNext(Node2* n){ next=n; }
13        void display()         { printf(" <%2d>", data); }
14        bool hasData(int val) { return data == val; }
15
16        // 자신의 다음에 새로운 노드 n을 삽입하는 함수
17        void insertNext( Node2 *n ) {
18            if( n != NULL ) {
19                n->prev = this;              // 그림 6.23 (1)
20                n->next = next;              // 그림 6.23 (2)
21                if(next != NULL) next->prev = n;    // 그림 6.23 (3)
22                next = n;                    // 그림 6.23 (4)
23            }
24        }
25        // 현재 노드를 연결 리스트에서 제거하는 함수
26        Node2* remove( ) {
27            if(prev != NULL) prev->next = next;    // 그림 6.24 (1)
28            if(next != NULL) next->prev = prev;    // 그림 6.24 (2)
29            return this;
30        }
31    }
```

코드 설명

4~5행 선행 노드와 후속 노드를 가리키는 포인터 변수.

17~24행 이중 연결 리스트 노드에서의 삽입 연산. 현재 노드 다음에 새로운 노드 n을 삽입. 그림 6.23의 과정을 구현. 특히 21행에서 먼저 후속 노드가 NULL이 아닌지를 검사하는 부분의 유의할 것. next가 NULL인 상태에서 이 문장을 실행하면 안 됨.

26~30행 이중 연결 리스트 노드에서의 삭제 연산. 현재 노드를 리스트에서 제거함. 그림 6.24를 구현함. 27행과 28행에서 선행 노드와 후속 노드가 있는지를 확인하고 처리하는 것에 특히 유의해야 함. 삭제 과정이 끝나면 자신의 주소를 반환하도록 설계함. 이때 this 포인터를 사용해야 함.

이 코드에서는 삽입과 삭제에서 선행 또는 후속 노드가 있는 경우에만 처리하고 있는 점에 유의해야 한다. 이들을 검사하지 않고 코드를 구현하면 프로그램이 비이상적으로 종료되는 경우가 흔히 발생하게 되므로 조심해야 한다.

프로그램 6.9는 구현된 이중 연결 리스트 클래스 DblLinkedList를 보여준다. 대부분의

연산은 단순 연결 리스트 클래스 LinkedList에서와 유사하다. 사용하는 노드의 이름이
Node2로 변경되었고, Node2의 삭제 함수 변경에 따라 remove()와 replace() 연산의 코
드가 약간 변경되었다.

프로그램 6.9	이중 연결 리스트의 리스트 클래스

```cpp
01   // 파일명: DblLinkedList.h : 이중 연결 리스트 클래스
02   #include "Node2.h"
03   class DblLinkedList {
04       Node2    org;                        // 헤드노드
05   public:
06       DblLinkedList(): org(0) { }           // 생성자
07       ~DblLinkedList() { while(!isEmpty()) delete remove(0); }    // 소멸자
08       Node2* getHead()      { return org.getNext(); }
09       bool isEmpty( )       { return getHead()==NULL; }
10
11       Node2* getEntry(int pos) {            // pos 번째 노드 반환
12           Node2* n = &org;
13           for(int i=-1 ; i<pos ; i++, n=n->getNext())
14               if( n == NULL ) break;
15           return n;
16       }
17       void insert(int pos, Node2 *n) {       // pos 위치에 노드 삽입
18           Node2* prev = getEntry(pos-1);
19           if( prev != NULL )
20               prev->insertNext( n );
21       }
22       Node2* remove(int pos) {               // pos 위치의 노드 삭제
23           Node2* n = getEntry(pos);
24           return n->remove();
25       }
26       Node2* find(int val) {                 // 값이 val인 노드 탐색
27           for( Node2* p = getHead() ; p != NULL ; p=p->getNext() )
28               if( p->hasData( val ) ) return p;
29           return NULL;
30       }
31       void replace(int pos, Node2 *n) {      // pos 위치의 노드 교체
```

```
32              Node2* prev = getEntry(pos-1);
33              if( prev != NULL ) {
34                  delete prev->getNext()->remove( );
35                  prev->insertNext( n );
36              }
37          }
38      int size( ){                                // 리스트의 전체 노드수 반환
39          int count = 0;
40          for( Node2* p = getHead() ; p != NULL ; p=p->getNext() )
41              count++;
42          return count;
43      }
44      void display( ) {                           // 리스트를 화면에 보기 좋게 출력
45          printf( "[이중연결리스트 항목 수 = %2d] : ", size());
46          for( Node2* p = getHead() ; p != NULL ; p=p->getNext() )
47              p->display();
48          printf( "\n");
49      }
50      void clear() { while(!isEmpty()) delete remove(0); }
51  };
```

코드 설명

3행 이중 연결 리스트로 구현된 리스트 클래스 선언.

22~25행 이중 연결 리스트의 삭제 연산. Node2 클래스의 삭제 연산 함수 변경에 따라 pos번째 노드를 먼저 찾고 이 노드를 remove() 함수를 이용해 직접 삭제함.

31~37행 pos번째 노드를 n으로 교체함.

프로그램 6.10은 이들 클래스의 동작을 테스트하기 위한 프로그램이다.

프로그램 6.10   이중 연결 리스트 테스트 프로그램

```
01  // 파일명: 6장-DblLinkedList.cpp : 이중 연결 리스트 클래스 테스트 프로그램
02  #include "DblLinkedList.h"
03  void main()
04  {
05      DblLinkedList  list;                        // 새로운 리스트 객체 생성
```

```
06        list.insert( 0, new Node2(10) );          // 리스트 맨 앞에 10 삽입
07        list.insert( 0, new Node2(20) );          // 리스트 맨 앞에 20 삽입
08        list.insert( 1, new Node2(30) );          // 리스트 1위치에 30 삽입
09        list.insert( list.size(), new Node2(40)); // 리스트 마지막에 40 삽입
10        list.insert( 2, new Node2(50) );          // 리스트 1위치에 50 삽입
11        list.display();                           // 리스트내용 화면출력
12        list.remove( 2 );                         // 리스트 2위치의 항목 삭제
13        list.remove(list.size()-1);               // 리스트 마지막 항목 삭제
14        list.remove(0);                           // 리스트 맨 앞 항목 삭제
15        list.replace(1, new Node2(90));           // 리스트의 1위치 항목 값 변경
16        list.display();                           // 리스트내용 화면출력
17        list.clear();                             // 리스트의 모든 항목 삭제
18        list.display();                           // 리스트내용 화면출력
19  }
```

```
■ C:₩Windows₩system32₩cmd.exe                                    _  □  X
[이중연결리스트 항목 수 =  5]  :  <20> <30> <50> <10> <40>
[이중연결리스트 항목 수 =  2]  :  <30> <90>
[이중연결리스트 항목 수 =  0]  :
계속하려면 아무 키나 누르십시오 . . . ■
```

■ 이중 연결 리스트로 구현한 덱

우리는 4장에서 덱을 공부했다. 덱은 전단과 후단으로 요소의 삽입과 삭제가 가능한데, 이중 연결 리스트로 구현한 리스트를 이용해 덱을 구현해보자. 프로그램 6.11은 이중 연결 리스트로 구현된 덱 프로그램을 보여주고 있다. 덱의 각 연산은 DblLinkedList 클래스의 멤버 함수를 간단히 호출해주기만 하면 된다.

프로그램 6.11 이중 연결 리스트로 구현된 덱 프로그램

```
01  // LinkedDeque.h: 연결된 큐 클래스
02  #include "DblLinkedList.h"  // Node 클래스 포함
03  class LinkedDeque : public DblLinkedList
04  {
05  public:
06      void addFront (Node2* n)        { insert(0, n); }
07      Node2* deleteFront ( )          { return remove(0); }
```

```
08        Node2* getFront ( )              { return getEntry(0); }
09        void addRear (Node2* n)          { insert(size(), n); }
10        Node2* deleteRear ( )            { return remove(size()-1); }
11        Node2* getRear ( )               { return getEntry(size()-1); }
12    };
13
14    // 06장-LinkedDeque.cpp
15    #include "LinkedDeque.h"    // LinkedQueue 클래스 포함
16    void main() {
17        LinkedDeque deq;
18        for( int i=1 ; i<10 ; i++ ) {
19            if( i % 2 ) deq.addFront( new Node2(i) );
20            else deq.addRear( new Node2(i)   );
21        }
22        deq.display();
23        delete deq.deleteFront();
24        delete deq.deleteRear();
25        delete deq.deleteFront();
26        deq.display();
27    }
```

```
C:\Windows\system32\cmd.exe
[덱 내용]  :  < 9> < 7> < 5> < 3> < 1> < 2> < 4> < 6> < 8>
[덱 내용]  :  < 5> < 3> < 1> < 2> < 4> < 6>
계속하려면 아무 키나 누르십시오 . . .
```

리스트를 상속하면 덱을 간단히 구현할 수는 있지만 이 코드가 효율적이지는 않다. 후단 (rear) 연산들이 모두 $O(n)$이기 때문이다. 후단 연산을 $O(1)$으로 구현하는 방법을 생각해 보라.

6.5 연결 리스트의 응용: 라인 편집기

■ 라인 편집기란?

연결 리스트를 이용하여 아주 간단한 텍스트 편집기를 만들어보자. 이 편집기는 **라인 편**

집기(line editor)라고 불리는데 라인 단위로 입력이나 삭제를 할 수 있는 문서 편집기이다. 이 편집기는 고정된 수의 명령어들을 받아서 동작하며 커서를 사용하지 않는다. 따라서 현재 우리가 사용하고 있는 편집기와는 많은 차이가 있으나 이 예제로부터 더 복잡한 편집기의 기본적인 아이디어를 배울 수 있다.

라인 편집기는 기본적으로 연결 리스트의 기능들을 이용하여 구현할 수 있는데, 각 노드가 한 줄의 문장이 된다. 다음 그림은 연결 리스트로 구현된 라인 에디터의 구조를 설명하고 있다.

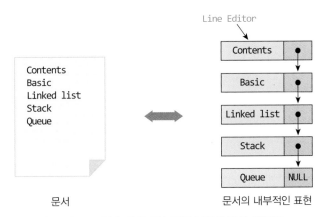

| 그림 6.25 단순 연결 리스트를 이용한 라인 편집기

라인 편집기가 다음과 같은 기능을 갖도록 설계하자.

(1) 한 라인 삽입: 행 번호와 문자열을 입력하면 그 행에 한 라인 추가
(2) 한 라인 삭제: 행 번호를 입력하면 그 행을 삭제
(3) 한 라인 변경: 행 번호와 문자열을 입력하면 그 행에 내용을 변경
(4) 현재 내용 출력: 현재 모든 행을 라인 번호와 함께 출력
(5) 파일 입력: 지정된 (Test.txt) 파일로부터 라인을 읽어 들임
(6) 파일 출력: 지정된 (Test.txt) 파일로 편집 내용을 저장

물론 파일 이름을 지정하지 않고 임의의 파일을 사용하도록 하는 것이 더 일반적일 것이다.

■ 라인 편집기의 구현

이와 같은 기능 구현을 위한 라인 편집기 클래스 다이어그램은 그림 6.26과 같다. 먼저 한 줄의 문장을 저장하고 처리하기 위한 Line 클래스에서는 출력 함수와 비교 함수를 제공한다. Node는 Line을 상속하여 구현하는 것이 자연스럽다. Node의 생성자를 제외한 나머지 연산들은 프로그램 6.6의 Node 클래스와 동일하다.

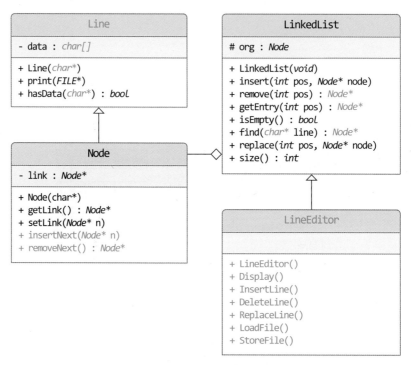

| 그림 6.26 라인 편집기의 클래스 다이어그램

리스트 클래스 LinkedList는 헤드 노드의 접근 권한과 find 연산의 매개변수 자료형을 제외하고는 프로그램 6.6과 동일하다. 최종적인 라인 편집기 클래스 LineEditor는 LinkedList를 상속한다. LinkedList에서는 자식 클래스인 LineEditor에서 자신의 데이터 멤버 org를 접근할 수 있도록 접근 권한을 protected로 변경한다. LineEditor에서는 처음 목표로 하였던 각 기능을 각각의 멤버 함수로 구현한다. 삽입 연산 InsertLine()과 변경 연산 ReplaceLine()에서는 행 번호와 라인 내용을 추가로 입력받아 처리해야 한다. 삭제 연산 DeleteLine()은 삭제할 행 번호만 추가로 입력받으면 된다. 파일로부터 문서를 입력하고 저장하는 LoadFile()과 StoreFile() 연산은 파일 이름을 매개변수로 전달한다.

화면 출력 함수 Display()는 모든 라인의 행 번호와 내용을 출력한다.

프로그램 6.12는 구현된 라인 편집기의 Line 클래스이며, 6.13은 Node 클래스를 보여주고 있다. Node.h는 대부분의 코드가 프로그램 6.5과 동일하다.

프로그램 6.12　라인 편집기의 각 라인 처리를 위한 클래스

```
01  // 파일명: Line.h: 한 줄의 문장을 저장하고 처리하는 항목 클래스
02  #include <cstdio>
03  #include <cstring>        // C헤더파일 <string.h>를 포함하는 것과 동일
04  #define MAX_CHAR_PER_LINE 1000
05  class Line {
06      char data[MAX_CHAR_PER_LINE];
07  public:
08      // 생성자: 라인의 문자열 초기화
09      Line(char *line="") { strcpy( data, line ); }
10      // 출력 함수: 화면이나 파일에 출력할 수 있음
11      void print(FILE *fp = stdout) { fprintf(fp, "%s", data); }
12      // 비교 함수: 이 라인이 str 문자열과 동일한지를 검사
13      bool hasData( char* str ) { return strcmp(str,data)==0; }
14  };
```

코드 설명

6행 데이터 멤버. 한 라인은 최대 1000자까지 저장할 수 있도록 함.

9행 생성자. 문자열을 매개변수로 받아 데이터를 설정. 문자열 복사 함수 strcpy를 사용하였음. 이에 따라 2행에서 <cstring>를 포함하였음.

11행 문자열을 파일 포인터 fp로 출력하는 함수. 디폴트 매개변수를 사용하여 매개변수가 없을 때는 표준 출력(화면)으로 문자열을 출력함.

13행 str이 현재 라인과 동일한지를 검사하는 함수. strcmp() 함수를 사용하였는데, 두 문자열이 같으면 0을 반환함. 문자열 비교 결과가 0이면 true를 반환하고 0이 아니면 false를 반환함.

프로그램 6.13　라인 편집기의 노드 클래스

```
01  // 파일명: Node.h : 연결 리스트를 위한 노드 클래스
02  #include "Line.h"
03  class Node : public Line {
04      Node*    link;
```

```
05   public:
06        Node(char *str=""): Line(str), link(NULL) { }
07        void setLink( Node *p ) { link = p; }
08        Node* getLink(){ return link; }
09        void insertNext( Node *p ) {
10             if( p != NULL ) {
11             p->link = link;
12             link = p;
13             }
14        }
15        Node* removeNext( ) {
16             Node* removed = link;
17             if( removed != NULL )
18             link = removed->link;
19             return removed;
20        }
21   };
```

코드 설명

3행 Line을 상속하여 Node 클래스를 선언함.

4행 단순 연결 리스트를 위한 링크 필드.

6행 생성자에서 문자열을 받아 Line 클래스의 생성자를 호출함. 이를 위해 멤버 초기화 리스트를 사용함.

7~20행 다른 코드는 프로그램 6.5의 노드 클래스와 동일.

프로그램 6.14는 라인 편집기를 위한 연결 리스트 클래스로 생성자와 find() 함수를 수정하였다.

프로그램 6.14   라인 편집기를 위한 연결 리스트 클래스

```
01   // 파일명: LinkedList.h : 단순 연결 리스트 클래스
02   #include "Node.h"
03   class LinkedList {
04   protected:
05       Node org;                    // 헤드 노드 (헤드 포인터가 아님)
06   public:
```

```
07        LinkedList(): org("") { }          // 생성자
08        ~LinkedList() { clear(); }         // 소멸자
09        void clear()        { while(!isEmpty()) delete remove(0); }
10        Node* getHead()     { return org.getLink(); }
11        bool isEmpty( )     { return getHead()==NULL; }
12        Node* getEntry(int pos) {          // pos번째 항목을 반환함
13            Node* n = &org;
14            for(int i=-1 ; i<pos ; i++, n=n->getLink())
15                 if( n == NULL ) break;
16            return n;
17        }
18        void insert(int pos, Node *n) {        // 리스트의 어떤 위치에 항목 삽입
19            Node* prev = getEntry(pos-1);
20            if( prev != NULL )
21                prev->insertNext( n );
22        }
23        Node* remove(int pos) {            // 리스트의 어떤 위치의 항목 삭제
24            Node* prev = getEntry(pos-1);
25            return prev->removeNext();
26        }
27        Node* find(char* str) {            // 탐색 함수
28            for( Node *p = getHead() ; p != NULL ; p=p->getLink() )
29                 if( p->hasData( str ) ) return p;
30            return NULL;
31        }
32        void replace(int pos, Node *n) {       // 리스트 어떤 위치의 항목 교체
33            Node* prev = getEntry(pos-1);
34            if( prev != NULL ) {
35                delete prev->removeNext( );
36                prev->insertNext( n );
37            }
38        }
39        int size( ){                       // 리스트 항목 개수를 반환
40            int count = 0;
41            for( Node *p = getHead() ; p != NULL ; p=p->getLink() )
42                count++;
43            return count;
44        }
45    };
```

코드 설명

7행 생성자. 헤드 노드의 설정을 위해 공백 문자열을 매개변수로 전달함.

27~31행 str과 동일한 문자열을 저장하고 있는 노드를 찾아 주소를 반환하는 함수. 매개변수에 유의할 것.

최종적인 라인 편집기 클래스 LineEditor는 LinkedList를 상속하여 프로그램 6.15와 같이 구현한다.

프로그램 6.15 라인 편집기의 노드 클래스

```
01   // 파일명: LineEditor.h: 연결 리스트를 이용한 라인 편집기 클래스
02   #include "LinkedList.h"
03   class LineEditor : public LinkedList {
04   public:
05       void Display(FILE *fp = stdout) {          // 화면에 보기 좋게 출력
06           int i=0;
07           for( Node *p = getHead() ; p != NULL ; p=p->getLink(), i++ ) {
08               fprintf(stderr, "%3d: ", i);
09               p->print(fp);
10           }
11       }
12       void InsertLine() {                        // 한 라인 입력 처리
13           int position;
14           char line[MAX_CHAR_PER_LINE];
15           printf(" 입력행 번호: ");
16           scanf("%d", &position);
17           printf(" 입력행 내용: ");
18           fflush(stdin);                         // 엔터키 처리
19           fgets(line, MAX_CHAR_PER_LINE, stdin);
20           insert(position, new Node( line ));
21       }
22       void DeleteLine() {                        // 한 라인 삭제 처리
23           printf(" 삭제행 번호: ");
24           int position;
25           scanf("%d",&position);
26           delete remove( position );
27       }
```

```
28      void ReplaceLine() {                    // 한 라인 변경 처리
29          int position;
30          char line[MAX_CHAR_PER_LINE];
31          printf("  변경행 번호: ");
32          scanf("%d", &position);
33          printf("  변경행 내용: ");
34          fflush(stdin);                      // 엔터키 처리
35          fgets(line, MAX_CHAR_PER_LINE, stdin);
36
37          replace(position, new Node( line ));
38      }
39      void LoadFile( char *fname ) {          // 파일 로드
40          FILE *fp = fopen(fname,"r");
41          if( fp != NULL ){
42              char line[MAX_CHAR_PER_LINE];
43              while(fgets(line, MAX_CHAR_PER_LINE, fp))
44                  insert(size(), new Node( line ) );
45          fclose(fp);
46          }
47      }
48      void StoreFile( char *fname ) {         // 파일 저장
49          FILE *fp = fopen( fname,"w" );
50          if( fp != NULL ){
51              Display( fp );
52              fclose(fp);
53          }
54      }
55  };
```

코드 설명

3행 LinkedList를 상속하여 LineEditor 클래스를 선언함. 추가적인 데이터 멤버는 필요 없음.

5~11행 현재 편집 내용을 화면에 보기 좋게 출력함.

12~21행 입력 메뉴 처리. 입력할 라인 번호와 내용을 입력받아 해당 라인 정보를 추가함. 부모 클래스 LinkedList의 insert() 함수 사용.

22~27행 라인 삭제 메뉴 처리. 삭제할 행의 번호를 입력받아 그 라인을 삭제함. 부모 클래스의 remove() 함수 사용.

28~38행 라인 변경 메뉴 처리. 변경할 라인 번호와 변경할 내용을 입력받아 라인을 변경함. 부모 클래스의 replace() 함수 사용.

39~47행 파일 이름을 입력받아 각 라인을 읽어 편집기에 삽입함.

48~54행 파일 이름을 입력받아 현재 라인 편집기의 내용을 파일에 저장함. 파일을 저장 모드로 열고 Display() 함수의 매개변수로 전달하여 파일에 저장되도록 함.

프로그램 6.16은 구현된 라인 편집기를 사용하는 프로그램을 보여준다.

프로그램 6.16 　라인 편집기 프로그램

```cpp
01  // 06장-TextEditor.cpp: 라인 편집기 프로그램
02  #include "LineEditor.h"
03
04  void Usage() {
05    printf("[메뉴선택] i-입력,d-삭제,r-변경,p-출력,l-파일읽기,s-저장,q-종료=> ");
06  }
07  void main()
08  {
09      char command;
10      LineEditor editor;
11      do{
12          Usage();
13          command = getchar();
14          switch(command) {
15          case 'd': editor.DeleteLine();          break;
16          case 'i': editor.InsertLine();          break;
17          case 'r': editor.ReplaceLine();         break;
18          case 'l': editor.LoadFile("Test.txt");  break;
19          case 's': editor.StoreFile("Test.txt"); break;
20          case 'p': editor.Display();             break;
21          case 'q': break;
22          }
23          fflush(stdin);
24      } while(command != 'q');
25  }
```

이 프로그램의 사용 예는 다음과 같다. "Contents", "Basic", "Linked List", "Stack"의 네 문자열을 각각 라인으로 입력한 후 화면으로 출력한다. 다음에 1번 라인을 삭제하고 출

력한 결과를 보여주고 있다.

```
C:\Windows\system32\cmd.exe
[메뉴선택] i-입력, d-삭제, r-변경, p-출력, l-파일읽기, s-저장, q-종료=> i
  입력행 번호: 0
  입력행 내용: Contents
[메뉴선택] i-입력, d-삭제, r-변경, p-출력, l-파일읽기, s-저장, q-종료=> i
  입력행 번호: 1
  입력행 내용: Basic
[메뉴선택] i-입력, d-삭제, r-변경, p-출력, l-파일읽기, s-저장, q-종료=> i
  입력행 번호: 2
  입력행 내용: Linked List
[메뉴선택] i-입력, d-삭제, r-변경, p-출력, l-파일읽기, s-저장, q-종료=> i
  입력행 번호: 3
  입력행 내용: Stack
[메뉴선택] i-입력, d-삭제, r-변경, p-출력, l-파일읽기, s-저장, q-종료=> p
  0: Contents
  1: Basic
  2: Linked List
  3: Stack
[메뉴선택] i-입력, d-삭제, r-변경, p-출력, l-파일읽기, s-저장, q-종료=> d
  삭제행 번호: 1
[메뉴선택] i-입력, d-삭제, r-변경, p-출력, l-파일읽기, s-저장, q-종료=> p
  0: Contents
  1: Linked List
  2: Stack
[메뉴선택] i-입력, d-삭제, r-변경, p-출력, l-파일읽기, s-저장, q-종료=>
```

다음은 Line.h의 코드 일부가 저장된 test.txt을 읽고 2번째 문장에 데이터 멤버의 접근
권한을 protected로 변경하는 프로그램 소스 편집의 예를 보여주고 있다.

```
C:\Windows\system32\cmd.exe
[메뉴선택] i-입력, d-삭제, r-변경, p-출력, l-파일읽기, s-저장, q-종료=> l
[메뉴선택] i-입력, d-삭제, r-변경, p-출력, l-파일읽기, s-저장, q-종료=> p
  0: class Line
  1: {
  2:     char data[MAX_CHAR_PER_LINE];
  3: public:
  4:     Line(char *line="") { strcpy( data, line ); }
  5:     void print(FILE *fp = stdout) { fprintf(fp, "%s", data); }
  6:     bool hasData( char* str ) { return strcmp(str,data)==0; }
  7: };
[메뉴선택] i-입력, d-삭제, r-변경, p-출력, l-파일읽기, s-저장, q-종료=> i
  입력행 번호: 2
  입력행 내용: protected:
[메뉴선택] i-입력, d-삭제, r-변경, p-출력, l-파일읽기, s-저장, q-종료=> p
  0: class Line
  1: {
  2: protected:
  3:     char data[MAX_CHAR_PER_LINE];
  4: public:
  5:     Line(char *line="") { strcpy( data, line ); }
  6:     void print(FILE *fp = stdout) { fprintf(fp, "%s", data); }
  7:     bool hasData( char* str ) { return strcmp(str,data)==0; }
  8: };
[메뉴선택] i-입력, d-삭제, r-변경, p-출력, l-파일읽기, s-저장, q-종료=>
```

| 연습문제 |

1 단순 연결 리스트에 정수가 저장되어 있다. 단순 연결 리스트의 모든 데이터 값을 더한 합을 출력하는 프로그램을 작성하라.

2 단순 연결 리스트에서 특정한 데이터 값을 갖는 노드의 개수를 계산하는 함수를 작성하라.

3 연결 리스트(linked list)의 "preNode" 노드와 그 다음 노드 사이에 새로운 "newNode" 노드를 삽입하기 위해 빈 칸 (ㄱ)에 들어갈 문장으로 옳은 것은?

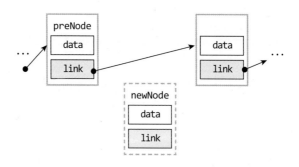

```
...
Node *newNode = new Node;


                              (ㄱ)


preNode->link = newNode;
...
```

① newNode->link = preNode;

② newNode->link = preNode->link;

③ newNode->link->link = preNode;

④ newNode = preNode->link;

프로그래밍 프로젝트

1 프로그램 6.5와 6.6에서 구현한 연결 리스트를 이용한 리스트 클래스를 확장하여 다음의 연산들을 추가하고 동작을 확인하라.

(1) 연결 리스트의 모든 노드의 순서를 반대로 바꾸는 다음 연산을 구현하라.

    void reverse();

(2) 다른 리스트 객체 that의 노드 정보를 현재 리스트에 병합하는 다음 연산을 구현하라. 이 연산 후 that 리스트는 공백 리스트가 되어야 한다.

    void merge(LinkedList *that);

2 프로그램 6.5와 6.6에서 구현한 LinkedList 클래스를 참고하여 원형 연결 리스트 클래스 CircularList를 구현하고 동작을 테스트하라.

3 $p(x) = 10x^{100} + 6$과 같이 최고차항의 차수가 매우 크고 대부분 항의 계수가 0인 다항식을 희소 다항식이라 한다. 이러한 다항식을 구현하기 위해 배열을 사용하면 메모리의 낭비가 심하다. 따라서 희소 다항식은 연결 리스트를 이용하여 구현하는 것이 좋다. 다음과 같이 처리가 되도록 프로그램 2.7을 참고하여 연결 리스트를 이용한 희소 다항식 클래스 SparsePoly를 구현하라.

```
희소 다항식의 항의 개수를 입력하시오: 3
각 항의 계수와 지수 입력(최고차항부터  3개)
 1번째 항: 계수 지수 = 3 12
 2번째 항: 계수 지수 = 2 8
 3번째 항: 계수 지수 = 1 0
희소 다항식의 항의 개수를 입력하시오: 3
각 항의 계수와 지수 입력(최고차항부터 3개)
 1번째 항: 계수 지수 = 8 12
 2번째 항: 계수 지수 = -3 10
 3번째 항: 계수 지수 = 10 6
A =  (3개항) =   3.0 x^12 +  2.0 x^8 +  1.0 x^0 +
B =  (3개항) =   8.0 x^12 + -3.0 x^10 + 10.0 x^6 +
A+B= (5개항) =  11.0 x^12 + -3.0 x^10 +  2.0 x^8 + 10.0 x^6 +  1.0 x^0 +
```

CHAPTER

순환

학습목표
- 순환의 개념을 이해한다.
- 순환 알고리즘의 구조 이해한다.
- 순환 알고리즘과 반복 알고리즘의 관계를 이해한다.
- 다양한 순환 호출 문제를 이해한다.
- 순환 호출을 응용할 수 있는 능력을 기른다.

7 순환

7.1 순환의 소개

순환(recursion)이란 어떤 알고리즘이나 함수가 자기 자신을 호출하여 문제를 해결하는 프로그래밍 기법이다. 이것은 좀 이상하게 보일 수도 있겠지만, 매우 흥미롭고 효과적인 프로그래밍 기법 중의 하나이다. 순환은 많은 문제들을 해결하는데 독특한 개념적인 프레임워크를 제공한다. 순환은 특히 다음 장에서 공부할 트리 구조에서 많이 사용되는데, 트리를 배우기에 앞서 먼저 순환을 자세히 알아보자. 여러 가지 예제를 통해 순환을 사용할 수 있는 문제들을 살펴보고, 순환의 강점과 약점을 생각해본다. 또한 순환을 반복적인 방법으로 바꾸는 방법에 대해서도 공부한다.

■ 순환이란?

순환은 본질적으로 순환적인 문제나 그러한 자료구조를 다루는 프로그램에 적합하다. 예를 들어, 정수의 팩토리얼(Factorial)은 다음과 같이 정의된다.

$$n! = \begin{cases} 1 & n=0, 1 \\ n*(n-1)! & n>1 \end{cases}$$

위의 정의에서 팩토리얼 $n!$ 을 정의하는데 다시 팩토리얼 $(n-1)!$ 이 사용된 것에 주목하라. 이러한 정의를 **순환적**이라 한다. 위의 정의에 따라 $n!$ 을 구하는 함수 factorial(n)을 제작하여 보자. $n!$ 을 계산하려면 먼저 $(n-1)!$ 을 구하여 여기에 n 을 곱하여 주면 된다. 그러면 $(n-1)!$ 은 어떻게 계산할 것인가? 일단 $(n-1)!$ 을 계산하는 함수 factorial_n_1

를 따로 제작하여 호출해서 계산해보자.

```cpp
int factorial(int n)
{
    if( n == 1 ) return 1;                // n==1인 경우
    else return (n * factorial_n_1(n-1) );   // n >1인 경우
}
```

그런데 여기서 하나의 아이디어는 현재 우리가 제작하고 있는 함수가 n을 매개변수로 받아서 $n!$을 구하는 함수라는 점이다. 따라서 매개변수만 $(n-1)$로 변경하여 주면 $(n-1)!$ 값을 계산할 수 있으리라는 것이다. 이를 바탕으로 팩토리얼을 구하는 함수를 다시 만들면 다음과 같다.

프로그램 7.1   순환적인 팩토리얼 계산 프로그램

```cpp
01  int factorial(int n)
02  {
03      if( n == 1 ) return 1;            // n==1인 경우(종료 조건)
04      else return (n * factorial(n-1) );   // n >1인 경우(순환 호출)
05  }
```

위의 프로그램은 팩토리얼의 순환적인 정의에 따라 그대로 C++ 코드로 옮긴 것이다. 과연 위의 프로그램이 오류 없이 동작할 것인가? 순환을 사용해보지 않은 사람들에게는 놀라운 일이겠지만 위의 프로그램은 문제없이 동작한다.

| 그림 7.1 factorial(3)에서의 순환 호출

만약 우리가 factorial(3)이라고 호출하였을 경우에 위의 프로그램에서 함수가 호출되는 순서를 자세히 살펴보자. 그림 7.2는 factorial(3)을 호출했을 때 순환 호출의 순서를 보여준다. 먼저 factorial(3)을 실행하다가 함수가 끝나기 전에 그림의 ①과 같이 factorial(2)를 다시 호출하게 된다. 호출된 factorial(2)에서도 ②와 같이 factorial(1)을 호출하게 된다. factorial(1)은 매개변수 n이 1이므로 첫 번째 if 문장이 참이 되고 따라서 더 이상의 순환적인 호출이 없이 그림의 ③과 같이 1을 반환하게 된다. 이 반환값 1은 factorial(2)로 전달되고 factorial(2)는 여기에 2를 곱한 값인 2를 계산해서 ④와 같이 factorial(3)으로 반환한다. factorial(3)은 이 값에 3을 곱하여 6을 반환한다. 다시 그 과정을 한 번에 살펴보면 다음과 같다.

```
factorial(3) = 3 * factorial(2)
             = 3 * 2 * factorial(1)
             = 3 * 2 * 1
             = 3 * 2
             = 6
```

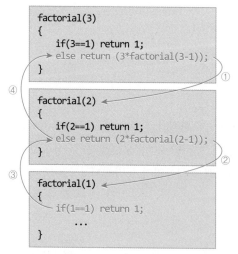

| 그림 7.2 factorial(3)에서의 순환 호출의 순서: 원 숫자는 함수 호출과 복귀의 순서를 나타낸다.

순환 호출이 이루어지는 과정을 알기 위하여 다음과 같이 함수의 이름과 함수의 파라미터를 출력하는 문장을 factorial 함수의 처음에 넣어보자. 만약 factorial(3)을 호출한다면 다음과 같은 결과가 출력될 것이다.

프로그램 7.2　출력문이 추가된 순환적인 팩토리얼 계산 프로그램

```
01    int factorial(int n)
02    {
03        printf("factorial(%d)\n",n);       // 순환 호출 순서 확인을 위한 출력문
04        if( n == 1 ) return 1;
05        else return (n * factorial(n-1) );
06    }
```

```
C:\Windows\system32\cmd.exe
factorial(3)
factorial(2)
factorial(1)
계속하려면 아무 키나 누르십시오 . . .
```

▪ 순환 호출의 내부적인 구현

만약 위와 같이 프로그램을 작성하였을 경우, 컴퓨터 안에서는 어떤 일이 일어날까? 순환을 이해하기 위하여 먼저 함수의 호출 과정을 살펴보자. 프로그래밍 언어에서 하나의 함수가 자기 자신을 다시 호출하는 것은 다른 함수를 호출하는 것과 동일하다. 즉, 복귀주소가 시스템 스택에 저장되고 호출되는 함수를 위한 파라미터(parameter)와 지역 변수를 스택으로부터 할당받는다. 이러한 함수를 위한 시스템 스택에서의 공간을 **활성 레코드** (activation record)라 한다. 이러한 준비가 끝나면 호출된 함수의 코드 시작 위치로 이동하여 수행을 시작한다. 만약 호출된 함수가 자기 자신이라면 자기 자신의 시작 위치로 점프하게 되는 것이다. 호출된 함수가 끝나게 되면 시스템 스택에서 복귀주소를 꺼내 자신을 호출한 함수로 되돌아간다. 그림 7.3은 main()에서 factorial()을 호출하였을 때의 시스템 스택을 나타낸다. 순환 호출이 계속 중첩될수록 시스템 스택에는 활성 레코드들이 쌓이게 된다.

C, C++, Java, PASCAL 등의 거의 모든 프로그래밍 언어에서 순환을 지원하지만 FORTRAN, COBOL, BASIC에서는 지역변수가 없거나 있더라도 정적으로 할당되므로 순환이 불가능하다. 즉, 함수 호출마다 새로운 지역변수를 만들지 못하면 이전 호출과 구분할 수가 없어서 순환 호출이 불가능하다.

factorial(3)
{
    if(3==1) return 1;
    else return (3*factorial(2));
}

(a)

factorial(2)
{
    if(2==1) return 1;
    else return (2*factorial(1));
}

factorial(3)
{
    if(3==1) return 1;
    else return (3*factorial(2));
}

(b)

factorial(1)
{
    if(1==1) return 1;
    ...
}

factorial(2)
{
    if(2==1) return 1;
    else return (2*factorial(1));
}

factorial(3)
{
    if(3==1) return 1;
    else return (3*factorial(2));
}

(c)

factorial(2)
{
    ...
    else return (2*1);
}

factorial(3)
{
    if(3==1) return 1;
    else return (3*factorial(2));
}

(d)

factorial(3)
{
    ...
    else return (3*2);
}

(e)

(f)

| 그림 7.3 factorial(3)의 호출 중의 시스템 스택의 변화

순환 알고리즘의 구조

순환 알고리즘은 그림 7.4와 같이 자기 자신을 순환적으로 호출하는 부분과 순환 호출을
멈추는 부분으로 구성되어 있다. 만약 순환 호출을 멈추는 부분이 없다면 시스템 스택을
다 사용할 때까지 순환적으로 호출되다가 결국 에러를 내면서 멈출 것이다.

```
int factorial(int n)
{
    if(n == 1) return 1;        ◀── 순환을 멈추는 부분

    else return n*factorial(n-1);  ◀── 순환 호출을 하는 부분
}
```

| 그림 7.4 순환 알고리즘의 구조

만약 다음의 팩토리얼 계산 함수에서 if(n == 1) return 1;이 없다면 어떻게 될까?

```
int factorial(int n)
{
    printf("factorial(%d)\n",n);
    // if( n == 1 ) return 1;
    // else
    return (n * factorial(n-1) );
}
```

이 프로그램 실행 화면의 일부는 다음과 같은데, 프로그램이 불완전하게 종료된다. 스택의 크기에 따라 출력되는 매개변수의 숫자는 달라질 것이다. 따라서 반드시 순환 호출에는 순환 호출을 멈추는 문장이 포함되어야 한다.

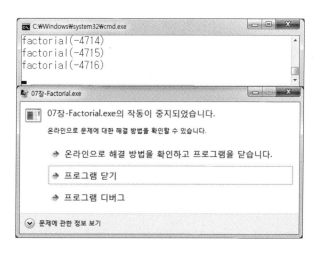

■ 순환↔반복

같은 일을 빠르게 반복하는 것은 컴퓨터의 중요한 능력 중 하나이다. 프로그래밍 언어에서 어떤 일을 되풀이하는 방법에는 그림 7.5와 같이 **반복**(iteration)과 **순환**(recursion)의 2가지가 있다.

반복이란 for나 while 등의 반복문을 사용하여 반복시키는 문장을 작성하는 것이다. 반복 횟수를 가지고 있는 변수를 사용하여 일정 횟수 동안 반복시킬 수도 있고 어떤 조건이 만족될 때까지 계속하여 반복하도록 할 수도 있다. 많은 경우 이러한 반복 구조는 문제를 간결하고 효율적으로 해결할 수 있으며 우리가 익숙한 방식이다. 그러나 어떤 문제들은 반복을 사용하면 지나치게 복잡해지는 경우도 있는데, 이런 경우에는 순환이 매우 좋은 해결책이 될 수 있다. 대표적인 예가 다음 장의 트리 알고리즘으로 트리의 순회나 노드의 삽입과 삭제 등에 순환이 많이 사용된다. 만약 이들을 순환이 아니라 반복으로 구현하려면 매우 복잡해질 것이다. 순환은 본질적으로 **순환적**(recursive)인 문제나 그러한 자료구조를 다루는 프로그램에 매우 효율적이다.

(a) 반복　　　　　　　　　　(b) 순환

| 그림 7.5 반복과 순환

기본적으로 반복과 순환은 그 표현 능력이 같으며 많은 경우, 특히 순환 호출이 끝에서 이루어지는 순환 알고리즘의 경우는 반복 알고리즘으로 간단히 바꿀 수 있다. 특히 순환은 어떤 문제에서는 반복에 비해 알고리즘을 훨씬 명확하고 간결하게 나타낼 수 있다는 장점이 있다. 그러나 일반적으로 순환은 함수 호출을 하게 되므로 반복에 비해 수행속도 면에서는 떨어진다. 따라서 알고리즘을 설명할 때는 순환으로 하고 실제 프로그램에서는 그것을 반복으로 바꾸어 코딩하는 경우도 있다. 물론 순환이 더 빠른 예제도 존재한다.

앞에서의 구현하였던 팩토리얼의 반복적인 정의를 살펴보자.

$$n! = n*(n-1)! \qquad \Longleftrightarrow \qquad n! = n*(n-1)*(n-2)* \ldots *1$$

| 그림 7.6 많은 경우, 순환은 반복으로 변경이 가능하다.

앞에서 설명한 팩토리얼 함수를 반복적으로 구현해보자. 실제로 팩토리얼 함수는 다음과 같이 반복적으로도 정의된다.

$$n! = 1 \qquad\qquad\qquad \text{if } n=0$$
$$n! = n*(n-1)*(n-2)*\cdots*1 \ \text{ if } n>0$$

이러한 반복적인 정의는 다음과 같이 C++의 반복 구조를 이용해 구현하는 것이 자연스러울 것이다.

프로그램 7.3   반복적인 팩토리얼 계산 프로그램

```
01   int factorialIter(int n)
02   {
03       int result=1;
04       for( int k=n ; k>0 ; k-- )
05           result = result * k;
06       return result;
07   }
```

그렇다면 순환과 반복 중에서 어떤 형태가 바람직할까? 원래의 정의가 순환적으로 되어 있는 경우, 대부분 순환 형태의 코드가 더 이해하기 쉽다. 이런 경우에는 프로그램의 가독성이 증대되고 소스코드도 더 간단하다. 물론 대부분의 경우 반복적인 코드에 비해 실행시간이 더 길어진다는 문제도 있다. 때로는 순환을 사용하지 않으면 도저히 프로그램을 작성하기가 아주 힘들어지는 경우도 자주 발생한다. 따라서 순환은 반드시 익혀두어야 하는 중요한 기법이다.

■ 순환의 원리

순환의 원리를 살펴보자. 팩토리얼 함수의 계산에서 보면 단순하게 문제를 전혀 해결하지 않고 순환 호출을 하는 것은 아니다. 일부의 문제를 해결한 다음, 순환 호출을 한다는 것을 유의하여야 한다.

```
int factorial(int n)
{
    if( n == 1 ) return 1;
    else return ( n * factorial(n-1) );
}
```

          해결된 부분   남아있는 부분

| 그림 7.7 순환은 문제를 나누어 해결하는 분할 정복 방법을 사용한다.

우리가 보통 건축업자를 고용하여 집을 지을 때 한 사람이 모든 공사를 다하지 않는다. 건축업자는 다시 여러 명의 하청업자를 고용하여 집의 여러 부분들을 완성시킨다. 하청업자들은 다시 다른 하청업자들을 고용하여 맡은 일을 완성한다. 이런 식으로 주어진 문제를 더 작은 동일한 문제들로 분해하여 해결하는 방법을 **분할 정복**(divide and conquer)이라 한다. 여기서 중요한 것은 순환 호출이 일어날 때마다 문제의 크기가 작아진다는 것이다. 문제의 크기가 점점 작아지면 풀기가 쉬워지고 결국은 아주 풀기 쉬운 문제가 된다.

예를 들어 정수 리스트에서 최댓값을 구하는 문제를 순환을 사용하여 풀어보자. 이 문제는 for와 같은 반복 구조를 이용하면 쉽게 구할 수 있지만 여기서는 순환을 이용하여 구해보자. 몇 명의 학생들이 있고 각 학생들은 앞사람한테 받은 정수 리스트 중에서 첫 번째 정수와 나머지 정수들 중에서의 최댓값을 서로 비교하여 더 큰 값을 찾아 다시 앞사람한테 전달한다. 첫 번째 숫자를 제외한 나머지 정수들 중에서 최댓값을 찾는 문제는 다음 사람한테 미룬다. 각 학생들한테 주어지는 정수 리스트는 순환 호출이 진행될수록 그 크기가 작아져서 결국은 마지막 학생은 정수 한 개로 이루어진 리스트를 받게 된다. 정수 한 개로 이루어진 리스트에서 최댓값을 구하는 문제는 손쉽게 풀 수 있어서 더 이상 순환 호출이 필요 없다. 이런 식으로 찾은 최댓값을 앞사람에게 전달하고 맨 앞 학생은 전체 리스트에서의 최댓값을 선생님에게 전달할 수 있다. 문제의 크기가 순환이 진행될수록 작아지는 것에 유의해야 한다.

| 그림 7.8 최댓값을 구하는 순환 호출의 예

순환은 알고리즘의 정의가 순환적으로 되어 있는 경우에 유리한 방법이다. 예를 들어 팩토리얼 함수 계산, 피보나치수열, 이항계수 계산, 각종 이진트리 알고리즘, 이진 탐색, 하노이탑 문제들은 순환 알고리즘을 쓰는 것이 자연스러운 알고리즘들이다. 순환은 강력한 프로그래밍 도구이다. 많은 복잡한 알고리즘들이 순환의 개념을 사용하면 간단하게 프로그램된다.

■ **순환 알고리즘의 성능**

프로그램 7.1과 7.3의 팩토리얼 예에서 반복 알고리즘과 순환 알고리즘의 성능을 분석하여보자. 반복 알고리즘의 시간 복잡도는 어떻게 될까? for를 사용하여 n번 반복하므로 시간 복잡도는 $O(n)$이다. 팩토리얼의 순환 알고리즘 구현의 시간 복잡도는 어떻게 될까? 즉, 곱셈이 몇 번이나 반복되는 것일까? 한번 순환 호출할 때마다 1번의 곱셈이 수행되고 순환 호출은 n번이 일어나므로 역시 $O(n)$이다. 반복 알고리즘과 순환 알고리즘이 시간 복잡도는 같지만 순환 호출의 경우 여분의 기억공간이 더 필요하고 또한 함수를 호출하기 위해서는, 함수의 파라미터들을 스택에 저장하는 것과 같은 사전 작업이 상당히 필요하다. 따라서 수행시간도 더 걸린다. 결론적으로 순환 알고리즘은 이해하기 쉽다는 것과 쉽게 프로그램 할 수 있다는 장점이 있는 대신 수행시간과 기억 공간의 사용에 있어서는 비효율적인 경우가 많다.

7.2 거듭제곱 값 계산

흔하지는 않지만 순환적인 방법이 더 빠른 예도 있다. 숫자 x의 n 거듭제곱 값인 x^n을 구하는 함수를 작성하여 보자. 만약 순환을 생각하지 않고 작성한다면 당연히 다음과 같이 작성할 것이다. 물론 C++의 수학 라이브러리 함수는 사용하지 않는다고 가정하자.

프로그램 7.4 반복적인 거듭제곱 계산 프로그램

```
01  double slowPower(double x, int n)
02  {
03      double result = 1.0;
04      for( int i=0 ; i<n ; i++)
05          result = result * x;
06      return result;
07  }
```

순환의 개념을 사용하여 n 거듭제곱 값인 x^n을 구하는 보다 효율적인 방법을 생각해보자. 다음과 같은 순환적인 알고리즘을 구상할 수 있다.

| 알고리즘 7.1 순환적인 거듭제곱 계산

power(x, n)

```
if n = 0
    then return 1;
else if n이 짝수
    then return power(x², n/2);
else if n이 홀수
    then return x*power(x², (n-1)/2);
```

$x^n = (x^2)^{n/2}$ 의 공식을 이용하여 n이 짝수인 경우에는 x^2을 먼저 계산한 후에 이 값을 $n/2$승 하는 것이다. n이 홀수인 경우에는 x^2를 $(n-1)/2$승 하고 여기에 x를 곱해주면 마찬가지가 된다.

즉, n이 짝수이면 다음과 같이 계산한다.

$$
\begin{aligned}
\text{power(x, n)} &= \text{power}(x^2,\ n\ /\ 2)\\
&= (x^2)^{n/2}\\
&= x^{2(n/2)}\\
&= x^n
\end{aligned}
$$

만약 n이 홀수이면 다음과 같이 계산한다.

$$
\begin{aligned}
\text{power(x, n)} &= x \cdot \text{power}(x^2,\ \text{(n-1)}\ /\ 2)\\
&= x \cdot (x^2)^{(n-1)/2}\\
&= x \cdot x^{n-1}\\
&= x^n
\end{aligned}
$$

위의 알고리즘에서도 순환적으로 함수를 호출할 때 마다 문제의 크기가 줄어든다. 어떤 비율로 줄어드는가? 처음에는 n승이었다가 다음에 $n/2$승이 되고 또 $n/4$승이 되는 식으로 문제의 크기가 줄어든다. 문제의 크기가 하나씩 줄어드는 것이 아니라 절반씩 줄어든다! 위의 알고리즘을 이용하여 2^{10}을 계산하는 경우, 순환 호출이 일어나서 복귀하는 순서를 나타내면 다음과 같다.

| 그림 7.9 거듭제곱을 구하는 순환 호출의 예

C++를 이용하여 이 알고리즘을 구현하여 보면 프로그램 7.5와 같다.

프로그램 7.5   순환적인 거듭제곱 계산 프로그램

```
01    // 순환적인 거듭제곱 함수
02    double power(double x, int n)
03    {
04        if( n==0 ) return 1;
05        else if ( (n%2)==0 )                    // n이 짝수인 경우
06            return power(x*x, n/2);
07        else
08            return x*power(x*x, (n-1)/2);        // n이 홀수인 경우
09    }
```

반복적인 프로그램 7.4와 순환적인 7.5 중에서 어느 함수가 더 빠를까? 알고리즘은 더 복잡해보이고 게다가 함수 호출이라는 오버헤드도 있지만 놀랍게도 순환적인 power 함수가 더 빠르다. 실제로 구현하여 수행시간을 clock 함수로 측정하여 보면 2^{500}을 1억회 계산시키는데 반복적인 slowPower() 함수가 13.054초가 걸리는 반면, 순환적인 power() 함수는 1.843초 밖에 걸리지 않았다.

도대체 그 이유는 무엇일까? 한 번의 순환 호출을 할 때마다 문제의 크기는 약 절반으로 줄어든다. 즉, n이 100이라면 다음과 같이 문제의 크기가 줄어들게 된다.

$$100 \rightarrow 50 \rightarrow 25 \rightarrow 12 \rightarrow 6 \rightarrow 3 \rightarrow 1$$

n을 2의 거듭제곱 값의 하나인 2^k라고 가정하여 보자. 그러면 순환 호출을 한번 할 때마다 n의 크기가 절반씩 줄어들게 되므로 다음과 같이 줄어든다.

$$2^k \rightarrow 2^{k-1} \rightarrow 2^{k-2} \rightarrow \cdots \rightarrow 2^1 \rightarrow 2^0$$

몇 번의 순환 호출이 일어나게 되는가? 약 k번의 순환 호출이 일어나게 됨을 알 수 있다. $n = 2^k$이므로 양변에 log 함수를 취하면 $\log_2 n = k$가 된다.

n이 만약 2의 거듭제곱이 아닌 경우는 어떻게 될까? 한 번의 순환 호출이 일어날 때마다 1번의 곱셈과 1번의 나눗셈이 일어나므로 전체 연산의 개수는 $k = \log_2 n$에 비례하게 될 것이고 따라서 시간 복잡도는 여전히 $O(\log_2 n)$이다.

반복적인 기법을 사용한 `slowPower()`의 시간 복잡도를 계산하자. 매 루프마다 한 번의 곱셈이 필요하고 루프의 개수는 정확히 n이 된다. 따라서 시간 복잡도는 $O(n)$이다.

| 표 7.1 거듭제곱 계산의 반복적인 프로그램과 순환적인 프로그램의 비교

	반복적인 함수 slowPower	순환적인 함수 power
시간 복잡도	$O(n)$	$O(\log_2 n)$
실제 실행 속도 (2의 500승을 1억회 계산)	13.054초	1.843초

7.3 피보나치수열의 계산

보통 순환을 사용하게 되면 코드를 단순하게 작성할 수 있고 가독성이 높아진다. 그러나 이것 때문에 똑같은 계산을 몇 번씩 반복해야 한다면 문제가 있을 것이다. 대표적인 예로 순환 호출을 이용하여 구현하는 피보나치수열을 생각해보자. **피보나치수열**이란 다음과 같이 정의되는 수열이다.

$$fib(n) = \begin{cases} 0 & n = 0 \\ 1 & n = 1 \\ fib(n-2) + fib(n-1) & otherwise \end{cases}$$

즉, 일반적인 경우 앞의 두 개의 숫자를 더해서 뒤의 숫자를 만들면 된다. 정의에 따라 수열을 만들어 보면 다음과 같다.

$$0, 1, 1, 2, 3, 5, 8, 13, 21, 34, 55, 89, \cdots$$

피보나치수열은 정의 자체가 순환적으로 되어 있다. 따라서 구현 시에 순환 호출을 사용하는 것이 자연스러운 방법이다. 위의 정의를 이용하여 피보나치수열을 C++를 이용하여 프로그래밍하면 다음과 같다.

| 프로그램 7.6 | 순환적인 피보나치수열 계산 프로그램 |

```
01   int fib(int n)
02   {
03       if( n==0 ) return 0;
04       if( n==1 ) return 1;
05       return (fib(n-1) + fib(n-2));
06   }
```

이 함수는 단순하고 이해하기 쉽게 구현되었지만 매우 비효율적이다. 왜 그럴까? 그림 7.10을 보자. fib(6)을 호출하면 fib(4)가 두 번이나 반복적으로 호출된다. fib(3)은 3번 계산되고 이런 현상은 순환 호출이 깊어질수록 점점 심해진다. 따라서 상당히 비효율적임을 알 수 있다.

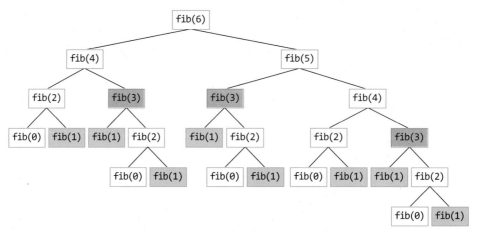

| 그림 7.10 순환을 이용한 피보나치수열 계산에서의 비효율성

여기서 fib(6)을 구하기 위하여 fib() 함수가 총 25번이나 순환 호출되는 것에 유의하여야 한다. 근본적인 이유는 중간에 계산되었던 값을 기억하지 않고 다시 계산하기 때문이다. fib(6)을 구하기 위해 fib(3)은 3번, fib(1)은 8번이나 호출되었다. n이 작을 때는 중복 계산이 비교적 작지만 n이 커지게 되면 엄청난 순환 호출이 필요하게 된다. 예를 들어, n이 25이면 거의 25만 번의 호출을 하여야 하고 n이 30이면 약 300만 번의 함수 호출이 필요하다. 따라서 n이 커지면 순환 호출을 사용하여 피보나치수열을 계산하는 것이 거의 불가능

해진다.

그렇다면 피보나치수열을 계산하는데 다른 방법이 있을까? 물론 반복 구조를 이용하여 구현할 수 있다. 프로그램 7.7에 반복을 사용한 피보나치수열 계산 함수이다.

프로그램 7.7 반복적인 피보나치수열 계산 프로그램

```
01   int fibIter(int n)
02   {
03       if( n < 2 ) return n;
04       else {
05           int tmp, current=1, last=0;
06           for( int i=2 ; i<=n ; i++ ) {
07            tmp = current;
08            current += last;
09            last = tmp;
10           }
11           return current;
12       }
13   }
```

7.4 하노이 탑 문제

순환의 파워를 가장 극명하게 보여주는 예제가 하노이 탑 문제이다. 고대 인도의 베나레스에는 세계의 중심이 있고, 그 곳에는 아주 큰 사원이 있었다. 이 사원에는 높이 50cm 정도 되는 다이아몬드 막대 3개가 있는데, 그 중 한 막대에는 천지 창조 때에 신이 구멍이 뚫린 64장의 순금으로 된 원판을 크기가 큰 것부터 아래에 놓이도록 하면서 차례로 쌓아 놓았다. 그리고 신은 승려들에게 밤낮으로 쉬지 않고 한 장씩 원판을 옮기어 빈 다이아몬드 막대 중 어느 한 곳으로 모두 옮겨 놓도록 명령하였다. 원판은 한 번에 한 개씩 옮겨야 하고, 절대로 작은 원판 위에 큰 원판을 올려놓을 수 없다(64개의 원판의 크기는 모두 다르다). 단, 원판의 이동 횟수는 최소로 한다.

| 그림 7.11 하노이의 탑 문제

고대 인도의 이 전설의 탑을 '**하노이의 탑**(The Tower of Hanoi)'이라고 부른다. 주어진 문제를 이해하기 위하여 원판의 개수가 3개인 경우를 살펴보자.

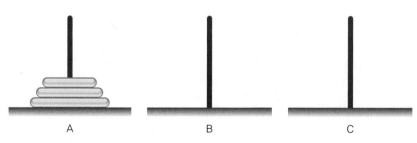

| 그림 7.12 3개의 원판을 가지는 하노이의 탑 문제

문제는 막대 A에 쌓여있는 원판 3개를 막대 C로 옮기는 것이다. 단, 다음의 조건을 지켜야 한다.

- 한 번에 하나의 원판만 이동할 수 있다.
- 맨 위에 있는 원판만 이동할 수 있다.
- 크기가 작은 원판 위에 큰 원판이 쌓일 수 없다.
- 중간의 막대를 임시적으로 이용할 수 있으나 앞의 조건들을 지켜야 한다.

3개의 원판이 있는 경우에 대한 해답은 그림 7.13과 같은 이동의 순서이다.

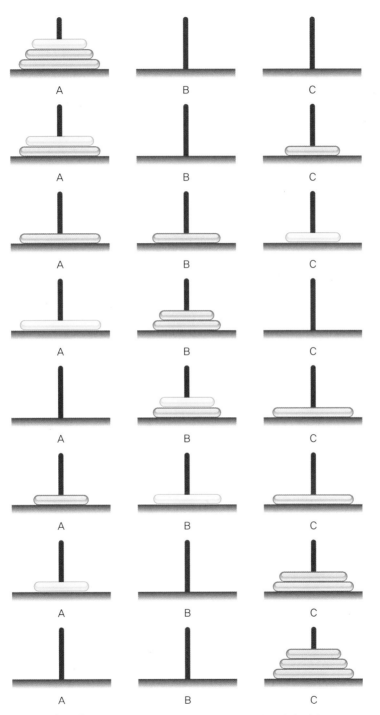

| 그림 7.13 3개의 원판을 가지는 하노이의 탑 문제의 해답

4개의 원판이 있는 경우에는 조금 더 복잡해진다. 만약 일반적으로 n개의 원판이 있는 경우를 해결하려면 상당히 복잡할 것이다.

자, 이 문제를 순환적으로 해결해 보자. 순환 알고리즘에서는 순환이 일어날수록 문제의 크기가 작아져야 한다. 이때 문제의 크기는 이동하여야 하는 디스크의 개수가 될 것이다. 다음과 같이 문제를 나누어 생각하여 보자. 즉, n개의 원판이 A에 쌓여있는 경우, 먼저 위에 쌓여 있는 n-1개의 원판을 B로 옮긴 다음, 제일 밑에 있는 원판을 C로 옮긴다. 그러고 나서 B에 있던 n-1개의 원판을 C로 옮긴다. 자 이제 n-1개의 원판을 옮길 수만 있으면 문제는 해결된다. n-1개의 원판을 A에서 B로 옮기는 문제나 B에서 C로 옮기는 문제는 동일하다. 전자의 경우 C를 임시로 사용하면 되고, 후자의 경우 A가 임시로 사용된다. 두 경우 모두 바닥에는 움직일 원판보다 더 큰 원판이 있을 것이므로 앞의 조건에 대해 걱정할 필요가 없다. 이 문제를 위해 다음과 같은 알고리즘을 생각해보자.

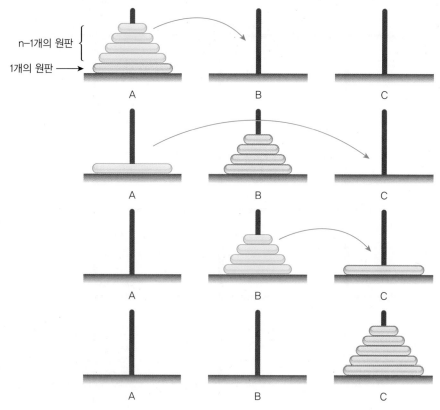

| 그림 7.14 n개의 원판을 가지는 하노이의 탑 문제의 해답

```
// 막대 from에 쌓여있는 n개의 원판을 막대 tmp를 사용하여 막대 to로 옮긴다.
void hanoiTower(int n, char from, char tmp, char to)
{
    if (n==1){
        from에서 to로 원판을 옮긴다.
    }
    else{
        ① from의 맨 밑의 원판을 제외한 나머지 원판들을 tmp로 옮긴다.
        ② from에 있는 한 개의 원판을 to로 옮긴다.
        ③ tmp의 원판들을 to로 옮긴다.
    }
}
```

위의 유사 코드 중에서 ②는 1개의 원판을 이동하는 것이므로 매우 쉽고 문제는 n-1개의 원판을 이동하여야 하는 ①과 ③을 어떻게 해결하느냐 이다. 자세히 살펴보면 ①과 ③은 막대의 위치만 달라졌을 뿐 원래 문제의 축소된 형태라는 것을 발견할 수 있다. 즉, ①은 to를 사용하여 from에서 tmp로 n-1개의 원판을 이동하는 문제이고 ③은 from을 사용하여 tmp에서 to로 n-1개의 원판을 이동하는 문제이다. 따라서 이들은 순환 호출을 사용하여 다음과 같이 다시 작성할 수 있다.

① from의 맨 밑의 원판을 제외한 나머지 원판들을 tmp로 옮긴다.

   ==> hanoiTower(n-1, from, to, tmp);

③ tmp의 원판들을 to로 옮긴다.

   ==> hanoiTower(n-1, tmp, from, to);

원판을 이동한다는 것은 그냥 화면에 어디서 어디로 이동한다고 출력해주면 된다. 따라서 전체 프로그램은 다음과 같다. 복잡해보였던 문제가 순환을 이용하여 의외로 매우 쉽게 해결되었다.

프로그램 7.8 하노이의 탑 문제 프로그램

```cpp
01  #include <cstdio>    /* C 헤더파일 <stdio.h>을 포함하는 것과 동일 */
02  void hanoiTower(int n, char from, char tmp, char to)
03  {
04      if( n==1 ) printf("원판 1을 %c에서 %c으로 옮긴다.\n",from,to);
05      else {
06          hanoiTower(n-1, from, to, tmp);
07          printf("원판 %d을 %c에서 %c으로 옮긴다.\n",n, from, to);
08          hanoiTower(n-1, tmp, from, to);
09      }
10  }
11  void main()
12  {
13      hanoiTower(4, 'A', 'B', 'C');
14  }
```

```
C:₩Windows₩system32₩cmd.exe
원판 1을 A에서 B으로 옮긴다.
원판 2을 A에서 C으로 옮긴다.
원판 1을 B에서 C으로 옮긴다.
원판 3을 A에서 B으로 옮긴다.
원판 1을 C에서 A으로 옮긴다.
원판 2을 C에서 B으로 옮긴다.
원판 1을 A에서 B으로 옮긴다.
원판 4을 A에서 C으로 옮긴다.
원판 1을 B에서 C으로 옮긴다.
원판 2을 B에서 A으로 옮긴다.
원판 1을 C에서 A으로 옮긴다.
원판 3을 B에서 C으로 옮긴다.
원판 1을 A에서 B으로 옮긴다.
원판 2을 A에서 C으로 옮긴다.
원판 1을 B에서 C으로 옮긴다.
계속하려면 아무 키나 누르십시오 . . .
```

■ 반복적인 형태로 바꾸기 어려운 순환

팩토리얼 예제에서 다음 문장들의 차이는 무엇일까?

① `return n * factorial(n - 1);`

② `return factorial(n - 1) * n;`

꼬리 순환(tail recursion)은 ①처럼 순환 호출이 순환 함수의 맨 끝에서 이루어지는 형태의 순환이다. 꼬리 순환의 경우, 알고리즘은 쉽게 반복적인 형태로 변환이 가능하다.

그러나 ②와 같은 머리 순환(head recursion)의 경우나 방금 살펴본 하노이의 탑 문제처럼 여러 군데에서 자기 자신을 호출하는 경우(multi recursion)는 쉽게 반복적인 코드로 바꿀 수 없다. 물론 이런 경우에 명시적인 스택을 만들어서 순환을 시뮬레이션 할 수는 있다. 만약 동일한 알고리즘을 꼬리 순환과 머리 순환 양쪽으로 모두 표현할 수 있다면 당연히 꼬리 순환으로 작성하여야 한다.

7.5 다중 순환

■ 다중 순환이란?

순환 함수들은 호출이 발생할 때마다 몇 개의 순환 호출이 이루어지는가에 따라 선형 순환, 이진 순환 그리고 다중 순환으로 나눌 수 있다. **선형 순환**(linear recursion)은 함수의 호출이 발생하면 최대로 하나의 순환 호출이 이루어지는 경우를 말하는데, 프로그램 7.1의 팩토리얼 계산과 프로그램 7.5의 거듭 제곱 계산이 이에 해당한다. **이진 순환**(binary recursion)은 함수에서 두 개의 순환 호출이 발생하는 경우를 말하는데, 프로그램 7.6의 피보나치수열과 프로그램 7.8의 하노이 탑 문제가 이에 해당한다. 이를 일반화하여 하나의 함수에서 두 개 이상의 순환 호출이 이루어지는 경우를 **다중 순환**(multiple recursion)이라고 한다. 이 절에서는 다중 순환의 예를 살펴본다.

■ 영역 채색 문제

영상 처리 분야에서 **영역 채색**(blob coloring), 또는 **연결 화소 분석법**(connected component labelling)이라 불리는 알고리즘은 흑과 백의 화소 값만을 갖는 이진 영상(binary image)에서 연결된 객체를 찾는 방법이다. 그림 7.15의 (a)와 같은 이진 영상에서

(a) 이진 영상

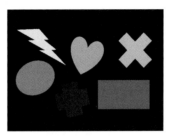
(b) 영역 채색 결과: 연결된 객체가
같은 색으로 채색됨

| 그림 7.15 이진 영상의 영역 채색

객체를 찾아 분석하기 위해서는 먼저 화소가 연결된 영역들의 그룹을 찾아야 한다. (a)에서 여섯 개의 밝은 부분이 보이는데, 각각을 고유한 화소 값으로 채색할 수만 있으면 객체의 수나 각 객체들의 위치와 크기, 형태 등을 분석할 수 있다. 따라서 영역 채색은 영상처리에서 매우 중요한 연산의 하나이다.

순환 기법을 사용하면 영역 채색 문제를 간단하게 구현할 수 있다. 먼저 이진 영상을 스캔하다가 흰 화소를 만나면 어떤 색으로 칠한다. 그리고 이 화소와 인접한 네 방향의 이웃화소에 대해 순환적으로 검사하면서 같은 색을 칠한다. 즉, 네 방향으로 순환 호출하는 다중 호출의 사례이다.

프로그램 7.9는 이러한 영역 채색 함수와 전체 프로그램을 보여주고 있다. labelComponent()가 순환 호출 함수인데, 영상 img의 (x,y) 위치의 화소에 대한 채색을 담당한다. 0이 배경 화소 값을, 9가 전경 화소 값을 나타낸다고 하자. 영상 내의 어떤 화소가 전경 화소이면 이 화소를 label로 변경한다. 다음으로 상하좌우의 4 방향으로 인접한 화소에 대해 동일한 처리를 하도록 순환 호출을 한다.

프로그램 7.9는 영역 채색 문제 프로그램 전체를 보여주고 있다. 단순화를 위해 영상은 2차원 배열을 이용하여 정적으로 할당하였는데, 5장에서 공부한 동적 할당을 사용하여 임의의 크기의 영상에 대해서도 처리할 수 있도록 구현하는 것이 바람직하다.

프로그램 7.9   영역 채색 문제 프로그램

```
01   // 7장-ConnectedComponent.cpp
02   #include <cstdio>
03   #define WIDTH  20
04   #define HEIGHT 9
05   // 순환 호출 함수 (다중 순환의 예)
06   void labelComponent( unsigned char img[HEIGHT][WIDTH], int x, int y, int label )
07   {
08       if( x<0 || y<0 || x>=WIDTH || y>=HEIGHT )        // 영상의 밖이면 return
09           return;
10
11       if( img[y][x] == 9 ) {                          // 처리가 안 된 전경 화소이면
12           img[y][x] = label;                          // label로 화소 값을 바꾸고
13           labelComponent( img, x-1, y, label );       // 순환 호출: 좌측 이웃화소
```

```
14              labelComponent( img,  x, y-1,label );          // 순환 호출: 상측 이웃화소
15              labelComponent( img, x+1, y, label );          // 순환 호출: 우측 이웃화소
16              labelComponent( img,  x, y+1,label );          // 순환 호출: 하측 이웃화소
17          }
18  }
19  // 이진 영상의 영역 채색(blob coloring) 함수
20  void blobColoring( unsigned char img[HEIGHT][WIDTH] )
21  {
22      int label = 1;                                         // label은 1부터 시작함
23
24      for( int y=0 ; y<HEIGHT ; y++ )                        // 영상의 모든 화소에 대해
25      for( int x=0 ; x<WIDTH ; x++ ) {
26          if( img[y][x] == 9 )                               // 처리가 안 된 전경 화소이면
27              labelComponent(img,x, y,label++);              // 연결화소 채색 시작
28      }
29  }
30  // 영상의 화소 값을 화면에 출력하는 함수
31  void printImage( unsigned char img[HEIGHT][WIDTH], char *msg )
32  {
33      printf("%s\n", msg);
34      for( int y=0 ; y<HEIGHT ; y++ ) {
35          for( int x=0 ; x<WIDTH ; x++ ) {
36                  if(img[y][x] == 0)
37                      printf(".");
38              else
39                      printf("%-1d", img[y][x]);
40          }
41          printf("\n");
42      }
43      printf("\n");
44  }
45  // 주 함수
46  void main()
47  {
48      // 입력 영상 : 자료 !
49      unsigned char image[HEIGHT][WIDTH] = {
50          0,0,0,0,0,0,9,0,0,0,0,9,9,9,9,9,0,0,9,9,
51          9,9,9,9,9,0,9,0,0,0,0,0,0,0,0,9,0,0,9,9,
```

```
52          0,0,9,0,0,0,9,0,0,0,0,9,9,9,9,9,0,0,9,9,
53          0,9,9,9,0,0,9,9,9,0,0,9,0,0,0,0,0,0,9,9,
54          0,9,0,9,0,0,9,0,0,0,0,9,9,9,9,9,0,0,9,9,
55          9,9,0,9,9,0,9,0,0,0,0,0,0,0,0,0,0,0,9,9,
56          9,0,0,0,9,0,9,0,0,0,0,0,9,0,9,0,0,0,0,0,
57          9,0,0,0,9,0,9,0,0,0,0,0,9,0,9,0,0,0,9,9,
58          0,0,0,0,0,0,9,0,0,0,0,9,9,9,9,9,0,0,9,9
59      };
60
61      printImage  ( image, "<Original image>" );
62      blobColoring( image );
63      printImage  ( image, "<Labelled image>" );
64  }
```

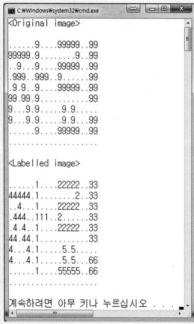

코드 설명

3~4행 영상의 가루와 세로 크기를 고정함.

6행 20x9 크기의 2차원 배열 영상에 대한 색칠 함수. 영상의 좌표가 x와 y로 제공되고 색상을 나타내는 label이 매개변수로 입력됨.

8~9행 좌표가 영상 밖이면 return.

11~17행 만약 처리가 안 된 전경 화소이면 label 값으로 색칠을 하고 현재 화소 좌표의 4방향 인접 화소에 대해

labelComponent()를 순환적으로 호출하여 동일한 색으로 칠하도록 함. 즉, label은 동일하고 좌표는 각각 (x,y)의 이웃 좌표를 전달하는 것에 유의할 것.

20행 영역 채색 주 함수. 가로와 세로가 20x9인 2차원 배열 영상에 대해서 처리함.

22행 사용하는 색상은 1부터 시작함.

24~25행 영상의 모든 화소에 대해서.

26~27행 아직 처리 안 된 화소이면 labelComponent()에 현재 좌표와 색상을 전달하여 색칠하도록 함. labelComponent() 함수 호출 후 색상 값은 증가시켜야 함.

31~44행 현재의 영상 정보를 화면에 보기 좋게 출력하는 함수.

49~59행 테스트에 사용한 영상. "자료!"의 형태임.

61행 원 영상을 먼저 화면에 출력함.

62행 영역 채색 알고리즘을 이용해 연결된 영역을 같은 색으로 채색함.

63행 채색된 영상을 화면에 출력함.

프로그램의 실행 결과를 보면 입력 영상의 "자료!"란 글자의 각 연결된 부분들 (ㅈ, ㅏ, ㄹ, ㅛ, 와 느낌표(!)의 두 영역)이 각각의 객체가 되어 채색되었으며 전체 6개의 객체가 검출된 것을 알 수 있다.

이 프로그램은 실제로 객체 영역의 크기가 크지 않은 경우는 매우 안정적으로 실행된다. 그러나 영상의 크기가 크고, 객체 영역의 면적이 매우 넓은 경우 실행속도가 느려지며 심한 경우 스택 오버플로우가 발생할 수 있다. 따라서 일반적으로는 **주사선 알고리즘** (scanline algorithm)을 사용한다. 반복문을 사용하는 주사선 알고리즘은 순환 알고리즘에 비하면 코드가 매우 복잡하지만 처리시간이 빠르고, 영상의 크기와 상관없이 일정한 시간 안에 결과를 얻을 수 있다.

■ 미로 탐색 문제

미로 찾기 문제도 순환을 이용하여 구현할 수 있다. 3.5절에서 스택을 이용하여 미로 탐색 프로그램을 구현하였다. 순환을 이용하면 스택을 구현해서 사용하지 않고도 미로 탐색 문제를 해결할 수 있다. 다음은 순환으로 구현된 미로 탐색 프로그램을 보여주고 있다. 어떤 위치에서 이웃하는 네 방향에 대해 순환 호출이 이루어지는 것에 유의하라. 현재 위치가 출구의 위치와 동일하면 탐색 성공이며, 탐색이 성공하면 더 이상 순환 호출을 하지 않도록 done 변수를 true로 설정한다.

프로그램 7.10 순환을 이용한 미로 탐색 프로그램

```
01  #include "Location2D.h"              // 위치 클래스 포함 (프로그램 3.10)
02  #include <cstdio>
03  const     int MAZE_SIZE = 6;         // 미로 맵 크기 고정
04  char map[MAZE_SIZE][MAZE_SIZE] = {   // 미로 맵 데이터
05      {'1', '1', '1', '1', '1', '1'},
06      {'e', '0', '1', '0', '0', '1'},
07      {'1', '0', '0', '0', '1', '1'},
08      {'1', '0', '1', '0', '1', '1'},
09      {'1', '0', '1', '0', '0', 'x'},
10      {'1', '1', '1', '1', '1', '1'},
11  };
12  bool isValidLoc( int r, int c ) {
13      if( r < 0 || c < 0 || r>=MAZE_SIZE || c>=MAZE_SIZE ) return false;
14      else return map[r][c] == '0' || map[r][c] == 'x' ;
15  }
16  Location2D locEntry, locExit;        // 입구와 출구 위치
17  bool done = false;                   // 탐색 성공 여부
18
19  // 순환으로 구현한 미로 탐색 함수
20  void searchRecur( Location2D pt ) {
21      printf("(%d,%d) ", pt.row, pt.col);    // 현재 위치 화면 출력
22      if( done ) return;                     // 이미 탐색이 성공했으면 return
23      if( pt == locExit ) {                  // 현재 위치가 출구이면=> 성공
24          done = true;
25          return;
26      }
27      int r = pt.row;
28      int c = pt.col;
29      map[r][c] = '5';
30
31      // 네 방향 이웃에 대해 순환 호출
32      if( isValidLoc(r-1, c) ) searchRecur( Location2D(r-1, c) );
33      if( isValidLoc(r+1, c) ) searchRecur( Location2D(r+1, c) );
34      if( isValidLoc(r, c-1) ) searchRecur( Location2D(r, c-1) );
35      if( isValidLoc(r, c+1) ) searchRecur( Location2D(r, c+1) );
36  }
```

```
37
38    // 미로 탐색 프로그램 주 함수
39    void main()
40    {
41        locEntry.set(1,0);
42        locExit.set(4,5);
43        searchRecur( locEntry );              // 미로 탐색 시작
44        if(done) printf("\n ==> 출구가 탐지되었습니다.\n");
45        else   printf("\n ==> 출구를 찾지 못했습니다.\n");
46    }
```

```
C:\Windows\system32\cmd.exe
(1,0) (1,1) (2,1) (3,1) (4,1) (2,2) (2,3) (1,3) (1,4) (3,3) (4,3) (4,4) (4,5)
==> 출구가 탐지되었습니다.
계속하려면 아무 키나 누르십시오 . . .
```

코드 설명

20~36행 순환으로 구현한 미로 탐색 함수. 현재 좌표가 매개변수로 전달됨.

21행 먼저 현재 위치를 화면에 출력.

22행 이미 탐색에 성공했으면 더 이상 처리하지 않고 return.

23~26행 현재 위치가 출구이면 탐색 성공이므로 done을 true로 만들고 return 함.

29행 현재 위치를 "방문함"으로 표시함.

32~35행 네 방향 이웃에 대해 순환 호출을 통해 미로를 찾음.

41~42행 시작 위치와 출구 위치를 설정함.

43행 시작 위치부터 출구 탐색 시작. searchRecur() 함수 사용.

44~45행 탐색 결과 출력.

| 연습문제 |

1 다음의 순환 호출 함수에서 잘못된 점은 무엇인가?

```c
int recursive(int n)
{
    if( n==1 ) return 0;
    return n*recursive(n);
}
```

2 다음의 순환 호출 함수에서 잘못된 점은 무엇인가?

```c
int recursive(int n)
{
    printf("recursive(%d)\n", n);
    return n*recursive(n-1);
}
```

3 다음 함수를 sum(5)로 호출하였을 때, 화면에 출력되는 내용과 함수의 반환값을 구하라.

```c
int sum(int n)
{
    printf("%d\n", n);
    if( n<1) return 0;
    else return( n+sum(n-1) );
}
```

4   다음 함수에서 asterisk(5)를 호출할 때 출력되는 *의 개수는?

```
void asterisk(int i)
{
    if( i > 1 ){
        asterisk(i/2);
        asterisk(i/2);
    }
    printf("*");
}
```

5   다음을 계산하는 순환적인 프로그램을 작성하라.
$$1 + 2 + 3 + \cdots + n$$

6   다음을 계산하는 순환적인 프로그램을 작성하라.
$$1 + 1/2 + 1/3 + \cdots + 1/n$$

│ 프로그래밍 프로젝트 │

1 순환적인 방법으로 피보나치수열을 호출하였을 때 함수가 중복되어 호출되는 것을 확인할
수 있도록 각 함수의 매개변수별 호출 빈도를 측정해 출력하라.

예) n=10을 넣었을 때

Fibo(10) = 1번

Fibo(9) = ??번

…

Fibo(0) = ??번

2 자료형이 long인 경우 가장 큰 피보나치 수를 구하라.

3 문자열의 내용을 반대로 바꾸는 순환적인 함수 reverse()를 구현하라. 예를 들어
reverse("ABCDE")는 "EDCBA"를 반환해야 한다.

4 다음의 수식과 같이 순환적으로 표현되는 Ackermann 함수를 구현하고 테스트하라.

$$a(0, n)=1$$
$$a(1, 0)=2$$
$$a(m, 0)=m+2, \quad \text{if } m>1$$
$$a(m, n)=a(a(m-1), n), n-1), \quad \text{if } m>0 \text{ and } n>0$$

5 다음과 같은 모양을 출력하는 순환적인 함수를 작성하라.

이 함수의 원형(prototype)은 다음과 같다.

```
void draw_tree( int row, int left, int right);
```

• row: X를 그리는 행을 표시한다. 가장 위에 있는 행이 0이고 아래로 내려갈수록 숫자
는 증가한다고 생각하자.

• left와 right: 각각 주어진 영역의 왼쪽 끝과 오른쪽 끝을 나타낸다.

08

트리

학습목표

- 트리의 개념과 용어들을 이해한다.
- 이진트리의 표현 방법 2가지를 이해한다.
- 이진트리의 순회 방법을 이해한다.
- 이진트리의 연산들을 이해한다.
- 스레드 이진트리를 이해한다.
- 이진트리를 이용한 문제해결 능력을 배양한다.

8 트리

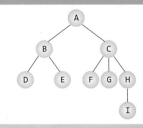

8.1 트리의 개념

지금까지 공부한 스택, 큐, 리스트는 모두 자료들이 일렬로 나열된 형태인 **선형 자료구조** (linear data structure)이다. 만약 자료들이 선형이 아니라 **계층적인 구조**(hierarchical structure)를 가지고 있다면 어떻게 할까? 예를 들어, 컴퓨터의 폴더 구조나 가족의 가계도, 직장의 조직도 등과 같이 계층적인 관계를 가진 자료를 표현하고 싶은 경우에는 선형 구조만으로 충분하지 않다. **트리**(tree)는 이러한 계층적인 자료를 표현하는데 이용되는 자료구조이다. 그림 8.1은 전형적인 계층적 자료구조의 예로 회사 조직 체계를 트리 형태로 표현한 것이다. 이와 같은 계층적 구조를 트리라고 부르는 이유는 이들이 마치 실제 나무를 거꾸로 엎어놓은 것과 비슷한 모양을 하고 있기 때문이다.

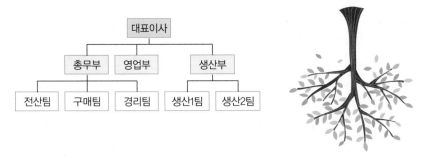

| 그림 8.1 트리의 예: 회사의 조직

우리가 항상 사용하는 컴퓨터 저장장치의 디렉토리 구조도 계층적인 자료구조로 그림 8.2는 전형적인 디렉토리 구조의 예를 보여준다.

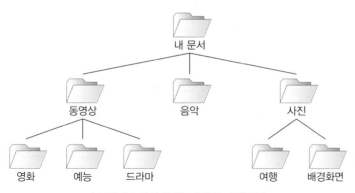

| 그림 8.2 트리의 예: 컴퓨터 디렉토리

인공지능 문제에서도 트리가 사용된다. 대표적인 것이 **결정 트리**(decision tree)이다. 결정 트리는 인간이나 컴퓨터의 의사결정 구조를 표현하는 한 가지 방법이다. 그림 8.3은 골프를 치러 나갈 것인지를 결정하여 주는 간단한 결정 트리와 인공지능 바둑 프로그램의 거대한 결정 트리의 일부분을 보여 준다.

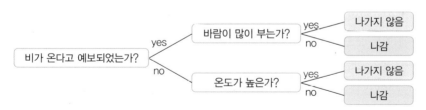

(a) 골프를 치러 갈 것인지를 결정하는 결정 트리

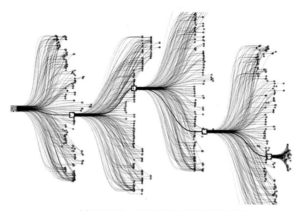

(b) 인공지능 바둑 프로그램의 결정 트리

| 그림 8.3 트리의 예: 결정 트리

▪ 트리의 용어들

그림 8.4를 사용하여 트리와 관련된 용어들을 정의해보자. 트리의 구성 요소에 해당하는 A, B, C, D, E, F, G, H, I, J를 **노드**(node)라 한다.

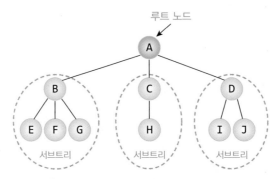

| 그림 8.4 트리의 용어: 루트, 서브트리

트리는 한 개 이상의 노드로 이루어진 유한 집합이다. 이들 중 하나의 노드는 **루트**(root) **노드**라 불리고 나머지 노드들은 **서브트리**(subtree)라고 불린다. 계층적인 구조에서 가장 높은 곳에 있는 노드인 A가 루트가 된다. 루트의 다음 레벨에 있는 요소들은 서브트리들의 루트가 된다. 그림 8.4에서 전체 노드 집합 {A, B, C, D, E, F, G, H, I, J} 중에서 루트 노드는 A이고 나머지 노드들은 {B, E, F, G}, {C, H}, {D, I, J}로 3개의 집합으로 나누어지는데 이들을 A의 서브트리라고 한다. 다시 서브트리인 {B, E, F, G}의 루트는 B가 되고 나머지 노드들은 다시 3개의 서브트리, 즉 {E}, {F}, {G}로 나누어진다. {C, H}과 {D, I, J}도 같은 식으로 다시 루트와 서브트리로 나누어질 수 있다.

트리에서 루트와 서브트리는 선으로 연결된다. 이 연결선을 **간선** 또는 **에지**(edge)라고 한다. 노드들 간에는 부모 관계, 형제 관계, 조상과 자손 관계가 존재한다. 이들은 모두 인간의 관계와 동일하다. 예를 들어, 그림 8.5에서 A는 B의 **부모 노드**(parent node)가 된다. 반대로 B는 A의 **자식 노드**(children node)가 된다. B와 C와 D는 **형제 관계**(sibling)이다. 조상, 자손, 손자, 조부모 노드도 마찬가지이다. **조상 노드**(ancestor node)란 루트 노드에서 임의의 노드까지의 경로를 이루고 있는 노드들을 말한다. **자손 노드**(descendent node)는 임의의 노드 하위에 연결된 모든 노드들을 의미한다. 즉, 어떤 노드의 서브트리에 속하는 모든 노드들은 자손 노드이다. 또한 자식 노드가 없는 노드를 **단말 노드**(terminal node 또는 leaf node)라고 한다. 그 반대가 **비단말 노드**(nonterminal node)이다.

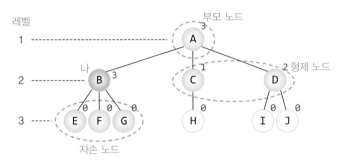

| 그림 8.5 트리의 용어: 레벨, 부모, 형제, 자손 노드

노드의 **차수**(degree)는 어떤 노드가 가지고 있는 자식 노드의 개수를 의미한다. 그림 8.5에서 루트 노드의 경우, 자식 노드가 3개이기 때문에 차수도 3이다. 단말 노드는 차수가 0인 노드이다. 그림 8.5에서 { E, F, G, H, I, J }가 단말 노드이다. **트리의 차수**는 트리가 가지고 있는 노드의 차수 중에서 가장 큰 차수이다. 그림 8.5에서는 A와 B 노드의 차수가 3으로 가장 크므로 전체 트리의 차수가 3이 된다. 트리에서의 **레벨**(level)은 트리의 각층에 번호를 매기는 것으로서 정의에 의하여 루트의 레벨은 1이 되고 한 층씩 내려갈수록 1씩 증가한다. 그림 8.5에서 A의 레벨은 1이고 B의 레벨은 2이다. **트리의 높이**(height)는 트리가 가지고 있는 최대 레벨을 말한다. 위의 트리의 높이는 3이다. 또한 나무가 모이면 숲이 되듯이 트리들의 집합을 **포리스트**(forest)라고 한다.

| 예제 8.1

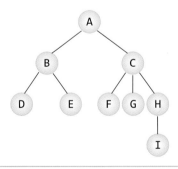

- A는 루트 노드이다.
- B는 D와 E의 부모 노드이다.
- C는 B의 형제 노드이다.
- D와 E는 B의 자식 노드이다.
- B의 차수는 2이다.
- 이 트리의 높이는 4이다.

■ 트리의 표현

컴퓨터에서 트리를 표현하는 방법에는 여러 가지가 있다. 가장 일반적인 방법은 그림 8.6 (a)와 같이 노드 구조를 이용하여 표현하는 것이다. 노드는 6장의 연결 리스트에서와 유사한 개념으로, 각 노드는 데이터를 저장하는 데이터 필드와 자식 노드를 가리키는 링크 필드를 갖는다. 이때 링크 필드의 개수는 자식 노드의 개수, 즉 노드의 차수가 되어야 한다.

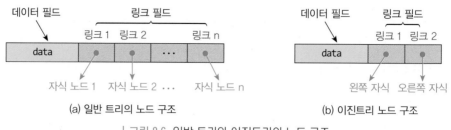

(a) 일반 트리의 노드 구조   (b) 이진트리 노드 구조

| 그림 8.6 일반 트리와 이진트리의 노드 구조

문제는 일반적인 트리에서 각 노드들은 임의의 개수의 자식을 가질 수 있다는 것이다. 자식 노드의 개수가 일정하지 않으면 노드의 구조가 복잡해진다. 예를 들어, 트리의 모든 노드들이 각각 하나씩의 연결 리스트를 가지고 자식을 관리해야 할 수도 있다. 이것은 프로그램을 상당히 복잡하게 만든다. 따라서 실제로는 그림 8.6 (b)와 같은 두 개의 자식 노드를 사용하는 **이진트리(binary tree)**가 많이 사용된다. 이진트리는 자식 노드의 개수가 항상 2개 이하인 트리를 말한다. 이 책에서는 이와 같은 이진트리만을 다루기로 한다.

8.2 이진트리 소개

■ 이진트리란?

가장 많이 사용되는 트리의 형태가 이진트리이다. **이진트리(binary tree)**는 모든 노드가 2개의 서브트리를 갖는 트리로, 이때 서브트리는 공집합일 수도 있다. 따라서 모든 노드의 차수는 2 이하가 되어 **최대 2개까지의 자식 노드**를 가질 수 있다. 이진트리에는 서브트리 간의 순서가 존재하는데, **왼쪽 서브트리와 오른쪽 서브트리는 반드시 서로 구별**되어야 한다.

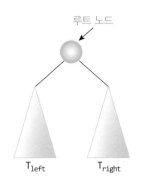

| 그림 8.7　이진트리의 정의

이진트리는 다음과 같이 순환적으로 정의된다. 이 순환적인 정의는 이진트리의 모든 알고리즘을 작성하는데 매우 중요하게 사용된다.

| 정의 8.1　**이진트리**

> (1) 공집합이거나
> (2) 루트와 왼쪽 서브트리, 오른쪽 서브트리로 구성된 노드들의 유한 집합으로 정의된다. 이진트리의 서브트리들은 모두 이진트리여야 한다.

이 정의에 의하면 이진트리의 모든 서브트리도 이진트리의 성질을 만족해야 하는 것을 알수 있다. 그렇다면 이진트리의 정의를 바탕으로 그림 8.8이 이진트리인지를 알아보자. 먼저 밑에서부터 위로 올라가면서 살펴보자.

- **SUB3**: 하나의 노드 D로만 이루어져 있다. 노드 D를 SUB3의 루트라고 생각하면 SUB3의 서브트리는 공집합이다. 공집합도 이진트리이므로 정의 (2)에 의하여 SUB3는 루트와 공집합 서브트리 2개를 가지는 이진트리이다.
- **SUB2**: SUB3과 같은 방법으로 이진트리이다.
- **SUB1**: 루트 노드로 B를 갖고 SUB3와 공집합을 서브트리로 가지므로 역시 이진트리이다.
- **전체 트리**: 루트 노드 A와 SUB1, SUB2의 두개의 서브트리를 가지고 있다. SUB1과 SUB2가 이진트리이므로 전체 트리도 이진트리이다.

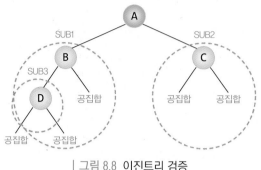

| 그림 8.8 이진트리 검증

그림 8.9는 수식을 표현하는 이진트리의 예를 보여주고 있다. 수식에서 각 연산자들은 하나 또는 2개의 피연산자를 가진다. 왼쪽 피연산자는 왼쪽 서브트리가 되고 오른쪽 피연산자는 오른쪽 서브트리로 표현된다. 단말 노드는 상수이거나 변수이다.

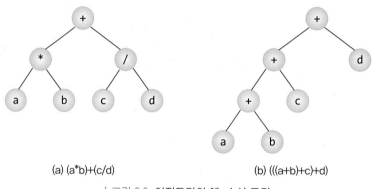

(a) (a*b)+(c/d)   (b) (((a+b)+c)+d)

| 그림 8.9 이진트리의 예: 수식 트리

■ 이진트리의 성질

이진트리는 다음과 같은 성질을 가진다.

- n개의 노드를 가진 트리는 $n-1$개의 간선을 가진다. 그 이유는 루트를 제외한 트리의 모든 노드가 하나의 부모 노드를 가지기 때문이다. 부모와 자식 간에는 하나의 간선만이 존재한다. 따라서 간선의 개수는 $n-1$이다.

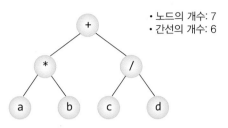

| 그림 8.10 노드의 개수와 간선의 개수와의 관계

- 높이가 h인 이진트리는 h개 이상, $2^h - 1$개 이하의 노드를 가진다. 한 레벨에는 적어도 하나의 노드는 존재해야 하므로 높이가 h인 이진트리는 최소한 h개의 노드를 가져야 한다. 또한 하나의 노드는 최대 2개의 자식을 가질 수 있으므로 레벨 i에서의 노드의 최대 개수는 2^{i-1}이 된다. 따라서 높이가 h인 이진트리의 최대 노드 개수는 $\sum_{i=1}^{h} 2^{i-1} = 2^h - 1$이 된다.

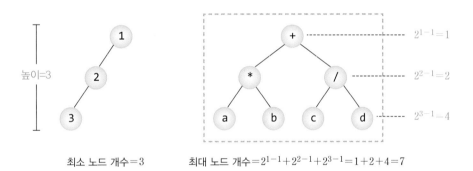

| 그림 8.11 같은 높이의 이진트리에서의 노드의 최소 개수와 최대 개수

- n개의 노드를 가지는 이진트리의 높이는 $\lceil \log_2(n+1) \rceil$ 이상이고 n 이하이다. 먼저, 한 레벨에서 최소한 하나의 노드는 있어야 하므로 높이가 n을 넘을 수는 없다. 앞의 성질에서 높이 h의 이진트리가 가질 수 있는 노드의 최댓값은 $2^h - 1$이다. 따라서 $n \leq 2^h - 1$의 부등식이 성립하고 양변에 $\log$를 취하면 $h \geq \log_2(n+1)$이 된다. h는 정수이므로 $h \geq \lceil \log_2(n+1) \rceil$이 된다.

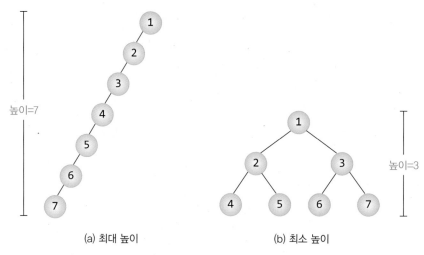

(a) 최대 높이   (b) 최소 높이

| 그림 8.12 노드의 개수가 동일한 이진트리에서의 높이의 차이

이진트리는 그림 8.13과 같이 형태에 따라 포화 이진트리(full binary tree), 완전 이진트리(complete binary tree)와 기타 이진트리로 분류할 수 있다.

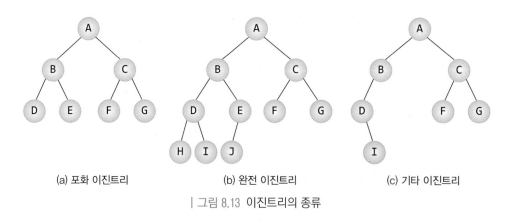

(a) 포화 이진트리   (b) 완전 이진트리   (c) 기타 이진트리

| 그림 8.13 이진트리의 종류

- **포화 이진트리(full binary tree)**는 용어 그대로 트리의 각 레벨에 노드가 꽉 차있는 이진트리를 말한다. 즉, 높이 k인 포화 이진트리는 정확하게 $2^k - 1$개의 노드를 가진다. 그림 8.14는 높이가 4인 포화 이진트리이다. 일반적으로 포화 이진트리에서 노드의 개수는 다음과 같이 계산된다.

$$전체\ 노드\ 개수:\ 2^{1-1}+2^{2-1}+2^{3-1}+\cdots+2^{k-1}=\sum_{i=0}^{k-1}2^i=2^k-1$$

포화 이진트리에서는 그림 8.15와 같이 각 노드에 번호를 붙일 수 있다. 노드에 번호를 부여하는 방법은 레벨 단위로 왼쪽에서 오른쪽으로 번호를 붙이면 된다. 그리고 이 번호는 항상 일정하다. 즉, 루트 노드의 오른쪽 자식 노드의 번호는 항상 3이다.

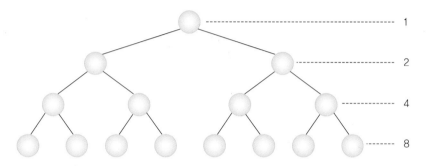

전체 노드 개수: $2^{1-1}+2^{2-1}+2^{3-1}+2^{4-1}=2^4-1=15$

| 그림 8.14 포화 이진트리에서의 노드의 개수

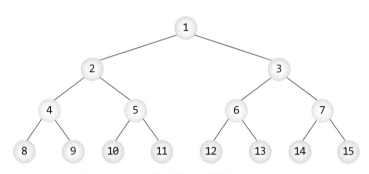

| 그림 8.15 포화 이진트리에서의 노드의 번호

- **완전 이진트리(complete binary tree)**는 높이가 k인 트리에서 레벨 1부터 $k-1$까지는 노드가 모두 채워져 있고 마지막 레벨 k에서는 왼쪽부터 오른쪽으로 노드가 순서대로 채워져 있는 이진트리를 말한다. 마지막 레벨에서는 노드가 꽉차있지 않아도 되지만 중간에 빈곳이 있으면 안 된다. 따라서 포화 이진트리는 완전 이진트리이지만 그 역은 항상 성립하지는 않는다. 노드의 번호는 포화 이진트리와 같다. 그림 8.16의 (a)는 완전 이진트리이나 (b)는 마지막 레벨에서 중간이 비어 있으므로 완전

이진트리가 아니다. 10장에서 공부할 힙(heap)이 완전 이진트리의 대표적인 예이다.

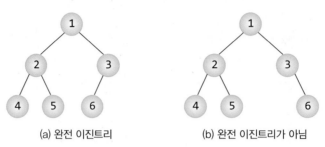

| (a) 완전 이진트리 | (b) 완전 이진트리가 아님

| 그림 8.16 완전 이진트리의 예

■ 이진트리의 추상 자료형

이진트리를 추상 자료형으로 정의해 보면 다음과 같다.

| ADT 8.1 Binary Tree

데이터: 노드와 간선의 집합. 노드는 공집합이거나 공집합이 아닌 경우 루트노드와 왼쪽 서브트리, 오른쪽 서브트리로 구성됨. 이때 모든 서브트리도 이진트리이어야 함.

연산 • create(): 이진트리를 생성한다.
  • isEmpty(): 이진트리가 공백 상태인지 확인한다.
  • getRoot(): 이진트리의 루트 노드를 반환한다.
  • getCount(): 이진트리의 노드의 수를 반환한다.
  • getHeight(): 이진트리의 높이를 반환한다.
  • insertNode(n): 이진트리에 노드 n을 삽입한다.
  • deleteNode(n): 이진트리에서 노드 n을 삭제한다.
  • display(): 이진트리의 내용을 화면에 출력한다.

먼저 객체는 정의 8.1을 바탕으로 순환적으로 정의된다. 이진트리의 연산에는 어떤 것들이 있을까? 다른 자료구조에서와 비슷하게 트리를 생성하고 공백 상태를 확인하는 연산들을 생각할 수 있다. 또한 트리에서 루트 노드를 반환하는 연산과 트리의 노드 수나 높이를 구하는 연산들도 가능하다.

그렇다면 노드의 삽입과 삭제는 어떨까? 트리는 선형적인 자료구조가 아니므로 노드의 삽입 시 위치를 지정하는 것이 어렵다. 또한 어떤 위치에 노드가 삽입되면 다른 노드의 위치들이 영향을 받게 된다. 삭제 연산도 마찬가지이다. 삭제 위치를 지정하는 것이 쉽지 않다. 또한 이진트리에서 노드가 삭제되면 그 노드의 자손 노드의 위치도 변경되어야 한다. 만약 이진트리가 구성될 때 어떤 규칙을 갖는다면 문제는 조금 간단해진다. 다음 장에서 이진 탐색 트리를 공부하는데, 노드의 삽입 시 위치를 지정할 필요가 없이 노드만 입력하면 이진 탐색 트리 조건에 맞게 노드가 삽입된다. 삭제도 마찬가지이다. 이진트리의 삽입과 삭제 연산에 대해서는 다음 장의 이진 탐색 트리에서 자세히 공부한다.

8.3 이진트리의 표현

이진트리를 컴퓨터 프로그램에서는 어떻게 표현할 수 있을까? 앞에서 공부한 선형 자료형에서와 마찬가지로 배열을 이용한 표현 방법과 포인터를 이용하는 연결된 표현 방법(링크 표현법)이 있다.

■ 배열 표현법

이 방법은 저장하고자 하는 이진트리가 완전 이진트리라고 가정하고 이진트리의 높이가 k 이면 먼저 $2^k - 1$개의 공간을 연속적으로 할당한다. 그리고 완전 이진트리의 번호대로 노드의 정보를 배열에 저장한다. 따라서 이 방법은 주로 포화 이진트리나 완전 이진트리에서 많이 사용되지만, 일반 이진트리도 저장할 수 있다.

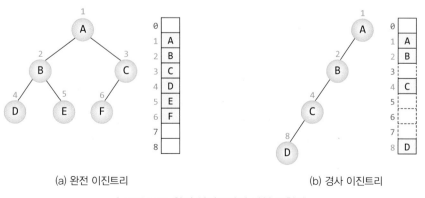

(a) 완전 이진트리   (b) 경사 이진트리

| 그림 8.17 완전 이진트리의 배열 표현법

예를 들면 그림 8.17 (a)에서 노드들은 먼저 번호가 매겨진 다음, 이 번호에 따라서 배열의 해당 항목에 저장된다. 노드 A는 노드 번호가 1이므로 배열의 인덱스 1에 저장되었고 노드 B는 번호가 2이므로 배열의 인덱스 2에 저장되었다. 여기서 인덱스 0은 사용되지 않음을 유의하라. 0을 사용하지 않는 편이 계산을 간단하게 만든다. 그림 8.17 (b)와 같이 일반적인 이진트리도 저장할 수 있지만 그림에서 볼 수 있듯이 기억공간의 낭비가 심할 수 있다.

배열 표현법에서 부모와 자식의 인덱스의 관계를 살펴보자. 배열 표현법에서는 인덱스만 알면 어떤 노드의 부모나 자식을 쉽게 알 수 있다. 부모와 자식의 인덱스 사이에는 다음과 같은 공식이 성립된다.

- 노드 i의 부모 노드 인덱스 = i/2
- 노드 i의 왼쪽 자식 노드 인덱스 = 2i
- 노드 i의 오른쪽 자식 노드 인덱스 = 2i+1

그림 8.17 (a)에서 보면 노드 B의 인덱스는 2이고 부모 노드인 A의 인덱스는 1이다. 또한 노드 B의 왼쪽 자식 노드인 노드 D의 인덱스는 4이고 오른쪽 자식 노드인 노드 E의 인덱스는 5로서 위의 공식이 성립함을 확인할 수 있다. 이와 같은 배열 표현법은 기억공간의 낭비와 함께 표현할 수 있는 트리의 높이가 배열의 크기에 따라 제한되는 단점 때문에 링크 표현법에 비해 많이 사용되지는 않는다.

■ 링크 표현법

링크 표현법은 연결 리스트를 이용한 선형 자료구조를 표현 방식과 유사하다. 트리의 노드들은 메모리 공간상에 서로 흩어져 있고, 하나의 노드는 데이터 필드와 링크 필드를 갖는다. 그림 8.18은 링크 표현법에서의 이진트리 노드의 구조인데, 이중 연결 리스트의 노드에서와 같이 두 개의 포인터 변수를 갖는다. 이들은 각각 왼쪽 자식 노드와 오른쪽 자식 노드를 가리킨다. 이중 연결 리스트에서는 이들이 각각 선행 노드와 후속 노드를 가리켰던 것을 기억하라. 앞의 그림 8.17의 트리들을 링크 표현법으로 다시 그려보면 그림 8.19와 같다.

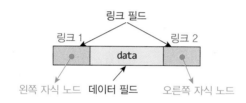

| 그림 8.18 링크 표현법에서의 이진트리 노드의 구조

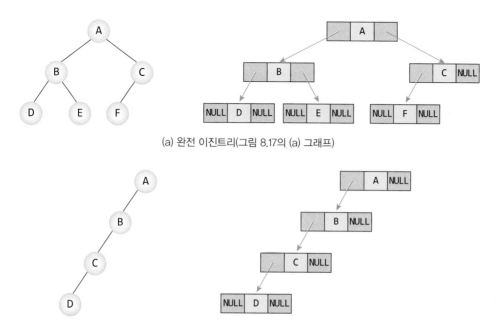

| 그림 8.19 이진트리의 링크 표현법

8.4 링크 표현법을 이용한 이진트리의 구현

이진트리를 위한 클래스를 설계해 보자. 링크 표현법으로 이진트리를 구현하기 위해서는 트리 클래스와 함께 노드 클래스가 정의되어야 한다. 먼저 노드에 대해 알아보자.

이 장에서는 클래스 다이어그램을 조금 더 일반적으로 표현할 수 있는 방법에 대해 알아보자. 앞에서 공부한 다른 자료구조도 마찬가지이지만 이진트리의 노드에 저장되는 데이터에는 제한이 없다. 또한 노드에 저장될 자료형이 다르더라도 이진트리의 연산은 동일하다. 따라서 자료형을 매개변수처럼 사용하여 일반화된 클래스 다이어그램을 나타낼 수 있다. 이 것은 C++의 **템플릿**(template)의 개념을 의미하는데, 어떤 특정한 자료형을 관리하는 이 진트리가 아니라 매개변수화 된, 즉 T라는 자료형을 처리하는 이진트리를 클래스 다이어그 램으로 표현하는 것이다. 그림 8.20은 이와 같이 트리의 노드에 대해 템플릿 형식으로 표 현된 UML 다이어그램을 보여준다. 그림에서 T는 노드에 저장할 데이터의 자료형을 의미 하는데, 어떤 내장 자료형이나 클래스도 될 수 있다. 따라서 하나의 자료형을 지정한 클래 스 다이어그램에 비해 보다 일반적인 클래스의 설계도로 볼 수 있다.

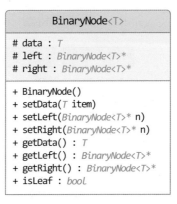

| 그림 8.20 템플릿 형식으로 표현된 이진트리 노드의 클래스 다이어그램

이 책에서는 STL을 제외한 템플릿에 대해서는 깊이 다루지 않는다. **템플릿**과 **제너릭** (generic) 프로그래밍에 대해서는 C++ 도서들을 참고하기 바란다.

이제 링크 표현법을 이용한 이진트리의 클래스 다이어그램을 완성하자. 단순화를 위해 노 드에 정수를 저장한다고 하면 그림 8.20에서 자료형 T는 int가 된다. 전체 클래스 다이어 그램은 그림 8.21과 같다. 노드 클래스 BinaryNode는 데이터 멤버와 이들 멤버의 접근 함수를 제공한다. isLeaf() 연산은 현재 노드가 단말 노드인지를 검사한다.

이진트리 클래스인 BinaryTree는 루트 노드의 포인터를 데이터 멤버로 갖는다. isEmpty() 연산은 트리가 공백인지를 검사하는데, root가 NULL인지를 확인하면 된다. 트리 의 순회를 포함한 다른 연산들은 다음절에서 알아본다.

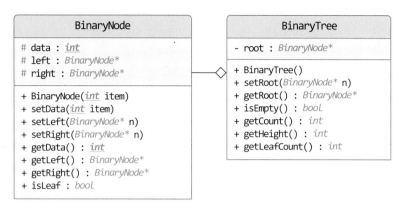

| 그림 8.21 이진트리를 위한 클래스 다이어그램

링크 표현법에서는 루트 노드를 가리키는 포인터만 있으면 트리안의 모든 노드들을 접근할 수 있다. 이것은 연결 리스트 방식과 아주 유사한데, 포인터에 의하여 연결된 구조이기 때문이다. 연결 리스트가 1차원적으로 연결된 구조라면 링크로 표현된 이진트리는 2차원적으로 연결된 구조이다. 프로그램 8.1과 프로그램 8.2는 각각 노드 클래스와 이진트리 클래스를 구현한 예를 보인다.

프로그램 8.1   이진트리 노드 클래스의 구현

```
01  // BinaryNode.h: 이진트리를 위한 노드 클래스
02  #include <cstdio>          /* C 헤더파일 <stdio.h>을 포함하는 것과 동일 */
03  class BinaryNode
04  {
05  protected:
06      int      data;         // 트리에 저장할 데이터
07      BinaryNode* left;      // 왼쪽 자식 노드의 포인터
08      BinaryNode* right;     // 오른쪽 자식 노드의 포인터
09  public:
10      BinaryNode( int val=0, BinaryNode* l=NULL, BinaryNode* r=NULL)
11          : data(val), left(l), right(r) { }
12      void setData (int val)         { data = val; }
13      void setLeft (BinaryNode *l)   { left = l; }
14      void setRight(BinaryNode *r)   { right= r; }
15      int  getData ()                { return data; }
```

```
16        BinaryNode* getLeft ()        { return left; }
17        BinaryNode* getRight()        { return right; }
18        bool isLeaf()  { return left==NULL && right==NULL; }
19  };
```

코드 설명

3행 이진트리의 노드 클래스 선언.

5행 상속을 고려해 데이터 멤버들을 protected로 선언.

6행 노드에 저장할 데이터. 단순화를 위해 int를 저장하도록 함.

7~8행 왼쪽 자식과 오른쪽 자식에 대한 포인터 변수.

10~11행 생성자. 디폴트 매개변수를 사용하였으며, 멤버 초기화 리스트를 이용해서 데이터 멤버를 초기화하였음.

12~14행 데이터 멤버를 설정하는 함수.

15~17행 데이터 멤버를 반환하는 함수.

18행 현재 노드가 단말 노드인지를 검사하는 함수. 단말 노드가 되기 위해서는 왼쪽 자식과 오른쪽 자식이 모두 없어야 함.

프로그램 8.2 | 이진트리 클래스의 구현

```
01  // BinaryTree.h: 이진트리 클래스
02  #include "BinaryNode.h"
03  class BinaryTree
04  {
05      BinaryNode*   root;
06  public:
07      BinaryTree(): root(NULL) { }
08      void setRoot(BinaryNode* node) { root = node; }
09      BinaryNode* getRoot()         { return root; }
10      bool isEmpty() { return root==NULL; }
11
12      // 이진트리의 순회 연산: 8.5절에서 공부함
13      void inorder()     {...}
14      void preorder()    {...}
15      void postorder()   {...}
16      void levelorder( ) {...}
17
18      // 이진트리의 추가 연산: 8.6절에서 공부함
```

```
19        int  getCount()     {...}
20        int  getHeight()    {...}
21        int  getLeafCount() {...}
22   };
```

코드 설명

3행 이진트리 클래스 선언.

5행 데이터 멤버로는 루트 노드에 대한 포인터만 있으면 됨.

7행 생성자. 새로운 트리 생성 시 루트는 NULL이 되어야 함.

10행 root가 NULL이면 공백 트리임.

13행~21행 이진트리의 순회 연산과 각종 추가 연산. 다음 절에서 설명.

프로그램 8.3　이진트리 테스트 프로그램(그림 8.19 (a) 이진트리 생성)

```
01   // 8장-BinaryTree.cpp: 이진트리 테스트 프로그램
02   #include "BinaryTree.h"
03   void main()
04   {
05       BinaryTree tree;
06       BinaryNode *d = new BinaryNode('D', NULL, NULL );
07       BinaryNode *e = new BinaryNode('E', NULL, NULL );
08       BinaryNode *b = new BinaryNode('B', d, e );
09       BinaryNode *f = new BinaryNode('F', NULL, NULL );
10       BinaryNode *c = new BinaryNode('C', f, NULL );
11       BinaryNode *a = new BinaryNode('A', b, c );
12       tree.setRoot(a);
13   }
```

프로그램 8.3은 그림 8.19의 (a)와 같은 이진트리를 생성하는 과정을 보여준다. 6개의 노드로 이루어졌으며 모두 동적으로 생성된다. 트리를 만들기 위해 자식 노드들을 일일이 지정해 주고 있는 것에 유의하라. 만들어진 트리의 현재 상태를 알아보기 위한 출력 함수도 호출하지 않았다. 선형 자료형과는 달리 트리의 내용을 보기 좋게 화면에 출력하는 것은 간단하지가 않다. 이들 연산은 다음 절에서 다룬다. 이 프로그램에서는 동적으로 생성된 메모리를 해제하는 부분도 누락되었다.

8.5 이진트리의 순회

트리를 **순회**(traversal)한다는 것은 트리에 속하는 모든 노드를 한 번씩 방문하여 노드가 가지고 있는 데이터를 목적에 맞게 처리하는 것을 의미한다. 우리가 트리를 사용하는 목적은 트리 노드에 자료를 저장하고 필요에 따라 이 자료를 처리하기 위해서이다. 따라서 트리에 포함된 모든 노드들을 순차적으로 방문하는 것은 가장 기본적인 연산이다. 지금까지 공부한 선형 자료구조에서는 그림 8.22의 (a)와 같이 자료가 순차적으로 들어 있기 때문에 순회하는 방법이 하나뿐이었다. 그러나 트리는 그렇지 않다. (b)와 같이 동일한 트리에서도 여러 순회 방법이 존재한다.

(a) 큐에서의 순회(선형 자료구조)

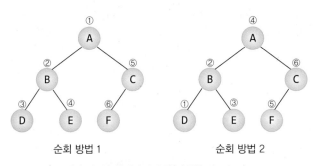

(b) 이진트리에서의 순회(비선형 자료구조)

| 그림 8.22 큐와 이진트리의 순회 방법 비교

▪ 이진트리 순회 방법

이진트리를 순회하는 표준적인 방법에는 전위, 중위, 후위의 3가지 방법이 있다. 이는 루트와 왼쪽 서브트리, 오른쪽 서브트리를 각각 어떤 순서로 방문하느냐에 따라 구분된다. 만약 루트를 방문하는 작업을 V라고 하고 왼쪽 서브트리 방문을 L, 오른쪽 서브트리 방문을 R이라고 하면 다음과 같이 3가지 방법을 생각할 수 있다.

- **전위 순회**(preorder traversal): VLR
- **중위 순회**(inorder traversal): LVR
- **후위 순회**(postorder traversal): LRV

| 그림 8.23 이진트리의 순회 환경

그러면 각 서브트리의 노드들은 또 어떤 식으로 방문할까? 이진트리에서는 각각의 서브트리도 이진트리이므로 서브트리에서도 동일한 순회 방법을 적용한다. 즉 전위 순회라면 서브트리에 들어 있는 노드들도 VLR의 순서대로 순회된다.

트리의 순회에서 우리는 앞 장에서 공부했던 순환 기법을 사용한다. 순환을 이용하면 순회 코드가 매우 간단해진다. 실제로 순환을 사용하지 않는다면 순회 알고리즘이 매우 복잡해 질 것이다.

그러면 순회 알고리즘은 어떻게 순환을 이용하는 것일까? 그림 8.24의 이진트리에서 보면 전체 트리나 서브트리나 그 구조는 완전히 동일한 것을 알 수 있다. 따라서 전체 트리 순회에 사용된 알고리즘은 똑같이 서브트리에 적용할 수 있다. 다만 문제의 크기가 작아진다. 따라서 앞 장의 하노이 탑에서와 같이 문제의 구조는 동일하고 문제의 크기만 작아지는 경우이므로 순환이 최선의 해결책이다. 전위 순회부터 차례대로 살펴보자.

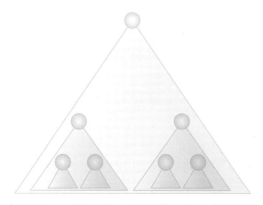

| 그림 8.24 전체 트리나 서브트리나 구조는 동일하다.

전위 순회(preorder)

전위 순회는 루트를 먼저 방문하고 그 다음에 왼쪽 서브트리를 방문하고 오른쪽 서브트리를 마지막으로 방문하는 것이다.

| 그림 8.25 전위 순회

전위 순회 알고리즘은 다음과 같다.

| 알고리즘 8.1 트리 전위 순회 알고리즘

---

preorder(x)

```
if x≠NULL                    // x가 NULL이 아닐 때만 처리
    then print DATA(x);      // ① 루트(x) 노드 처리
         preorder(LEFT(x));  // ② 왼쪽 서브트리 방문
         preorder(RIGHT(x)); // ③ 오른쪽 서브트리 방문
```

전위 순회에서 루트 노드의 방문을 마쳤다고 가정하자. 그러면 왼쪽 서브트리를 방문할 차례이다. 그러면 왼쪽 서브트리의 어떤 노드를 먼저 방문하여야 할까? 왼쪽 서브트리도 하나의 이진트리이다. 따라서 전체트리와 똑같은 방식으로 서브트리를 방문하면 된다. 즉, 왼쪽 서브트리의 루트를 먼저 방문하고 왼쪽 서브트리의 왼쪽 서브트리를 그 다음에, 마지막으로 왼쪽 서브트리의 오른쪽 서브트리를 방문하면 된다. 즉, 모든 서브트리에 대하여 같은 알고리즘을 반복한다.

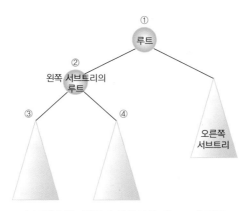

| 그림 8.26 전위 순회에서의 서브트리 방문

중위 순회(inorder)

중위 순회에서는 왼쪽 서브트리, 루트, 오른쪽 서브트리 순으로 방문한다. 알고리즘은 다음과 같다.

| 그림 8.27 중위 순회

| 알고리즘 8.2 트리 중위 순회 알고리즘

```
inorder(x)

if  x≠NULL                    // x가 NULL이 아닐 때만 처리
    then inorder(LEFT(x));    // ① 왼쪽 서브트리 방문
         print DATA(x);       // ② 루트(x) 노드 처리
         inorder(RIGHT(x));   // ③ 오른쪽 서브트리 방문
```

후위 순회(postorder)

후위 순회는 왼쪽 서브트리, 오른쪽 서브트리, 루트 순으로 방문한다. 다음은 후위 순회를 정리한 것이다.

| 그림 8.28 후위 순회

| 알고리즘 8.3 트리 후위 순회 알고리즘

---

postorder(x)

```
if  x≠NULL                          // x가 NULL이 아닐 때만 처리
    then   postorder(LEFT(x));      // ① 왼쪽 서브트리 방문
           postorder(RIGHT(x));     // ② 오른쪽 서브트리 방문
           print DATA(x);           // ③ 루트(x) 노드 처리
```

그림 8.29는 동일한 트리를 전위, 중위, 후위 순회 방식으로 노드를 방문한 순서를 숫자로 표시하고 있다.

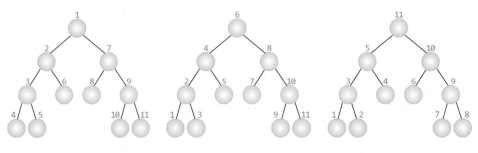

(a) 전위 순회   (b) 중위 순회   (c) 후위 순회

| 그림 8.29 전위, 중위, 후위 순회에 따른 노드 방문 순서 비교

순회 방법의 선택

트리와 관련된 문제를 해결할 때 트리의 순회 알고리즘만 이용해도 문제를 해결할 수 있는 경우가 많다. 그렇다면 주어진 문제를 해결하기 위해 어떤 순회 방법을 사용해야 할까?

- 순서는 중요치 않고 노드를 전부 방문하기만 하면 된다면 3가지의 방법 중에 어떤 것이든지 관계없다. 예를 들어, 트리의 모든 노드 값을 순서와 상관없이 출력하기만 한다면 순회 방법은 중요하지 않다.
- 자식 노드를 처리한 다음에 부모 노드를 처리해야 하는 문제라면 당연히 후위순회를 사용하여야 한다. 예를 들어, 디렉터리의 용량을 계산하려면 후위 순회를 사용하여야 한다. 왜냐하면 하위 디렉터리의 용량이 계산되어야 만이 현재의 디렉터리 용량을 계산할 수 있기 때문이다.
- 부모 노드를 처리한 다음에 자식 노드를 처리해야 한다면 전위 순회를 사용하여야 한다. 예를 들어, 모든 노드의 레벨을 계산하기 위해서는 전위 순회를 사용해야 한다. 루트 노드의 레벨이 1이고 어떤 노드의 레벨은 부모 노드의 레벨보다 1이 크기 때문이다.

▪ 전위, 중위, 후위 순회 구현

앞에서 표준적인 순회 알고리즘을 공부했는데, 알고리즘 자체가 순환으로 기술되었다. 이를 C++로 구현할 때에도 순환을 사용하는 것이 편리하다. 프로그램 8.4는 순환을 이용하여 세 가지 표준 순회 알고리즘을 구현하였다.

프로그램 8.4	이진트리 클래스의 순회 함수 구현 및 테스트 프로그램

```
01  // BinaryTree.h: 이진트리 클래스 (프로그램 8.2에 함수 추가)
02  ...
03  class BinaryTree {
04      ...
05      // 이진트리의 inorder 순회 연산
06      void inorder() { printf("\n   inorder: "); inorder(root); }
07      void inorder(BinaryNode *node) {              // 순환적인 트리의 순회 함수
08          if( node != NULL ) {
09              inorder(node->getLeft());
```

```
10              printf( " [%c] ", node->getData());
11              inorder(node->getRight());
12          }
13      }
14      // 이진트리의 preorder 순회 연산
15      void preorder()     { printf("\n preorder: "); preorder(root); }
16      void preorder(BinaryNode *node) {          // 순환적인 트리의 순회 함수
17          if( node != NULL ) {
18              printf( " [%c] ", node->getData());
19              preorder(node->getLeft());
20              preorder(node->getRight());
21          }
22      }
23      // 이진트리의 postorder 순회 연산
24      void postorder() { printf("\n postorder: "); postorder(root); }
25      void postorder(BinaryNode *node) {          // 순환적인 트리의 순회 함수
26          if( node != NULL ) {
27              postorder(node->getLeft());
28              postorder(node->getRight());
29              printf( " [%c] ", node->getData());
30          }
31      }
32  };
33
34  // 8장-BinaryTree.cpp: 이진트리 테스트 프로그램 (프로그램 8.3에 코드 추가)
35  #include "BinaryTree.h"
36  void main() {
37      BinaryTree tree;
38      ...
39      tree.setRoot(a);
40      tree.inorder();
41      tree.preorder();
42      tree.postorder();
43      printf("\n");
44  }
```

```
 C:\Windows\system32\cmd.exe

  inorder:   [D]   [B]   [E]   [A]   [F]   [C]
  preorder:  [A]   [B]   [D]   [E]   [C]   [F]
 postorder:  [D]   [E]   [B]   [F]   [C]   [A]
계속하려면 아무 키나 누르십시오 . . . ■
```

이진트리의 순회 연산이 각각 두 개의 함수(함수 중복)로 이루어진 것에 유의하라. inorder()는 외부에서 호출되는 중위 순회의 인터페이스 함수이고, inorder(BinaryNode* node)는 순환 호출을 통해 실제로 모든 노드를 방문하는 함수이다(이 함수는 일반 함수로 구현하거나 private로 선언해도 된다).

노드 클래스에서 순회의 구현

객체지향언어인 C++에서는 객체에서 멤버 함수를 호출하는 방식을 사용하므로 순회 함수들도 노드 클래스의 멤버 함수로 구현할 수 있다(이것은 프로그램 6.5의 단순 연결 리스트를 위한 노드 클래스에 삽입과 삭제 연산을 추가하는 것과 동일한 의미이다). 다음은 실제적인 중위 순회를 트리 클래스가 아니라 노드 클래스에서 담당하도록 구현한 코드이다.

```
// 현재 노드를 루트로 갖는 서브트리에서의 중위 순회
void BinaryNode::inorder(){
    if(left !=NULL) left->inorder();        // 왼쪽서브트리 처리. NULL이 아닐 때만 처리해야 함.
    printf("%d", data );                    // 현재 노드 처리
    if(right!=NULL) right->inorder();       // 오른쪽서브트리 순회. NULL이 아닐 때만 처리해야 함.
}
```

이 함수는 하나의 노드 객체에서 호출되는데, 노드 자신을 기준으로 순회 연산을 처리한다. 트리에서는 이와 같이 노드 클래스에서 처리할 수 있는 연산들이 많은데, 이것은 모든 노드를 그 노드를 루트로 하는 하나의 트리로 생각할 수 있기 때문이다. 만약 이와 같이 실제적인 순환 연산을 노드 클래스에서 구현한다면 트리 클래스의 inorder(BinaryNode* node) 함수는 더 이상 필요 없다. 또한 inorder() 연산의 코드는 다음과 같이 수정되어야 한다.

```
// 이진트리의 중위 순회 연산
void BinaryTree::inorder(){
    printf("\n  inorder: ");
    if(!isEmpty()) root->inorder();         // 공백이 아닐 때만 처리
}
```

■ 레벨 순회

표준적인 순회 방법은 아니지만 레벨 순회도 많이 사용된다. **레벨 순회(level order)**는 각 노드를 레벨 순으로 검사하는 순회 방법이다. 루트 노드의 레벨이 1이고 아래로 내려갈수록 레벨은 증가한다. 동일한 레벨의 경우에는 좌에서 우로 방문한다. 앞에서의 세 가지 표준 순회 방법은 순환을 사용하므로 내부적으로 스택이 사용되었다고 볼 수 있다. 레벨 순회는 큐를 사용한다.

레벨 순회는 큐에서 노드를 하나 꺼내 방문하고 그 자식들을 큐에 삽입한다. 이때, 자식이 없으면 삽입하지 않고, 왼쪽 자식을 먼저 오른쪽 자식을 다음에 처리한다. 이 과정은 큐가 공백 상태가 될 때까지 반복한다. 처음에는 큐에 루트 노드만 들어 있다.

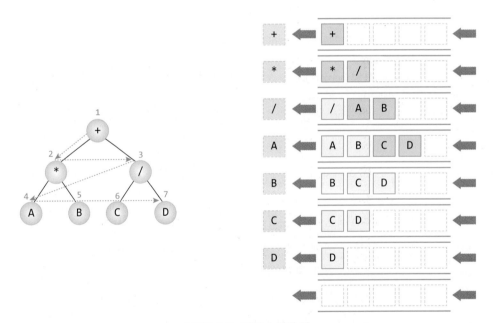

| 그림 8.30 레벨 순회의 예

그림 8.30을 예로 들어 보자. 먼저 루트 노드인 +가 큐에 입력된 상태에서 순회가 시작된다. 큐에서 하나를 삭제하면 +가 나오게 되고 노드 +를 방문한 다음, 노드 +의 왼쪽 자식 *와 오른쪽 자식 /를 큐에 삽입한다. 다시 큐에서 하나(*노드)를 꺼내고 같은 과정을 반복한다. 그림은 레벨 순회에서 큐의 변화 과정과 각각의 노드가 방문되는 순서를 나타내고 있다. 알고리즘 8.4는 이진트리의 레벨 순회 알고리즘을 보여준다. 순환을 사용하지 않음

에 유의하라.

| 알고리즘 8.4 트리 레벨 순회 알고리즘

level_order()

initialize queue;
queue.enqueue(root);
while queue.isEmpty()≠**TRUE** do
    x ← queue.dequeue();
    if(x≠NULL) **then**
        print DATA(x);
        queue.enqueue(LEFT(x));
        queue.enqueue(RIGHT(x));

레벨 순회를 구현하면 프로그램 8.5와 같다. 큐는 4장에서 공부한 원형 큐를 사용하면 된다. 큐에서 data의 자료형은 트리 노드의 포인터 형인 BinaryNode*가 되어야 한다. 다른 순회 방법과 달리 레벨 순회는 순환을 사용하지 않으므로 전위, 중위, 후위 순회와는 달리 추가적인 함수의 구현이 필요 없다. 또한 노드 클래스에서 구현할 수 없고 반드시 트리 클래스에서 구현되어야 한다. 프로그램 8.5는 레벨 순회에 사용할 원형 큐 클래스와 이진 트리 클래스에 멤버 함수로 추가되는 레벨 순회 함수를 보여주고 있다.

프로그램 8.5 레벨 순회 프로그램

```
// CircularQueue.h: 노드의 포인터를 저장하는 큐 클래스
#include "BinaryNode.h"
#include <stdlib.h>
inline void error( char* str ) {
    fprintf(stderr, "%s\n", str);
    exit(1);
};
#define MAX_QUEUE_SIZE  100
class CircularQueue {
    int  front;                     // 첫 번째 요소 앞의 위치
    int  rear;                      // 마지막 요소 위치
```

```
        BinaryNode* data[MAX_QUEUE_SIZE];        // 요소의 배열
public:
        CircularQueue()      { front = rear = 0; }
        bool isEmpty()       { return front == rear; }
        bool isFull()        { return (rear+1)%MAX_QUEUE_SIZE == front; }
        void enqueue( BinaryNode* n ) {                // 큐에 삽입
            if( isFull() ) error("  Error: 큐가 포화상태입니다\n");
            else {
                rear = (rear+1) % MAX_QUEUE_SIZE;
                data[rear] = n;
            }
        }
        BinaryNode* dequeue( ) {                        // 첫 항목을 큐에서 빼서 반환
            if( isEmpty() ) error("  Error: 큐가 공백상태입니다\n");
            else {
                front = (front+1) % MAX_QUEUE_SIZE;
                return data[front];
            }
        }
};


// BinaryTree.h: 이진트리 클래스 (프로그램 8.2에 함수 추가)
...
class BinaryTree {
        ...
        // 이진트리의 레벨 순회 연산
01      void levelorder( ) {
02          printf("\nlevelorder: ");
03          if( !isEmpty() ) {
04              CircularQueue q;
05              q.enqueue( root );
06              while ( !q.isEmpty() ) {
07                  BinaryNode* n = q.dequeue();
08                  if( n != NULL ) {
09                      printf(" [%c] ", n->getData());
10                      q.enqueue(n->getLeft ());
11                      q.enqueue(n->getRight());
12                  }
```

```
13                    }
14            }
15            printf("\n");
16     }
17 };

   void main() {
       ...
       tree.levelorder();
   }
```

```
C:\Windows\system32\cmd.exe
levelorder:   [A]   [B]   [C]   [D]   [E]   [F]
계속하려면 아무 키나 누르십시오 . . .
```

코드 설명

3행 공백 트리가 아닌 경우만 처리함.

4행 원형 큐 객체 생성.

5행 최초에 큐에는 루트 노드만 들어 있음.

6행 큐가 공백 상태가 아닌 동안.

7행 큐에서 맨 앞의 노드 n을 꺼냄.

9행 먼저 노드의 정보를 출력.

10행 n이 왼쪽 자식 노드를 큐에 삽입.

11행 n의 오른쪽 자식 노드를 큐에 삽입.

동일한 트리에 대한 레벨 순회 결과를 보면 루트 노드부터 각 레벨별로 순차적으로 노드를 출력하는 것을 알 수 있다. 이것은 다른 순회 방법에 비해 결과를 이해하기가 비교적 쉽다.

8.6 이진트리 연산

순회 이외에도 이진트리와 관련된 여러 가지 연산들이 있다. 몇 가지를 살펴보자.

▪ 트리의 노드 개수 구하기

트리의 전체 노드의 개수를 계산할 수 있다. 기본적으로 노드의 개수를 세기 위해서는 트리 안의 노드들을 전체적으로 순회하여야 한다. 트리의 노드의 개수는 왼쪽 서브트리의 노드 개수와 오른쪽 서브트리의 노드 개수에 루트 노드를 더하면 된다. 서브트리의 노드 개수는 순환 호출로 계산한다. 다음은 유사 코드로 표시된 알고리즘이다.

| 알고리즘 8.5 이진트리에서 노드 개수 구하는 알고리즘

```
getCount(x)

if x = NULL
    then return 0;
    else return 1+getCount(LEFT(x))+getCount(RIGHT(x));
```

| 프로그램 8.6 | 이진트리에서 노드 개수 구하는 멤버 함수

```
01    // BinaryTree.h: 이진트리 클래스(프로그램 8.2)에 멤버함수 추가
02    // 트리의 노드 개수를 구하는 함수
03    int getCount() { return isEmpty() ? 0 : getCount(root); }
04    // 순환 호출에 의해 node를 루트로 하는 서브트리의 노드 수 계산 함수
05    int getCount(BinaryNode *node) {
06        if( node == NULL ) return 0;
07        return 1 + getCount(node->getLeft())
08                 + getCount(node->getRight());
09    }
```

코드 설명

3행 외부 인터페이스를 위한 함수. 공백 트리이면 0을 반환하고 아니면 getCount(root)를 호출하여 결과를 반환함.

5행 순환을 이용하여 현재 노드 node를 루트로 하는 서브트리의 노드 수를 계산하는 함수.

6행 node가 NULL이면 공백 트리이므로 0을 반환함.

7~8행 공백 트리가 아니면 왼쪽 서브트리의 노드 개수와 오른쪽 서브트리의 노드 개수를 합하고 현재 노드에 의한 1을 더한 값을 반환함.

■ 단말 노드 개수 구하기

단말 노드의 개수를 세기 위해서는 트리 안의 노드들을 전체적으로 순회하여야 한다. 순회하면서 만약 왼쪽 자식과 오른쪽 자식이 동시에 0이 되면 단말 노드이므로 1을 반환한

다. 만약 그렇지 않으면 비단말 노드이므로 각각의 서브트리에 대하여 순환 호출한 다음, 반환되는 값을 서로 더하면 된다. 다음은 유사 코드로 표시된 알고리즘이다.

| 알고리즘 8.6 이진 탐색 트리에서 단말 노드 개수 구하는 알고리즘

getLeafCount(x)

```
if x = NULL then return 0;
if LEFT(x)=NULL and RIGHT(x)=NULL
    then return 1;
    else return getLeafCount(LEFT(x))+getLeafCount(RIGHT(x));
```

프로그램 8.7   이진트리의 단말 노드 개수 구하는 멤버 함수

```
01  // BinaryTree.h: 이진트리 클래스(프로그램 8.2)에 멤버함수 추가
02  // 트리의 단말노드 개수를 구하는 함수
03  int getLeafCount(){ return isEmpty() ? 0 : getLeafCount(root); }
04  // 순환 호출에 의해 node를 루트로 하는 서브트리의 단말 노드 수 계산 함수
05  int getLeafCount(BinaryNode *node) {
06      if( node == NULL ) return 0;
07      if( node->isLeaf() ) return 1;
08      else return getLeafCount(node->getLeft())
09                  + getLeafCount(node->getRight());
10  }
```

코드 설명

3행 외부 인터페이스를 위한 함수. 공백 트리이면 0을 반환하고 아니면 getLeafCount(root)를 호출하여 결과를 반환함.

5행 순환을 이용하여 현재 노드 node를 루트로 하는 서브트리의 단말 노드 수를 계산하는 함수.

6행 node가 NULL이면 공백 트리이므로 0을 반환함.

7행 node가 단말 노드이면 1을 반환함.

8~9행 단말 노드가 아니면 왼쪽 서브트리의 단말노드 개수와 오른쪽 서브트리의 단말 노드 개수를 합한 값을 반환함.

▪ 높이 구하기

트리의 높이를 구하는 알고리즘도 순환을 이용하여 해결할 수 있다. 이것도 마찬가지로 먼저 각 서브트리에 대하여 순환 호출을 하여야 한다. 순환 호출이 끝나면 각각 서브트리로부터 서브트리의 높이가 반환되어 왔을 것이다. 그러면 어떻게 현재 트리의 높이를 구해야 하는가? 트리의 높이는 왼쪽 서브트리와 오른쪽 서브트리 중에서 더 높은 트리를 먼저 찾는다. 현재 트리의 높이는 더 높은 서브트리의 높이보다 1 더 높다. 서브트리의 반환 값을 서로 더하는 것이 아닌 것에 유의하라. 다음은 높이를 구하는 알고리즘이다.

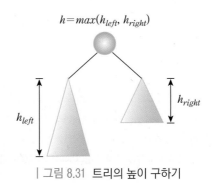

$$h = max(h_{left}, h_{right})$$

| 그림 8.31 트리의 높이 구하기

| 알고리즘 8.7 이진트리에서 높이를 구하는 알고리즘

getHeight(x)

if x = NULL

    then return 0;

    else return 1 + max(getHeight(LEFT(x)), getHeight(RIGHT(x)));

프로그램 8.8　　이진트리의 높이를 구하는 멤버 함수

```
01   // BinaryTree.h: 이진트리 클래스(프로그램 8.2)에 멤버함수 추가
02   // 트리의 높이를 구하는 함수
03   int getHeight()      { return isEmpty() ? 0 : getHeight(root); }
04   // 순환 호출에 의해 node를 루트로 하는 서브트리의 높이 계산 함수
05   int getHeight(BinaryNode *node)       {
```

```
06        if( node == NULL ) return 0;
07        int   hLeft  = getHeight(node->getLeft());
08        int   hRight = getHeight(node->getRight());
09        return (hLeft>hRight) ? hLeft+1 : hRight+1;
10    }
```

코드 설명

3행 외부 인터페이스를 위한 함수. 공백 트리이면 0을 반환하고 아니면 getHeight(root)를 호출하여 결과를 반환함.

5행 순환을 이용하여 트리의 높이를 계산하는 함수.

6행 node가 NULL이면 공백 트리이므로 0을 반환함.

7행 왼쪽 서브트리의 높이를 계산하여 hLeft에 저장.

8행 오른쪽 서브트리의 높이를 계산하여 hRight에 저장.

9행 hLeft와 hRight 중에서 큰 값을 선택하고 1을 더한 값을 반환함.

이들 연산들도 모두 순환 호출을 사용하므로 클래스 외부로 제공하는 함수와 함께 실제 순환적인 호출이 이루어지는 함수로 나누어지는 것에 유의하라. 이러한 순환 호출 함수도 레벨 순회를 제외한 순회 연산들에서와 같이 노드 클래스의 멤버 함수로도 구현할 수 있다. 프로그램 8.9는 앞에서 구현한 이진트리의 연산들을 테스트하는 프로그램과 결과이다.

프로그램 8.9   트리 연산들의 테스트 프로그램

```
01    // 8장-BinaryNode.cpp: 이진트리 테스트 프로그램 (프로그램 8.3에 코드 추가)
02    #include "BinaryTree.h"
03    void main() {
04        ...
05
06        printf(" 노드의 개수 = %d\n", tree.getCount());
07        printf(" 단말의 개수 = %d\n", tree.getLeafCount());
08        printf(" 트리의 높이 = %d\n", tree.getHeight());
09    }
```

8.7 이진트리 응용

■ 수식 트리

이진트리 순회는 **수식 트리**(expression tree)를 처리하는데 사용될 수 있다. 수식 트리는 산술식이나 논리식의 연산자와 피연산자들로부터 만들어진다. 피연산자들은 단말노드가 되며 연산자는 비단말 노드가 된다. 각 이진 연산자에 대하여 왼쪽 서브트리는 왼쪽 피연산자가 되며 오른쪽 서브트리는 오른쪽 피연산자를 나타낸다.

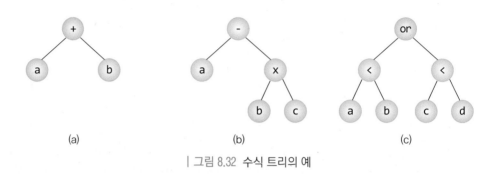

(a)   (b)   (c)

| 그림 8.32 수식 트리의 예

이들 수식 트리를 전위, 중위, 후위의 순회 방법으로 읽으면 각각 전위 표기 수식, 중위 표기 수식, 후위 표기 수식이 된다.

| 표 8.1 각 수식 트리에 대한 전위, 중위, 후위 순회 결과

수식	a + b	a − (b × c)	(a < b) or (c < d)
전위 순회	+ a b	− a × b c	or < a b < c d
중위 순회	a + b	a − b × c	a < b or c < d
후위 순회	a b +	a b c × −	a b < c d < or

이진트리로 표현된 수식을 계산하여 보자. 우리는 이미 스택을 이용하여 후위 표기 수식을 계산한 바 있다. 지금은 입력이 후위 표기 수식이 아니고 수식 트리임을 유의하여야 한다. 수식 트리의 루트 노드는 연산자이고 따라서 이 연산자의 피연산자인 서브트리들만 계산되면 전체 수식을 계산할 수 있다. 각각의 서브트리에서도 마찬가지로 자식 노드만 계산되면 루트에 저장된 연산자를 이용하여 수식을 계산할 수 있다. 따라서 여러 가지 순회 방법 중에서 **후위 순회**를 사용하여야 한다. 후위 순회는 항상 자식 노드들을 먼저 방문한

다음에, 루트 노드를 방문하기 때문이다.

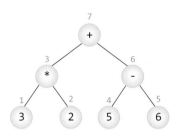

| 그림 8.33 수식 트리의 계산 순서

수식 트리의 계산 알고리즘을 유사 코드로 살펴보면 다음과 같다.

| 알고리즘 8.8 수식 트리 계산 프로그램

---

evaluate(exp)

if exp = NULL
　　then return 0;
　　else x←evaluate(LEFT(exp));
　　　　　y←evaluate(RIGHT(exp));
　　　　　op←DATA(exp);
　　　　　return (x op y);

프로그램 8.10은 이 알고리즘을 C++로 이용하여 구현한 것으로 프로그램 8.2에서 구현한 BinaryTree 클래스의 멤버 함수로 추가하였다. BinaryNode에서 데이터 필드를 정수로 정의하였으므로, 여기에 피연산자인 숫자를 저장하거나 아니면 연산자인 경우에는 연산자에 해당하는 하나의 문자('+', '-', '*', '/')가 저장된다.

프로그램 8.10 수식 트리의 계산을 위한 멤버 함수 추가

```
01  // BinaryTree.h: 이진트리 클래스(프로그램 8.2)에 멤버함수 추가
02  // 수식트리 계산 함수
03  int evaluate() { return evaluate(root); }
04  // 순환 호출에 의해 node를 루트로 하는 수식 트리의 계산 함수
```

```
05    int evaluate(BinaryNode *node) {
06        if( node == NULL ) return 0;
07        if( node->isLeaf() ) return node->getData();
08        else {
09            int op1 = evaluate(node->getLeft());
10            int op2 = evaluate(node->getRight());
11            switch(node->getData()){
12                case '+': return op1+op2;
13                case '-': return op1-op2;
14                case '*': return op1*op2;
15                case '/': return op1/op2;
16            }
17            return 0;
18        }
19    }
```

코드 설명

3행 외부 인터페이스를 위한 함수. evaluate(root)를 호출해 결과 반환.

5행 순환을 이용하여 수식 트리를 계산하는 함수.

6행 node가 NULL이면 공백 트리이므로 0을 반환함.

7행 단말 노드이면 피연산자이고, 따라서 그 노드의 값을 반환함.

8행 단말 노드가 아니면,

9행 왼쪽 서브트리를 계산하여 결과를 op1에 저장. 이때 순환 호출을 사용.

10행 오른쪽 서브트리를 계산하여 결과를 op2에 저장. 이때 순환 호출을 사용.

11~16행 현재 노드(연산자)의 연산자를 검사하여, +, −, *, /인 경우 그에 따른 연산(예: op1+op2)을 처리하여 결과를 반환함.

프로그램 8.11은 그림 8.36의 수식 트리를 동적으로 생성하고 계산한 결과를 출력한다.

프로그램 8.11   수식 트리의 계산 프로그램

```
01    // 8장-BinaryTree.cpp: 이진트리 테스트 프로그램 (프로그램 8.3에 코드 추가)
02    #include "BinaryTree.h"
03    void main()
04    {
```

```
05        ...
06        BinaryTree tree2;
07        //              +
08        //         *        -
09        //      3    2    5    6
10        BinaryNode *n1 = new BinaryNode ( 3 , NULL, NULL );
11        BinaryNode *n2 = new BinaryNode ( 2 , NULL, NULL );
12        BinaryNode *n3 = new BinaryNode ('*', n1, n2 );
13        BinaryNode *n4 = new BinaryNode ( 5 , NULL, NULL );
14        BinaryNode *n5 = new BinaryNode ( 6 , NULL, NULL );
15        BinaryNode *n6 = new BinaryNode ('-', n4, n5 );
16        BinaryNode *n7 = new BinaryNode ('+', n3, n6 );
17        tree2.setRoot(n7);
18        printf(" 계산 결과 = %d\n",tree2.evaluate());
19    }
```

> C:\Windows\system32\cmd.exe
> 계산 결과 = 5

■ 디렉터리 용량 계산

이진트리 순회는 디렉터리의 용량을 계산하는데도 사용될 수 있다. 단, 이진트리를 사용하여야 하기 때문에 하나의 디렉터리 안에 다른 디렉터리가 2개를 초과하여 있으면 안 된다. 예를 들어, 다음과 같은 디렉터리 구조에서 루트 디렉터리인 "내 문서"의 용량을 알려면 어떻게 하여야 할까?

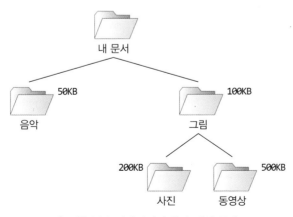

| 그림 8.34 디렉터리의 용량 계산 문제

하나의 디렉터리 안에 다른 디렉터리가 있을 수 있으므로 먼저 서브 디렉토리의 용량을 모두 계산한 다음에 루트 디렉터리의 용량을 계산하여야 할 것이다. 따라서 후위 순회를 사용하여야 한다. 후위 순회를 사용하되 순환 호출되는 순회 함수가 용량을 반환하도록 만들어야 한다. 따라서 순회 함수를 조금 변경하면 된다. 다음 프로그램 8.12과 8.13에 소스 코드를 나타내었는데, 그림 8.34의 디렉터리 상황을 트리로 나타내고 용량을 계산하여 출력하였다.

프로그램 8.12 디렉토리 용량 계산 함수

```
01  // BinaryTree.h: 이진트리 클래스(프로그램 8.2)에 멤버함수 추가
02  // 디렉터리 용량 계산 함수
03  int calcSize() { return calcSize(root); }
04  // 순환 호출에 의해 node를 루트로 하는 트리의 전체 용량 계산 함수
05  int calcSize(BinaryNode *node)        {
06      if(node == NULL) return 0;
07      return node->getData() + calcSize(node->getLeft())
08                             + calcSize(node->getRight());
09  }
```

코드 설명

3행 외부 인터페이스를 위한 함수. calcSize(root)를 호출해 결과 반환.

5행 순환을 이용하여 디렉터리 용량을 계산하는 함수.

6행 node가 NULL이면 공백 트리이므로 0을 반환함.

7~8행 왼쪽 서브트리와 오른쪽 서브트리의 용량을 각각 구해 더하고, 여기에 현재 디렉터리의 용량을 더한 값을 반환함.

프로그램 8.13 디렉터리 용량 계산 프로그램

```
01  // 8장-BinaryTree.cpp: 이진트리 테스트 프로그램 (프로그램 8.30에 코드 추가)
02  #include "BinaryTree.h"
03  void main()
04  {
05      ...
06      BinaryTree tree3;
07      BinaryNode *m4 = new BinaryNode ( 200, NULL, NULL );
```

디렉토리 용량 계산 결과 = 850 KB
계속하려면 아무 키나 누르십시오 . . .

```
08      BinaryNode *m5 = new BinaryNode ( 500, NULL, NULL );
09      BinaryNode *m3 = new BinaryNode ( 100, m4, m5 );
10      BinaryNode *m2 = new BinaryNode (  50, NULL, NULL );
11      BinaryNode *m1 = new BinaryNode (   0, m2, m3 );
12      tree3.setRoot(m1);
13      printf(" 디렉터리 용량 계산 결과 = %d KB\n",tree3.calcSize());
14   }
```

8.8 스레드 이진트리

이진트리의 세 가지 표준 순회는 순환 호출을 사용하고 레벨 순회는 큐를 사용하는 것을 알았다. 그렇다면 순환 호출이나 추가적인 자료구조가 필요 없이 순회를 구현할 수 없을까?

이진트리의 노드에는 많은 NULL 링크들이 존재한다. 만약 노드의 개수가 n이면 각 노드당 2개의 링크가 있으므로 전체 링크의 수는 2n이다. 이들 중 루트를 제외한 n-1개의 노드가 부모와 연결되었다. 따라서 2n개 중에서 n-1을 제외한 나머지 n+1개의 링크가 항상 NULL이다. 따라서 이들을 잘 활용하면 순환 호출 없이도 트리의 노드들을 순회할 수 있다. 이런 트리를 **스레드 이진트리**(threaded binary tree)라 한다.

중위 순회를 위한 스레드 이진트리를 살펴보자. 트리의 노드들을 중위 순회로 방문할 때 어떤 노드 바로 앞에 방문되는 노드를 **중위 선행자**(inorder predecessor)라 하고 바로 다음에 방문하는 노드를 **중위 후속자**(inorder successor)라 한다. 스레드 이진트리에서는 NULL 링크를 재사용한다. 링크 값이 NULL을 갖는 대신에 중위 선행자나 중위 후속자를 저장시켜 놓는 것이 스레드 이진트리의 핵심 아이디어이다. 이것은 스레드(thread), 즉 실을 이용하여 노드들을 순회 순서대로 연결시켜 놓는다는 의미이다. 그림 8.35에서 점선으로 표시한 링크들이 중위 후속자를 나타낸다(문제를 간단하게하기 위하여 중위 선행자는 생략하였다). A, B, D 노드의 오른쪽 링크가 NULL이 아니라 중위 순회에서 다음으로 방문되는 노드를 가리킨다. 중위 선행자도 동일한 방법으로 선언할 수 있다. 이 경우 B, D, E 노드의 왼쪽 자식링크가 C, G, F를 각각 가리키게 될 것이다.

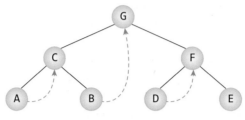

| 그림 8.35 스레트 이진트리

한 가지 문제가 남아 있다. 만약 이런 식으로 NULL 링크에 스레드가 저장되면 링크에 자식을 가리키는 포인터가 저장되어 있는지 아니면 NULL이 저장되어야 하는데 대신 스레드가 저장되어 있는지를 구별해주는 필드(bool 변수)가 필요하다.

스레드 이진트리의 구현

스레드 이진트리의 노드 클래스를 설계해보자. 프로그램 8.14는 프로그램 8.1의 BinaryNode 클래스를 스레드 이진트리를 위해 약간 확장하였다. 먼저 링크의 구별을 위해 노드의 클래스의 데이터 멤버에 bThread를 추가하는데, 만약 오른쪽 링크가 스레드이면 이 값은 true로 아니면 false로 유지해 준다. 이 멤버 추가에 따라 노드 클래스의 생성자에 이 값의 초기화를 위한 매개변수를 하나 추가하고 처리해야 한다. 결국 bThread가 true이면 right는 중위 후속이고 false이면 오른쪽 자식을 가리키는 포인터가 된다.

스레드 이진트리가 구성되었을 때, 중위 순회 연산은 어떻게 변경되어야 할까? 먼저 노드 p의 중위 후속자를 반환하는 함수 findSuccessor()를 만든다. findSuccessor()는 p의 bThread가 true로 되어 있으면 바로 오른쪽 자식이 중위 후속자가 되므로 오른쪽 자식을 반환한다. 만약 오른쪽 자식이 NULL이면 더 이상 후속자가 없다는 것이므로 NULL를 반환한다. 만약 bThread가 false면 서브트리의 가장 왼쪽 노드로 가야한다. 따라서 왼쪽 자식이 NULL이 될 때까지 왼쪽 링크를 타고 이동하고, 최종적인 왼쪽 자식 노드의 포인터를 반환한다.

프로그램 8.14 스레드 이진트리에서 노드 클래스

```
01  // 스레드 이진트리(Threaded Binary Tree)를 위한 노드 클래스
02  class ThreadedBinNode {
03      int                 data;
04      ThreadedBinNode     *left;
05      ThreadedBinNode     *right;
06  public:
07      bool                bThread;
08      ThreadedBinNode(int val, ThreadedBinNode *l, ThreadedBinNode *r,
09              bool bTh) : data(val), left(l), right(r), bThread(bTh) { }
10      int getData () { return data; }
11      void setRight(ThreadedBinNode *r) { right= r; }
12      ThreadedBinNode* getLeft () { return left; }
13      ThreadedBinNode* getRight() { return right; }
14  };
```

프로그램 8.15 스레드 이진트리 클래스

```
01  // 스레드 이진트리(Threaded Binary Tree)를 위한 트리 클래스
02  #include "ThreadedBinNode.h"
03  class ThreadedBinTree {
04      ThreadedBinNode*    root;
05  public:
06      ThreadedBinTree(): root(NULL) { }
07      void setRoot(ThreadedBinNode* node) { root = node; }
08      bool isEmpty() { return root==NULL; }
09
10      // 스레드 방식의 inorder 방문 함수
11      void threadedInorder() {
12          if( !isEmpty() ) {
13              printf("스레드 이진트리: ");
14              ThreadedBinNode *q = root;
15              while (q->getLeft())
16                  q=q->getLeft();                // 가장 왼쪽노드로 이동
17              do {
18                  printf("%c ", q->getData());   // 데이터 출력
19                  q = findSuccessor(q);          // 후속자 함수 호출
```

```
20              } while(q);
21              printf("\n");
22          }
23      }
24      // 후속자 함수 호출
25      ThreadedBinNode* findSuccessor(ThreadedBinNode* p){
26          ThreadedBinNode *q = p->getRight();              // 오른쪽 자식 포인터
27
28          // 만약 오른쪽 포인터가 NULL이거나 스레드이면 오른쪽 포인터를 반환
29          if( q==NULL || p->bThread ) return q;
30          // 만약 오른쪽 자식이면 다시 가장 왼쪽 노드로 이동
31          while( q->getLeft() != NULL ) q = q->getLeft();
32          return q;
33      }
34  };
```

코드 설명

11행 스레드 방식의 전위 순회 함수.

15~16행 먼저 q를 가장 왼쪽 노드로 이동함.

17~20행 q를 출력하고, 다음 노드를 찾아 q를 갱신. 이때 순환 호출을 사용하지 않고 findSuccessor() 함수를 호출하는 것에 유의할 것.

25행 후속자를 찾는 함수.

29행 오른쪽 자식 노드를 q가 NULL이거나 스레드 노드이면 후속자로 q 반환.

31~32행 아니면 다시 가장 왼쪽 노드를 찾아 반환.

프로그램 8.16은 스레드 이진트리 테스트 프로그램을 보여주고 있다. 스레드 트리는 순회를 빠르게 하는 장점이 있으나 문제는 스레드를 설정하기 위하여 삽입이나 삭제 함수가 더 많은 일을 하여야 한다는 것이다.

프로그램 8.16 스레드 이진트리 테스트 프로그램

```
01  // 스레드 이진트리 테스트 프로그램
02  #include "ThreadedBinTree.h"
03  void main() {
04      ThreadedBinTree tree;
05      //              G
06      //          C       F
07      //        A   B   D   E
08      ThreadedBinNode*n1 = new ThreadedBinNode('A', NULL, NULL, true );
09      ThreadedBinNode*n2 = new ThreadedBinNode('B', NULL, NULL, true );
10      ThreadedBinNode*n3 = new ThreadedBinNode('C', n1, n2, false );
11      ThreadedBinNode*n4 = new ThreadedBinNode('D', NULL, NULL, true );
12      ThreadedBinNode*n5 = new ThreadedBinNode('E', NULL, NULL, false );
13      ThreadedBinNode*n6 = new ThreadedBinNode('F', n4, n5, false );
14      ThreadedBinNode*n7 = new ThreadedBinNode('G', n3, n6, false );
15      tree.setRoot(n7);
16      // 스레드 설정
17      n1->setRight(n3);
18      n2->setRight(n7);
19      n4->setRight(n6);
20      // 중위 순회
21      tree.threadedInorder();
22  }
```

```
C:\Windows\system32\cmd.exe
스레드 이진 트리: A C B G D F E
계속하려면 아무 키나 누르십시오 . . .
```

| 연습문제 |

1 다음 트리에 대한 중위 순회 결과는? [정보처리기사 기출문제]

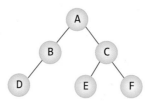

① A B D C E F   ② A B C D E F
③ D B E C F A   ④ D B A E C F

2 다음 트리를 전위 순회로 운행할 경우 다섯 번째로 탐색되는 것은? [정보처리기사 기출문제]

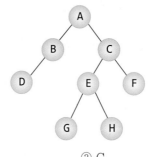

① C   ② E   ③ G   ④ H

3 다음 그림과 같은 이진트리를 후위 순회(postorder traversal)한 결과는? [정보처리기사 기출문제]

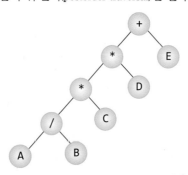

① + * * / A B C D E   ② A / B * C * D + E
③ + * A B / * C D E   ④ A B / C * D * E +

4 다음 트리에서 단말 노드 수는? [정보처리기사 기출문제]

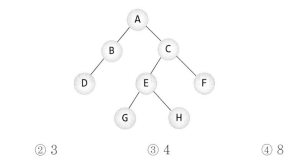

① 2   ② 3   ③ 4   ④ 8

5 다음 그림에서 트리의 차수는? [정보처리기사 기출문제]

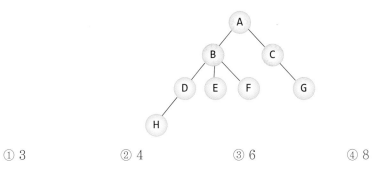

① 3   ② 4   ③ 6   ④ 8

6 다음 그림에서 트리의 차수(degree)와 단말(터미널) 노드의 개수는? [정보처리기사 기출문제]

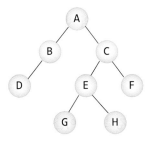

① 트리의 차수: 4, 단말 노드: 4
② 트리의 차수: 2, 단말 노드: 4
③ 트리의 차수: 4, 단말 노드: 8
④ 트리의 차수: 2, 단말 노드: 8

CHAPTER

09

이진 탐색 트리

학습목표

- 탐색의 개념을 이해한다.
- 이진 탐색 트리의 개념을 이해한다.
- 이진 탐색 트리의 연산들을 이해한다.
- 이진 탐색 트리의 효율성을 이해한다.
- 이진 탐색 트리를 이용한 문제해결 능력을 배양한다.

9 이진 탐색 트리

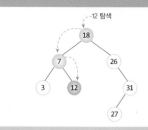

9.1 이진 탐색 트리

■ 탐색이란?

탐색(search)은 가장 중요한 컴퓨터 응용의 하나이다. 탐색은 우리의 일상생활에서 많이 사용되는데 전화번호부에서 전화번호를 찾거나, 사전에서 단어를 검색하고, 인터넷 쇼핑몰에서 내가 원하는 물건을 찾는 작업이다. 탐색은 컴퓨터에서도 핵심 응용으로 많은 프로그램에서 구현되어 사용되고 있는 기능이다. 특히 정보량의 급속한 증가에 따라 원하는 정보를 빠르고 효율적으로 탐색하는 것은 매우 중요한 일이 되고 있다.

| 그림 9.1 탐색은 컴퓨터에서의 가장 중요한 작업의 하나이다.

자료구조의 관점에서 보면 탐색은 자료구조의 중요한 응용 분야의 하나이다. 우리는 14장에서 여러 가지 자료구조를 이용한 다양한 탐색 방법을 자세히 공부할 것이다. 이 장에서는 탐색을 위해 특화된 이진트리인 이진 탐색 트리를 자세히 알아본다.

먼저 탐색 관련 용어들을 살펴보자. 컴퓨터 프로그램에서 탐색은 **레코드**(record)의 집합에서 특정한 레코드를 찾아내는 작업을 의미한다. 레코드는 하나 이상의 **필드**(field)로 구성된다. 예를 들면, 학생의 레코드는 이름, 주소, 주민등록번호 등의 필드들로 이루어진다. 일반적으로 레코드들의 집합을 **테이블**(table)이라고 한다. 레코드들은 보통 **키**(key)라고 불리는 하나의 필드에 의해 식별할 수 있다. 키는 서로 중복되지 않는 고유한 값을 가지는데, 키를 사용하면 각각의 레코드들을 구별할 수 있다. 이러한 키를 **주요키**(primary key)라고 부른다. 예를 들어, 학생들의 레코드의 경우, 주민등록번호나 학번 필드가 여기에 해당된다. 탐색 작업은 어떤 키가 입력되면 이 키를 가진 레코드를 찾는 것이다.

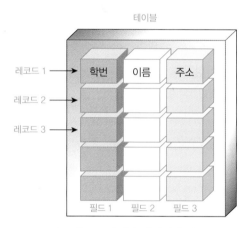

| 그림 9.2 **탐색과 관련된 용어**

■ 이진 탐색 트리란?

이진 탐색 트리(BST, Binary Search Tree)는 이진트리 기반의 탐색을 위한 자료구조로 효율적인 탐색 작업을 위한 자료구조이다. 이진 탐색 트리는 특별한 성질을 만족하는 이진트리를 말하는데, 다음과 같이 순환적으로 정의된다.

| 정의 9.1 **이진 탐색 트리**

- 모든 노드는 유일한 키를 갖는다.
- 왼쪽 서브트리의 키들은 루트의 키보다 작다.
- 오른쪽 서브트리의 키들은 루트의 키보다 크다.
- 왼쪽과 오른쪽 서브트리도 이진 탐색 트리이다.

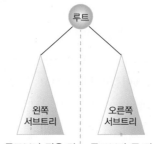

| 그림 9.3 이진 탐색 트리의 정의

이진 탐색 트리에서 어떤 탐색키가 주어지면 이 값을 루트 노드의 키와 비교한다. 탐색키가 루트 노드보다 작으면 원하는 노드는 왼쪽 서브트리에 있고, 크면 오른쪽 서브트리에 있다. 이진 탐색 트리는 이러한 성질을 이용하여 이진트리를 구축하고 이를 통해 원하는 키 값의 노드를 효율적으로 탐색할 수 있도록 한다.

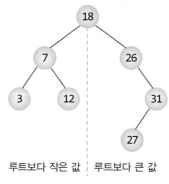

| 그림 9.4 이진 탐색 트리의 예

예를 들어, 그림 9.4의 트리는 이진 탐색 트리가 될까? 왼쪽 서브트리에 있는 값들(3, 7, 12)은 루트 노드인 18보다 작다. 또 오른쪽 서브트리에 있는 값들(26, 31, 27)은 루트 노드인 18보다 크다. 이 성질은 모든 노드에서 만족된다. 따라서 이진 탐색 트리이다. 이진 탐색 트리를 중위 순회 방법으로 순회하면 3, 7, 12, 18, 26, 27, 31로 숫자의 오름차순으로 노드를 방문한다. 이러한 성질은 모든 이진 탐색 트리에서 만족되는데, 따라서 이진 탐색 트리는 어느 정도 정렬된 상태를 유지하고 있음을 의미한다.

■ 이진 탐색 트리의 추상 자료형

이진 탐색 트리에 보관할 수 있는 레코드에는 제한이 없다. 사고 싶은 물건, 친구들의 연락처 정보, 암기하고 싶은 영어 단어, 해야 할 일들, 가고 싶은 여행지 등 트리에 저장할 요소에는 제한이 없다. 3장의 프로그램 3.3에서의 Student 클래스를 생각해보자. 모든 학생들이 고유의 값을 갖는 필드는 학번이 될 수 있을 것이다. 이름의 경우 간혹 같은 이름의 학생들이 있을 수 있다. 따라서 Student 클래스에서는 학번을 주요 키로 사용할 수 있다. 이진 탐색 트리의 연산들을 생각해보자. 이진 탐색 트리도 이진트리의 일종이므로 ADT 8.1의 이진트리의 연산들을 모두 포함시킬 수 있다. 추가적으로 다음과 같은 연산이 가능하다.

- 트리에 새로운 요소(학생)를 삽입한다.
- 트리에서 어떤 요소(학생)를 삭제한다.
- 트리에서 주어진 요소를 검색한다(학번을 이용한 검색).

이진 탐색 트리를 추상 자료형으로 정의하면 다음과 같다.

| ADT 9.1 **Binary Search Tree**

> 데이터: 이진 탐색 트리(BST)의 특성을 만족하는 이진트리: 어떤 노드 x의 왼쪽 서브트리의 키들은 x의 키보다 작고, 오른쪽 서브트리의 키들은 x의 키보다 크다. 이때 왼쪽과 오른쪽 서브트리도 모두 이진 탐색 트리이다.
>
> 연산 • insert(n): 이진 탐색 트리의 특성을 유지하면서 새로운 노드 n을 이진 탐색 트리에 삽입한다.
> - remove(n): 이진 탐색 트리의 특성을 유지하면서 노드 n을 트리에서 삭제한다.
> - search(key): 키 값이 key인 노드를 찾아 반환한다.

이진 탐색 트리는 이진트리의 한 종류이다. 따라서 공백 검사나 순회 등 기본적인 이진트리 연산을 이진 탐색 트리에서 동일하게 사용할 수 있다.

이진트리 클래스에서 삽입과 삭제 연산을 구현하지 않았던 것을 기억하라. 리스트와 같은 선형 자료와는 달리 트리에서 삽입이나 삭제를 위한 노드의 위치를 지정하는 것이 쉽지 않았다. 그러나 이진 탐색 트리에서는 이들 연산을 구체화 할 수 있다. 따라서 이진 탐색 트리에서는 insert, remove, search 연산에 집중하자. 이들은 모두 이진 탐색 트리의 조건을 유지하면서 처리되어야 한다.

이진 탐색 트리는 키 값을 기준으로 정렬되어 있다. 그렇다면 키가 아닌 다른 필드를 이용한 탐색은 가능할까? 물론 가능은 하다. 그러나 탐색 효율이 떨어질 것이다. 일반적인 순회 알고리즘을 사용하여 모든 노드를 검사해야 한다.

■ 이진 탐색 트리의 기본 틀 설계

이진 탐색 트리의 연산들을 자세히 알아보기 전에 이진 탐색 트리의 기본 틀을 설계해보자. 이진 탐색 트리는 이진트리의 일종이므로 당연히 "상속"이 가장 자연스럽게 떠오른다. 상속을 이용하여 이진 탐색 트리를 설계하자. 이진 탐색 트리의 연산들은 다음 절에서 자세히 공부할 것이므로 여기서는 클래스의 구조만 살펴본다.

그림 9.5는 ADT를 바탕으로 설계한 이진 탐색 트리의 클래스 다이어그램을 보여주고 있다. 단순화를 위해 트리 노드에는 int를 저장한다. 트리 클래스의 이름은 Binary

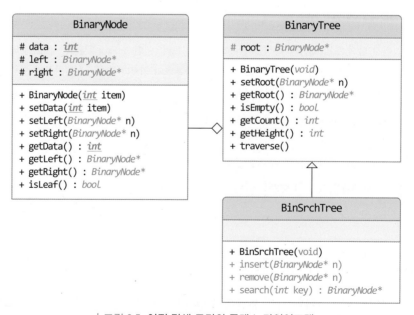

| 그림 9.5 이진 탐색 트리의 클래스 다이어그램

Search Tree의 부분들을 조합하여 BinSrchTree로 한다. 이진트리의 노드 클래스 BinaryNode와 이진트리 클래스 BinaryTree는 8장에서 공부한 내용을 그대로 사용한다. BinSrchTree는 BinaryTree를 상속하고 이진 탐색 트리 고유의 연산인 insert, remove, search를 추가하였다. 추가적인 데이터 멤버는 필요 없다. 다음은 C++로 구현한 이진 탐색 트리의 기본 틀을 보여준다. 추가된 연산에 대해서는 다음 장에서 공부한다.

프로그램 9.1   이진 탐색 트리를 위한 클래스

```
01  // BinSrchTree.h: 이진 탐색 트리 클래스
02  #include "BinaryTree.h"
03
04  class BinSrchTree : public BinaryTree
05  {
06  public:
07      BinSrchTree(void) { }
08      ~BinSrchTree(void){ }
09
10      // 이진 탐색 트리의 탐색 연산
11      BinaryNode* search( int key ) {...}
12      BinaryNode* search( BinaryNode *n, int key ) {...}
13
14      // 이진 탐색 트리의 삽입 연산
15      void insert( BinaryNode* n ) {...}
16      void insert( BinaryNode* r, BinaryNode* n ) {...}
17
18      // 이진 탐색 트리의 삭제 연산
19      void remove (int data) {...}
20      void remove (BinaryNode *parent, BinaryNode *node) {...}
21  }
```

9.2 이진 탐색 트리의 연산

■ 탐색 연산

이진 탐색 트리에서 어떤 탐색키를 가진 노드를 찾기 위해서는 먼저 주어진 탐색키와 현재의 루트 노드의 키 값을 비교해야 한다.

- 비교한 결과가 같으면 탐색이 성공적으로 끝난다.
- 비교한 결과 탐색키가 루트 노드의 키 값보다 작으면 탐색은 이 루트 노드의 왼쪽 자식을 기준으로 다시 시작한다.
- 비교한 결과 탐색키가 루트 노드의 키 값보다 크면 탐색은 이 루트 노드의 오른쪽 자식을 기준으로 다시 시작한다.

루트 아래의 노드에서도 같은 과정을 되풀이한다. 그림 9.6는 이진 탐색 트리에서 12를 찾는 과정을 보였다.

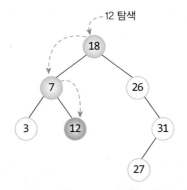

| 그림 9.6 이진 탐색 트리에서의 탐색 연산

이와 같은 탐색이 가능하기 위해서는 이 트리가 주어진 키 값에 대해 이진 탐색 트리 조건에 맞게 구성되어 있어야 한다는 것을 명심하라. 이진 탐색 트리는 순환적으로 정의되어 있으므로, 따라서 탐색도 순환의 개념이 적용된다. 다음 알고리즘은 root로부터 시작되는 서브트리에서 key를 키 값으로 갖는 노드를 검색하는 과정을 보여준다.

| 알고리즘 9.1 이진 탐색 트리 탐색 알고리즘

```
search (root, key)

if root = NULL
    then return NULL;
if key = KEY(root)
    then return root;
    else if key < KEY(root)
        then return search(LEFT(root), key);
        else return search(RIGHT(root), key);
```

이 알고리즘을 구현하는 방법을 생각해보자. 먼저 떠오르는 것은 역시 순환을 사용하는 것이다. 알고리즘 9.1 자체가 순환적으로 기술되어 있다. 이 알고리즘은 반복문으로 변환할 수 있다. 즉, 반복을 이용해 구현하는 것이다. 알고리즘 9.1을 순환과 반복으로 각각 구현해 보자.

searchRecur(): 순환으로 구현한 탐색 함수

순환을 이용해 구현한 탐색 알고리즘은 프로그램 9.2와 같다. 이 함수는 임의의 노드 n을 루트 노드로 하는 트리에서 탐색키 **key**를 갖는 노드를 찾아 반환하는데, 일반 함수로 구현하였다(이 함수는 BinSrchTree 클래스에서 사용되므로 일반 함수가 아니라 BinSrchTree의 멤버 함수로 추가하는 것도 가능하다).

프로그램 9.2   순환적인 탐색 함수(알고리즘 9.1의 구현)

```
01  // 키 값으로 노드를 탐색하는 함수 (순환적인 방법)
02  // 일반 함수로 구현 (BinSrchTree의 멤버 함수로 넣어도 됨)
03  BinaryNode* searchRecur( BinaryNode *n, int key ) {
04      if( n == NULL ) return NULL;               // n이 NULL
05      if( key == n->getData() )                  // (1) key == 현재노드의 data
06          return n;
07      else if (key < n->getData() )              // (2) key < 현재노드의 data
08          return searchRecur( n->getLeft(), key );
09      else                                       // (3) key > 현재노드의 data
10          return searchRecur( n->getRight(), key );
    }
```

코드 설명

3행 n을 루트로 하는 서브트리에서 키 값이 key인 노드를 찾아 반환하는 함수.

4행 root가 NULL이면 탐색 실패. NULL 반환.

5~6행 탐색키 key가 노드 n의 키 값과 같으면 탐색 성공. n을 반환함.

7~8행 탐색키 key가 노드 n의 키 값보다 작으면 n의 왼쪽 서브트리에서 탐색을 진행해 결과를 반환함. 이때 searchRecur() 함수를 순환 호출함.

9~10행 탐색키 key가 노드 n의 키 값보다 크면 n의 오른쪽 서브트리에서 탐색을 진행해 결과를 반환함. 이때 searchRecur() 함수를 순환 호출함.

---

searchIter(): 반복으로 구현한 탐색 함수

알고리즘 9.1은 반복적인 방법으로도 변환할 수 있다. 사실 효율성을 따지면 반복적인 함수가 훨씬 우수하다. 프로그램 9.3은 반복적인 방법으로 구현한 탐색 함수이다.

프로그램 9.3 반복적인 탐색 함수: BinSrchTree 클래스의 멤버로 구현

```
01   // 키 값으로 노드를 탐색하는 함수 (반복적인 방법)
02   // 일반 함수로 구현 (BinSrchTree의 멤버 함수로 넣어도 됨)
03   BinaryNode* searchIter( BinaryNode *n, int key ) {
04       while(n != NULL){
05           if( key == n->getData() )          // (1) key == 현재노드의 data
06               return n;
07           else if( key < n->getData() )      // (2) data < key
08               n = n->getLeft();
09           else                               // (3) data > key
10               n = n->getRight();
11       }
12       return NULL;                           // 탐색에 실패한 경우 NULL 반환
13   }
```

코드 설명

3행 반복적인 방법으로 구현한 탐색 함수.

4행 n이 NULL이 아닐 동안 반복.

5~6행 key가 n의 키와 동일하면 탐색 성공. n을 반환.

7~8행 key가 n의 키보다 작으면 n을 왼쪽 자식으로 이동 후 4행 반복.

9~10행 key가 n의 키보다 크면 n을 오른쪽 자식으로 이동 후 4행 반복.

12행 탐색이 실패하면 NULL 반환.

BinaryNode::search(): 노드 클래스에서 순환으로 구현

트리의 각 노드들은 모두 자신을 루트로 갖는 서브트리를 대표한다고 생각할 수 있다. 따라서 알고리즘 9.1을 노드 클래스의 멤버 함수로 작성하는 것도 가능하다. 프로그램 9.4는 동일한 탐색 연산을 노드 클래스에서 구현한 예를 보여주고 있다. 이 경우 매개변수가 하나 줄어드는 것에 유의하라.

프로그램 9.4 순환적인 탐색 함수: BinaryNode 클래스의 멤버로 구현

```
01  // 키 값으로 노드를 탐색하는 함수 (순환적인 방법)
02  // 노드 클래스의 멤버로 구현 (일반 함수가 아님)
03  BinaryNode* BinaryNode::search( int key ) {
04      if( key == data )                        // (1) key == 현재노드의 data
05          return this;
06      else if (key < data && left!=NULL )      // (2) key < 현재노드의 data
07          return left->search( key );
08      else if (key > data && right!=NULL )     // (3) key > 현재노드의 data
09          return right->search( key );
10      else                                     // (4) 찾는 노드 없음
11          return NULL;
12  }
```

코드 설명

3행 BinaryNode 클래스의 멤버 함수로 현재 노드를 루트로 하는 서브트리에서 키 값이 key인 노드를 찾아 반환하는 함수. 트리 클래스에서 구현하는 것에 비해 매개변수가 하나 줄어듦.

4~5행 key가 자신의 키 값과 같으면 노드 자신의 주소를 반환. 이를 위해 this 포인터를 사용한 것에 유의할 것.

6~7행 key가 자신의 키 값보다 작으면 왼쪽 서브트리 탐색. 이때 왼쪽 자식 노드가 있어야 호출할 수 있으므로 이를 검사하는 코드(예: left!=NULL)가 들어간 것에 특히 유의할 것. 이것을 넣지 않으면 프로그램이 비정상적으로 종료하게 됨.

8~9행 key가 자신의 키 값보다 크면 오른쪽 서브트리 탐색. 이때 오른쪽 자식 노드가 있는지를 검사하고 right ->search(key);를 호출해야 한다는 것에 유의할 것.

■ 삽입 연산

이진 탐색 트리에 원소를 삽입하기 위해서는 먼저 탐색을 수행하는 것이 필요하다. 이유는 이진 탐색 트리에서는 같은 키 값을 갖는 노드가 없어야 하기 때문이고 또한 탐색에 실패

한 위치가 바로 새로운 노드를 삽입하는 위치가 되기 때문이다.

그림 9.7은 이진 탐색 트리에 노드 9를 삽입하는 과정을 보여준다. 먼저 (a)와 같이 루트에서부터 9를 탐색해본다. 만약 탐색이 성공하면 이미 9가 트리 안에 존재하는 것이고, 키가 중복되므로 삽입이 불가능하다. 만약 9가 트리 안에 없으면 어디선가 탐색이 실패로 끝날 것이다. 바로 실패로 끝난 위치가 9가 있어야 할 곳이다. 따라서 그림 9.7 (b)와 같이 탐색이 실패로 끝난 위치인 12의 왼쪽에 9를 삽입하면 된다.

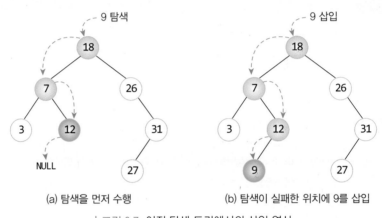

(a) 탐색을 먼저 수행   (b) 탐색이 실패한 위치에 9를 삽입

| 그림 9.7 이진 탐색 트리에서의 삽입 연산

다음 알고리즘은 root로부터 시작되는 서브트리에 새로운 노드 n을 삽입하는 과정을 보여주고 있다. 이 알고리즘도 순환적으로 기술하였다.

| 알고리즘 9.2 이진 탐색 트리 삽입 알고리즘

```
insert (root, n)

if KEY(n) = KEY(root)                   // root와 키가 같으면
    then return;                        // return
else if KEY(n) < KEY(root) then         // root보다 키가 작으면
    if LEFT(root) = NULL                // root의 왼쪽 자식이
        then LEFT(root) ← n;            // 없으면 n이 왼쪽 자식
        else insert(LEFT(root),n);      // 있으면 순환 호출
else                                    // root보다 키가 크면
    if RIGHT(root) = NULL
```

```
                then RIGHT(root) ← n;
                else insert(RIGHT(root),n);
```

프로그램 9.5는 알고리즘 9.2를 일반 함수로 구현한 코드를 보여주고 있다. 삽입 연산도 탐색 연산과 마찬가지로 순환이 아닌 반복을 이용하여 구현할 수 있다. 또한 실제 삽입을 노드에서 처리하도록 노드 클래스의 멤버 함수로 구현할 수도 있다. 프로그램 9.3과 9.4를 참고하라.

프로그램 9.5 이진 탐색 트리의 삽입 함수

```
01  // 이진 탐색 트리의 삽입 함수 (순환적인 방법)
02  // 일반 함수로 구현 (BinSrchTree의 멤버 함수로 넣어도 됨)
03  void insertRecur( BinaryNode* r, BinaryNode* n ) {
04      if( n->getData() == r->getData() )
05          return;
06      else if( n->getData() < r->getData() ) {
07          if( r->getLeft() == NULL )
08              r->setLeft(n);
09          else
10              insertRecur( r->getLeft(), n );
11      }
12      else {
13          if( r->getRight() == NULL )
14              r->setRight(n);
15          else
16              insertRecur( r->getRight(), n );
17      }
18  }
```

코드 설명

3행 노드 r을 루트로 하는 서브트리에 노드 n을 삽입하는 함수.

4~5행 노드 n의 키가 루트 노드 r의 키 값과 같으면 중복된 노드가 이미 트리에 존재함. 이 경우 삽입하지 않음.

6~11행 노드 n의 키가 루트 노드 r의 키 값보다 작은 경우. 만약 왼쪽 자식 노드가 없으면 n이 r의 왼쪽 자식 노드가 됨. 만약 왼쪽 자식이 있으면 insert 함수를 순환적으로 호출하여 삽입하도록 함.

12~17행 노드 n의 키가 루트 노드 r의 키 값보다 큰 경우. 만약 오른쪽 자식 노드가 없으면 n이 r의 오른쪽 자식 노드가 됨. 만약 오른쪽 자식이 있으면 insert 함수를 순환적으로 호출하여 삽입하도록 함.

■ 삭제 연산

노드를 삭제하는 것은 이진 탐색 트리에서 가장 복잡한 연산이다. 삭제 연산은 많은 트리 응용에서 매우 중요하기 때문에 복잡하더라도 여기서 자세히 학습하여 이해하도록 하자.

노드를 삭제하기 위해서는 먼저 노드를 탐색하여야 한다는 것은 삽입과 마찬가지이다. 삭제를 위해서는 먼저 삭제하려는 노드가 어디 있는지를 찾아야 한다. 노드의 삭제에는 다음의 3가지 경우를 고려하여야 한다.

1. 삭제하려는 노드가 단말 노드일 경우
2. 삭제하려는 노드가 왼쪽이나 오른쪽 서브트리 중 하나만 가지고 있는 경우
3 삭제하려는 노드가 두 개의 서브트리 모두 가지고 있는 경우

이진 탐색 트리에서의 삭제는 어떤 조직에서 후계자를 정하는 것과 비슷하다. 첫 번째 경우는 물려줄 사람이 없으므로 간단하다. 두 번째 경우는 그냥 후계자가 하나이므로 그냥 그 사람한테 물려주면 된다. 세 번째 경우는 조직 안에 두 개의 파벌이 존재하는 경우이다. 이 경우에는 양쪽 파벌 중에서 그래도 제일 중도노선을 걷는 사람한테 물려주는 편이 가장 반발을 적게 할 수 있다.

지금부터 이 3가지 경우를 차례로 살펴보자. 첫 번째가 가장 쉽고, 두 번째도 그런대로 쉽고 세 번째가 조금 복잡하다.

case1: 삭제하려는 노드가 단말 노드일 경우

삭제하려는 노드가 단말 노드일 경우를 생각해보자. 이 경우에는 단말 노드 아래에 더 이상의 노드가 없으므로 가장 쉽게 할 수 있다. 단말 노드만 지우면 된다. 단말 노드를 지운다는 것은 단말 노드의 부모 노드를 찾아서 부모 노드의 링크필드를 NULL로 만들어서 연결을 끊으면 된다. 연결 관계가 정리되면 마지막으로 단말 노드를 동적으로 해제시키면 된다. 이때 그림 9.8에서와 같이 삭제를 위해서는 삭제할 노드와 함께 부모 노드를 알아야 함을 명심하라.

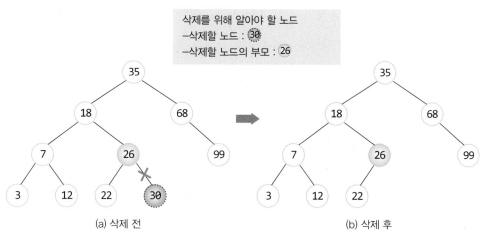

| 그림 9.8 Case1: 삭제 노드가 단말 노드인 경우

case2: 삭제하려는 노드가 하나의 서브트리만 가지고 있는 경우

두 번째 경우도 그다지 나쁘지 않다. 즉, 삭제되는 노드가 왼쪽이나 오른쪽 서브트리 중 하나만 가지고 있는 경우에는 그 노드는 삭제하고 삭제된 노드의 유일한 자식을 부모 노드에 붙여주면 된다. 이 경우도 그림 9.9와 같이 삭제를 위해 부모 노드와 자신을 대체할 유일 자식 노드를 알아야 한다.

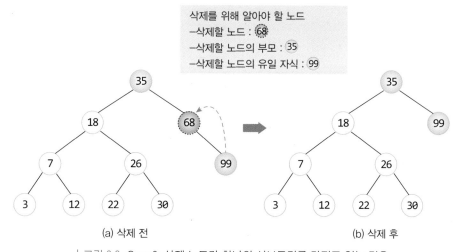

| 그림 9.9 Case2: 삭제 노드가 하나의 서브트리를 가지고 있는 경우

case3: 삭제하려는 노드가 두 개의 서브트리를 가지고 있는 경우

가장 복잡한 경우지만 가장 재미있는 경우이다. 문제는 서브트리에 있는 어떤 노드를 삭제 노드 위치로 가지고 오느냐이다. 확실한 것은 왼쪽 자식이나 오른쪽 자식을 그냥 가져오면 안 된다는 것이다. 그림 9.9 (a)에서 18을 삭제하고 자식 노드인 7이나 26을 그대로 연결하면 이진 탐색 트리의 조건이 만족이 되지 않는다. 왜냐하면 7의 자식 노드가 세 개가 되어야 하기 때문이다. 그러면 어떤 노드를 가져와야 다른 노드들을 변경시키지 않고 이진 탐색 트리의 조건을 계속 만족시킬 수 있을까? **"삭제되는 노드와 가장 값이 비슷한 노드"**가 정답이다. 그래야만 다른 노드를 이동시키지 않아도 이진 탐색 트리가 그대로 유지될 수 있기 때문이다.

그러면 가장 값이 가까운 노드는 어디에 있을까? 그림 9.10을 보면 왼쪽 서브트리에서 가장 큰 값이나 오른쪽 서브트리에서 가장 작은 값이 삭제되는 노드와 가장 가깝다는 것을 쉽게 알 수 있다. 왼쪽 서브트리에서 가장 큰 값은 왼쪽 서브트리의 가장 오른쪽에 있는 노드이며 오른쪽 서브트리에서 가장 작은 값은 오른쪽 서브트리의 가장 왼쪽에 있는 노드가 된다. 또한 이들 노드는 이진 탐색 트리를 중위 순회했을 때, 각각 삭제할 노드의 바로 앞과 뒤에 방문되는 노드이다.

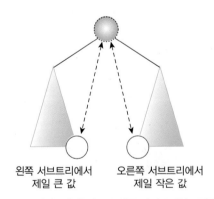

왼쪽 서브트리에서   오른쪽 서브트리에서
제일 큰 값   제일 작은 값

| 그림 9.10 삭제 노드가 두 개의 서브트리를 가지고 있는 경우의 후계자 노드

그림 9.11의 이진 탐색 트리에서 구체적으로 살펴보면 삭제 노드가 18이라고 하였을 경우, 후계자가 될 수 있는 대상 노드는 12와 22가 된다. 실제 이들 노드를 18자리로 옮겨보아도 아무런 문제가 일어나지 않음을 알 수 있다.

그러면 이들 후계자 대상 노드 중에서 어떤 노드를 선택하여야 할까? 어느 것을 선택하여

도 상관이 없다. 여기서는 오른쪽 서브트리에서 제일 작은 값을 후계자로 하자. 그러면 후
계자 노드는 어떻게 찾을까? 삭제되는 노드의 오른쪽 서브트리에서 가장 작은 값을 갖는
노드는 오른쪽 서브트리에서 왼쪽 자식 링크를 타고 NULL을 만날 때까지 계속 진행하면 된
다. 그림 9.12는 이와 같은 후계자 노드 탐색 과정을 보여준다.

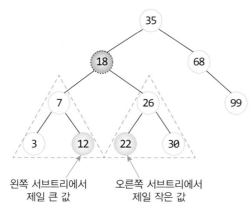

| 그림 9.11 노드 18을 삭제하려고 했을 경우의 후계자 대상 노드는 12와 22가 된다.

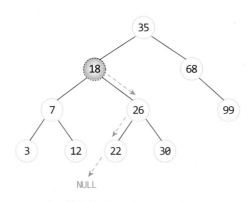

| 그림 9.12 후계자 노드 탐색 방법

최종적으로 그림 9.13처럼 22가 후계자가 되고 22가 18 자리로 이동되게 된다. 이 경우도
이와 같은 개념은 크게 어렵지 않지만 구현 측면에서는 조금 더 복잡하다. 먼저 삭제를 위
해 필요한 정보가 더 많아진다. 그림 9.13의 경우, 노드 18을 삭제하려면 먼저 부모 노드
35의 정보가 필요하다. 또한 후계 노드 22를 찾아야 한다. 마지막으로 후계 노드의 부모
노드 26의 정보도 필요하다.

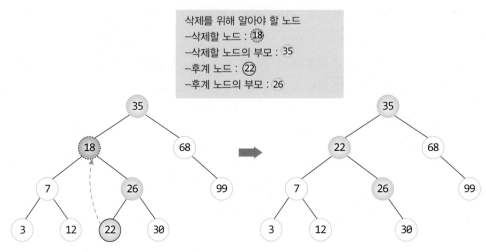

| 그림 9.13 Case3: 삭제 노드가 두 개의 서브트리를 가지고 있는 경우

프로그램 9.6은 이와 같은 삭제 연산을 구현한 예를 보여준다. 이 함수의 매개변수에 유의하라. 삭제할 노드 **node**와 함께 **node**의 부모 노드의 포인터도 함께 제공해야 한다. 단순 연결 리스트의 노드에서 후속 노드는 알지만 선행 노드를 알 수 없었던 것처럼 우리가 사용하고 있는 BinaryNode 클래스에는 왼쪽과 오른쪽 자식에 대한 포인터만 있고 부모에 대한 포인터가 없다. 삭제 연산을 위해서는 부모 노드가 필요하고, 따라서 이것을 매개변수로 함께 제공해야 삭제가 가능하다.

프로그램 9.6   이진 탐색 트리의 삭제 함수

```
01  // 이진 탐색 트리의 삭제 함수 (순환적인 방법)
02  // 일반 함수로 구현 (BinSrchTree의 멤버 함수로 넣어도 됨)
03  void remove (BinaryNode *parent, BinaryNode *node) {
04      // case 1: 삭제하려는 노드가 단말 노드일 경우
05      if( node->isLeaf() ) {
06          if(parent == NULL)          // node == root인 경우 => 공백상태가 됨
07              root = NULL;
08          else {                      // 아닌 경우=>parent의 해당 자식을 NULL
09              if( parent->getLeft() == node )
10                  parent->setLeft(NULL);
11              else
12                  parent->setRight(NULL);
```

```
13              }
14          }
15          // case 2: 삭제하려는 노드가 왼쪽이나 오른쪽 자식만 갖는 경우
16          else if( node->getLeft()== NULL|| node->getRight()==NULL ) {
17              // 삭제할 노드의 유일한 자식 노드 => child
18              BinaryNode *child = (node->getLeft() != NULL )
19                  ? node->getLeft() : node->getRight();
20              // 삭제할 노드가 루트이면 ==> child가 새로운 root가 됨
21              if( node == root ) root = child;
22              // 아니면 ==> 부모 노드의 자식으로 자식 노드 child를 직접 연결
23              else {
24                  if( parent->getLeft() == node )
25                      parent->setLeft(child);
26                  else
27                      parent->setRight(child);
28              }
29          }
30          // case 3: 삭제하려는 노드가 두개의 자식이 모두 있는 경우
31          else {
32              // 삭제하려는 노드의 오른쪽 서브트리에서 가장 작은 노드를 탐색
33              // succ => 후계 노드: 오른쪽 서브트리에서 가장 key가 작은 노드
34              // succp => 후계 노드의 부모 노드
35              BinaryNode* succp = node;
36              BinaryNode* succ = node->getRight();
37              while (succ->getLeft() != NULL) {    // 후계 노드 탐색
38                  succp = succ;                    // 후계 노드의 부모 노드
39                  succ = succ->getLeft();          // 후계 노드
40              }
41              // 후계 노드의 부모와 후계 노드의 오른쪽 자식을 직접 연결
42              if( succp->getLeft() == succ )
43                  succp->setLeft(succ->getRight());
44              else                                 // 후계 노드가 삭제할 노드의 바로 오른쪽 자식인 경우
45                  succp->setRight(succ->getRight());
46              // 후계 노드 정보를 삭제할 노드에 복사
47              node->setData(succ->getData());
48              // 삭제할 노드를 후계 노드로 변경 : 실제로는 후계 노드가 제거됨
49              node = succ;
50          }
51      delete node;                                 // 메모리 동적 해제
52  }
```

코드 설명

3행 삭제할 노드 node와 node의 부모 노드 parent를 매개변수로 받아 node를 삭제하는 함수.

5~14행 case1: node가 단말 노드인 경우, 만약 node가 트리의 루트이면 (parent가 NULL이면) 이제 트리의 루트가 NULL이 되고 공백 트리가 됨. 아닌 경우 node가 parent의 왼쪽 자식인지 오른쪽 자식인지에 따라 parent의 해당 자식 노드를 NULL로 만듦.

16~29행 case2: 왼쪽 자식이나 오른쪽 자식 중 하나만 있는 경우.

18~19행 child에 node의 유일한 자식 주소를 복사.

21행 만약 node가 루트 노드이면 이제 child가 루트 노드가 됨.

23행 만약 node가 루트 노드가 아니면.

24~25행 node가 parent의 왼쪽 자식이면 parent의 왼쪽 자식으로 child를 직접 연결해 줌.

26~27행 node가 parent의 오른쪽 자식이면 parent의 오른쪽 자식으로 child를 연결함.

31~50행 case3: 삭제하려는 노드가 두 개의 자식이 모두 있는 경우.

35행 후계 노드의 부모 노드 포인터 succp를 선언하고 node로 초기화.

36행 후계 노드 포인터 succ를 선언하고 node의 오른쪽 자식 노드 주소 복사.

37~40행 오른쪽 서브트리의 가장 작은 노드를 찾아감. 최종적으로 succ는 후계 노드(오른쪽 서브트리의 가장 작은 노드)가 되고 succp는 succ의 부모 노드가 됨.

42~43행 succ가 succp의 왼쪽 자식이면 succp의 왼쪽 자식으로 succ의 오른쪽 자식을 연결함(succ는 왼쪽 자식이 없음).

44~45행 succ가 succp의 오른쪽 자식이면(succ가 삭제할 노드 node의 오른쪽 자식인 경우) succp의 오른쪽 자식으로 succ의 오른쪽 자식을 연결함(succ는 왼쪽 자식이 없음).

47~49행 삭제할 노드 node에 후계 노드 succ의 데이터 멤버를 복사함. 실제로 node를 삭제하는 것이 아니라 succ의 내용을 node에 복사하고 succ를 삭제하는 것에 특히 유의할 것.

51행 노드를 동적으로 해제함.

삭제 함수에서는 순환이 사용되지 않아 코드가 좀 복잡해졌다. 이 함수는 일반 함수가 아니라 BinSrchTree의 멤버 함수로 구현해야 하며, 삽입이나 탐색 연산과 같이 노드 클래스에서 구현할 수는 없다. 왜냐하면 삭제를 위해 그림 9.13과 같이 여러 노드의 정보가 필요하기 때문이다.

9.3 이진 탐색 트리 프로그램

이제 이진 탐색 트리의 전체 코드를 완성하자. 앞 절에서 구현한 연산들은 모두 BinSrchTree 클래스의 해당 함수에서 호출되어야 한다. 프로그램 9.7은 완성된 이진 탐색 클래스 코드 전체를 보여주고 있는데, 앞 절에서 설명한 함수들을 BinSrchTree 클래스에서 관리되도록 이 클래스의 멤버 함수로 추가한 것에 유의하라.

탐색을 위해 search(int key)란 멤버 함수를 추가한다. 이 함수는 main()과 같은 외부 함수에서 호출되어 현재 트리에 key를 키 값으로 갖는 노드가 있는지 검사하고 찾은 결과를 반환하도록 한다. 물론 이 함수 내에서 프로그램 9.2에서 구현한 탐색 함수를 호출한다.

삽입 연산도 마찬가지이다. 트리에 노드를 편리하게 삽입할 수 있도록 insert(BinaryNode *n)이란 멤버 함수를 추가한다. 이 함수는 먼저 삽입할 노드 n이 NULL이거나 공백 트리인 경우와 같은 특별한 경우에 대한 처리를 해 준다. 공백 트리가 아니고 n도 NULL이 아니면 프로그램 9.5에서 구현한 삽입 함수를 호출한다.

삭제 연산을 위해서도 remove(int key) 함수를 추가하였다. 이 함수는 예외적인 상황에 대한 처리와 함께 프로그램 9.6에서 구현한 삭제 함수를 호출할 수 있도록 자료를 준비한다. 이를 위해 트리 내에 key를 키 값으로 갖는 노드 node와 부모 노드 parent를 찾는다. 이것은 반복적인 방법으로 처리하였다. 만약 없앨 노드가 트리에 있으면 프로그램 9.6의 remove 함수를 호출하게 된다.

프로그램 9.7 이진 탐색 트리를 위한 클래스

```
01  // BinSrchTree.h: 이진 탐색 트리 클래스
02  #include "BinaryTree.h"    // 이진트리 파일을 포함함
03
04  class BinSrchTree : public BinaryTree {
05  public:
06      // 이진 탐색 트리의 탐색 연산
07      BinaryNode* search( int key ) {
08          BinaryNode* node = searchRecur ( root, key );
09          if( node != NULL )
10              printf("탐색 성공: 키값이 %d인 노드 = 0x%x\n",
11                  node->getData(), node );
12          else
13              printf("탐색 실패: 키값이 %d인 노드 없음\n", key );
14          return node;
15      }
16      // n을 루트로 갖는 서브트리에서 key를 키값으로 갖는 노드 탐색 함수
```

```
17      // 프로그램 9.2의 코드를 여기에 삽입
18      BinaryNode* searchRecur( BinaryNode *n, int key ) {...}
19
20      // 이진 탐색 트리의 삽입 연산
21      void insert( BinaryNode* n ) {
22          if( n == NULL ) return;
23          if( isEmpty() ) root = n;
24          else insertRecur( root, n );
25      }
26      // r을 루트로 갖는 서브트리에 새로운 노드 n을 삽입하는 함수
27      // 프로그램 9.5의 코드를 여기에 삽입
28      void insertRecur( BinaryNode* r, BinaryNode* n ) {...}
29
30      // 이진 탐색 트리의 삭제 연산
31      void remove (int key) {
32          if( isEmpty() ) return;      // 빈 트리이면 return
33
34          // 없앨 노드와 그 노드의 부모 노드를 찾는다.
35          BinaryNode *parent = NULL;         // 없앨 노드의 부모
36          BinaryNode *node = root;           // 없앨 노드
37          while( node != NULL && node->getData() != key ) {
38              parent = node;
39              node = (key < node->getData())
40                  ? node->getLeft() : node->getRight();
41          }
42          // 없앨 노드가 트리에 없음.
43          if( node == NULL ) {
44              printf(" Error: key is not in the tree!\n");
45              return;
46          }
47          // 없앨 노드가 트리에 있음
48          else remove ( parent, node );
49      }
50      // parent를 부모로 갖는 노드 node를 이진 탐색 트리에서 삭제하는 함수
51      // 프로그램 9.6의 코드를 여기에 삽입
52      void remove (BinaryNode *parent, BinaryNode *node) {...}
53  };
```

코드 설명

7~15행 탐색 연산을 위한 인터페이스 함수. 탐색키 key를 받아 프로그램 9.2의 searchRecur 함수를 호출해 노드를 탐색하고 결과 메시지를 출력함.

18행 프로그램 9.2의 searchRecur 함수.

21~25행 노드 n을 이진 탐색 트리에 삽입함. 공백 트리이면 n을 루트로 하고, 그렇지 않으면 insertRecur(root,n)을 호출해 노드를 삽입함.

28행 프로그램 9.5의 insertRecur 함수.

31~49행 key를 입력받아 해당 key를 갖는 노드를 삭제하는 함수. 이 함수에서 search를 사용하지 않은 것은 해당 키를 가진 노드와 함께 이 노드의 부모 노드를 찾아야 하기 때문임. 만약 없앨 노드가 없으면 메시지를 출력하고, 있으면 부모 노드 parent와 없앨 자식 노드 node를 매개변수로 전달하여 remove를 호출함.

52행 프로그램 9.6의 remove 함수.

프로그램 9.8은 이진 탐색 트리를 테스트하기 위한 프로그램을 보여주고 있다. 먼저 그림 9.12의 트리를 구성하기 위해 10개의 노드를 **insert** 연산을 통해 삽입하고, 트리의 기본 정보를 출력해 본다. 전위, 중위, 후위 및 레벨 순회를 사용하여 트리의 모든 노드를 화면에 출력하였다. 다음으로 탐색 연산을 위해 트리 안에 있는 노드와 없는 노드를 하나씩 검사하였다. 마지막으로 삭제 연산을 처리하고 최종 결과를 출력하였다.

프로그램 9.8 이진 탐색 트리 삽입과 삭제 연산 전체 프로그램

```
01   #include "BinSrchTree.h"
02   void main()
03   {
04       BinSrchTree tree;
05
06       // 삽입 연산 테스트: 그림 9.12의 트리 구성
07       tree.insert( new BinaryNode(35) );
08       tree.insert( new BinaryNode(18) );
09       tree.insert( new BinaryNode(7 ) );
10       tree.insert( new BinaryNode(26) );
11       tree.insert( new BinaryNode(12) );
12       tree.insert( new BinaryNode(3 ) );
13       tree.insert( new BinaryNode(68) );
14       tree.insert( new BinaryNode(22) );
15       tree.insert( new BinaryNode(30) );
```

```
16        tree.insert( new BinaryNode(99) );
17
18        // 트리의 기본 정보 출력
19        printf(" 노드의 개수 = %d\n", tree.getCount());
20        printf(" 단말의 개수 = %d\n", tree.getLeafCount());
21        printf(" 트리의 높이 = %d\n", tree.getHeight());
22
23        // 여러 가지 방법의 순회를 통한 노드 정보 출력
24        tree.inorder();
25        tree.preorder();
26        tree.postorder();
27        tree.levelorder();
28
29        // 노드 탐색
30        tree.search(26);
31        tree.search(25);
32
33        // 삭제 연산
34        printf("case 1 ==> 노드   3 삭제\n");
35        tree.remove( 3 );
36        tree.levelorder();
37        printf("case 2 ==> 노드 68 삭제\n");
38        tree.remove( 68 );
39        tree.levelorder();
40        printf("case 3 ==> 노드 18 삭제\n");
41        tree.remove( 18 );
42        tree.levelorder();
43        printf("case 3 ==> 노드 35 삭제 (루트 노드 삭제)\n");
44        tree.remove( 35 );
45        tree.levelorder();
46
47        // 최종 트리 정보 출력
48        printf(" 노드의 개수 = %d\n", tree.getCount());
49        printf(" 단말의 개수 = %d\n", tree.getLeafCount());
50        printf(" 트리의 높이 = %d\n", tree.getHeight());
51   }
```

9.4 이진 탐색 트리의 성능 분석

이진 탐색 트리에서의 탐색, 삽입, 삭제 연산의 시간 복잡도는 트리의 높이를 h라고 했을 때 $O(h)$가 된다. 따라서 n개의 노드를 가지는 이진 탐색 트리의 경우, 일반적인 이진트리의 높이는 $\log_2 n$이므로 이진 탐색 트리 연산의 평균적인 경우의 시간 복잡도는 $O(\log_2 n)$이다. 이것은 선형 탐색의 시간 복잡도 $O(n)$과 비교하면 탁월한 것이다. 만약 4Giga개의 노드가 있다면 선형 탐색이 $2^{32} = 4,294,967,296$번의 비교 연산이 필요한데 비해 이진 탐색 트리에서는 32번 만에 결과를 찾는다.

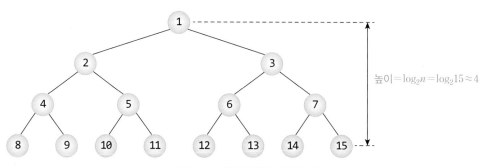

| 그림 9.14 이진 탐색 트리의 높이

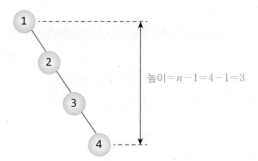

| 그림 9.15 경사 이진 탐색 트리의 경우의 높이

물론 이것은 좌우의 서브트리가 균형을 이루고 있는 경우에 해당한다. 만약 한쪽으로 치우치는 완전한 경사 이진트리일 경우에는 트리의 높이가 n과 같게 되어 탐색, 삭제, 삽입 시간이 선형 탐색과 같은 $O(n)$이 된다. 따라서 선형 탐색에 비하여 전혀 시간적인 이득이 없다. 결국, 이진 탐색 트리의 효율을 높이기 위해서는 가능한 한 트리가 좌우로 균형 잡히게 만들어야 한다.

이진 탐색 트리를 만들면서 트리의 높이를 $\log_2 n$으로 한정시키는 균형 기법도 있다. AVL 트리를 비롯한 여러 기법들이 개발되었는데, 이러한 균형 트리에 대한 내용은 14장에서 다룬다.

9.5 이진 탐색 트리의 응용: 영어 사전

이진 탐색 트리를 이용하여 사전을 구현하여 보자. 꼭 영어 사전이 아니어도 좋다. 트리에 저장되는 레코드에는 "단어(word)" 부분과 "의미(meaning)"을 갖도록 하자. "단어"는 반드시 연결된 하나의 단어로 이루어져야 되며, "의미"는 여러 단어로 이루어질 수 있다. 이진 탐색 트리는 탐색을 위한 자료구조이기 때문에 탐색이 효율적으로 될 것임을 기대할 수 있다. 프로그램의 사용법은 다음과 같다.

- 입력(i): 단어와 의미를 입력하여 하나의 노드 추가
- 삭제(d): 단어를 입력하면 해당 노드를 찾아 트리에서 제거
- 단어 탐색(w): 단어를 입력하면 해당 단어의 노드를 찾아 화면에 출력

- 의미 탐색(m): 의미를 입력하면 해당 의미의 노드를 찾아 화면에 출력
- 사전 출력(p): 사전의 모든 단어를 알파벳 순서대로(inorder) 화면에 출력
- 종료(q): 프로그램을 종료

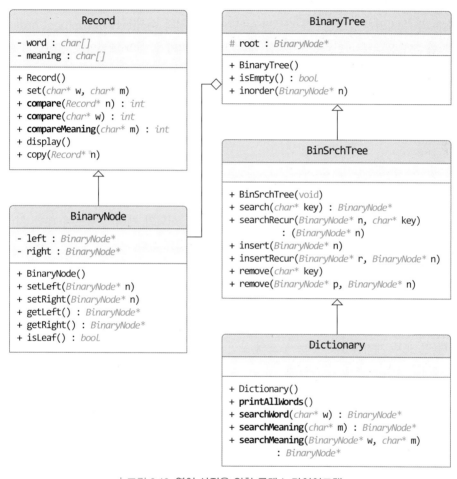

| 그림 9.16 영어 사전을 위한 클래스 다이어그램

영어 사전 응용을 위한 클래스 다이어그램은 그림 9.16과 같다. 단어와 의미를 저장할 Record 클래스를 만들고, 이를 상속하여 BinaryNode 클래스를 정의한다. 각 클래스에는 이 응용에 꼭 필요한 연산들만을 포함시켰다. 이진트리 클래스 BinaryTree를 상속해 이진 탐색 클래스 BinSrchTree 클래스를 만들고, 이를 상속해 사전 클래스인 Dictionary 클래스를 구현한다. 프로그램 9.9는 전체 프로그램을 보여준다.

Record 클래스

데이터 멤버로 각각 단어와 의미를 저장할 문자 배열 word와 meaning을 갖는다. 비교 함수 compare(char* w)는 현재 레코드의 word 필드와 문자열 w를 비교한다. 문자열의 복사에는 strcpy() 함수를 문자열 비교에는 strcmp() 함수를 사용하였는데, 특히 strcmp() 함수는 두 문자열이 같으면 0을 다르면 두 단어의 사전적 순서(lexicographical order)에 따라 양수와 음수를 반환한다. 자세한 것은 문자열 처리 함수의 매뉴얼을 찾아보기 바란다. 의미를 이용한 검색을 위해 compareMeaning(char* m)을 제공하는데, meaning 필드와 문자열 m을 비교한 결과를 반환한다. copy(Record* r) 연산은 레코드 r의 내용을 자신에 복사한다. 출력 함수 display()는 "단어 : 의미" 형태로 화면에 출력한다.

BinaryNode 클래스

노드 클래스는 Record를 상속하므로 데이터 멤버로는 링크 필드만 추가로 선언하는데, 이 부분을 제외하면 프로그램 8.1과 유사하다. 링크 이외의 데이터 필드에 대한 처리는 Record에서 담당하므로 이들에 대한 처리 함수들은 필요 없다.

BinaryTree 클래스

이진트리 클래스 BinaryTree는 프로그램 8.2와 동일하지만, 이 응용에서 사용되지 않는 연산들은 모두 제거하였다. 루트 노드의 포인터인 root는 protected로 선언하여 자식 클래스에서 접근할 수 있도록 하였다.

BinSrchTree 클래스

이진 탐색 트리 클래스 BinSrchTree는 기본적으로 프로그램 9.7과 유사하지만 노드에 저장되는 자료형이 달라졌으므로 이에 따른 변경이 필요하다. 특히 키 값을 이용한 탐색 연산인 search()와 삭제 연산 remove()에서 int가 char*로 변경된 것에 유의하라.

Dictionary 클래스

최종적인 사선 클래스인 Dictionary는 BinSrchTree를 상속하여 구현하였다. 사전의 전체 내용을 출력하는 printAllWords() 연산은 inorder로 순회하여 각 노드의 단어와 의미를 출력한다. 결과적으로 모든 단어들은 사전적 순서로 정렬되어 출력된다. 단어에 의한 검색 연산인 searchWord()는 키 값을 이용한 탐색인 BinSrchTree::search()와 같은 방법
으로 검색한다. 그러나 의미에 의한 검색 연산인 searchMeaning()은 다른 방법으로 검색
해야 한다. 사전은 단어를 키 값으로 정렬된 이진 탐색 트리이고, "의미"에 의해서는 정렬
되어 있지 않다. 따라서 어떤 "의미"를 갖는 노드를 검색하기 위해서는 일반적인 트리의 순
회 알고리즘을 사용해야 한다.

main() 함수

사용법을 화면에 출력하고 키보드 입력을 기다린다. 일반적으로 키보드로 하나의 문자
를 입력받을 때 키보드를 치는 순간 동작이 되지 않고 엔터키를 쳐야 동작이 되는데,
getche() 함수는 키보드를 치는 것을 감지하여 엔터키 없이 바로 한 키보드 문자를 입력
받는다. 이를 위해 <conio.h>를 포함하여야 한다.

프로그램 9.9 이진 탐색 트리를 이용한 영어 사전 프로그램

```
01  // Record.h: 사전을 위한 레코드 클래스
02  #include <cstdio>          /* C 헤더파일 <stdio.h>을 포함하는 것과 동일 */
03  #include <cstring>         /* C 헤더파일 <string.h>을 포함하는 것과 동일 */
04  #define MAX_WORD_SIZE      40
05  #define MAX_MEANING_SIZE   200
06  class Record {
07      char word[MAX_WORD_SIZE];              // 단어: 키 필드
08      char meaning[MAX_MEANING_SIZE];        // 단어의 의미: 키 필드가 아님
09  public:
10      Record(char* w="", char* m="") { set( w, m ); }
11      void set( char* w, char* m ) {
12          strcpy( word, w );
13          strcpy( meaning, m );
14      }
15      int compare(Record* n){ return compare (n->word); }
16      int compare(char* w){ return strcmp( w, word ); }
17      int compareMeaning(char* m)    { return strcmp( meaning, m); }
18      void display()                 { printf(" %12s : %-40s\n", word, meaning);}
19      void copy( Record *n )         { set(n->word, n->meaning); }
20  };
21
```

```cpp
22  // BinaryNode.h: 이진트리의 노드 클래스
23  #include "Record.h"
24  class BinaryNode : public Record {
25      BinaryNode *left;
26      BinaryNode *right;
27  public:
28      BinaryNode(char* w="", char* m="" )
29              : Record(w,m), left(NULL), right(NULL) { }
30      void setLeft (BinaryNode *l)    { left  = l; }
31      void setRight(BinaryNode *r)    { right = r; }
32      BinaryNode* getLeft ()          { return left; }
33      BinaryNode* getRight()          { return right; }
34      bool isLeaf()                   { return left==NULL && right==NULL; }
35  };
36
37  // BinaryTree.h: 이진트리 클래스
38  #include "BinaryNode.h"
39  class BinaryTree {
40  protected:
41      BinaryNode* root;
42  public:
43      BinaryTree(): root(NULL) { }
44      bool isEmpty() { return root==NULL; }
45      void inorder(BinaryNode* node) {
46          if( node != NULL ) {
47              inorder(node->getLeft());
48              node->display();
49              inorder(node->getRight());
50          }
51      }
52  };
53
54  // BinSrchTree.h: 이진 탐색 트리 클래스
55  #include "BinaryTree.h"
56  class BinSrchTree : public BinaryTree {
57  public:
58      // 이진 탐색 트리의 탐색 연산
59      BinaryNode* search( char* key ) { return searchRecur ( root, key ); }
```

```
60    BinaryNode* searchRecur( BinaryNode *n, char* key ) {
61        if( n == NULL ) return NULL;
62        if( n->compare(key) == 0 ) return n;
63        else if ( n->compare(key) < 0 )
64            return searchRecur( n->getLeft(), key );
65        else return searchRecur( n->getRight(), key );
66    }
67    // 이진 탐색 트리의 삽입 연산
68    void insert( BinaryNode* n ) {
69        if( n == NULL ) return;
70        if( isEmpty() ) root = n;
71        else insertRecur( root, n );
72    }
73    void insertRecur( BinaryNode* r, BinaryNode* n ) {
74        if(n->compare(r) == 0) return;
75        else if(n->compare(r) > 0) {
76            if( r->getLeft() == NULL ) r->setLeft(n);
77            else insertRecur(r->getLeft(), n);
78        }
79        else {
80            if(r->getRight() == NULL) r->setRight(n);
81            else insertRecur(r->getRight(), n);
82        }
83    }
84    // 이진 탐색 트리의 삭제 연산
85    void remove (char* data) {
86        if( isEmpty() ) return;
87        BinaryNode* parent = NULL;
88        BinaryNode* node = root;
89        while( node!=NULL && node->compare(data)!=0 ) {
90            parent = node;
91            node = (node->compare(data) < 0)
92                    ? node->getLeft() : node->getRight();
93        }
94        if( node != NULL ) remove ( parent, node );
95    }
96    // 프로그램 9.6의 remove()함수와 동일: 이진 탐색 트리의 삭제 연산
97    void remove (BinaryNode *parent, BinaryNode *node) {...}
```

```
98    };
99    // Dictionary.h: 사전 클래스
100   #include "BinSrchTree.h"
101   class Dictionary : public BinSrchTree {
102   public:
103       void printAllWords() {
104           printf("    >> 나의 단어장:\n");
105           if(!isEmpty()) inorder(root);
106       }
107       void searchWord( char *word ) {
108           BinaryNode *node = search( word );
109           if( node != NULL ) {
110               printf("    >> ");
111               node->display();
112           }
113           else printf("    >> 등록되지 않은 단어: %s\n", word );
114       }
115       void searchMeaning( char *m ) {
116           BinaryNode *node = (isEmpty()) ? NULL:searchByMeaning(root,m );
117           if( node != NULL ) {
118               printf("    >> ");
119               node->display();
120           }
121           else printf("    >> 등록되지 않은 의미: %s\n", m );
122       }
123       BinaryNode *searchByMeaning(BinaryNode *node, char* m) {
124           if( node==NULL || node->compareMeaning(m)==0 ) return node;
125           BinaryNode *theNode = searchByMeaning(node->getLeft(), m);
126           if( theNode != NULL ) return theNode;
127           return searchByMeaning(node->getRight(), m);
128       }
129   };
130   // 이진 탐색 트리를 사용하는 영어 사전 프로그램 메인 함수
131   #include "Dictionary.h"
132   #include <conio.h>
133   void help() {
134       printf("[사용법] i-추가 d-삭제 w-단어검색 m-의미검색 p-출력 q-종료 =>");
135   }
```

```
136  void main() {
137      char command;
138      char word[80];
139      char meaning[200];
140      Dictionary tree;
141      do{
142          help();
143          command = getche();
144          printf("\n");
145          switch(command){
146              case 'i':  printf("  > 삽입 단어: "); gets(word);
147                         printf("  > 단어 설명: "); gets(meaning);
148                         tree.insert( new BinaryNode(word, meaning) );
149                         break;
150              case 'd':  printf("  > 삭제 단어: "); gets(word);
151                         tree.remove( word );
152                         break;
153              case 'p':  tree.printAllWords( );
154                         printf("\n");
155                         break;
156              case 'w':  printf("  > 검색 단어: "); gets(word);
157                         tree.searchWord( word );
158                         break;
159              case 'm':  printf("  > 검색 의미: "); gets(word);
160                         tree.searchMeaning( word );
161                         break;
162          }
163      } while(command != 'q');
164  }
```

다음은 프로그램을 실행한 결과 예를 보여주고 있다. 먼저 hello, world, data, structure, stack, queue, list와 이들의 의미를 트리에 삽입하고 전체 내용을 출력한다. 다음으로 struct와 structure를 검색하는데, struct는 등록되지 않은 단어이고 structure는 등록된 단어이므로 의미와 함께 출력한다. 의미를 이용한 검색으로 "데이터"를 검색하는데, 검색을 성공하여 단어와 함께 출력한다. 마지막으로 list와 stack을 트리에서 삭제하고 최종 트리를 화면에 출력한다.

```
C:\Windows\system32\cmd.exe

[사용법] i-추가 d-삭제 w-단어검색 m-의미검색 p-출력 q-종료 =>i
 > 삽입 단어: hello
 > 단어 설명: 안녕하세요?
[사용법] i-추가 d-삭제 w-단어검색 m-의미검색 p-출력 q-종료 =>i
 > 삽입 단어: world
 > 단어 설명: 아름다운 세상
 ...
[사용법] i-추가 d-삭제 w-단어검색 m-의미검색 p-출력 q-종료 =>i
 > 삽입 단어: list
 > 단어 설명: 리스트
[사용법] i-추가 d-삭제 w-단어검색 m-의미검색 p-출력 q-종료 =>p
   >> 나의 단어장:
        data : 자료
       hello : 안녕하세요?
        list : 리스트
       queue : 큐
       stack : 스택
   structure : 구조
       world : 아름다운 세상

[사용법] i-추가 d-삭제 w-단어검색 m-의미검색 p-출력 q-종료 =>w
 > 검색 단어: struct
   >> 등록되지 않은 단어: struct
[사용법] i-추가 d-삭제 w-단어검색 m-의미검색 p-출력 q-종료 =>w
 > 검색 단어: structure
   >>     structure : 구조
[사용법] i-추가 d-삭제 w-단어검색 m-의미검색 p-출력 q-종료 =>m
 > 검색 의미: 자료
   >>        data : 자료
[사용법] i-추가 d-삭제 w-단어검색 m-의미검색 p-출력 q-종료 =>d
 > 삭제 단어: list
[사용법] i-추가 d-삭제 w-단어검색 m-의미검색 p-출력 q-종료 =>d
 > 삭제 단어: stack
[사용법] i-추가 d-삭제 w-단어검색 m-의미검색 p-출력 q-종료 =>p
   >> 나의 단어장:
        data : 자료
       hello : 안녕하세요?
       queue : 큐
   structure : 구조
       world : 아름다운 세상

[사용법] i-추가 d-삭제 w-단어검색 m-의미검색 p-출력 q-종료 =>
```

| 연습문제 |

1 이진트리에서 높이가 5일 때, 이 트리는 최대 몇 개의 노드를 가질 수 있는가?

① 26개   ② 8개   ③ 32개   ④ 31개

2 다음의 전위 순회와 중위 순회 결과를 생성할 수 있는 이진트리를 그려라.

> • 전위 순회: A, B, D, E, C, F, G, H
> • 중위 순회: E, D, B, A, G, F, H, C

3 정수 데이터가 이진 탐색 트리에 저장되어 있다. 이러한 이진 탐색 트리가 공백 상태로부터 다음과 같은 순서로 연산이 실행된다. 연산들에 의해 생성되는 이진 탐색 트리를 순서대로 그려라.

(1) 삽입 5, 7, 2, 8, 3

(2) 삭제 3

(3) 삽입 4, 3

(4) 삭제 7

(5) 삭제 5

| 프로그래밍 프로젝트 |

1 프로그램 9.7에서 구현한 이진 탐색 트리를 다음과 같이 수정하려고 한다.

(1) 9.2절에서 이진 탐색 트리의 탐색 연산을 트리 클래스에서도 구현했고 노드 클래스에서도 구현해 보았다. 트리의 각 노드들을 모두 자신을 루트로 하는 서브트리를 대표한다고 보면 많은 트리의 연산들을 노드에서 구현할 수 있다. 8장의 프로그램 8.1과 프로그램 8.2를 수정하여 BinaryTree 클래스에서 구현했던 다음 멤버 함수들을 BinaryNode 클래스에서 구현하라. 각 함수들의 기능은 8장에서와 동일하며 8.5장에서 설명한 것과 같이 트리 클래스에서 호출하는 방법도 약간 변경되어야 한다. 프로그램 9.3의 예를 참고하라.

```
void BinaryNode::inorder();
void BinaryNode::preorder();
void BinaryNode::postorder();
int  BinaryNode::getCount();
int  BinaryNode::getHeight();
int  BinaryNode::getLeafCount();
```

(2) BinaryTree를 상속하여 구현한 이진 탐색 트리 BinSrchTree의 삽입과 탐색 연산도 노드 클래스에서 다시 구현하고 이를 호출하는 다음 함수를 수정하라.

```
BinaryNode* BinSrchTree::search( int key );
void BinSrchTree::insert( BinaryNode* n );
```

2 순차 탐색이란 정렬되지 않은 배열에서 탐색하고자 하는 숫자를 배열의 각 요소와 순차적으로 비교하여 탐색하는 방법을 말한다. 이진 탐색 트리의 성능을 일반 배열에서의 순차 탐색과 비교하여 보자.

(1) 다음과 같은 순차 탐색 함수 sequeutialSearch()를 작성하라.

```
// int 배열 list의 순차 탐색 함수
int sequentialSearch(int list[], int n, int key)
{
    for(int i=0; i<n; i++)
        if(list[i]==key)
            return i;    // 탐색에 성공하면 키값의 인덱스 반환
    return -1;           // 탐색에 실패하면 -1 반환
}
```

(2) 프로그램이 시작되면 먼저 n개의 랜덤한 정수를 발생시켜 배열에 저장한다. 가능한 한 평균적인 탐색 시간을 측정하기 위해 역시 랜덤한 수를 r개 발생시키고(r은 10 내외), 각각을 배열에서 순차 탐색으로 찾고 실행 시간을 측정하라. 이때, 반드시 탐색 연산에 걸린 시간만을 측정해야 하는 것에 주의하라. sequentialSearch() 함수의 호출 전과 호출 후의 시각을 저장하면 될 것이다. 탐색에 걸린 평균 시간을 계산하라. 같은 실험을 n이 10000부터 10000씩 증가시키면서 반복하라. n에 대한 실행 시간 측정 결과를 1장 프로그래밍 프로젝트 1번 문제와 같이 선 그래프로 나타내고 시간 복잡도 $O(n)$으로 동작하는지 확인하라.

(3) 동일한 실험을 앞에서 구현한 이진 탐색 트리를 이용하여 반복하라. 동일한 데이터를 이진 탐색 트리에 저장하고 탐색을 수행하고 실행 시간을 측정하라. 실험 결과를 순차 탐색 결과와 함께 선 그래프로 나타내라. 순차 탐색에 비해 얼마나 빨라지는지를 확인하고 이유를 설명하라.

우선순위 큐

학습목표

- 우선순위 큐의 개념을 이해한다.
- 다양한 우선순위 큐 구현 방법의 장단점을 이해한다.
- 힙의 동작 원리를 이해한다.
- 힙의 효율성을 이해한다.
- 힙의 배열을 이용한 구현을 이해한다.
- 힙을 이용한 허프만 코드 구현을 이해한다.
- STL의 우선순위 큐의 활용 능력을 기른다.

10 우선순위 큐

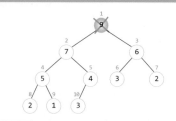

10.1 우선순위 큐

■ 우선순위 큐란?

그림 10.1처럼 도로에서 차량의 우선순위를 생각해보자. 보통은 먼저 진입하는 차가 먼저 가게 되지만 구급차나 소방차와 같은 긴급 차량이 나타나면 다른 차들은 이들을 위해 도로를 양보하여야 한다. 이러한 긴급한 차량들은 도로 교통법에 의하여 높은 우선순위(priority)를 가지고 있기 때문이다. 컴퓨터에서도 우선순위의 개념이 필요할 때가 종종 있다. 예를 들면, 네트워크 패킷 중에서 네트워크 관리와 관련된 것들은 다른 일반 패킷보다 우선순위를 가진다. 운영 시스템에서도 시스템 프로세스는 응용 프로세스보다 더 우선순위를 가지게 된다. 따라서 자료구조에서도 이러한 우선순위를 지원하는 것이 필요하다.

우선순위 높음   우선순위 낮음

| 그림 10.1 일상생활에서의 우선순위의 예

우선순위 큐는 바로 이러한 우선순위의 개념을 큐에 도입한 자료구조이다. 보통의 큐는 선입선출(FIFO)의 원칙에 의하여 먼저 들어온 데이터가 먼저 나가게 된다. 그러나 **우선순위 큐**(priority queue)는 데이터들이 우선순위를 가지고 있어 우선순위가 높은 데이터가 먼저 출력된다. 우선순위 큐를 스택과 큐에 비교하면 표 10.1과 같다.

| 표 10.1 스택, 큐, 우선순위 큐 비교

자료구조	삭제되는 요소
스택	가장 최근에 들어온 데이터
큐	가장 먼저 들어온 데이터
우선순위 큐	가장 우선순위가 높은 데이터

우선순위 큐는 사실 가장 일반적인 큐로 볼 수 있는데, 이것은 우선순위 큐를 사용하여 스택이나 큐도 얼마든지 구현할 수 있기 때문이다. 예를 들어, 데이터가 들어온 시각이 빠른 것을 높은 우선순위로 생각하면 큐처럼 동작할 것이고, 반대로 늦게 들어온 것을 높은 우선순위로 처리하면 스택으로 사용할 수 있을 것이다.

우선순위 큐는 컴퓨터의 여러 분야에서 다양하게 이용되는 데 시뮬레이션이나 네트워크 트래픽 제어, 운영체제에서의 작업 스케줄링, 수치 해석적인 계산 등에서 활용된다. 이러한 우선순위 큐는 배열, 연결 리스트 등의 여러 가지 방법으로 구현이 가능하지만 가장 효율적인 구조는 **힙**(heap)이다. 따라서 이 장에서는 힙을 중점적으로 알아본다.

■ 우선순위 큐 추상 자료형

우선순위 큐의 추상 자료형을 생각해보자. 우선순위 큐는 우선순위 값을 가진 요소들의 모임이다. 스택이나 큐와 같이 우선순위 큐에서도 가장 중요한 연산은 요소를 삽입하고 삭제하는 것이다. 우선순위 큐는 삭제 연산에서 어떤 요소가 먼저 삭제되는가에 따라 **최소 우선순위 큐**와 **최대 우선순위 큐**로 나누어진다. 최대 우선순위 큐는 우선순위가 가장 높은 요소가 먼저 삭제되고, 최소 우선순위 큐는 가장 우선순위가 낮은 요소를 먼저 삭제한다. 다음은 최대 우선순위 큐의 추상 자료형을 정의한 것이다.

| ADT 10.1 Priority Queue

> 데이터: 우선순위를 가진 요소들의 모음
>
> 연산 • insert(item): 우선순위 큐에 항목 item을 추가한다.
>   • remove(): 우선순위 큐로부터 가장 우선순위가 높은 요소를 삭제하고 이 요소를 반환한다.
>   • find(): 우선순위가 가장 높은 요소를 삭제하지 않고 반환한다.
>   • isEmpty(): 우선순위 큐가 공백 상태인지를 검사한다.
>   • isFull(): 우선순위 큐가 포화 상태인지를 검사한다.
>   • display(): 우선순위 큐의 모든 요소들을 출력한다.

다음은 우선순위 큐의 사용 예를 보인다.

| 예제 10.1 우선순위 큐의 사용 예

만약 어떤 사업자가 희귀한 기계를 보유하고 있고 이 기계의 서비스를 제공하는 사업을 하고 있다고 가정하자. 기계를 사용하고 싶은 사람들은 사용 시간에 관계없이 기계를 한번 사용할 때마다 일정한 금액을 내야 한다. 물론 사용 시간은 사용자마다 다르다. 이 경우 사업자가 최대의 수익을 올리려면 어떻게 해야 할까? 최소 우선순위 큐를 사용해야 할 것이다. 이때 우선순위는 사용자들이 필요로 하는 사용 시간이 된다. 어떤 사용자가 기계 사용을 요청하면 이러한 요구는 우선순위 큐에 삽입된다. 사업자는 기계가 사용 가능하게 될 때마다 우선순위 큐에서 가장 시간을 적게 요구하는 요청을 꺼내서 해당 사용자에게 기계를 서비스한다.

만약 각 사용자가 동일한 시간 동안 기계를 사용하고 사용자마다 서로 다른 금액의 사용료를 낸다고 가정하자. 이때 우선순위 큐의 우선순위는 사용자가 지불하고자 하는 금액이 될 것이다. 이 경우는 기계가 사용 가능하게 될 때마다 가장 많은 금액을 지불하려고 하는 사용자를 선택하는 것이 가장 많은 수익을 올릴 수 있다. 이때의 우선순위 큐는 최대 우선순위 큐가 되어야 한다.

10.2 우선순위 큐의 구현 방법

우선순위 큐를 구현하는 방법은 여러 가지가 있는데 배열, 연결 리스트, 힙 등을 이용할 수 있다.

■ 배열을 사용하는 방법

정렬되지 않은 배열을 이용하는 방법

정렬되지 않은 배열을 사용하게 되면 삽입은 가장 간단하다. 그냥 기존의 요소들의 맨 끝에 붙이면 된다. 따라서 삽입의 시간 복잡도는 $O(1)$이다. 그러나 삭제를 할 경우, 즉 가장 우선순위가 높은 요소를 삭제하는 경우, 처음부터 끝까지 모든 요소들을 스캔하면서 가장 우선순위가 높은 요소를 찾아야 한다. 배열이 정렬되어 있지 않기 때문이다. 따라서 삭제의 복잡도는 $O(n)$이 된다. 물론 요소가 삭제된 다음, 뒤에 있는 요소들을 앞으로 한 칸씩 이동시켜야 하는 부담도 남아있다.

정렬된 배열을 이용하는 방법

정렬이 되어 있는 배열에 새로운 요소를 삽입하는 경우 배열 내의 요소들과의 우선순위를 비교하는 과정이 필요하다. 비교를 통해 삽입 위치를 찾고 그 위치에 삽입을 해야 배열이 계속 정렬 상태를 유지할 수 있기 때문이다. 이를 위해 순차 탐색을 사용할 수도 있고, 빠르게 찾기 위해서는 이진 탐색을 사용할 수도 있다. 삽입 위치를 찾은 다음에는 삽입 위치 다음에 있는 모든 요소들을 한 칸씩 뒤로 이동시켜서 빈자리를 만든 다음, 삽입해야 한다. 따라서 삽입시의 시간 복잡도는 $O(n)$이다. 이에 비해 삭제는 간단하다. 배열이 정렬되어 있으므로 맨 뒤에 위치한 요소를 삭제하면 된다. 이 경우 삭제의 시간 복잡도는 $O(1)$이 된다.

| 그림 10.2 정렬된 배열로 구현된 우선순위 큐

■ 연결 리스트를 사용하는 방법

정렬되지 않은 연결 리스트를 이용하는 방법

연결 리스트를 이용하는 방법도 배열의 경우와 크게 다르지 않다. 정렬된 상태로 연결 리스트를 유지할 수도 있고 정렬이 안 된 채로 연결 리스트를 사용할 수 있다. 정렬이 안 된 리스트라면 삽입 시에 첫 번째 노드로 삽입하는 것이 유리하다. 물론 배열과 달리 다른 노드들의 이동은 필요 없다. 따라서 시간 복잡도는 $O(1)$이다. 삭제 시에는 포인터를 따라서 모든 노드를 방문하고 가장 우선순위가 높은(낮은) 노드를 찾아야 한다. 이 경우 시간 복잡도는 $O(n)$이 될 것이다.

정렬된 연결 리스트를 이용하는 방법

만약 연결 리스트를 정렬시킨 상태로 사용한다면 시간 복잡도는 어떻게 될까? 이 경우에는 우선순위가 높은 요소가 앞에 위치하는 것이 유리하다. 따라서 우선순위가 높은 요소가 첫 번째 노드가 되도록 한다. 삽입 시에는 우선순위 값을 기준으로 삽입위치를 찾아야 하므로 $O(n)$이 된다. 삭제 시에는 첫 번째 노드를 삭제하면 되므로 $O(1)$이다. 결과적으로 배열 사용 방법과 시간 복잡도 차이는 없다.

| 그림 10.3 정렬된 연결 리스트로 구현된 우선순위 큐

■ 힙을 사용하는 방법

힙(heap)은 완전 이진트리의 일종으로 우선순위 큐를 위해 만들어진 자료구조이다. 힙은 일종의 반 정렬 상태를 유지한다. 즉, 요소들이 완전히 정렬된 것은 아니지만 전혀 정렬되지 않은 것도 아닌 상태를 이용해 우선순위 큐를 구현한다. 힙의 시간 복잡도는 삽입과 삭제 모두 $O(\log_2 n)$으로 다른 방법보다 상당히 유리하다. 여기서 다시 한 번 $O(n)$과 $O(\log_2 n)$은 큰 차이가 있다는 것을 유념해야 한다. 만약 n이 1024이고 $O(n)$ 알고리즘이 1024초가 걸린다면 $O(\log_2 n)$ 알고리즘은 10초에 불과하다.

| 표 10.2 우선순위 큐를 구현하는 여러 가지 방법의 비교

표현 방법	삽입	삭제
순서 없는 배열	$O(1)$	$O(n)$
순서 없는 연결 리스트	$O(1)$	$O(n)$
정렬된 배열	$O(n)$	$O(1)$
정렬된 연결 리스트	$O(n)$	$O(1)$
힙	$O(\log_2 n)$	$O(\log_2 n)$

10.3 힙(Heap)

■ 힙의 개념

힙(heap)을 영어 사전에 찾아보면 "더미"라고 되어 있다. 컴퓨터 분야에서 힙은 완전 이진 트리 기반의 "더미"와 모습이 비슷한 특정한 자료 구조를 의미한다.

| 그림 10.4 일상생활에서의 힙(더미)의 예

힙은 여러 개의 값들 중에서 가장 큰 값이나 가장 작은 값을 빠르게 찾아내도록 만들어진 자료 구조이다. 힙은 간단히 말하면 **부모 노드의 키 값이 자식 노드의 키 값보다 큰 이진 트리**를 말한다. 즉, A가 B의 부모 노드라고 하면 다음과 같은 조건(힙 조건)이 항상 성립 하는 이진트리를 말한다.

$$key(A) \geq key(B)$$

그림 10.5는 힙 트리의 예를 보여준다. 힙 트리에서는 중복된 값을 허용함에 유의하라. 이 진 탐색 트리에서는 중복된 값을 허용하지 않았다.

힙은 큰 값이 상위 레벨에 있고 작은 값이 하위 레벨에 있다는 정도의 느슨한 정렬 상태를 유지한다. 힙의 목적이 삭제 연산에서 가장 큰 값을 효율적으로 찾아내기만 하면 되는 것 이므로 전체를 정렬할 이유는 없다.

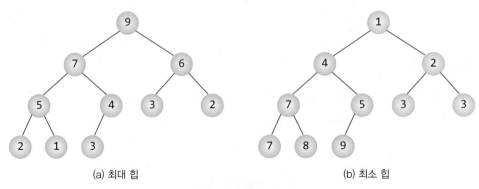

| 그림 10.5 힙 트리의 예

그림 10.5는 두 가지 종류의 힙 트리를 보여준다. (a)와 같이 부모 노드의 키 값이 자식 노드보다 큰 경우를 **최대 힙**(max heap)이라 부르고, 반대로 (b)와 같이 노드의 키 값이 자식보다 작은 것을 **최소 힙**(min heap)이라 부른다.

- **최대 힙**(max heap)
  부모 노드의 키 값이 자식 노드의 키 값보다 크거나 같은 완전 이진트리
  $$key(부모\ 노드) \geq key(자식\ 노드)$$

- **최소 힙**(min heap)
  부모 노드의 키 값이 자식 노드의 키 값보다 작거나 같은 완전 이진트리
  $$key(부모\ 노드) \leq key(자식\ 노드)$$

이들은 단지 부등호만 달라지고 나머지는 완전히 동일하다. 따라서 특별한 언급이 없으면

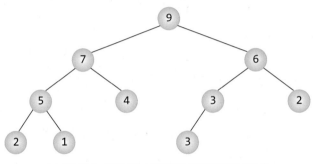

| 그림 10.6 힙이 아닌 예(완전 이진트리가 아님)

여기서는 **힙을 최대 힙이라고 가정**하자. 힙은 완전 이진트리(complete binary tree)이다. 그림 10.6은 힙의 특성을 만족하는 것처럼 보이지만 완전 이진트리가 아니기 때문에 힙은 아니다.

■ 힙의 구현 방법

힙도 이진트리이므로 그림 10.7에서처럼 차례대로 번호를 붙일 수 있다. 또한 완전 이진트리이기 때문에 **중간에 비어 있는 요소가 없다.** 이 번호를 배열의 인덱스로 생각하면 배열에 힙의 노드들을 저장할 수 있다. 따라서 힙을 저장하는 효과적인 자료구조는 배열이다. 프로그램 구현을 쉽게 하기 위해 배열의 첫 번째 인덱스인 0는 사용하지 않는다. 트리의 모든 위치의 노드 번호는 새로운 노드가 추가되더라도 변하지 않는다. 예를 들어, 루트 노드의 왼쪽 노드의 번호는 항상 2번이며 오른쪽 노드는 항상 3번이다.

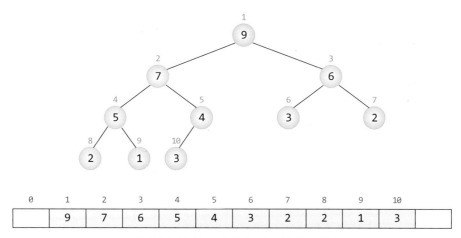

| 그림 10.7 힙 트리의 배열을 이용한 구현

완전 이진트리에서와 같이 배열을 이용하여 힙을 표현하면 자식 노드와 부모 노드의 관계를 쉽게 계산할 수 있다.

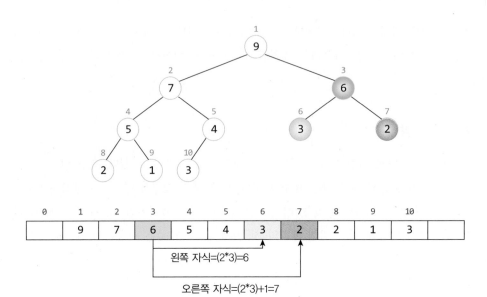

| 그림 10.8 힙 트리에서의 자식 노드와 부모 노드의 관계

어떤 노드의 왼쪽이나 오른쪽 자식의 인덱스를 알고 싶으면 다음과 같은 식을 이용하면
된다.

- 왼쪽 자식의 인덱스 = (부모의 인덱스)*2
- 오른쪽 자식의 인덱스 = (부모의 인덱스)*2 + 1

부모의 인덱스를 알고 싶으면 다음과 같은 식을 이용한다.

- 부모의 인덱스 = (자식의 인덱스)/2

힙의 기본 틀 설계

힙의 연산들을 자세히 알아보기 전에 힙의 기본 틀을 설계해 보자. 추상 자료형을 바탕으
로 설계한 배열을 이용한 최대 힙의 클래스 다이어그램은 다음과 같다.

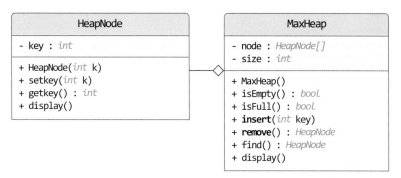

| 그림 10.9 배열을 이용하는 최대 힙의 클래스 다이어그램

힙에 저장할 노드 클래스를 HeapNode라 하자. 단순화를 위해 힙은 int 형 변수인 **key**를 키 값으로 갖도록 한다. 배열을 이용하는 최대 힙 클래스 MaxHeap에는 노드의 배열과 현재 힙에 저장된 노드의 수를 멤버로 갖는다. 연산들은 ADT 10.1과 동일하게 설계하였다. 프로그램 10.1은 이러한 클래스 다이어그램을 바탕으로 HeapNode를 구현한 예이다.

프로그램 10.1 힙을 위한 노드 클래스 구현

```
01  // HeapNode.h: 힙에 저장할 노드 클래스
02  #include <cstdio>
03  class HeapNode {
04      int key;                // Key 값
05  public:
06      HeapNode( int k=0 ) : key(k) { }
07      void setKey(int k) { key = k; }
08      int getKey() { return key; }
09      void display() { printf("%4d", key); }
10  };
```

프로그램 10.2는 MaxHeap 클래스의 구조를 보여주고 있다. **getParent(i)**, **getLeft(i)** 및 **getRight(i)** 함수는 노드의 인덱스 번호를 이용해 그 노드의 부모 노드, 왼쪽 자식 노드 및 오른쪽 자식 노드 객체를 반환한다.

프로그램 10.2   최대 힙 클래스 구현

```
01   // MaxHeap.h: 배열을 이용한 최대 힙 클래스
02   #include "HeapNode.h"
03   #define MAX_ELEMENT 200
04   class MaxHeap
05   {
06       HeapNode node[MAX_ELEMENT];      // 요소의 배열
07       int   size;                     // 힙의 현재 요소의 개수
08   public:
09       MaxHeap( ) : size(0) { }
10       bool isEmpty() { return size == 0; }
11       bool isFull()  { return size == MAX_ELEMENT-1; }
12
13       HeapNode& getParent(int i){ return node[i/2]; }        // 부모 노드
14       HeapNode& getLeft(int i)  { return node[i*2]; }        // 왼쪽 자식 노드
15       HeapNode& getRight(int i) { return node[i*2+1];}       // 오른쪽 자식 노드
16
17       void  insert(int key) {...}               // 삽입 함수: 프로그램 10.3
18       HeapNode  remove() {...}                   // 삭제 함수: 프로그램 10.4
19       HeapNode  find()     { return node[1]; }
20
21       void display( ) {                         // 힙 내용 출력 함수
22           for(int i=1, level=1 ; i<= size ; i++){
23               if( i == level ) {
24                   printf("\n");
25                   level *= 2;
26               }
27               node[i].display();
28           }
29           printf("\n-------------------------------------------");
30       }
31   };
```

코드 설명

4행 최대 힙 클래스 선언.

6~7행 데이터 멤버. 노드 배열과 현재 힙의 요소 개수를 저장할 변수 선언.

11행 포화 상태 검사가 size==MAX_ELEMENT−1 임에 유의할 것(배열의 0번 요소를 사용하지 않음).

13~15행 완전 이진트리에서 부모와 자식 노드를 계산하는 함수.

19행 find 연산은 루트 노드를 반환함.

21~30행 힙 내용을 보기 좋게 출력하는 함수. 완전 이진트리의 형태이므로 같은 레벨의 노드들을 한 줄에 출력함.

삽입과 삭제 연산은 아직 구현하지 않았다. 이들 연산이 어떻게 이루어지는지 알아보자.

■ 삽입 연산

힙에 새로운 요소를 삽입하는 삽입 연산은 그림 10.10과 같이 회사에서 신입사원이 들어오면 일단 말단 위치에 앉힌 다음에, 신입 사원의 능력을 봐서 위로 승진시키는 과정과 유사하다.

| 그림 10.10 힙 트리에서의 삽입 연산은 신입사원을 일단 말단자리에 앉힌 다음, 능력에 따라 승진시키는 것과 유사하다.

힙에 새로운 요소가 들어오면, 일단 새로운 노드를 힙의 마지막 노드에 이어서 삽입된다. 마지막 노드 다음에 새로운 노드를 위치시키기만 하면 더 이상 힙 트리의 성질이 만족되지 않는다. 따라서 삽입 후에 새로운 노드를, 부모 노드들과 교환해서 힙의 성질을 만족시켜주는 과정이 필요하다. 삽입 과정을 먼저 그림으로 살펴보자. 그림 10.11과 같이 그림 10.8의 최대 힙에 8을 삽입한다고 가정하자.

(1) 먼저 번호순으로 가장 마지막 위치에 이어서 새로운 요소 8이 삽입된다.

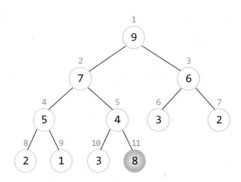

| 그림 10.11 최대 힙 트리의 삽입 연산 1

(2) 부모 노드 4와 비교하여 삽입 노드 8이 더 크므로 교환한다.

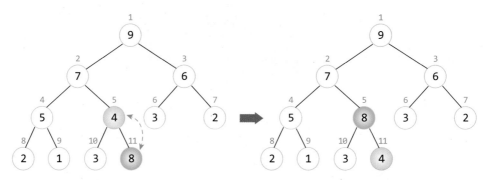

| 그림 10.12 최대 힙 트리의 삽입 연산 2

(3) 부모 노드 7과 비교하여 삽입 노드 8이 더 크므로 교환한다.

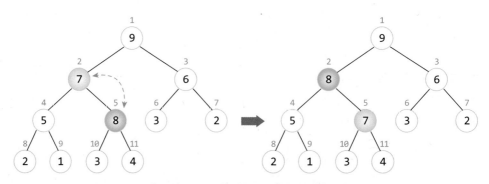

| 그림 10.13 최대 힙 트리의 삽입 연산 3

(4) 삽입 노드 8이 부모 노드 9보다 작으므로 더 이상 교환하지 않는다.

이를 바탕으로 우선순위 큐의 삽입 알고리즘을 유사 코드로 기술하면 다음과 같다.

| 알고리즘 10.1 최대 힙에서의 삽입 알고리즘

```
insert(key)

heapSize ← heapSize + 1;
i ← heapSize;
node[i] ← key;
while i ≠ 1 and node[i] > node[PARENT(i)] do
        node[i] ↔ node[PARENT(i)];
        i ← PARENT(i);
```

이 알고리즘을 MaxHeap의 멤버 함수로 구현하면 프로그램 10.3과 같다. 알고리즘에서 ↔ 기호는 노드를 서로 교환하는 것을 나타내지만, 실제 구현에서 매번 노드를 교환할 필요가 없다. 이동 횟수를 줄이기 위해 교환이 아니라 그냥 부모 노드만을 끌어내린 다음에 삽입될 위치가 확실히 진 다음에 최종적으로 새로운 노드는 그 위치로 이동하는 방법을 사용하였다.

프로그램 10.3　최대 힙 트리 클래스 MaxHeap의 삽입 함수

```
01    // 삽입 함수: 힙에 키값 key를 갖는 새로운 요소를 삽입한다.
02    void insert( int key ) {
03        if( isFull() ) return;              // 힙이 가득 찬 경우
04        int i = ++size;                     // 증가된 힙 크기 위치에서 시작
05
06        //   트리를 거슬러 올라가면서 부모 노드와 비교하는 과정
07        while( i!=1                         // 루트가 아니고
08            && key>getParent(i).getKey()) { // 부모 노드보다 키값이 크면
09                node[i] = getParent(i);     // 부모를 자신노드로 끌어내림
10                i /= 2;                     // 한 레벨 위로 상승
11        }
12        node[i].setKey( key );             // 최종 위치에 데이터 복사
13    }
```

코드 설명

4행 힙 크기를 하나 증가시킴.

7~8행 i가 루트 노드가 아니고 key가 i의 부모 노드보다 크면,

9행 부모 노드를 끌어내림.

10행 한 레벨 위로 승진함.

12행 최종 위치에 데이터를 복사함.

■ 삭제 연산

삭제 연산은 회사에서 사장의 자리가 비게 되면 먼저 제일 말단 사원을 사장 자리로 올린 다음에 순차적으로 강등시키는 것과 비슷하다.

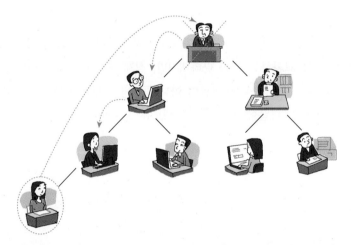

| 그림 10.14 힙 트리에서의 삭제 연산은 사장 자리가 비게 되면 말단사원을 일단 사장자리에 앉힌 다음, 능력에 따라 강등시키는 것과 유사하다.

힙에서 삭제 연산은 루트 노드를 삭제하는 것이다. 최대 힙에서는 루트가 최댓값을 가지므로 루트 노드를 삭제하고 힙을 재구성한다. 힙의 재구성이란 힙의 성질을 만족하기 위하여 위, 아래 노드를 교환하는 것이다. 그림 10.15에서 루트 노드를 삭제한다고 가정하자.

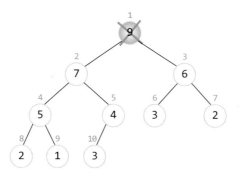

| 그림 10.15 최대 힙 트리의 삭제 연산

(1) 먼저 루트 노드가 삭제된다. 빈 루트 노드 자리에는 힙의 마지막 노드를 가져온다.

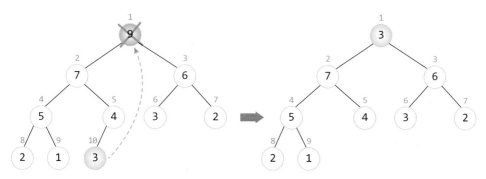

| 그림 10.16 최대 힙 트리의 삭제 연산 1

(2) 새로운 루트인 3과 자식 노드들을 비교해보면 자식 노드가 더 크기 때문에 교환이 일어난다. **자식들 중에서 더 큰 값과 교환**이 일어난다. 따라서 3과 7이 교환된다.

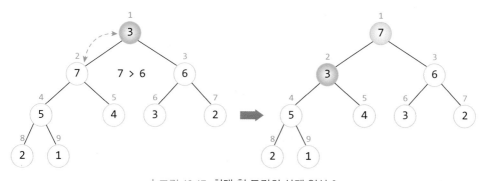

| 그림 10.17 최대 힙 트리의 삭제 연산 2

(3) 아직도 3이 자식 노드들보다 더 작기 때문에 3과 자식 노드 5를 교환한다.

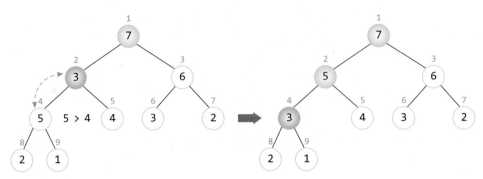

| 그림 10.18 최대 힙 트리의 삭제 연산 3

(4) 3이 자식 노드인 2와 1보다 크기 때문에 더 이상의 교환은 필요 없다.

위의 과정을 유사 코드로 살펴보면 다음과 같다. 이를 C++로 구현한 것은 프로그램 10.4와 같다.

| 알고리즘 10.2 힙 트리에서의 삭제 알고리즘

```
remove()

item ← A[1];
A[1] ← A[heapSize];
heapSize ← heapSize-1;
i ← 2;
while i ≤ heapSize do
      if i < heapSize and A[LEFT(i)] > A[RIGHT(i)]
         then largest ← LEFT(i);
         else largest ← RIGHT(i);
      if A[PARENT(largest)] > A[largest]
         then break;
      A[PARENT(largest)] ↔ A[largest];
      i ← LEFT(largest);
return item;
```

프로그램 10.4   최대 힙 트리 클래스 MaxHeap의 삭제 함수

```
01   // 삭제 함수: 힙의 루트 노드를 반환하고 힙을 재구성한다.
02   HeapNode remove() {
03       if( isEmpty() ) return NULL;
04       HeapNode item = node[1];          // 루트노드(꺼낼 요소)
05       HeapNode last = node[size--];     // 힙의 마지막노드
06       int parent   = 1;                 // 마지막 노드의 위치를 루트로 생각함
07       int child    = 2;                 // 루트의 왼쪽 자식 위치
08       while( child <= size ){           // 힙 트리를 벗어나지 않는 동안
09           // 현재 노드의 자식 노드 중 더 큰 자식노드를 찾음
10           if( child < size
11           && getLeft(parent).getKey() < getRight(parent).getKey())
12                   child++;              // child: 더 큰 자식 노드의 인덱스
13           // 마지막 노드가 더 큰 자식보다 크면 ==> 이동 완료
14           if( last.getKey() >= node[child].getKey() ) break;
15
16           // 아니면 ==> 한 단계 아래로 이동
17           node[parent] = node[child];
18           parent = child;
19           child *= 2;
20       }
21       node[parent] = last;    // 마지막 노드를 최종 위치에 저장
22       return item;            // 루트 노드 반환
23   }
```

코드 설명

4행 삭제 연산에서는 루트 노드를 반환하므로 루트를 item에 저장한다.

5행 힙의 마지막 요소를 last에 복사한다.

6~7행 parent를 루트 위치로, child를 parent의 왼쪽 자식으로 초기화함.

8행 힙 트리를 벗어나지 않는 동안.

10~12행 현재 노드의 자식 노드 중 더 큰 자식 노드를 찾음. 최종적으로 child는 더 큰 자식 노드의 인덱스가 됨.

14행 마지막 노드가 더 큰 자식보다 크면 이동이 완료됨. 루프를 빠져나감.

17~19행 아니면 한 단계 아래로 이동.

22행 마지막 노드를 최종 위치에 저장

23행 저장해 둔 루트 노드 item을 반환함.

전체 프로그램

다음 프로그램은 최대 힙의 삽입과 삭제 연산을 테스트하는 코드이다. 먼저 7개의 요소를 삽입하고 힙의 상태를 출력한다. 또, 요소를 하나씩 삭제하면서 힙의 상태를 출력하였다. 최대 힙이므로 값이 큰 순서대로 출력되는 것을 알 수 있다.

프로그램 10.5   최대 힙 트리 테스트 프로그램

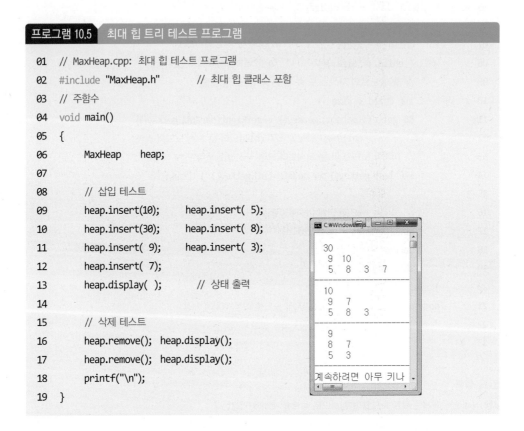

```cpp
01   // MaxHeap.cpp: 최대 힙 테스트 프로그램
02   #include "MaxHeap.h"        // 최대 힙 클래스 포함
03   // 주함수
04   void main()
05   {
06       MaxHeap    heap;
07
08       // 삽입 테스트
09       heap.insert(10);        heap.insert( 5);
10       heap.insert(30);        heap.insert( 8);
11       heap.insert( 9);        heap.insert( 3);
12       heap.insert( 7);
13       heap.display( );            // 상태 출력
14
15       // 삭제 테스트
16       heap.remove(); heap.display();
17       heap.remove(); heap.display();
18       printf("\n");
19   }
```

■ 힙의 복잡도 분석

힙의 삽입과 삭제 연산의 시간 복잡도를 분석하여 보자. 삽입 연산에서 새로운 요소가 힙 트리를 타고 올라가면서 부모 노드들과 교환을 하게 되는데, 최악의 경우 루트 노드까지 올라가야 하므로 거의 트리의 높이에 해당하는 비교 연산 및 이동 연산이 필요하다. 힙이 완전 이진트리임을 생각하면 힙의 높이는 $\log_2 n$가 되고 따라서 삽입의 시간 복잡도는 $O(\log_2 n)$이 된다.

삭제도 마찬가지로 마지막 노드를 루트로 가져온 후에 자식 노드들과 비교하여 교환하는 부분이 가장 시간이 걸리는 부분인데 이 역시 최악의 경우, 가장 아래 레벨까지 내려가야 하므로 역시 트리의 높이만큼의 시간이 걸린다. 따라서 삭제의 시간 복잡도도 $O(\log_2 n)$ 이 된다.

10.4 힙의 응용: 힙 정렬

■ 힙을 사용한 정렬

힙을 이용하면 데이터를 정렬할 수 있다. 방법은 다음과 같다.

(1) n개의 요소를 하나씩 힙에 삽입한다.
(2) 힙에서 n번에 걸쳐 하나씩 요소들을 삭제하고 출력한다.

힙은 삽입과 삭제에 모두 $\log_2 n$ 만큼의 시간이 소요되는 것을 공부했다. (1)번 삽입 과정에서는 n번 요소를 삽입하고, (2)번 삭제 과정에서는 n번 요소를 삭제하므로 정렬에 필요한 전체 시간은 $n \log_2 n + n \log_2 n$ 에 비례하게 된다. 이것은 시간 복잡도 $O(n \log_2 n)$ 으로, 삽입 정렬과 같은 간단한 정렬 알고리즘이 $O(n^2)$ 걸리는 것에 비해 매우 좋은 알고리즘이다. 힙 정렬이 특히 유용한 경우는 전체 자료를 정렬하는 것이 아니라 전체에서 가장 큰 값 몇 개만 필요할 때이다. 이렇게 힙을 사용하는 정렬 알고리즘을 **힙 정렬**이라고 한다. 다음은 배열을 오름차순으로 정렬하는 힙 정렬 알고리즘의 코드이다.

프로그램 10.6   힙 정렬 프로그램

```
01    class HeapNode { ... };    // 프로그램 10.1의 HeapNode 클래스
02    class MaxHeap { ... };     // 프로그램 10.2의 MaxHeap 클래스
03    // 우선순위 큐인 힙을 이용한 정렬
04    void heapSort( int a[], int n) {
05        MaxHeap h;
06        for(int i=0 ; i<n ; i++ )
07            h.insert(a[i]);
```

```
08        // 최대 힙에서는 삭제시 가장 큰 값이 반환되므로
09        // 오름차순으로 정렬하기 위한 삭제한 항목을 배열의 끝부터 앞으로 채워 나감
10        for(int i=n-1 ; i>=0 ;i-- )
11            a[i] = h.remove().getKey();
12   }
13   #include <cstdlib>
14   void main() {
15        MaxHeap     heap;
16        int data[10];
17
18        // 랜덤으로 데이터 생성
19        for( int i=0 ; i<10 ; i++ ) data[i] = rand() % 100;
20        // 정렬전 결과 출력
21        printf("\n정렬전: ");
22        for( int i=0 ; i<10 ; i++ ) printf( "%3d", data[i]);
23        // 힙 정렬
24        heapSort(data,10);
25        // 정렬후 결과 출력
26        printf("\n정렬후: ");
27        for( int i=0 ; i<10 ; i++ ) printf( "%3d", data[i]);
28        printf("\n");
29   }
```

C:\Windows\system32\cmd.exe
```
정렬전:   41 67 34  0 69 24 78 58 62 64
정렬후:    0 24 34 41 58 62 64 67 69 78
계속하려면 아무 키나 누르십시오 . . .
```

■ STL의 우선순위 큐를 사용한 정렬

표준 템플릿 라이브러리에서도 우선순위 큐를 제공한다. 먼저 STL의 우선순위 큐를 사용하려면 다음과 같이 <queue> 헤더파일을 프로그램에 포함시켜야 한다.

```
#include <queue>
using namespace std;
```

최대 힙을 사용하는 큐 객체는 다음과 같이 만들 수 있다.

```
// 최대힙: less than operator를 사용하는 priority_queue
priority_queue< int > maxHeap;
```

이 문장에서는 기본적으로 "less than operator"를 사용하는데, 가장 값이 큰 항목부터 출력되는 최대 힙으로 동작한다. 만약 최소 힙을 사용하려면 "greater than operator"를 사용해야 하고, 우선순위 큐 객체의 선언이 다음과 같이 조금 더 복잡해진다. 최소 힙을 사용하려면 <functional>을 추가로 포함해야 한다.

```
#include <functional>
...
// 최소힙: greater than operator를 사용하는 priority_queue
priority_queue<int, vector<int>, greater<int>> minHeap;
```

우선순위 큐에 삽입하는 함수 insert()는 STL의 우선순위 큐에서 push()를 사용해야 한다. 삭제 함수도 STL의 큐에서와 마찬가지로 top()과 pop()으로 분리되어 있다. top()은 가장 우선순위가 높은(또는 낮은) 항목을 반환하고(삭제하지는 않음), pop()은 반환하지 않고 그 항목을 우선순위 큐에서 삭제한다.

프로그램 10.7은 정수 배열의 정렬 함수들로, STL의 우선순위 큐를 사용하여 각각 내림차순과 오름차순으로 정렬한다.

프로그램 10.7   STL의 우선순위 큐를 이용한 정렬 함수

```
01  #include <queue>
02  #include <functional>
03  using namespace std;
04  // STL의 우선순위 큐를 이용한 내림차순 정렬. 최대힙 사용
05  void heapSortDec( int a[], int n) {
06      priority_queue< int > maxHeap;
07      for(int i=0 ; i<n ; i++ )
08          maxHeap.push(a[i]);
09      // MaxHeap을 이용해 내림차순으로 정렬하기 위한 반복문
10      for(int i=0 ; i<n ;i++ ) {
11          a[i] = maxHeap.top();
12          maxHeap.pop();
13      }
14  }
15  // STL의 우선순위 큐를 이용한 오름차순 정렬. 최소힙 사용
```

```
16  void heapSortInc( int a[], int n) {
17      priority_queue<int, vector<int>, greater<int>> minHeap;
18      for(int i=0 ; i<n ; i++ )
19          minHeap.push(a[i]);
20      // MinHeap을 이용해 오름차순으로 정렬하기 위한 반복문
21      for(int i=0 ; i<n ;i++ ) {
22          a[i] = minHeap.top();
23          minHeap.pop();
24      }
25  }
```

10.5 힙의 응용: 허프만 코드

■ 허프만 코드란?

영어 단어들을 공부하다 보면 많은 알파벳 'e'가 많이 나오는 것에 비해 'z'가 들어 있는 단어는 많지 않음을 알 수 있다. 문서에 있는 각 알파벳의 빈도가 알려져 있다면 이진트리를 이용하여 이 문서를 압축하고 용량을 줄일 수 있다. 이런 종류의 이진트리를 **허프만 코딩 트리**라고 부른다.

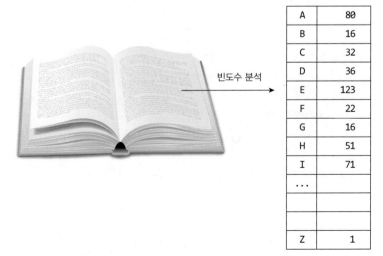

| 그림 10.19 허프만 코드를 위한 빈도수 분석

어떤 영문 신문에 실린 기사에서 분석한 각 문자의 빈도수가 그림 10.19와 같다고 가정하자. 테이블의 각 숫자들은 영문 텍스트에서 해당 글자가 나타나는 빈도수(frequencies)이다. e의 빈도가 123인데 비해 z는 1인데, 이것은 e가 123배 더 많이 사용되었다는 것을 의미한다. 우리가 흔히 사용하는 아스키(ASCII) 코드는 모든 문자를 동일한 비트수로 표현한다. 이것은 압축의 관점에서는 적절하지 않다. 많이 사용되는 문자는 적은 비트수를 부여하고 그렇지 않은 문자는 많은 비트수를 부여할 수 있다. 다음 두 가지 방법을 생각해보자.

(1) 모든 문자를 7비트로 표현: 7bit * (e 123회 + z 1회)
(2) e는 2비트로, z를 20비트로 표현: 2bit * (e 123회) + 20bit * (z 1회)

첫 번째 방법은 868비트가 필요한데 비해 두 번째 방법은 266비트만 있으면 동일한 단어를 표현할 수 있다. 따라서 데이터를 압축할 때는 아스키(ASCII) 코드와 같은 **고정 길이 코드**를 사용하지 않고 **가변 길이 코드**를 흔히 사용한다. 각 글자의 빈도수에 따라서 가장 많이 등장하는 글자에는 짧은 비트열을 사용하고 잘 나오지 않는 글자에는 긴 비트열을 사용하여 전체의 크기를 줄이는 방법이다.

| 표 10.3 빈도수가 알려진 문자에 대한 고정 길이 코드와 가변 길이 코드의 비교

글자	빈도수	고정 길이 코드			가변 길이 코드		
		코드	비트수	전체 비트수	코드	비트수	전체 비트수
A	17	0000	4	68	00	2	34
B	3	0001	4	12	11110	5	15
C	6	0010	4	24	0110	4	24
D	9	0011	4	36	1110	4	36
E	27	0100	4	108	10	2	54
F	5	0101	4	20	0111	4	20
G	4	0110	4	16	11110	5	20
H	13	0111	4	52	010	3	39
I	15	1000	4	60	110	3	45
J	1	1001	4	4	11111	5	5
합계	100			400			292

예를 들어, 만약 텍스트가 A ~ J로만 이루어져 있고 각 글자의 빈도수가 표 10.3과 같다고 가정하자. 10가지 문자를 표현하기 위해 고정 길이 코드를 사용하면 최소 4비트가 필요하다. 만약 오른쪽과 같은 가변 길이 코드를 사용하면 글자마다 코드의 비트수가 달라진다. 고정 길이 코드에 비해 어떤 문자(A, E 등)는 더 적은 비트를 사용하고 어떤 문자(G, J 등)는 더 많은 비트로 표현된다.

전체 텍스트를 표현하기 위한 비트수를 계산해 보자. 각 코드의 비트수를 빈도수에 곱하여 모두 더하면 전체 비트수가 계산된다. 고정 길이의 경우 모든 글자가 4비트이므로 전체 비트수는 4*100으로 400비트가 필요하다. 가변 길이 코드에서는 전체 비트수가 292로 고정 길이 코드에 비해 더 적은 비트로 텍스트를 표현할 수 있음을 알 수 있다. 물론 각각의 글자를 어떤 비트 코드로 표현했는지를 알려주는 테이블이 있어야 한다.

그러면 실제로 단어를 어떻게 표현하고 읽는지를 살펴보자. "FACE"란 단어의 경우 다음 그림과 같이 표현된다.

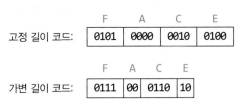

| 그림 10.20 "FACE"를 표 10.3의 코드로 표현하는 방법

그림 10.20은 구체적으로 "FACE"란 단어를 이들 코드로 어떻게 표현하는지를 보여준다. 고정 길이 코드 0101000000100100에서는 순서대로 4비트씩 끊어서 코드를 적거나 읽으면 된다. 가변 길이 코드로 코딩된 011100011010는 어떻게 해독할까? 한 비트씩 읽으면서 코드 테이블에 코드가 있으면 한 문자로 처리한다. 예를 들어, 첫 문자인 0은 테이블에 없으므로 다음 코드까지 읽는다. 01도 테이블에 없다. 011도 마찬가지이다. 마지막으로 0111은 테이블에서 F에 해당하는 코드이다. 따라서 첫 문자는 4비트를 사용한 F가 된다. 이 방법을 계속 진행하면 "FACE"라는 원문을 추출할 수 있다.

이런 해독 과정을 가능하려면 표 10.3과 같이 모든 가변 길이 코드가 다른 코드의 첫 부분이 아니라는 것이다. 따라서 코딩된 비트열을 왼쪽에서 오른쪽으로 조사하여 보면 정확히 하나의 코드만 일치하는 것을 알 수 있다. 이러한 특수한 코드를 만들기 위하여 이진트리를 사용할 수 있다. 이런 종류의 코드를 허프만 코드(Huffman codes)라고 한다.

▪ 허프만 코드 생성 방법

허프만 코드를 만드는 절차를 살펴보자. 다음은 빈도수가 각각 4, 6, 8, 12, 15인 문자 's', 'i', 'n', 't', 'e'에 대한 허프만 코드를 만드는 과정을 보인다.

- 1단계: 각 문자별로 노드를 생성. 노드의 값은 빈도수가 됨. 각 노드는 모두 독립적인 트리의 루트가 됨.

| 그림 10.21 허프만 코드 생성 과정: 1단계

- 2단계: 가장 작은 빈도수의 루트를 찾아 묶어 이진트리를 구성. 이때 루트의 값은 자식 노드의 값의 합이 됨. 이제 10, 8, 12, 15를 루트로 하는 4개의 트리가 남음.

| 그림 10.22 허프만 코드 생성 과정: 2단계

- 3단계: 남은 트리에서 가장 작은 빈도수의 루트를 2개 찾아 묶어 이진트리를 구성. 10과 8이 선택되고, 이제 18, 12, 15를 루트로 하는 3개의 트리가 남음.

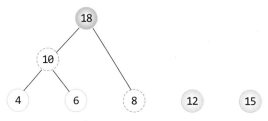

| 그림 10.23 허프만 코드 생성 과정: 3단계

- 4단계: 남은 트리에 대해서도 동일한 처리를 함. 12와 15가 선택되고, 이제 18과 27의 루트로 하는 2개의 트리만 남음.

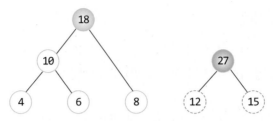

| 그림 10.24 허프만 코드 생성 과정: 4단계

- 5단계: 마지막으로 18과 27을 묶음. 최종 허프만 트리는 1개가 됨.

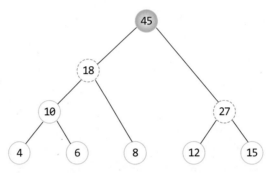

| 그림 10.25 허프만 코드 생성 과정: 5단계

- 6단계: 마지막으로 코드를 할당함. 트리에서 왼쪽 간선은 비트 1을 나타내고 오른쪽 간선은 비트 0을 나타낸다고 하고, 루트에서부터 그 노드로 이동하면서 코드를 순서대로 적으면 각 문자별로 최종 코드가 됨.

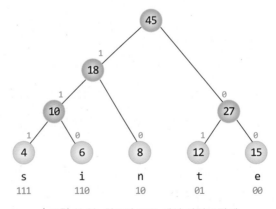

| 그림 10.26 허프만 코드 생성 과정: 6단계

■ 허프만 코드 구현

허프만 코드 알고리즘에서 가장 작은 2개의 빈도수를 얻는 과정이 있다. 이것은 힙 트리를 이용하면 가장 효율적으로 구성될 수 있다. 여기서는 최소 힙을 이용하여야 한다.

프로그램 10.8은 최소 힙을 사용하여 허프만 코드를 구하는 프로그램을 보이고 있다. 노드 클래스는 프로그램 10.1의 HeapNode 클래스를 그대로 사용하자. 허프만 트리에서는 최소 힙을 사용해야하므로 프로그램 10.2의 최대 힙 클래스를 약간 수정하여 최소 힙 클래스 MinHeap을 작성한다. 변경되는 부분은 매우 적은데, 코드에서 표시한 키 값을 비교하는 부분에서 부등호만 바꾸면 되고 나머지는 동일하다.

프로그램 10.9의 허프만 트리를 만드는 함수 MakeTree()에서는 각 문자의 빈도수를 입력받아 모든 노드를 힙에 삽입한다. 다음으로 현재 힙에서 최소 노드 두 개를 뽑고 이들을 묶어 하나의 노드를 다시 힙에 삽입하는 과정을 반복한다. 전체 문자의 수가 n개인 경우이 과정을 $n-1$번 실행하면 최종적으로 허프만 코드가 만들어진다.

프로그램 10.8	허프만 코딩을 위한 최소 힙 클래스

```
01   // HeapNode.h: 힙 노드 클래스
02   class HeapNode { ... };   // 프로그램 10.1의 HeapNode 클래스
03
04   // MinHeap.h: 최소 힙 클래스
05   #include "HeapNode.h"
06   #define MAX_ELEMENT 200
07   class MinHeap {
08       HeapNode node[MAX_ELEMENT];      // 요소의 배열
09       int    size;                     // 힙의 현재 요소의 개수
10   public:
11       MinHeap( ) : size(0) { }
12       bool isEmpty() { return size == 0; }
13       bool isFull()  { return size == MAX_ELEMENT-1; }
14       HeapNode& getParent(int i) { return node[i/2]; }
15       HeapNode& getLeft(int i)   { return node[i*2]; }
16       HeapNode& getRight(int i)  { return node[i*2+1];}
17       // 삽입 함수
18       void insert( int key ) {
```

```
19          if( isFull() ) return;
20          int i = ++size;
21          while( i!=1 && key < getParent(i).getKey()) {
22              node[i] = getParent(i);
23              i /= 2;
24          }
25          node[i].setKey( key );
26      }
27      // 삭제 함수
28      HeapNode remove() {
29          if( isEmpty() ) return NULL;
30          HeapNode root = node[1];
31          HeapNode last = node[size--];
32          int parent = 1;
33          int child = 2;
34          while( child <= size ){
35              if( child < size
36                  && getLeft(parent).getKey() > getRight(parent).getKey())
37                      child++;
38              if( last.getKey() <= node[child].getKey() ) break;
39              node[parent] = node[child];
40              parent = child;
41              child *= 2;
42          }
43          node[parent] = last;
44          return root;
45      }
46  };
```

코드 설명

7행 최소 힙 클래스 MinHeap 선언.

21행 i가 루트 노드가 아니고 key가 i의 부모 노드보다 작으면.

35~37행 현재 노드의 자식 노드 중 더 작은 자식 노드를 찾음. 최종적으로 child는 더 작은 자식 노드의 인덱스가 됨.

38행 마지막 노드가 더 큰 자식보다 작으면 이동이 완료됨. 루프를 빠져나감.

프로그램 10.9　허프만 코딩 함수 및 테스트 프로그램

```
01  // 10장-HoffmanCode.cpp: 허프만 코드 프로그램
02  #include "MinHeap.h"        // 최소 힙 사용
03  // 허프만 코드 생성 함수
04  void MakeTree( int freq[], int n ) {
05      MinHeap   heap;
06      for(int i=0;i<n;i++)
07          heap.insert( freq[i] );                    // 모든 노드 삽입
08
09      for(int i=1;i<n;i++){
10          HeapNode e1 = heap.remove();               // 최소 노드 삭제
11          HeapNode e2 = heap.remove();               // 다음 최소 노드 삭제
12          heap.insert( e1.getKey() + e2.getKey() );  // 합한 노드 추가
13          printf( " (%d+%d)\n", e1.getKey(), e2.getKey() );
14      }
15  }
16  // 주함수
17  void main() {
18      int  freq[] = { 15, 12, 8, 6, 4 };
19      MakeTree( freq, 5 );
20  }
```

```
C:\Windows\system32\cmd.exe
 (4+6)
 (8+10)
 (12+15)
 (18+27)
계속하려면 아무 키나 누르십시오 . . . .
```

코드 설명

4행 빈도수 배열을 받아 허프만 트리를 만드는 함수.

5행 최소 힙 객체 heap을 생성.

6~7행 모든 빈도를 힙에 삽입함.

9~14행 n−1번 병합 과정을 처리함.

10~11행 최소 힙에서 우선순위가 가장 낮은 두 개의 노드를 꺼냄.

12행 꺼낸 두 노드를 합하고, 합한 노드를 힙에 다시 삽입.

13행 합해진 노드의 빈도를 화면에 출력.

18행 5개 문자의 빈도수를 나타내는 배열.

19행 허프만 트리를 생성함.

프로그램의 실행 결과에서는 최소 빈도수의 노드들이 합해지는 과정을 보여준다. 만약 이 프로그램으로 만들어진 트리에서 각 문자별 가변 길이 코드를 만들기 위해서는 추가적인 코드가 필요할 것이다.

| 연습문제 |

1   힙을 구현한 배열의 내용이 다음과 같을 때 물음에 답하라.

인덱스	0	1	2	3	4	5	6
데이터	0	2	5	6	8	9	10

(1) 위의 배열은 최대 힙인가 아니면 최소 힙인가?
(2) 위의 배열에 해당하는 힙 트리를 그려라.
(3) 이 힙에서 삭제 연산을 한번 수행한 후의 배열의 내용을 적어라.
(4) 데이터 7을 삽입한 후의 배열의 내용을 적어라.

2   다음의 최소 힙 트리에서 물음에 답하라.

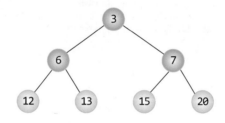

(1) 2를 삽입하였을 경우, 힙 트리를 재구성하는 과정을 보여라.
(2) 삭제연산이 한번 이루어진 다음에 힙을 재구성하는 과정을 보여라.

3 다음의 파일에 대하여 물음에 답하라.

> 10, 40, 30, 5, 12, 6, 15, 9, 60

(1) 위의 파일을 순차적으로 읽어서 최대 힙 트리를 구성하라. 공백 트리에서 최대 힙 트리가 만들어지는 과정을 보여라.

(2) (1)에서 구성된 최대 힙 트리가 저장된 배열의 내용을 표시하라.

(3) (1)에서 구성된 최대 힙 트리에서 최댓값을 제거한 다음 재정비하는 과정을 설명하라.

(4) 위의 파일을 순차적으로 읽어서 최소 힙 트리를 구성하라. 공백 트리에서 최소 힙 트리가 만들어지는 과정을 보여라.

(5) (4)에서 구성된 최소 힙 트리가 저장된 배열의 내용을 표시하라.

(6) (4)에서 구성된 최소 힙 트리에서 최솟값을 제거한 다음 재정비하는 과정을 설명하라.

| 프로그래밍 프로젝트 |

1 힙을 이용하지 않고 우선순위 큐를 작성하려고 한다. 정렬되지 않은 1차원 배열을 이용해 우선순위 큐 클래스 MaxPriorityQueue를 다음과 같이 작성하라. 단, 우선순위가 높은 순으로 출력되도록 한다.

```cpp
class MaxPriorityQueue {
    int     elem[MAX_ELEMENT];      // 요소의 배열
    int     size;                   // 현재 요소의 개수
public:
    void insert(int elem);          // 삽입 함수
    int remove();                   // 최대 항목 삭제 및 반환 함수
    int find();                     // 최대 항목 반환 함수
    void display( );                // 우선순위 큐의 모든 항목 출력
};
```

2 정렬된 연결 리스트를 이용하여 우선순위 큐 클래스 MinPriorityQueue를 다음과 같이 작성하라. 단, 우선순위가 낮은 순으로 출력되도록 한다.

```cpp
class Node {
    int key;                        // Key 값
    Node *link;                     // 링크 필드
public:
    int getKey() { return key; }    // Key 값 반환
    // 연결 리스트의 각종 멤버 함수 추가
};
class MinPriorityQueue {
    Node*   min;                    // 최소 요소의 포인터
    int     size;                   // 현재 요소의 개수
    // 10.1과 동일한 기능의 연산을 구현함.
};
```

3 배열로 표현된 완전 이진트리 a가 힙 조건을 만족하는지를 검사하는 다음 함수를 순환적인 방법으로 구현하고 테스트하라.

```
bool isHeapRecur ( int a[], int size );
```

4 3번 문제의 함수를 반복적인 방법으로 구현하고 테스트하라.

```
bool isHeapIter ( int a[], int size );
```

11 CHAPTER

그래프

학습목표

- 그래프의 개념을 이해한다.
- 그래프를 표현하는 2가지의 방법을 이해한다.
- 그래프의 탐색 방법을 이해한다.
- 그래프 탐색을 이용한 문제해결 능력을 배양한다.
- 다양한 문제에 그래프를 활용할 수 있는 능력을 기른다.

11 그래프

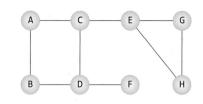

11.1 그래프란?

그래프(graph)는 요소들이 서로 복잡하게 연결되어 있는 관계를 표현하는 자료구조이다. 예를 들어, 지하철 노선도는 많은 역들이 어떻게 연결되어 있는지를 알려주며, 소셜 네트워크 서비스(SNS)의 인맥 지도는 사람들의 복잡한 친구 관계를 그래프로 나타낸다. 그래프로 표시된 지도를 이용해 어떤 도시에서 다른 도시로 갈 수 있는 가장 가까운 경로를 찾을 수도 있다. 그래프는 앞에서 공부한 선형 자료구조들이나 트리보다 더 일반화 된 자료구조를 제공하고 많은 분야에서 널리 사용되고 있다.

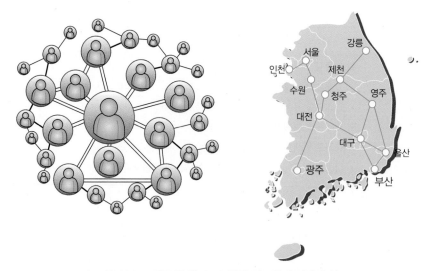

| 그림 11.1 그래프의 예: SNS 인맥 지도와 우리나라 지도

그래프의 응용을 몇 가지 더 살펴보자. 전기회로도 그래프로 표현된다. 각 소자들이 어떻게 연결되어 있는지를 파악하고 회로가 제대로 동작하는지를 그래프로 분석할 수 있다. 운영체제에서는 프로세스와 자원들이 어떻게 연관되어 있는지를 그래프로 나타내고 시스템의 효율이나 교착상태 유무 등을 분석한다. 이와 같은 문제들은 공통적으로 전자부품이나 지하철역과 같이 **다양한 객체들이 서로 연결되어 있는 구조**를 갖는다. 그래프는 이러한 구조를 표현할 수 있는 훌륭한 논리적 도구이다. 또한 우리가 지금까지 공부했던 선형 자료구조들이나 트리를 그래프의 한 종류로 볼 수 있다. 그래프와 관련된 다양한 문제를 연구하는 학문 분야를 **그래프 이론(graph theory)**이라 부르는데, 컴퓨터 분야의 활발한 연구 주제 중 하나이다. 우리는 이 장에서 그래프의 표현 방법과 기본적인 알고리즘에 대해서 공부한다.

■ 그래프의 역사

그래프는 수학의 한 분야로서 수백 년 간 연구되어 왔지만, 그래프 알고리즘을 컴퓨터 프로그램으로 구현하기 시작한 것은 오래되지 않았다. 그래프는 수학자 오일러(Euler)에 의해 처음 창안되었다. 오일러는 그림 11.2 (a)와 같은 지형에서 "모든 다리를 한번만 건너서 출발했던 장소로 돌아올 수 있는가"라는 문제가 답이 없다는 것을 그래프 이론을 이용하여 증명하였다.

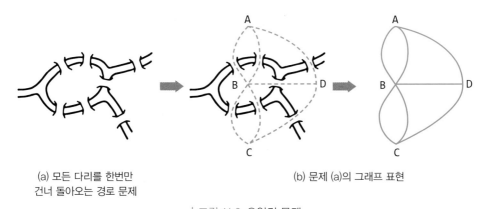

(a) 모든 다리를 한번만
건너 돌아오는 경로 문제   (b) 문제 (a)의 그래프 표현

| 그림 11.2 오일러 문제

오일러는 이 문제에서 핵심적이고 중요한 것은 "A, B, C, D의 위치가 어떠한 관계로 연결되었는가?"라고 생각하고, "위치"라는 객체는 **정점(vertex)**으로, 위치간의 관계인 "다리"는

간선(edge)으로 표현하여 그림 11.2 (b)와 같은 그래프(graph) 문제로 변환하였다. 오일러는 이러한 그래프에 존재하는 모든 간선을 한번만 통과하면서 처음 정점으로 되돌아오는 경로를 **오일러 경로(Eulerian tour)**라 정의하고, 그래프의 모든 정점에 연결된 간선의 개수가 짝수일 때만 오일러 경로가 존재한다는 오일러의 정리를 증명하였다. 따라서 그림 11.2의 그래프는 오일러의 정리에 의해 오일러 경로가 존재하지 않는다는 것을 복잡한 시행착오를 거치지 않고도 손쉽게 알 수 있다.

그래프는 **정점(vertex)**과 **간선(edge)**들의 집합으로 구성된다. 수학적으로는 G = (V, E)와 같이 표시한다. 여기서 V(G)는 그래프 G의 정점들의 집합을, E(G)는 그래프 G의 간선들의 집합을 의미한다. 정점은 여러 가지 특성을 가질 수 있는 객체를 의미하고, 간선은 이러한 객체 정점들 간의 관계를 의미하는데, 정점 A와 정점 B를 연결하는 간선은 (A, B)와 같이 정점의 쌍으로 표현한다. 정점은 **노드(node)**라고도 불리며, 간선은 **링크(link)**라고도 불린다.

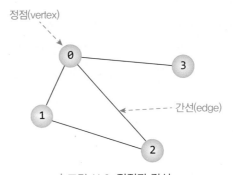

| 그림 11.3 정점과 간선

그래프는 그림으로 시각적으로 표현하기도 하지만 시각적인 형태가 그래프의 정의는 아니다. 이것은 그림 11.4 (a)의 그래프 G1과 (b)의 G2가 시각적으로는 서로 다르게 보이지만 실제로는 동일한 그래프를 나타내는 것으로 이해할 수 있다. 즉, 그래프는 오직 정점과 간선의 집합이며, 그래프의 시각적 표현은 이해를 돕는 역할만을 하는 것을 명심하라.

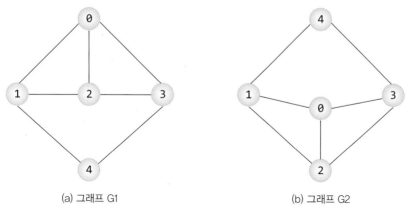

(a) 그래프 G1　　　　　　　　　　(b) 그래프 G2

| 그림 11.4 동일한 그래프를 다르게 그린 예

그래프의 종류

그래프는 간선의 종류에 따라 몇 가지로 구분된다.

• 무방향 그래프(undirected graph)

간선에 방향이 표시되지 않은 그래프를 **무방향 그래프**라 한다. 하나의 간선은 양방향으로 갈수 있는 길을 의미하고 (A, B)와 (B, A)는 동일한 간선이 된다. 그림 11.5의 (a)와 (b)가 무방향 그래프의 예인데, 이들을 정점과 간선의 집합으로 표현하면 다음과 같다.

V(G1)= {0, 1, 2, 3},　　　E(G1)= {(0, 1), (0, 2), (0, 3), (1, 2), (2, 3)}
V(G2)= {0, 1, 2, 3},　　　E(G2)= {(0, 1), (0, 2)}

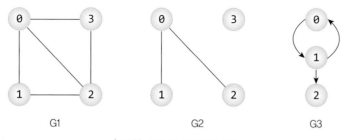

G1　　　　　　　　G2　　　　　　　　G3

| 그림 11.5 그래프의 예제

• 방향 그래프(directed graph)

간선에 방향성이 존재하는 그래프를 **방향 그래프**라 한다. 간선은 보통 화살표로 표시되는데, 일방통행 도로와 마찬가지로 한쪽 방향으로만 갈 수 있음을 의미한다. 정점 A에서 정점 B로만 갈 수 있는 간선은 ⟨A, B⟩로 표시한다. 방향 그래프에서 ⟨A, B⟩와 ⟨B, A⟩는 서로 다른 간선이다. 그림 11.5의 G3는 방향 그래프의 예를 보여주는데, 다음과 같이 정점과 간선의 집합으로 표현된다.

V(G3)= {0, 1, 2},   E(G3)= {⟨0, 1⟩, ⟨1, 0⟩, ⟨1, 2⟩}

• 가중치 그래프(weighted graph)

간선에 비용이나 가중치가 할당된 그래프를 **가중치 그래프** 또는 **네트워크**(network)라 한다. 이제 간선은 두 정점간의 연결 유무뿐만 아니라 연결 강도까지 나타낼 수 있어 보다 복잡한 관계를 표현할 수 있다. 그림 11.6은 가중치 그래프의 예를 보여주는데, 가중치 그래프는 도시와 도시를 연결하는 도로의 길이, 회로 소자의 용량, 통신망의 사용료 등을 추가로 표현할 수 있으므로 그 응용 분야가 보다 광범위하다.

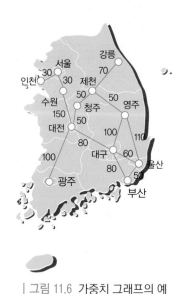

| 그림 11.6 가중치 그래프의 예

• 부분 그래프(subgraph)

그래프 G를 구성하는 정점의 집합 V(G)와 간선의 집합 E(G)의 부분 집합으로 이루어진 그래프를 **부분 그래프**라 한다. 그림 11.7은 원래의 그래프 (a)에 대한 몇 가지 부분 그래프를 보여주고 있다.

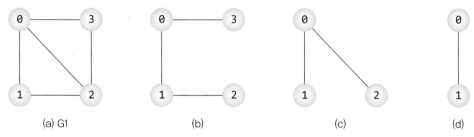

| 그림 11.7 원래의 그래프 G1에 대한 몇 개의 부분 그래프 (b), (c), (d)

■ 그래프의 용어

그래프에서 자주 사용되는 용어들을 살펴보자.

- **인접 정점(adjacent vertex)**: 간선에 의해 직접 연결된 정점을 말한다. 그림 11.7 (a)
  의 그래프 G1에서 정점 1의 인접 정점은 정점 0과 정점 2이다.

- **정점의 차수(degree)**: 그 정점에 연결된 간선의 수를 말한다. 무방향 그래프에서는
  정점에 인접한 정점의 수를 말하는데, G1의 정점 0은 차수가 3이다. 무방향 그래프
  에서는 모든 정점의 차수를 합하면 간선 수의 2배가 된다. 이것은 하나의 간선이 두
  개의 정점에 인접하기 때문이다. 방향 그래프에서는 외부에서 오는 간선의 수를 **진
  입 차수(in-degree)**라 하고 외부로 향하는 간선의 수를 **진출 차수(out-degree)**라
  한다. 그림 11.5의 방향 그래프 G3에서 정점 1은 진입 차수가 1, 진출 차수가 2이다.
  방향 그래프에 있는 정점의 진입 차수 또는 진출 차수의 합은 방향 그래프의 간선의
  수가 된다. 방향 그래프 G3의 간선의 수는 진입 차수의 합이나 진출 차수의 합과 같
  은 3이다.

- **경로(path)**: 간선을 따라 갈 수 있는 길을 말하며, 정점의 나열로 표시된다. 무방향
  그래프에서 정점 s로부터 정점 e까지의 경로는 정점의 나열 s, v_1, v_2, ..., v_k, e로
  서, 나열된 정점들 간에는 반드시 간선 (s, v_1), (v_1, v_2), ... , (v_k, e)가 존재해야 한
  다. 만약 방향 그래프라면 ⟨a, v_1⟩, ⟨v_1, v_2⟩, ... , ⟨v_k, e⟩가 있어야 한다. 그래프 G1
  에서 0, 1, 2, 3은 경로지만 0, 1, 3, 2는 경로가 아니다. 왜냐하면 간선 (1, 3)이 존
  재하지 않기 때문이다.

- **경로의 길이**: 경로를 구성하는데 사용된 간선의 수를 말한다.

- **단순 경로(simple path)와 사이클(cycle)**: 경로 중에서 반복되는 간선이 없는 경로
  를 **단순 경로**라 한다. 그리고 단순 경로의 시작 정점과 종료 정점이 같다면 이러한

경로를 **사이클**이라 한다. 그림 11.5의 그래프 G1에서 경로 1, 0, 2, 3은 단순 경로이고 경로 1, 0, 2, 0은 단순 경로가 아니다. 그래프 G1에서 경로 0, 1, 2, 0은 사이클이 된다. 또 그래프 G3에서 경로 0, 1, 0도 사이클이 된다.

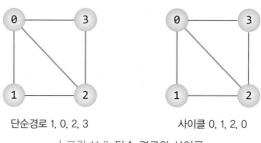

단순경로 1, 0, 2, 3   사이클 0, 1, 2, 0

| 그림 11.8 단순 경로와 사이클

- **연결 그래프(connected graph)**: 그래프 G의 모든 정점들 사이에 경로가 존재하면 G를 **연결 그래프**라 부른다. 이 그래프에는 떨어진 정점이 없다. 그렇지 않은 그래프는 **비연결 그래프**라고 한다. 그림 11.5에서 G2가 비연결 그래프이다.
- **트리(Tree)**: 그래프의 특수한 형태로서 사이클을 가지지 않는 연결 그래프를 트리라 한다. 그림 11.7의 부분 그래프 (b), (c), (d)는 모두 연결되어 있을 뿐만 아니라 사이클이 없으므로 트리이다.
- **완전 그래프(complete graph)**: 모든 정점 간에 간선이 존재하는 그래프를 **완전 그래프**라고 한다. 무방향 완전 그래프의 정점 수를 n이라고 하면, 하나의 정점은 $n-1$개의 다른 정점으로 연결되므로 간선의 수는 $n \times (n-1)/2$가 된다. 만약 완전 그래프에서 $n=4$라면 간선의 수는 $(4 \times 3)/2 = 6$이다.

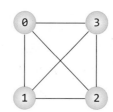

| 그림 11.9 완전 그래프의 예

■ 그래프의 추상 자료형

그래프를 추상 자료형으로 정의해보면 다음과 같다.

| ADT 11.1 Graph

데이터: 정점의 집합과 간선의 집합

연산 • create(): 그래프를 생성한다.

　　　• isEmpty(): 그래프가 공백 상태인지 확인한다.

　　　• insertVertex(v): 그래프에 정점 v를 삽입한다.

　　　• insertEdge(u,v): 그래프에 간선 (u,v)를 삽입한다.

　　　• deleteVertex(v): 그래프의 정점 v를 삭제한다.

　　　• deleteEdge(u,v): 그래프의 간선 (u,v)를 삭제한다.

　　　• adjacent(v): 정점 v에 인접한 모든 정점의 집합을 반환한다.

그래프에 정정을 추가하려면 insertVertex 연산을 사용하고 간선을 추가하려면 insertEdge 연산을 사용한다. 간선은 2개의 정점을 이용하여 표현된다. 간선은 그 자체만 삭제될 수 있지만, 정점이 삭제되면 그와 연결된 모든 간선도 함께 삭제되어야 하는 것에 유의하라.

11.2 그래프의 표현

컴퓨터에서 그래프를 표현하는 방법에는 배열을 사용하는 **인접 행렬**(adjacency matrix) 과 연결 리스트를 사용하는 **인접 리스트**(adjacency list)의 두 가지가 있다. 각각 장단점을 가지므로 주어진 문제의 특성에 따라 적절한 표현 방법을 선택해야 한다.

■ 인접 행렬을 이용한 그래프의 표현

그래프 G를 인접 행렬로 표현해 보자. 정점의 개수가 n이라면 $n \times n$의 2차원 배열 형태인 **인접 행렬**(adjacency matrix)이 사용된다. 이 행렬을 M이라 하면 M의 각 원소들은 다음 과 같은 값을 갖는다.

if(간선 (i, j)가 그래프에 존재)　　　　M[i][j] = 1,

그렇지 않으면　　　　　　　　　　　　M[i][j] = 0.

우리가 다루고 있는 그래프에서는 자체 간선(자신에서 출발해서 자신으로 들어오는 간선)을 허용하지 않으므로 인접 행렬의 대각선 성분은 모두 0으로 표시한다.

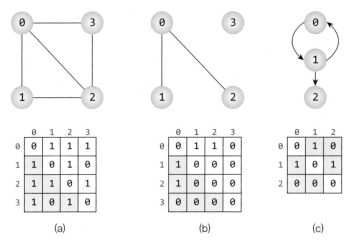

| 그림 11.10 인접 행렬을 이용한 그래프 표현

- **무방향 그래프**: 그림 11.10의 (a), (b)와 같이 무방향 그래프의 인접 행렬은 대칭 행렬이 된다. 이것은 간선 (i, j)가 정점 i에서 정점 j로의 연결뿐만 아니라 정점 j에서 정점 i로의 연결을 동시에 의미하기 때문이다. 따라서 무방향 그래프의 경우, 배열의 상위 삼각이나 하위 삼각만 저장하면 메모리를 절약할 수 있다.
- **방향 그래프**: 그림 11.10 (c)는 방향 그래프를 나타낸다. 방향 그래프의 인접 행렬은 일반적으로 대칭이 아니다.
- **가중치 그래프**: 만약 그래프의 간선들이 가중치를 가지고 있다면 행렬의 각 항목의 의미가 달라진다. 즉, 0과 1이 아니라 해당 간선의 가중치 값이 저장되어야 한다. 이 경우 정점간의 간선이 없는 경우에 대한 처리에 조심해야 하는데, 단순히 0으로 처리할 경우 문제가 발생할 수 있기 때문이다. 다음 장에서 자세히 설명하기로 한다.

n개의 정점을 가지는 그래프를 인접 행렬로 표현하기 위해서는 간선의 수에 무관하게 항상 n^2개의 메모리 공간이 필요하다. 인접 행렬을 이용하면 두 정점을 연결하는 간선의 존재 여부를 $O(1)$ 시간 안에 즉시 알 수 있는 장점이 있다. 즉, 정점 u와 정점 v를 연결하는 정점이 있는지를 알려면 M[u][v]의 값을 조사하면 되기 때문이다. 또한 정점의 차수는 인접 행렬의 행이나 열을 조사하면 알 수 있으므로 $O(n)$의 연산에 의해 알 수 있다. 정점 i

에 대한 차수는 다음과 같이 인접 행렬의 i번째 행에 있는 값을 모두 더하면 된다.

$$degree(i) = \sum_{k=0}^{n-1} M[i][k]$$

반면에 그래프에 존재하는 모든 간선의 수를 알아내려면 인접 행렬 전체를 조사해야 하므로 n^2번의 조사가 필요하게 되어 $O(n^2)$의 시간이 요구된다.

■ 인접 행렬을 이용한 그래프 클래스의 구현

그래프의 추상 자료형을 바탕으로 보다 구체적으로 그래프를 설계해보자. 그림 11.11은 클래스 다이어그램으로 설계한 인접 행렬을 이용한 그래프 클래스 AdjMatGraph이다.

- **데이터 필드**: 먼저 데이터 필드에는 그래프의 크기(정점의 개수) 정보와 인접 행렬 정보가 있어야 한다. size는 그래프의 크기를 나타내고, 이차원 배열 adj는 인접 행렬을 표현한다. 인접 행렬이 간선의 유무만 나타낸다면 배열의 자료형은 bool이면 될 것이다. 여기서는 향후 확장을 위해 int 형 배열로 선언하였다. vertices는 정점의 정보를 나타내는데, 단순화를 위해 정점들은 하나의 문자를 갖도록 하였다. 정점이 특별한 데이터를 갖지 않아도 된다면 이것은 생략할 수 있다. 향후 상속을 위해 데이터 필드는 모두 protected로 선언한 것에 유의하라.

```
                AdjMatGraph
─────────────────────────────────────────
# size : int
# vertices[] : char[]
# adj : int[][]
─────────────────────────────────────────
+ AdjMatGraph()
+ isEmpty() : bool
+ isFull() : bool
+ insertVertex(char v)
+ deleteVertex(int v)
+ insertEdge(int u, int v)
+ deleteEdge(int u, int v)
+ adjacent(int v) : int[]
+ display()
```

| 그림 11.11 인접 행렬을 이용한 그래프의 클래스 다이어그램

- **멤버 함수(메소드):** isEmpty()와 isFull() 연산은 공백 상태와 포화 상태를 검사한다. 포화 상태는 초기에 설정한 배열의 크기를 넘어서 정점을 삽입하는 것을 막기 위해 사용된다. 정점을 입력하는 insertVertex() 연산은 그래프에 새로운 정점을 추가하고 정점 정보를 설정한다. 각 정점들이 하나의 문자를 갖기로 했으므로 매개 변수가 char 형이다. 이에 비해 삭제 연산 deleteVertex()의 매개변수는 int 형임에 유의하라. v번째의 정점을 삭제하라는 의미이다. 그래프가 만들어지고 나면 모든 처리는 정점의 인덱스를 바탕으로 한다. 따라서 insertEdge()와 deleteEdge() 연산에서도 정점의 인덱스를 매개변수로 전달한다. adjacent() 연산도 마찬가지로 인접한 정점의 인덱스 배열을 반환하도록 설계하였다.

프로그램 11.1은 클래스 다이어그램을 바탕으로 구현한 예이다.

프로그램 11.1 인접 행렬을 이용한 그래프 클래스 프로그램

```
01  // AdjMatGraph.h : 인접 행렬을 이용한 그래프 클래스
02  #include <cstdio>
03  #define MAX_VTXS    256                        // 표현 가능한 최대 정점의 개수
04
05  class AdjMatGraph {
06  protected:
07      int     size;                              // 정점의 개수
08      char    vertices[MAX_VTXS];                // 정점의 이름
09      int     adj[MAX_VTXS][MAX_VTXS];           // 인접 행렬
10
11  public:
12      AdjMatGraph( )                  { reset(); }
13      char getVertex(int i)           { return vertices[i]; }
14      int  getEdge(int i, int j)      { return adj[i][j]; }
15      void setEdge(int i, int j, int val) { adj[i][j] = val; }
16
17      bool isEmpty()                  { return size==0; }
18      bool isFull()                   { return size>=MAX_VTXS; }
19
20      // 그래프 초기화 ==> 공백 상태의 그래프
21      void reset() {
```

```
22                  size=0;
23                  for(int i=0 ; i<MAX_VTXS ; i++ )
24                      for(int j=0 ; j<MAX_VTXS ; j++ )
25                          setEdge(i,j,0);
26              }
27
28              // 정점 삽입 연산
29              void insertVertex( char name ) {
30                  if( !isFull() ) vertices[size++] = name;
31                  else printf("Error: 그래프 정점 개수 초과\n");
32              }
33
34              // 간선 삽입 연산: 무방향 그래프의 경우임. (방향, 가중치 그래프에서는 수정)
35              void insertEdge( int u, int v ) {
36                  setEdge(u,v,1);
37                  setEdge(v,u,1);                    // 방향 그래프에서는 삭제됨(<u,v>만 존재)
38              }
39
40              // 그래프 정보를 출력함 (화면이나 파일에 출력)
41              void display( FILE *fp = stdout ) {
42                  fprintf(fp, "%d\n", size);                        // 정점의 개수 출력
43                  for( int i=0 ; i<size ; i++ ) {                   // 각 행의 정보 출력
44                      fprintf(fp,"%c  ", getVertex(i));             // 정점의 이름 출력
45                      for( int j=0 ; j<size ; j++ )                 // 간선 정보 출력
46                          fprintf(fp, " %3d", getEdge(i,j));
47                      fprintf(fp,"\n");
48                  }
49              }
50      };
```

코드 설명

6행 그래프 클래스의 상속을 대비해 데이터 필드를 protected로 선언

7~9행 데이터 멤버들. 정점은 이름 정보를 가짐.

12행 생성자. reset() 함수를 호출해 데이터 필드를 초기화 함.

13~15행 정점과 간선의 정보 접근(설정 또는 반환) 함수.

17~18행 정점의 개수가 0이면 공백, NUM_VTXS 이상이면 포화 상태.

21~26행 클래스 초기화 함수. 정점의 개수와 인접 리스트를 초기화 함.

29~31행 포화 상태가 아니면 새로운 정점을 그래프에 추가함. 정점의 이름을 매개변수로 전달받아 설정함.

35~38행 무방향 그래프의 간선 삽입 함수. 간선 (u,v)와 함께 (v,u)도 삽입함. 인접 행렬의 해당 요소의 값이 1이 됨.

41행 그래프 출력 함수. 그래프를 화면뿐 아니라 파일로도 출력할 수 있도록 매개변수로 FILE*를 가짐. 디폴트 매개변수로 stdout을 제공하여 매개변수가 없이 호출된 경우 화면에 출력하도록 함.

42~49행 출력 순서는 먼저 정점의 개수를 출력하고 각 정점의 이름과 다른 정점과의 연결 여부를 출력함. 간선이 있는 경우는 1을 없으면 0을 출력함.

```
예)
    4
    A    0    1    0    1
    B    1    0    1    1
    C    0    1    0    1
    D    1    1    1    0
```

프로그램 11.1은 클래스 다이어그램의 연산들 중에서 삭제 연산 deleteVertex, deleteEdge 및 인접 정점 반환 adjacent는 구현하지 않았다. 간선의 삭제는 간단하지만 정점의 삭제에는 여러 가지 고민할 부분이 있다. 예를 들어, 정점 하나를 삭제하면 관련된 간선들도 모두 삭제되어야 하고, 전체 그래프의 정점 수도 변경되며, 따라서 인접 행렬도 재조정되어야 한다. 응용에 따라서는 이와 같이 정점과 간선의 동적인 삭제가 필요한 경우도 있지만 이 장에서는 이들 처리가 필요 없으므로 구현하지 않았다. 그렇지만 어떻게 구현할 수 있을지를 고민해 보기 바란다.

다음은 이 클래스를 테스트하는 프로그램이다.

프로그램 11.2 그래프 클래스 테스트 프로그램 (1)

```
01   // 11장-AdjMatGraph.cpp : 그래프 클래스 테스트 프로그램
02   #include "AdjMatGraph.h"              // 그래프 클래스 포함
03   void main() {
04       AdjMatGraph g;                    // 새로운 그래프 객체 생성
05
06       for( int i=0 ; i<4 ; i++ )
07           g.insertVertex('A'+i);        // 정점 삽입: 'A' 'B', ...
08       g.insertEdge(0,1);                // 간선 삽입
09       g.insertEdge(0,3);                // 간선 삽입
10       g.insertEdge(1,2);                // 간선 삽입
11       g.insertEdge(1,3);                // 간선 삽입
```

```
12            g.insertEdge(2,3);              // 간선 삽입
13            printf("인접 행렬로 표현한 그래프\n");
14            g.display();                    // 그래프 출력 => 화면(stdout)으로 출력
15    }
```

```
C:\Windows\system32\cmd.exe
인접 행렬로 표현한 그래프
4
A    0    1    0    1
B    1    0    1    1
C    0    1    0    1
D    1    1    1    0
계속하려면 아무 키나 누르십시오 . . .
```

코드 설명

2행 그래프 클래스를 포함.

4행 인접 행렬을 이용한 그래프 객체 g 생성.

6~7행 4개의 정점 삽입. 정점의 이름으로 'A'~'D'를 사용.

8~12행 그래프의 간선 5개 삽입.

14행 그래프 g를 화면으로 출력. display()의 매개변수를 전달하지 않았으므로 디폴트 매개변수 stdout으로 출력.

파일 입출력

앞의 프로그램에서 느꼈을지 모르겠지만 원하는 그래프를 입력하기 위해서는 프로그램 11.2의 6~12행과 같은 다소 귀찮은 코드를 매번 넣어야 한다. 보다 편리한 방법은 없을까? 파일 입출력을 사용하자. 그래프 정보를 파일에 저장하고 이것을 읽어 들여 그래프 객체를 설정한다. 이렇게 되면 앞으로의 여러 가지 그래프 프로그램이 간편해진다. 다음과 같은 graph.txt 파일을 읽고 쓸 수 있도록 프로그램 11.1을 확장하자.

```
graph.txt
4
A    0    1    0    1
B    1    0    1    1
C    0    1    0    1
D    1    1    1    0
```

이 형식의 그래프 파일을 읽고 쓸 수 있도록 추가한 함수는 프로그램 11.3과 같다. 그래프 파일 이름을 매개변수로 전달하면 그 파일을 읽어 현재 그래프를 초기화하거나 현재 그래프를 파일에 저장한다. 프로그램 11.4는 이에 따라 수정한 테스트 프로그램이다.

프로그램 11.3 프로그램 11.1의 그래프 클래스에 파일 입출력 함수 추가

```
// AdjMatGraph.h : 인접 행렬을 이용한 그래프 클래스
             ...                                  // 내용 동일
50     // 파일 입력 함수
51     void load(char *filename) {
52         FILE *fp = fopen(filename, "r");
53         if( fp != NULL ) {
54             int n;
55             fscanf(fp, "%d", &n);               // 정점의 전체 개수
56             for(int i=0 ; i<n ; i++ ) {
57                 char   str[80];
58                 fscanf(fp, "%s", str);          // 정점의 이름
59                 insertVertex( str[0] );         // 정점 삽입
60                 for(int j=0 ; j<n ; j++){
61                     int    val;
62                     fscanf(fp, "%d", &val);     // 간선 정보
63                     if( val != 0 )              // 간선이 있으면
64                         insertEdge (i,j);       // 간선 삽입
65                 }
66             }
67             fclose(fp);
68         }
69     }
70     // 파일 저장 함수
71     void store(char *filename) {
72         FILE *fp = fopen(filename, "w");
73         if( fp != NULL ) {
74             display( fp );
75             fclose(fp);
76         }
77     }
```

코드 설명

51행 파일 filename을 읽어 그래프 객체를 초기화하는 함수

52행 파일을 열어 포인터를 만듦(읽기 모드).

53행 파일이 있으면

55행 정점의 개수를 먼저 읽어 들임. 위의 graph.txt 형식을 참고할 것

57~59행 정점의 이름을 읽어 정점을 삽입함. 파일에서 먼저 하나의 문자열을 읽고 문자열의 첫 번째 문자를 정점의 이름으로 설정한 것에 유의할 것. 문자열이 아니라 문자로 읽을 경우 '\n'에 의한 문제 상황이 발생할 수 있음.

60~65행 하나의 정점에 대해 다른 정점과의 연결 관계를 읽어 들여 연결이 있으면 간선을 삽입함.

67행 처리가 끝났으면 파일을 닫음.

71행 파일 저장 함수. 현재 그래프를 filename 파일에 저장함.

72행 파일을 열어 포인터를 만듦(저장 모드).

73행 파일이 있으면

74행 display 함수 호출. 매개변수로 파일 포인터 fp를 전달함.

75행 처리가 끝났으면 파일을 닫음.

프로그램 11.4	그래프 클래스 테스트 프로그램 (2)

```
    // 11장-AdjMatGraph.cpp : 그래프 클래스 테스트 프로그램
        ...                                 // 내용 동일
15      g.store( "graph.txt" );             // 그래프 g를 파일에 저장
16
17      g.reset();                          // 그래프 g를 초기화
18      g.load( "graph.txt" );              // 파일에서 그래프 정보를 읽어 g설정
19      printf("인접 행렬로 표현한 그래프 (파일:graph.txt)\n");
20      g.display();                        // 그래프 g를 화면에 출력
```

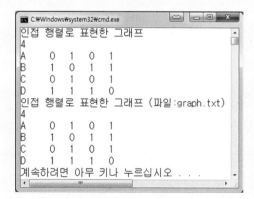

코드 설명

15행 그래프 g를 "graph.txt" 파일에 저장.

16행 g를 초기화 함. 정점 개수를 0으로 설정하고 모든 간선을 초기화 함.

18행 파일 "graph.txt"에서 그래프 정보를 읽어 g를 설정함

20행 읽어 들인 g를 화면으로 출력.

■ 인접 리스트를 이용한 그래프의 표현

인접 리스트(adjacency list)는 그래프의 각 정점에 인접한 정점들을 연결 리스트로 표현하는 방법이다. 연결 리스트의 노드들은 인접 정점 정보를 저장하는데, 그래프는 이러한 각 인접 리스트에 대한 헤더 포인터를 배열로 갖는다. 따라서 정점의 번호만 알면 각 정점의 연결 리스트에 쉽게 접근할 수 있다.

무방향 그래프의 경우 간선 (i, j)가 추가되면 정점 i의 연결 리스트에 j 노드를 추가해야 하고, 정점 j의 연결 리스트에도 i 노드를 추가해야 한다. 물론 인접 리스트에 노드를 추가하는 방법에 따라 연결 리스트 내에서 정점들의 순서가 달라질 수 있지만 이러한 순서는 중요하지 않다.

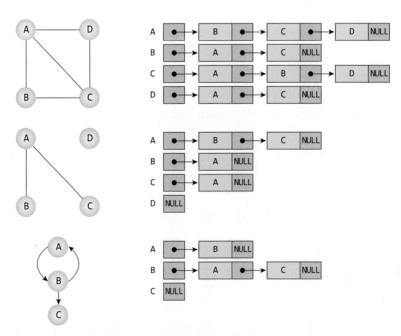

| 그림 11.12 인접 리스트를 이용한 그래프 표현

정점의 수가 n개이고 간선의 수가 e개인 무방향 그래프를 표시하기 위해서는 n개의 연결 리스트가 필요하고, n개의 헤더 포인터와 $2e$개의 노드가 필요하다. 따라서 인접 행렬 표현 은 정점의 개수에 비해 간선의 개수가 매우 적은 **희소 그래프**(sparse graph)의 표현에 적 합하다.

그래프에 간선 (i, j)의 존재 여부나 정점 i의 차수를 알기 위해서는 인접 리스트에서의 정 점 i의 연결 리스트를 탐색해야 하므로 연결 리스트에 있는 노드의 수만큼, 즉 정점 차수 만큼의 시간이 필요하다. 즉, n개 정점과 e개의 간선을 가진 그래프에서 전체 간선의 수를 알아내려면 헤더 노드를 포함하여 모든 인접 리스트를 조사해야 하므로 $O(n+e)$의 연산 이 요구된다.

■ 인접 리스트를 이용한 그래프 클래스의 구현

인접 리스트를 이용한 그래프를 보다 구체적으로 설계해보자. 그림 11.13은 인접 리스트를 이용한 그래프의 클래스 다이어그램을 보여준다.

Node 클래스는 단순 연결 리스트의 노드 클래스와 동일한데, 데이터 필드에 현재 노드가 나타내는 그래프 정점의 인덱스를 저장한다.

그래프 클래스의 데이터 필드에는 이전에 int의 2차원 배열로 선언했던 adj가 이제 Node*의 배열이 되어야 한다는 것을 제외하고는 이전과 동일하다. 이제 adj[i]는 i번째 정점의 인접 리스트에 대한 헤더 포인터를 의미한다. AdjListGraph의 멤버 함수도 AdjMatGraph에

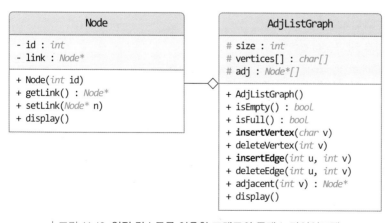

| 그림 11.13 인접 리스트를 이용한 그래프의 클래스 다이어그램

서와 거의 동일하지만, adjacent() 연산이 이제 연결 리스트의 헤더 포인터를 반환하면 된다는 것만 다르다.

이제 인접 리스트를 이용한 방법의 클래스 다이어그램을 C++로 구현하자. 먼저 프로그램 11.5는 구현된 노드 클래스를 보여준다.

프로그램 11.5 인접 리스트를 이용한 그래프를 위한 노드 클래스

```cpp
01  // Node.h : 인접 리스트를 이용한 그래프를 위한 노드 클래스
02  #include <cstdio>
03  class Node {
04  protected:
05          int      id;      // 정점의 id
06          Node*    link;    // 다음 노드의 포인터
07  public:
08          Node(int i, Node *l=NULL) : id(i), link(l) { }
09          ~Node() {
10              if( link != NULL ) delete link;
11          }
12          int   getId()            { return id; }
13          Node* getLink()          { return link; }
14          void  setLink(Node* l)   { link = l; }
15  };
```

코드 설명

4행 클래스의 상속을 대비해 데이터 필드를 protected로 선언

5행 인접 정점의 인덱스.

6행 다음 노드를 위한 포인터 변수.

8행 생성자. 멤버 초기화 리스트 사용. 링크는 디폴트 매개변수 사용.

9~11행 소멸자. 하나의 노드가 소멸될 때 연결된 모든 노드를 삭제하도록 설계함.

12~14행 데이터 필드 접근 함수들.

프로그램 11.6은 구현된 그래프 클래스를 보여준다. AdjMatGraph에서 구현하지 않았던 adjacent() 연산이 쉽게 구현되는 것을 확인하라. 출력 함수 display()도 변경되었는데, 프로그램 실행 결과에서 확인하라.

프로그램 11.6 인접 리스트를 이용한 그래프 클래스 AdjListGraph 구현

```
01  // AdjListGraph.h : 인접 리스트를 이용한 그래프 클래스
02  #include "Node.h"                              // 연결 리스트를 위한 노드 그래프 클래스 포함
03  #define MAX_VTXS    256
04  class AdjListGraph {
05  protected:
06          int  size;                             // 정점의 개수
07          char vertices[MAX_VTXS];               // 정점 정보 (응용에 따라 확장 필요)
08          Node* adj[MAX_VTXS];                   // 각 정점의 인접 리스트
09  public:
10          AdjListGraph() : size(0) { }
11          ~AdjListGraph(){ reset(); }
12          void reset(void) {
13              for( int i=0 ; i<size ; i++ )
14                  if( adj[i] != NULL ) delete adj[i];
15              size = 0;
16          }
17          bool isEmpty()          { return (size==0); }
18          bool isFull()           { return (size>=MAX_VTXS); }
19          char getVertex(int i)   { return vertices[i]; }
20
21          void insertVertex( char val ) {                // 정점 삽입 연산
22              if( !isFull() ) {
23                  vertices[size] = val;
24                  adj[size++] = NULL;
25              }
26              else printf("Error: 그래프 정점 개수 초과\n");
27          }
28
29          void insertEdge( int u, int v) {               // 간선 삽입 연산
30              adj[u] = new Node (v, adj[u]);             // 인접 리스트에 추가
31              adj[v] = new Node (u, adj[v]);             // 방향 그래프 ==> 주석 처리함
32          }
33
34          void display( ) {
35              printf("%d\n", size);                      // 정점의 개수 출력
36              for( int i=0 ; i<size ; i++ ) {            // 각 행의 정보 출력
```

```
37                    printf("%c  ", getVertex(i));        // 정점의 이름 출력
38                    for( Node *v=adj[i] ; v != NULL ; v=v->getLink() )
39                        printf("   %c", getVertex(v->getId()) );
40                        // printf("%3d", v->getId() );
41                    printf("\n");
42                }
43            }
44            Node* adjacent(int v) { return adj[v]; }
45            void load(char *filename) {... }              // 프로그램 11.3의 load와 동일
46        };
```

코드 설명

5~7행 AdjMatGraph 클래스에서와 동일.

8행 각 노드에 대한 인접 리스트 헤더 포인터 배열.

10행 생성자. 정점의 개수만 0으로 초기화.

11행 소멸자. reset()함수 호출.

12~16행 각 노드에 대한 인접 리스트가 NULL이 아니면 인접 리스트를 동적으로 해제함. 노드 클래스의 10행에 의해 연결된 모든 노드들이 동적으로 해제됨. 최종적으로 size를 0으로 초기화.

17~19행 AdjMatGraph 클래스에서와 동일.

23~24행 정점 삽입 함수에서 정점의 이름을 설정하고, 인접 리스트의 헤드 포인터를 NULL로 초기화 함. 그 다음에 size를 증가시켜야 함.

30행 새로운 노드를 생성함. 노드의 인덱스는 v가 되고, link는 u번째 정점의 인접 리스트 헤더 포인터임. 최종적으로 만들어진 새로운 노드가 u번째 정점의 새로운 헤더 포인터가 됨. 즉, 삽입은 리스트의 전단에서 처리됨.

31행 u와 v를 바꾸어 30행과 동일한 과정을 처리. 만약 그래프가 무방향 그래프이면 이 행을 주석처리 해야 함을 명심할 것.

34행 화면 출력 함수.

35행 정점의 개수를 먼저 출력

37행 각 행의 출력에서 먼저 정점의 이름을 출력함

38행 인접 리스트의 각 노드를 찾아가는 반복문.

39행 인접한 정점의 이름을 출력함

40행 39행 대신 이 행을 사용하면 인접한 정점의 인덱스를 출력함

44행 v번째 정점의 인접 정점 리스트를 반환하는 함수. 인접 리스트의 헤더 포인터 adj[v]를 반환하면 됨.

45행 프로그램 11.3의 load() 함수와 동일. 인접 행렬 예에서와 동일한 파일 형식을 읽어 들임에 유의할 것. 또한 이 함수를 사용하려면 31행을 주석으로 처리하여 방향 그래프로 처리해야 함. 저장하는 함수는 제공하지 않았음.

프로그램 11.7은 인접 리스트를 이용한 그래프 클래스를 테스트하기 위한 프로그램을 보여
준다. 이 프로그램은 2행, 4행 및 13행을 제외하고 모두 프로그램 11.2와 동일한 것에 주
목하라. 그래프의 구현이 달라지더라도 사용 방법은 동일하다.

프로그램 11.7	인접 리스트를 이용한 그래프 표현 전체 프로그램

```
01  11장-AdjListGraph.cpp : 인접 리스트를 이용한 그래프 테스트 프로그램
02  #include "AdjListGraph.h"              // 그래프 클래스 포함
03  void main() {
04       AdjListGraph g;                   // 새로운 그래프 객체 생성
05
06       for( int i=0 ; i<4 ; i++ )
07            g.insertVertex('A'+i);       // 정점 삽입: 'A'  'B', ...
08       g.insertEdge(0,1);                // 간선 삽입
09       g.insertEdge(0,3);                // 간선 삽입
10       g.insertEdge(1,2);                // 간선 삽입
11       g.insertEdge(1,3);                // 간선 삽입
12       g.insertEdge(2,3);                // 간선 삽입
13       printf("인접 리스트로 표현한 그래프\n");
14       g.display();                      // 그래프 출력 ⇒ 화면(stdout)으로 출력
15  }
```

```
인접 리스트로 표현한 그래프
4
A       D   B
B       D   C   A
C       D   B
D       C   B   A
계속하려면 아무 키나 누르십시오 .
```

실행 결과에서 인접 행렬을 사용한 예제와는 달리 인접 정점을 이름으로 나열하였다.

11.3 그래프의 탐색

그래프 탐색은 가장 기본적인 연산으로 하나의 정점에서 시작하여 모든 정점들을 한 번씩 방문하는 작업이다. 실제로 많은 그래프 문제들이 단순히 정점들의 탐색만으로 해결된다. 예를 들어, 전자회로에서도 어떤 두 단자가 서로 연결되어 있는지를 판단하는 것은 그래프 탐색만으로 가능하다. 이와 같은 그래프의 탐색 방법은 **깊이 우선 탐색**과 **너비 우선 탐색** 의 두 가지가 있다.

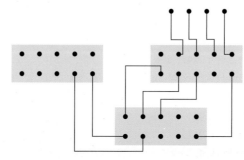

| 그림 11.14 전자회로의 단자 간의 연결성 검사

■ 깊이 우선 탐색

깊이 우선 탐색(depth first search, DFS)은 스택을 이용한 미로 탐색과 유사하다. 미로를 탐색할 때 한 방향으로 갈 수 있을 때까지 계속 가다가 더 이상 갈 수 없게 되면 다시 가장 가까운 갈림길로 돌아와서 다른 방향을 다시 탐색하는 방법으로 출구를 찾을 수 있었다.

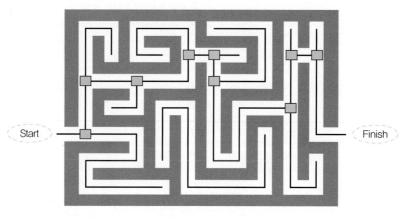

| 그림 11.15 미로 탐색

그래프에서 깊이 우선 탐색은 먼저 시작 정점에서부터 임의의 인접한 정점으로 깊이 탐색을 진행한다. 이때 방문한 정점은 반드시 방문되었다는 표시를 해야 하고, 탐색은 아직 방문하지 않은 인접 정점으로만 가능하다. 만약 현재 정점에서 더 이상 방문하지 않은 인접 정점이 없으면 가장 마지막에 만났던 정점으로 되돌아간다. 거기서 다시 아직 방문하지 않은 인접 정점을 찾아 다시 동일한 방법의 탐색을 진행한다. 이 방법은 가장 최근에 만났던 갈림길로 되돌아가야 하므로 스택을 사용하여 구현할 수 있지만, 스택 없이 순환 알고리즘의 형태로 다음과 같이 간단하게 나타낼 수 있다.

| 알고리즘 11.1 깊이 우선 탐색

depthFirstSearch(v)

    v를 방문되었다고 표시;
    for all u ∈ (v에 인접한 정점) **do**
      if (u가 아직 방문되지 않았으면)
         then depthFirstSearch(u)

그림 11.16의 그래프에서 생각해 보자. A를 시작 정점으로 선택하였다. 이미 방문한 정점은 회색으로, 현재 방문 중인 정점은 짙은 파란색으로 표시하였고, 점선 화살표는 이미 방문한 정점 방향의 간선을 의미한다. 굵은 실선 화살표는 실제로 다음에 방문하는 간선을 의미한다.

A에서 시작하여 B, D, C, E, G, H 순으로 순환 호출을 진행하는데, H에서 더 이상 가지 않은 인접 정점이 없게 되었다. 이제 함수를 리턴하여 이전의 갈림길로 되돌아간다. 이것은 스택의 pop 연산과 동일하다. G, E, C, D 순으로 되돌아가는데, D에서 아직 방문하지 않은 길이 있으므로 여기서 다시 F로 탐색을 진행한다. 이제 F에서도 더 이상 방문하지 않은 정점이 없으므로 D, B, A 순으로 되돌아가서 탐색이 완료된다.

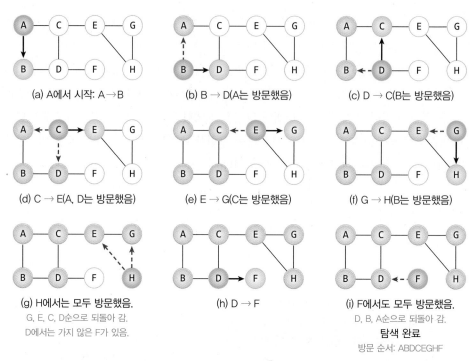

(a) A에서 시작: A→B

(b) B → D(A는 방문했음)

(c) D → C(B는 방문했음)

(d) C → E(A, D는 방문했음)

(e) E → G(C는 방문했음)

(f) G → H(B는 방문했음)

(g) H에서는 모두 방문했음.
G, E, C, D순으로 되돌아 감.
D에서는 가지 않은 F가 있음.

(h) D → F

(i) F에서도 모두 방문했음.
D, B, A순으로 되돌아 감.
탐색 완료
방문 순서: ABDCEGHF

| 그림 11.16 깊이 우선 탐색의 과정

■ 깊이 우선 탐색의 구현

인접 행렬을 이용한 그래프의 깊이 우선 탐색

앞에서 깊이 우선 탐색을 스택을 이용하거나 순환 호출을 이용하여 구현할 수 있다는 것을 알았다. 여기서는 알고리즘 11.1과 같이 순환 호출을 이용하여 구현하자. 정점의 방문 여부를 기록하기 위해 배열 `visited`를 사용하는데, 그래프 객체가 생성될 때 모든 정점의 `visited` 값을 `false`로 초기화해야 한다. 어떤 정점을 방문하면 그 정점의 `visited` 값을 `true`로 변경하는데, 이 배열의 자료형에는 `bool`이 적당하다.

깊이 우선 탐색을 구현하는 방법은 앞에서 구현했던 AdjMatGraph나 AdjListGraph에 멤버 변수와 함수를 추가하는 방법도 있지만, 코드의 재사용성을 높이고 설명을 간결하게 하기 위해 상속을 사용하자. 부모 클래스로는 인접 행렬을 이용한 그래프 AdjMatGraph를 사용하고, 이를 상속하여 깊이 우선 탐색 기능이 추가된 클래스인 SrchAMGraph를 구현하자. AM은 Adjacent Matrix의 약자이다. 프로그램 11.8은 깊이 우선 탐색 기능이 추가된 인접 행렬을 이용한 그래프 클래스이다.

프로그램 11.8　탐색 기능을 가진 그래프 클래스(인접 행렬 사용)

```
01  // SrchAMGraph.h : 탐색 기능이 추가된 인접 행렬 기반 그래프 클래스
02  #include "AdjMatGraph.h"
03
04  class SrchAMGraph : public AdjMatGraph
05  {
06          bool visited[MAX_VTXS];              // 정점의 방문 정보
07  public:
08          void resetVisited() {                // 모든 정점을 방문하지 않았다고 설정
09              for( int i=0 ; i<size ; i++ )
10                  visited[i] = false;
11          }
12          bool isLinked(int u, int v) { return getEdge(u,v) != 0; }
13
14          // 깊이 우선 탐색 함수
15          void DFS( int v) {
16              visited[v] = true;               // 현재 정점을 방문함
17              printf("%c ", getVertex(v));     // 정점의 이름 출력
18
19              for( int w=0 ; w<size ; w++)
20                  if( isLinked(v,w) && visited[w]==false )
21                      DFS( w );                // 연결 + 방문X => 순환호출로 방문
22          }
23  };
```

코드 설명

4행 AdjMatGraph 클래스를 상속해서 SrchAMGraph 클래스를 선언함.

6행 각 정점의 방문 여부를 기록하기 위한 배열.

8~11행 방문 여부를 기록하는 배열을 초기화하는 함수. 모든 노드를 방문하지 않았다고 생각하고 false로 처리.

12행 u번째 정점과 v번째 정점이 연결되어 있는지를 검사함.

15행 깊이 우선 탐색 함수. u는 탐색이 진행되고 있는 현재의 정점.

16행 먼저 현재 정점 v를 방문했다고 표시함.

17행 방문한 정점의 이름을 출력.

19행 모든 정점들에 대해

20행 현재 정점과 연결되어 있고 아직 가지 않은 정점이면.

21행 순환 호출로 다시 탐색함.

프로그램 11.9는 깊이 우선 탐색 테스트 프로그램을 보여준다. 이 프로그램의 테스트를 위해 그림 11.17과 같은 그래프를 사용하였다. 실행 결과에서 정점 A부터 깊이 우선 탐색으로 방문한 정점들의 이름이 순서대로 나열되어 있음을 알 수 있다.

프로그램 11.9	깊이 우선 탐색 테스트 프로그램

```
01  // 11장-SrchAMGraph.cpp : 깊이 우선 탐색 테스트 프로그램
02  #include "SrchAMGraph.h"
03  void main() {
04      SrchAMGraph g;                    // DFS 탐색기능이 있는 그래프 객체 생성
05      g.load( "graph.txt" );            // 파일 "graph.txt"로부터 g를 설정함
06      printf("그래프(graph.txt)\n");
07      g.display();                      // 그래프를 화면에 출력
08
09      printf("DFS ==> ");
10      g.resetVisited();                 // 모든 정점을 방문하지 않았다고 하고
11      g.DFS( 0 );                       // 0번째 정점(A)에서 깊이 우선 탐색 시작
12      printf("\n");
13  }
```

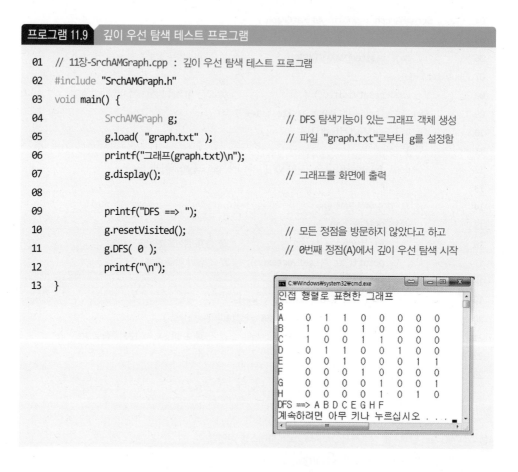

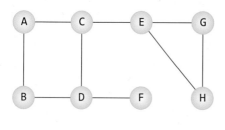

graph.txt

8								
A	0	1	1	0	0	0	0	0
B	1	0	0	1	0	0	0	0
C	1	0	0	1	1	0	0	0
D	0	1	1	0	0	1	0	0
E	0	0	1	0	0	0	1	1
F	0	0	0	1	0	0	0	0
G	0	0	0	0	1	0	0	1
H	0	0	0	0	1	0	1	0

| 그림 11.17 알고리즘 테스트를 위한 그래프와 그래프 표현 파일

인접 리스트를 이용한 그래프의 깊이 우선 탐색

인접 리스트를 이용한 그래프에서도 동일한 알고리즘을 적용해 보자. 이 경우도 AdjListGraph를 상속하여 깊이 우선 탐색 기능이 추가된 클래스인 SrchALGraph를 구현하자. AL은 Adjacent List를 의미한다. 대부분의 코드는 동일하지면 두 노드의 인접성을 찾는 등의 몇 가지 연산에서 조심해야 한다. 프로그램 11.10은 그래프가 인접 리스트로 표현되었을 경우의 깊이 우선 탐색 프로그램이다.

프로그램 11.10 탐색 기능을 가진 인접 리스트를 이용한 그래프 클래스

```cpp
01  // SrchALGraph.h : 탐색 기능이 추가된 인접 리스트 기반 그래프 클래스
02  #include "AdjListGraph.h"
03
04  class SrchALGraph : public AdjListGraph
05  {
06          bool  visited[MAX_VTXS];          // 정점의 방문 정보
07  public:
08          void resetVisited() {             // 모든 정점을 방문하지 않았다고 설정
09              for( int i=0 ; i<size ; i++ )
10                  visited[i] = false;
11          }
12          bool isLinked(int u, int v) {
13              for( Node *p=adj[u] ; p!=NULL ; p=p->getLink() )
14                  if( p->getId() == v ) return true;
15              return false;
16          }
17
18          // 깊이 우선 탐색 함수
19          void DFS( int v) {
20              visited[v] = true;            // 현재 정점을 방문함
21              printf("%c ", getVertex(v));  // 정점의 이름 출력
22
23              for( Node *p=adj[v] ; p!=NULL ; p=p->getLink())
24                  if(visited[p->getId()] == false)
25                      DFS(p->getId());      // 정점 w에서 DFS 새로 시작
26          }
27  };
```

코드 설명

4행 AdjListGraph 클래스를 상속해서 SrchALGraph 클래스를 선언함.

13행 u번째 정점의 인접 리스트의 헤더 포인터에서부터 NULL이 아닐 때까지 모든 인접 노드들에 대해 검사함.

14행 그 노드의 정점 번호가 v이면 u번째 정점과 v번째 정점이 인접함. 따라서 true 반환.

15행 인접 리스트에 정점번호 v가 없으면 u와 v는 인접하지 않음. 따라서 false 반환.

23행 v번째 정점의 인접 리스트의 헤더 포인터에서부터 NULL이 아닐 때까지 모든 인접 노드들에 대해 검사함.

24행 만약 노드 p의 정점이 방문되지 않았으면.

25행 순환 호출로 이 노드를 다시 탐색함.

동일한 방법으로 그림 11.17의 그래프에 대해 처리한 결과는 다음과 같다. 인접 행렬을 이용한 방법과 결과가 다른 것에 유의하라. 이것은 인접 리스트의 노드 순서가 정점 인덱스의 역순으로 들어 있기 때문이다. 그래프 출력 결과를 참고하라.

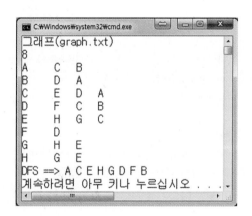

깊이 우선 탐색의 분석

깊이 우선 탐색은 그래프의 모든 간선을 조사하므로 정점의 수가 n이고 간선의 수가 e인 그래프를 깊이 우선 탐색은 하는 시간은 그래프가 인접 리스트로 표현되어 있다면 $O(n+e)$이고, 인접 행렬로 표시되어 있다면 $O(n^2)$이다. 이는 희소 그래프인 경우 깊이 우선 탐색은 인접 리스트의 사용이 인접 행렬의 사용보다 시간적으로 유리함을 뜻한다.

■ 너비 우선 탐색

너비 우선 탐색(breadth first search: BFS)은 시작 정점으로부터 가까운 정점을 먼저 방문하고 멀리 떨어져 있는 정점을 나중에 방문하는 순회 방법이다. 너비 우선 탐색을 위해서는 가까운 거리에 있는 정점들을 차례로 저장하고, 들어간 순서대로 꺼낼 수 있는 자료구조가 필요하다. 물론 큐(queue)가 사용된다. 즉, 정점들이 방문될 때마다 큐에 인접 정점을 삽입하고, 더 이상 방문할 인접 정점이 없는 경우 큐의 맨 앞에서 정점을 꺼내 그 정점과 인접한 정점들을 차례대로 방문한다. 초기 상태의 큐에는 시작 정점만이 저장되고, 너비 우선 탐색 과정은 큐가 공백 상태가 될 때까지 계속한다.

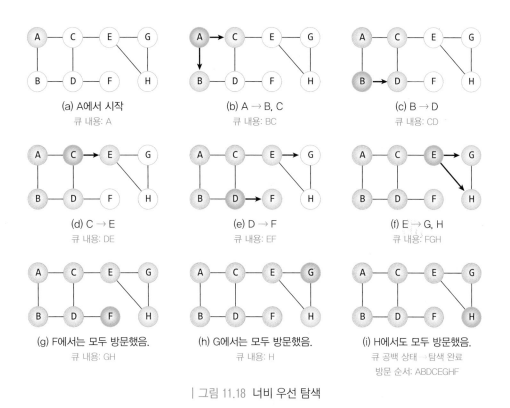

(a) A에서 시작
큐 내용: A

(b) A → B, C
큐 내용: BC

(c) B → D
큐 내용: CD

(d) C → E
큐 내용: DE

(e) D → F
큐 내용: EF

(f) E → G, H
큐 내용: FGH

(g) F에서는 모두 방문했음.
큐 내용: GH

(h) G에서는 모두 방문했음.
큐 내용: H

(i) H에서도 모두 방문했음.
큐 공백 상태 → 탐색 완료
방문 순서: ABDCEGHF

| 그림 11.18 너비 우선 탐색

그림 11.18을 보자. 먼저 처음에 큐에는 A만 들어있다. 큐에서 A를 꺼내 인접 정점을 순서대로 방문한다. 이제 큐에는 [B, C]가 순서대로 들어있다. 다시 큐에서 B를 꺼내고 B에서 갈 수 있는 인접 정점을 방문하고 큐에 삽입한다. 이제 큐에는 [C, D]가 들어있다. 이 과정을 큐가 공백 상태가 될 때까지 진행한다. (f) 상태에서 다음으로 F가 큐에서 꺼내지는데, 이미 모두 방문했으므로 더 이상 큐에 삽입할 정점이 없다. 이와 같이 큐의 모든 요소들이 처리되어 큐가 공백 상태이면 탐색은 종료된다. 다음은 너비 우선 탐색의 유사 코드이다.

| 알고리즘 11.2 너비 우선 탐색 알고리즘

breadthFirstSearch(v)

> v를 방문되었다고 표시;
> 큐 Q에 정점 v를 삽입;
> **while** (not is_empty(Q)) **do**
>> Q에서 정점 w를 삭제;
>> **for** all u ∈ (w에 인접한 정점) **do**
>>> **if** (u가 아직 방문되지 않았으면)
>>>> **then** u를 큐에 삽입;
>>>>> u를 방문되었다고 표시;

너비 우선 탐색의 특징은 시작 정점으로부터 거리가 가까운 정점의 순서로 탐색을 진행한다는 것이다. 여기서 거리란 시작 정점으로부터 어떤 정점까지의 경로 중 가장 짧은 경로의 길이를 뜻한다. 즉, 너비 우선 탐색은 거리가 d인 정점들을 모두 방문한 다음, 거리가 (d+1)인 정점들을 모두 방문하게 된다. 거리가 0인 시작 정점으로부터 거리가 1인 모든 정점, 거리가 2인 모든 정점, 거리가 3인 모든 정점 등의 순서대로 방문한다.

■ 너비 우선 탐색의 구현

인접 행렬을 이용한 그래프의 너비 우선 탐색

인접 행렬을 이용한 그래프 클래스에 너비 우선 탐색 함수를 추가해 보자. 큐는 4장에서 배운 원형 큐 클래스인 CircularQueue를 사용하면 충분하다. 따라서 CircularQueue.h 파일을 프로그램에 포함시켜야 한다. 탐색 함수는 프로그램 11.8의 SrchAMGraph 클래스의 멤버 함수로 추가되는데, 코드는 다음과 같다.

프로그램 11.11 인접 행렬을 이용한 그래프의 너비 우선 탐색 연산

```
24  // SrchAMGraph.h : 탐색 기능이 추가된 인접 행렬 기반 그래프 클래스
1   #include "AdjListGraph.h"
2   #include "CircularQueue.h"          // CircularQueue 클래스 포함
    ...
```

```
23              // 인접 행렬로 표현된 그래프에 대한 너비우선탐색 연산
24              // 프로그램 11.8의 SrchAMGraph클래스의 멤버 함수로 구현
25              void BFS( int v) {
26                  visited[v] = true;                  // 현재 정점을 방문함
27                  printf("%c ", getVertex(v));        // 정점의 이름 출력
28
29                  CircularQueue que;
30                  que.enqueue( v );                   // 시작 정점을 큐에 저장
31
32                  while(!que.isEmpty()){
33                      int v = que.dequeue();          // 큐에 정점 추출
34                      for(int w=0; w<size; w++)       // 인접 정점 탐색
35                          if( isLinked(v,w) && visited[w]==false){
36                              visited[w] = true;      // 방문 표시
37                              printf("%c ", getVertex(w));// 정점의 이름 출력
38                              que.enqueue(w);         // 방문한 정점을 큐에 저장
39                          }
40                  }
```

코드 설명

3행 CircularQueue.h 포함.

25행 너비 우선 탐색 함수.

29~30행 큐 객체를 생성하고, 시작 정점을 큐에 삽입.

32행 큐가 공백 상태가 아닐 때 까지 진행.

33행 큐에서 하나의 정점 v를 꺼냄. v가 현재 정점임.

34행 모든 정점들에 대해서.

35행 그 정점이 현재 정점과 연결되어 있고, 방문되지 않았으면.

36행 방문했다고 표시함.

37행 정점 이름을 화면에 출력.

38행 이 정점을 큐에 삽입함.

테스트는 프로그램 11.9의 코드에서 9행과 11행의 DFS를 BFS로 변경하기만 하면 된다. 동일한 입력에 대한 실행 결과는 다음과 같다.

인접 리스트를 이용한 그래프의 너비 우선 탐색

너비 우선 탐색을 인접 리스트로 구현된 그래프에 적용시키면 다음과 같다. 이것은 SrchALGraph의 멤버 함수로 추가된다.

프로그램 11.12 인접 리스트를 이용한 그래프의 너비 우선 탐색 연산

```
01  // SrchALGraph.h : 탐색 기능이 추가된 인접 리스트 기반 그래프 클래스
02  #include "AdjListGraph.h"
03  #include "CircularQueue.h"              // CircularQueue 클래스 포함
    ...
27      // 인접 리스트로 표현된 그래프에 대한 너비우선탐색 연산
28      // 프로그램 11.10의 SrchALGraph클래스의 멤버 함수로 구현
29      void BFS( int v ) {
30          visited[v] = true;                // 현재 정점을 방문함
31          printf("%c ", getVertex(v));      // 정점의 이름 출력
32
33          CircularQueue que;
34          que.enqueue( v );                 // 시작 정점을 큐에 저장
35
36          while(!que.isEmpty()){
37              int v = que.dequeue();        // 큐에 정점 추출
38              for( Node *w=adj[v] ; w!=NULL ; w=w->getLink() ) {
39                  int id = w->getId();      // 인접 노드의 정점 ID
40                  if(!visited[id]){         // 미방문 정점 탐색
41                      visited[id] = true;   // 방문 표시
42                      printf("%c ", getVertex(id));
43                      que.enqueue(id);      // 방문한 정점을 큐에 저장
44                  }
45              }
46          }
47      }
```

너비 우선 탐색은 큐를 사용하여야 하므로 깊이 우선 탐색보다 코드가 약간 복잡하다. 여기서는 원형 큐를 사용했으나 연결된 큐를 사용해도 좋다. 그림 11.17의 그래프에 대해 처리한 결과는 다음과 같다. 인접 행렬을 이용한 방법과 결과가 다른 것은 역시 인접 리스트의 노드 순서가 정점 인덱스의 역순이기 때문이다.

너비 우선 탐색의 분석

너비 우선 탐색은 그래프가 인접 리스트로 표현되어 있으면 전체 수행 시간이 $O(n+e)$ 이며, 인접 행렬로 표현되어 있는 경우는 $O(n^2)$ 시간이 걸린다. 너비 우선 탐색도 깊이 우선 탐색과 같이 희소 그래프를 사용할 경우 인접 리스트를 사용하는 것이 효율적이다.

11.4 연결 성분

앞에서 학습한 그래프 탐색의 간단한 응용으로 연결 성분을 찾아보자. **연결 성분**(connected component)이란 최대로 연결된 부분 그래프를 말한다. 예를 들어, 그림 11.19의 그래프에는 2개의 연결된 부분 그래프, 즉 2개의 연결 성분이 있다.

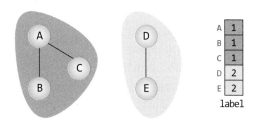

| 그림 11.19 연결 성분

연결 성분을 찾기 위해서 깊이 우선 탐색이나 너비 우선 탐색을 이용한다. 먼저 그래프상의 임의의 정점을 선택해 깊이 우선 탐색이나 너비 우선 탐색을 시작하면 시작 정점과 연결되어 있는 모든 정점들이 출력된다. 다음에 아직 방문되지 않은 정점을 선택해서 다시 탐색을 실행하면 그 정점을 포함하는 연결 성분이 또 찾아진다. 이 과정을 그래프의 모든 정점이 방문될 때까지 되풀이하면 모든 연결 성분들을 찾을 수 있다.

프로그램 11.13은 연결 성분 탐색 프로그램을 보여주고 있는데, 각 정점에 색을 칠하기 위한 변수가 하나 필요하다. 따라서 앞에서 구현했던 SrchAMGraph를 상속해 ConnectedComponentGraph 클래스를 만들고 label 배열을 추가한다. 깊이 우선 탐색 방법으로 정점을 탐색하면서 각 정점을 색칠하기 위해 labelDFS() 함수를 기존의 DFS()를 약간 수정하여 만들었다.

프로그램 11.13	인접 배열을 이용한 그래프의 연결 성분 탐색 프로그램

```
01  // ConnectedComponentGraph.h
02  #include "SrchAMGraph.h"
03  class ConnectedComponentGraph : public SrchAMGraph {
04          int        label[MAX_VTXS];                    // 정점의 색상 필드 추가
05      public:
06          // 깊이 우선 탐색
07          void labelDFS( int v, int color) {
08              visited[v] = true;                         // 현재 정점을 방문함
09              label[v]   = color;                        // 현재 정점의 색상
10              for( int w=0 ; w<size ; w++)
11                  if( isLinked(v,w) && visited[w]==false )
12                      labelDFS( w, color );
13          }
14          // 그래프의 연결 성분 검출 함수
15          void findConnectedComponent( ) {
16              int count = 0;                             // 연결 성분의 수
17              for(int i=0; i<size ; i++)                 // 방문하지 않았으면
18                  if( visited[i]==false )
19                      labelDFS(i, ++count);
20              printf("그래프 연결성분 개수 = = %d\n", count);
21              for( int i=0 ; i<size ; i++ )
22                  printf( "%c=%d ", getVertex(i), label[i] );
```

```
23                    printf( "\n" );
24              }
25      };
```

```cpp
// 11장-ConnectedComponent.cpp
#include "ConnectedComponentGraph.h"
void main() {
        // 그림 11.19의 그래프 생성
        ConnectedComponentGraph  g;
        for( int i=0 ; i<5 ; i++ )
                g.insertVertex( 'A'+i );
        g.insertEdge(1,0);
        g.insertEdge(2,0);
        g.insertEdge(3,4);

        printf("연결 성분 테스트 그래프\n");
        g.display();
        g.resetVisited();                          // visited 배열을 초기화
        g.findConnectedComponent( );               // 그래프 연결 성분 탐색
}
```

```
C:\Windows\system32\cmd.exe
연결 성분 테스트 그래프
5
A     0   1   1   0   0
B     1   0   0   0   0
C     1   0   0   0   0
D     0   0   0   0   1
E     0   0   0   1   0
A B C D E
그래프 연결성분 개수 = = 2
A=1 B=1 C=1 D=2 E=2
계속하려면 아무 키나 누르십시오 . . .
```

코드 설명 (ConnectedComponentGraph.h)

3행 SrchAMGraph를 상속해 ConnectedComponentGraph 클래스 선언.

4행 정점의 색상을 저장할 label 배열 선언.

7∼13행 DFS() 함수를 수정하여 구현. 깊이 우선 탐색을 수행하면서 방문한 정점에 color를 칠함.

15행 그래프 연결 성분 주 함수

16행 최초에는 연결 성분의 수 = 0

17∼19행 모든 정점이 방문될 때 까지 labelDFS() 함수 실행

20∼23행 결과 출력.

11.5 신장 트리

신장 트리(spanning tree)란 그래프 내의 모든 정점을 포함하는 트리다. 신장 트리도 트리의 일종이므로 모든 정점들이 연결되어 있고 사이클이 없어야 한다. 신장 트리는 그래프에

있는 n개의 정점을 정확히 $(n-1)$개의 간선으로 연결하게 된다.

신장 트리를 찾기 위해 깊이 우선 탐색이나 너비 우선 탐색을 이용할 수 있는데, 하나의 그래프에는 많은 신장 트리가 가능한 것에 유의하라. 그림 11.20은 (a)의 연결 그래프에 대한 신장 트리의 예를 보여준다.

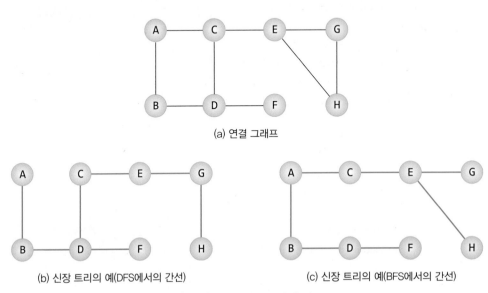

(a) 연결 그래프

(b) 신장 트리의 예(DFS에서의 간선) (c) 신장 트리의 예(BFS에서의 간선)

| 그림 11.20 신장 트리의 예

신장 트리는 깊이 우선이나 너비 우선 탐색 도중에 사용된 간선들만 모으면 만들 수 있다. 그림 11.20 (b)는 깊이 우선 탐색 때 사용된 간선으로만 만들어진 신장 트리이고 (c)는 너비 우선 탐색 때 사용된 간선으로만 만들어진 신장 트리이다. 깊이 우선 탐색 알고리즘을 변경하여 신장 트리 알고리즘을 나타내면 다음과 같다.

| 알고리즘 11.3 신장 트리

spanningTreeByDFS(v)

```
v를 방문되었다고 표시;
for all u ∈ (v에 인접한 정점) do
    if (u가 아직 방문되지 않았으면)
        then    (v,u)를 신장 트리 간선이라고 표시;
                spanningTreeByDFS(u);
```

11.6 위상 정렬

그림 11.21의 (a)는 컴퓨터 관련 여러 과목들에 대해 선수 관계를 보여주는 표이다. 이 표는 (b)와 같이 방향 그래프로 그려보면 과목간의 연결 관계를 한눈에 알아볼 수 있다. 예를 들어, 자료구조를 수강하려면 먼저 컴퓨터개론을 수강해야 하고, 인공지능을 수강하려면 자료구조, 알고리즘, 운영체제를 모두 먼저 수강해야 한다. 성공적으로 학위를 취득하려면 각각의 교과목들을 순서에 따라 모두 수강하여야만 한다.

이러한 방향 그래프에서 간선 ⟨u, v⟩가 있다면 "정점 u는 정점 v를 선행한다."고 말한다. 방향 그래프에 존재하는 각 정점들의 선행 순서를 위배하지 않으면서 모든 정점을 나열하는 것을 방향 그래프의 **위상 정렬**(topological sort)이라고 한다.

과목번호	과목명	선수과목
A	컴퓨터 개론	없음
B	이산수학	없음
C	자료구조	A
D	알고리즘	A, B, C
E	운영체제	B
F	인공지능	C, D, E

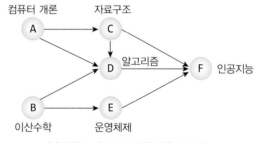

(a) 교과목의 선후수 관계표   (b) 방향 그래프로 표시한 선후수 관계

| 그림 11.21 교과목의 선후수 관계 표현 방법

예를 들어, 그림 11.21의 그래프를 살펴보자. 많은 위상 정렬이 가능하다. 그중에서 몇 개만 들어보면 ⟨A,B,C,D,E,F⟩, ⟨B,A,C,D,E,F⟩ 등이 있다. 이것은 이들 순서로 교과목을 수강하면 졸업할 수 있다는 것이다. ⟨C,A,B,D,E,F⟩는 위상 순서가 아니다. 왜냐하면 간선 ⟨A,C⟩가 있으므로 A를 수강한 후 C를 수강해야 하는데 A보다 먼저 C를 수강했기 때문이다.

방향 그래프의 위상 정렬 알고리즘을 생각해 보자. 먼저, 진입 차수가 0인 정점을 선택하고, 선택된 정점과 여기에 연결된 모든 간선을 삭제한다. 이때, 삭제되는 간선과 연결된 남아 있는 정점들의 진입 차수를 변경한다. 이 과정을 반복하여 모든 정점이 삭제되면 알고리즘이 종료된다. 전체 과정에서 정점이 삭제되는 순서가 **위상 순서**(topological order)가 된다.

진입 차수 0인 정점이 여러 개 존재할 경우 어느 정점을 선택하여도 무방하다. 따라서 하나의 그래프에는 여러 개의 위상 순서가 존재한다. 만약 그래프에 남아 있는 정점 중에 진입 차수 0인 정점이 없다면 위상 정렬은 불가능하다. 이것은 그래프에 사이클이 존재하는 것이고, 모든 과목이 선수 과목을 갖는 것을 말한다.

그림 11.22는 위상 정렬 과정의 예를 보여주고 있다. 진입 차수가 0인 정점 B를 시작으로 정점 B와 간선을 제거하면, 다음 단계에서 정점 E의 진입 차수가 0이 되므로 후보 정점은 A, E가 된다. 만약 정점 E를 선택하면 다음 단계에서는 오직 정점 A만이 후보가 된다. 다음에 정점 A가 선택되고 정점 C가 진입 차수가 0이 되어 선택 가능하게 된다. 다음에 정점 C, 정점 D, 정점 F를 선택하면 결과적으로 B,E,A,C,D,F가 된다.

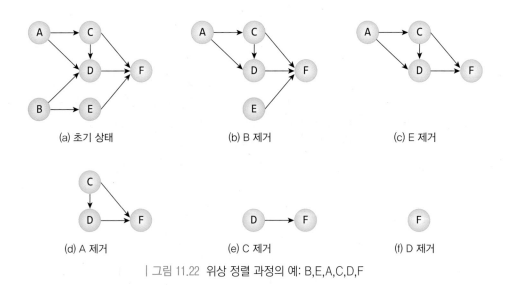

| 그림 11.22 위상 정렬 과정의 예: B,E,A,C,D,F

앞에서 설명한 방법을 알고리즘으로 나타내면 다음과 같다.

| 알고리즘 11.4 그래프 위상 정렬 알고리즘

```
topoSort()

for i←0 to n-1 do
    if 모든 정점이 선행 정점을 가지면
        then 사이클이 존재하고 위상 정렬 불가;
    선행 정점을 가지지 않는 정점 v 선택;
```

　　　v를 출력;
　　　v와 v에서 나온 모든 간선들을 그래프에서 삭제;

위상 정렬 알고리즘을 C++로 구현해보자. 앞에서 구현했던 AdjListGraph를 상속해 TopoSortGraph 클래스를 만들고 **inDeg**라는 1차원 배열을 추가한다. 이 배열에 각 정점의 진입 차수가 기록된다. 즉, **inDeg[i]**는 정점 i로 들어오는 간선들의 개수이다. 정점 i는 **inDeg[i]**의 값이 0일 경우에 후보 정점이 된다. 진입 차수가 0인 정점들을 저장하기 위해 스택을 이용하였다. 물론 큐나 다른 자료구조를 사용해도 되는데 이 경우 다른 위상 순서가 나올 것이다. 매 단계에서 스택에서 하나의 정점을 꺼내어 출력하고 그 정점에 인접해있는 정점들의 **inDeg** 배열값을 감소시킨다. 이러한 과정은 전체 정점이 출력이 될 때까지 계속된다. 만약 전체 정점이 출력되지 못하면 그래프에 사이클이 존재하여 위상 정렬 순서가 존재하지 않는 것이다.

프로그램 11.14　　그래프 위상 정렬 프로그램 전체

```
01  // TopoSortGraph.h: 위상 정렬 기능이 추가된 인접 리스트 기반 그래프
02  #include "AdjListGraph.h"
03  #include "ArrayStack.h"
04
05  class TopoSortGraph :    public AdjListGraph {
06          int      inDeg[MAX_VTXS];              // 정점의 진입차수
07  public:
08          void insertDirEdge( int u, int v ) {   // 방향성 간선 삽입 연산
09              adj[u] = new Node (v, adj[u]);
10          }
11          // 위상정렬을 수행한다.
12          void TopoSort( ) {
13              // 모든 정점의 진입 차수를 계산
14              for( int i=0 ; i<size ; i++ )       // 초기화
15                  inDeg[i] = 0;
16              for( int i=0 ; i<size ; i++ ) {
17                  Node *node = adj[i];            // 정점 i에서 나오는 간선들
18                  while ( node != NULL ) {
19                      inDeg[node->getId()]++;
20                      node = node->getLink();
```

```
21                  }
22              }
23          // 진입 차수가 0인 정점을 스택에 삽입
24          ArrayStack  s;
25          for( int i=0 ; i<size ; i++ )
26              if( inDeg[i] == 0 ) s.push( i );
27
28          // 위상 순서를 생성
29          while( s.isEmpty() == false ) {
30              int w = s.pop();
31              printf(" %c ",getVertex(w));        // 정점 출력
32              Node *node = adj[w];                 // 각 정점의 진입 차수를 변경
33              while (node != NULL) {
34                  int u = node->getId();
35                  inDeg[u]--;                      // 진입 차수를 감소
36                  if(inDeg[u] == 0)                // 진입 차수가 0인 정점을 push
37                      s.push( u );
38                  node = node->getLink();          // 다음 정점
39              }
40          }
41          printf("\n");
42      }
43  };
```

```
// 11장-TopologicalSort.cpp
#include "TopoSortGraph.h"
void main()
{
        TopoSortGraph g;                             // 그래프 객체 생성
        for( int i=0 ; i<6 ; i++ )                   // 6개의 정점 생성
            g.insertVertex( i );
        g.insertDirEdge(0,2); g.insertDirEdge(0,3);  // 정점 0의 인접 리스트 생성
        g.insertDirEdge(1,3); g.insertDirEdge(1,4);  // 정점 1의 인접 리스트 생성
        g.insertDirEdge(2,3); g.insertDirEdge(2,5);  // 정점 2의 인접 리스트 생성
        g.insertDirEdge(3,5);                        // 정점 3의 인접 리스트 생성
        g.insertDirEdge(4,5);                        // 정점 4의 인접 리스트 생성
        g.Print("Topology Sort");                    // 그래프 화면 출력
        g.TopoSort( );                               // 위상 정렬
}
```

```
C:\Windows\system32\cmd.exe
Topology Sort:
 B E A C D F
계속하려면 아무 키나 누르십시오 . .
```

코드 설명 (TopoSortGraph.h)

5행 AdjListGraph를 상속해 TopoSortGraph 클래스 선언.

6행 정점의 진입 차수를 저장할 inDeg 배열 선언.

8~10행 방향성 간선 삽입 함수 추가.

12~42행 위상 정렬 함수 구현.

14~15행 모든 정점의 진입 차수 초기화.

16~22행 모든 정점의 진입 차수 계산.

24행 스택 객체 생성.

25~26행 진입 차수가 0인 모든 정점을 스택에 삽입.

29행 스택이 공백이 아닐 때까지.

30행 스택에서 하나의 정점 w를 뽑아서.

32~39행 w와 인접하는 모든 정점의 진입 차수 감소시킴. 감소된 진입 차수가 0이 되는 정점은 다시 스택에 삽입.

| 연습문제 |

1 다음의 인접 리스트는 어떤 그래프를 표현한 것이다. 이 그래프를 정점 A에서부터 깊이 우
   선 탐색(depth first search)할 때, 정점이 방문되는 순서로 옳은 것은?

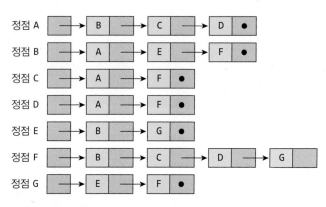

● 은 NULL을 의미함

① A → B → C → D → F → G → E
② A → D → C → B → F → E → G
③ A → B → C → D → E → F → G
④ A → B → E → G → F → C → D

2 정점의 개수를 n, 간선의 개수를 e라고 할 때, 인접 행렬에서 특정 정점의 차수를 계산하는
   연산의 시간 복잡도는?

① $O(\log_2 n)$ ② $O(n)$ ③ $O(n+e)$ ④ $O(e)$

3 다음의 그래프에 대하여 물음에 답하라. 그래프는 인접 행렬로 표현되어 있다고 가정하라.

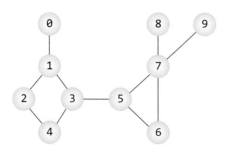

(1) 정점 3에서 출발하여 깊이 우선 탐색을 한 경우의 방문 순서
(2) 정점 6에서 출발하여 깊이 우선 탐색을 한 경우의 방문 순서
(3) 정점 3에서 출발하여 너비 우선 탐색을 한 경우의 방문 순서
(4) 정점 6에서 출발하여 너비 우선 탐색을 한 경우의 방문 순서

| 프로그래밍 프로젝트 |

1　무작위로 그래프를 생성하는 함수를 구현하려고 한다.

　(1) 정점의 수와 간선의 수를 입력하면 무작위로 그래프를 발생시키는 함수를 구현하라. 단, 정점 사이에 중복된 간선이 존재하지 않아야 한다. 생성된 그래프를 화면에 출력하고, 파일에 저장하라. 정점의 이름은 'A'부터 시작하여 하나씩 증가시키도록 한다.

```
void randomGraph( int numVtx, int numEdge );
```

　(2) (1)을 이용하여 무작위로 그래프를 발생시키고 프로그램 11.13의 연결 성분 탐색을 참고하여 연결된 성분의 개수를 출력하라.

　(3) (1) 알고리즘을 보완하여 모든 정점이 연결된 "연결 그래프"를 무작위로 발생시키는 다음 함수를 구현하라. (2)와 같이 연결 성분 탐색을 이용하여 연결된 성분의 개수가 1이 되는지 확인하라.

```
void randomConnectedGraph( int numVtx );
```

2　무작위로 연결된 그래프를 생성하고 그래프 알고리즘을 적용하려고 한다.

　(1) n개의 정점을 갖는 연결 그래프를 발생시키고 깊이 우선 탐색을 적용하여 정점을 방문하는 순서를 출력하라.

　(2) 정점의 개수를 증가시키면서 (1)의 과정을 반복하고, 각 정점의 개수에 대한 깊이 우선 탐색 연산의 실행 시간을 측정하라. 그 결과를 1장 프로그래밍 프로젝트 1번 문제와 같이 선 그래프로 그리고 시간 복잡도를 설명하라.

3　연결된 그래프 G의 간선들 중에서 그 간선을 제거하면 연결이 끊어지는 간선 (u, v)를 브리지(bridge)라고 한다. 주어진 그래프에서 브리지의 전체 개수를 찾아내는 멤버 함수를 작성하라.

```
int findBridge ( );
```

CHAPTER

가중치 그래프

학습목표

- 가중치 그래프의 개념을 이해한다.
- 가중치 그래프를 표현하는 방법을 이해한다.
- 최소 비용 신장 트리 알고리즘을 이해한다.
- 최단 경로 알고리즘을 이해한다.
- 가중치 그래프를 이용한 문제해결 능력을 배양한다.

12 가중치 그래프

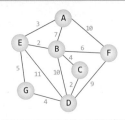

12.1 가중치 그래프란?

간선에 비용이나 가중치가 할당된 그래프를 **가중치 그래프**(weighted graph)라고 한다. 가중치 그래프는 정점의 연결 정보뿐만 아니라 연결에 필요한 비용을 함께 표현할 수 있다. 그림 12.1은 가중치 그래프의 예로 국내 주요 도시의 고속도로 연결 상황을 나타내는 그래프이다. 이 그래프에서 정점은 주요 도시를 나타내고, 두 도시를 직접 연결하는 고속도로가 있으면 간선이 존재한다. 간선의 가중치는 연결된 두 도시의 거리나 이동 비용 등을 나타낼 수 있다.

| 그림 12.1 국내 주요 도시의 고속도로 연결 정보를 나타내는 가중치 그래프

가중치 그래프는 수학적으로는 G = (V, E, w)와 같이 표현된다. V(G)는 그래프 G의 정점들의 집합을, E(G)는 그래프 G의 간선들의 집합을 의미하고, w(e)는 간선 e의 **강도**(weight), **비용**(cost) 또는 **길이**(length)라고 부른다. 어떤 가중치 그래프의 경로를 $p = (v_0, v_1, v_2, \cdots, v_k)$ 라고 한다면, 경로의 강도(또는 비용, 길이) w(p)는 다음과 같이 경로 상의 모든 간선의 강도 합으로 표현된다.

$$w(p) = \sum_{i=1}^{k} w(v_{i-1}, v_i)$$

가중치 그래프의 응용 분야는 매우 다양하다. 예를 들어, 인터넷 망과 같은 컴퓨터 네트워크를 표현하기 위해 그래프를 사용한다고 하자. 한 컴퓨터에서 다른 컴퓨터로 패킷을 효율적으로 전송하기 위해서는 가장 빠른 길을 찾아야 할 것이다. 그런데 전체 네트워크에서 어떤 연결 부분은 광통신을 이용해 구축하여 전송 속도가 빠르지만, 어떤 연결은 전화망을 이용해 매우 느릴 수 있다. 이런 경우 그래프의 모든 간선에 동일한 가중치를 부여하는 것은 적절하지 않다. 간선마다 연결 속도가 다르므로, 속도에 따라 다른 가중치가 부여되는 가중치 그래프로 표현하는 것이 더 적절할 것이다. 이 장에서는 가중치 그래프를 표현하는 방법을 공부하고, 이를 이용한 그래프 알고리즘들을 공부한다.

12.2 가중치 그래프의 표현

■ 가중치의 표현

우리는 11.2절에서 간선에 가중치가 없는 그래프를 인접 배열을 이용해 구현하는 방법을 공부하였다. 이제 가중치 그래프를 구현해보자. 가중치 그래프도 그래프의 일종이므로 상속을 이용하면 새로 추가해야 하는 코드가 최소화될 것이다. 앞 장에서 구현한 인접 배열을 이용한 그래프인 AdjMatGraph 클래스를 상속하여 가중치 그래프 WGraph를 만든다.

가중치 그래프 클래스에서는 인접 행렬을 약간 다른 용도로 사용해야 한다. AdjMatGraph에서는 인접 행렬의 값이 0 또는 1이었으며 두 정점 사이의 간선의 유무만을 나타냈다. 가중치 그래프에서는 이 인접 행렬을 간선의 가중치를 나타내기 위해 사용할 수 있을 것이다. 물론 인접 행렬과 같은 크기의 추가적인 가중치 행렬을 이용해서 간선의 가중치를 나타낼 수도 있겠지만 불필요한 메모리의 추가적인 사용으로 오히려 코드가 더 복잡해질 수 있다. 따라서 우리는 인접 행렬을 이용해 가중치를 표현하려고 한다.

그렇다면 어떻게 인접 행렬로 가중치를 표현할 수 있을까? 행렬의 각 요소 값이 간선의 유무가 아니라 간선의 가중치를 직접 나타내도록 하면 간단히 해결된다. 이 경우 행렬의 모든 요소는 0과 1이 아닌 어떤 값을 갖게 된다. 그러나 아직 남은 문제가 하나 있다. 인접 행렬의 모든 요소가 어떤 값을 갖게 된다면 간선의 유무는 어떻게 표시할 수 있을까?

만약 간선의 가중치가 어떤 유효한 범위를 갖는다면 간선의 유무 판단이 가능하다. 즉, 인접 행렬의 어떤 요소가 유효한 가중치 범위의 값을 가지면 간선이 존재하는 것이고 유효한 범위 밖의 값을 갖는다면 간선이 존재하지 않는 것으로 판단할 수 있다. 이 책에서는 간단하게 가중치로 절대 나올 수 없는 어느 이상의 큰 값을 가지면 간선이 없는 것으로 판단하는 방법을 사용한다. 이 값은 응용에 따라 달라질 수 있는데, 여기서는 INF라는 상수를 사용하자.

■ 인접 행렬을 이용한 가중치 그래프 구현

프로그램 11.1의 AdjMatGraph 클래스를 상속하여 구현한 인접 행렬을 이용한 가중치 그래프 WGraph는 프로그램 12.1과 같다.

프로그램 12.1　인접 행렬로 구현된 가중치 그래프 클래스

```
01  // WGraph.h : 가중치 그래프 클래스
02  #include "AdjMatGraph.h"      // AdjMatGraph 클래스를 포함
03  #define INF   9999            // 값이 INF 이상이면 간선이 없음
04
05  // 가중치 그래프를 표현하는 클래스
06  class WGraph   : public AdjMatGraph {      // AdjMatGraph 클래스를 상속
07  public:
08          void insertEdge( int u, int v, int weight ) {
09              if( weight > INF ) weight = INF;
10              setEdge(u, v, weight);
11          }
12          bool hasEdge(int i, int j) { return (getEdge(i,j)<INF); }
13
```

```
14              void load(char *filename) {
15                  FILE *fp = fopen(filename, "r");
16                  if( fp != NULL ) {
17                      int n, val;
18                      fscanf(fp, "%d", &n);              // 정점의 전체 개수
19                      for(int i=0 ; i<n ; i++ ) {
20                          char str[80];
21                          int val;
22                          fscanf(fp, "%s", str);         // 정점의 이름
23                          insertVertex( str[0] );        // 정점 삽입
24                          for(int j=0 ; j<n ; j++){
25                              fscanf(fp, "%d", &val);    // 간선 정보
26                              insertEdge (i,j, val);     // 간선 삽입
27                          }
28                      }
29                      fclose(fp);
30                  }
31              }
32          };
```

코드 설명

2행 부모 클래스 파일인 AdjMatGraph.h을 포함.

3행 간선의 최대 가중치 상수 INF를 정의. 간선의 가중치가 INF 이상이면 간선이 없는 것으로 처리.

6행 AdjMatGraph를 상속한 가중치 그래프 클래스 WGraph 선언.

8행 insertEdge() 함수 중복 정의. 매개변수로 간선의 가중치(weight) 추가. 가중치로 int형 값을 갖는다고 가정함.

9행 가중치가 INF 이상이면 최댓값인 INF로 변경.

10행 간선 설정. 인접 행렬 (u,v)의 값만 weight로 설정함.

11행 정점 i와 j 사이에 간선이 있는지 검사. 강도가 INF 이하인 경우만 간선이 존재하므로 true 반환.

14~31행 파일에서 가중치 그래프를 읽는 함수. 26행이 변경됨. 입력 그래프 파일의 형식은 다음과 같음(graph.txt).

```
7
A    9999    29  9999  9999  9999    10  9999
B      29  9999    16  9999  9999  9999    15
C    9999    16  9999    12  9999  9999  9999
D    9999  9999    12  9999    22  9999    18
E    9999  9999  9999    22  9999    27    25
F      10  9999  9999  9999    27  9999  9999
G    9999    15  9999    18    25  9999  9999
```

그림 12.2의 (b)와 같이 연결되면 최소의 비용으로 전체 사이트를 연결할 수 있다. 위의 조건을 만족하는지 확인해보라. 최소 비용 신장 트리를 구하는 방법에는 Kruskal과 Prim이 제안한 알고리즘이 대표적으로 사용되고 있다.

Kruskal의 MST 알고리즘

Kruskal의 알고리즘은 **탐욕적인 방법**(greedy method)이라는 알고리즘 설계에서 중요한 기법 중의 하나를 사용한다. 이것은 어떤 결정을 해야 할 때마다 **"그 순간에 최적"**이라고 생각되는 것을 선택하는 방법이다. 물론 순간에 최적이라고 판단했던 선택을 모아 최종적인 답을 만들었을 때 이것이 **"궁극적으로 최적"**이라는 보장은 없다. 따라서 탐욕적인 방법은 항상 최적의 해답을 주는지를 반드시 검증해야 한다. 다행히 Kruskal의 알고리즘은 최적의 해답을 주는 것으로 증명되어 있다.

| 그림 12.3 **탐욕적인 알고리즘의 비유**

Kruskal의 알고리즘은 각 단계에서 사이클을 이루지 않는 최소 비용 간선을 선택한다. 이러한 과정을 반복하여 그래프의 모든 정점을 최소 비용으로 연결하는 최적 해답을 구한다. Kruskal의 알고리즘을 자연어로 나타내면 알고리즘 12.1과 같다.

| 알고리즘 12.1 Kruskal의 최소 비용 신장 트리 알고리즘

kruskal()

1. 그래프의 모든 간선을 가중치에 따라 오름차순으로 정렬한다.
2. 가장 가중치가 작은 간선 e를 뽑는다.
3. e를 신장 트리에 넣을 경우 사이클이 생기면 삽입하지 않고 2번으로 이동한다.
4. 사이클이 생기지 않으면 최소 신장 트리에 삽입한다.
5. n-1개의 간선이 삽입될 때 까지 2번으로 이동한다.

그림 12.4의 그래프를 보자. 알고리즘의 동작 순서는 다음과 같다.

- 단계 0: 먼저 간선들을 가중치의 오름차순으로 정렬.
- 단계 1: 간선 (a, f) 선택. 사이클이 없으므로 삽입. MST 전체 간선 1개.
- 단계 2: 간선 (c, d)를 선택. 사이클이 없으므로 삽입. 전체 간선 2개.
- 단계 3: 간선 (b, g)를 선택. 사이클이 없으므로 삽입. 전체 간선 3개.
- 단계 4: 간선 (b, c)를 선택. 사이클이 없으므로 삽입. 전체 간선 4개.
- 단계 5: 간선 (d, g) 선택. 사이클 b, c, d, g, b가 형성됨. 따라서 무시함.
- 단계 6: 간선 (d, e) 선택. 사이클이 없으므로 삽입. 전체 간선 5개.
- 단계 7: 간선 (e, g) 선택. 사이클 e, g, b, c, d, e가 형성됨. 따라서 무시함.
- 단계 8: 간선 (e, f) 선택. 사이클이 없으므로 삽입. 전체 간선 6개. 종료.

Kruskal의 알고리즘은 간단해 보이지만 아직 해결하지 못한 부분이 있다. **사이클이 생기는지를 검사**하는 것이다. 이미 선택된 간선들의 집합에 새로운 간선을 추가할 때 사이클이 생성하는 지를 체크하여야 한다. 새로운 간선이 이미 다른 경로에 의하여 연결되어 있는 정점들을 연결하면 사이클이 만들어진다. 즉, 그림 12.5의 (a)처럼 간선의 양끝 정점이 같은 집합에 속하면 간선을 추가하였을 경우, 사이클이 형성된다. 반면 (b)처럼 간선이 서로 다른 집합에 속한 정점을 연결하는 경우 사이클이 형성되지 않는다. 따라서 지금 추가하고자 하는 간선의 양끝 정점이 같은 집합에 속해 있는지를 먼저 검사하여야 한다. 이 방법을 알아보자.

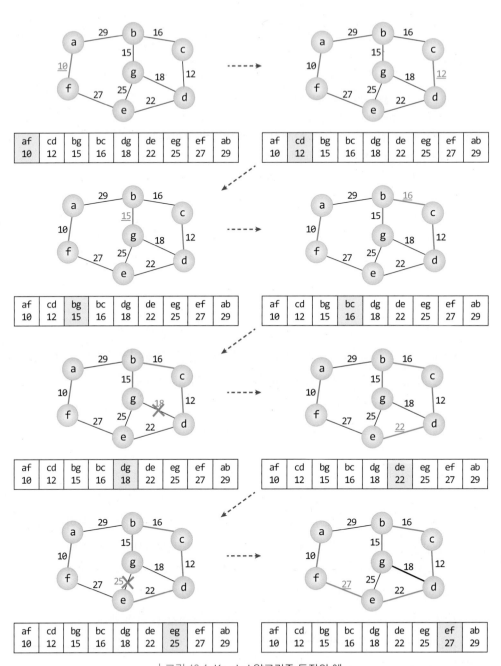

af	cd	bg	bc	dg	de	eg	ef	ab
10	12	15	16	18	22	25	27	29

af	cd	bg	bc	dg	de	eg	ef	ab
10	12	15	16	18	22	25	27	29

af	cd	bg	bc	dg	de	eg	ef	ab
10	12	15	16	18	22	25	27	29

af	cd	bg	bc	dg	de	eg	ef	ab
10	12	15	16	18	22	25	27	29

af	cd	bg	bc	dg	de	eg	ef	ab
10	12	15	16	18	22	25	27	29

af	cd	bg	bc	dg	de	eg	ef	ab
10	12	15	16	18	22	25	27	29

af	cd	bg	bc	dg	de	eg	ef	ab
10	12	15	16	18	22	25	27	29

af	cd	bg	bc	dg	de	eg	ef	ab
10	12	15	16	18	22	25	27	29

| 그림 12.4 Kruskal 알고리즘 동작의 예

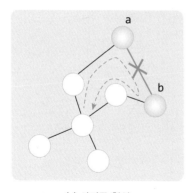
(a) 사이클 형성

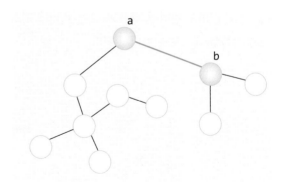
(b) 사이클 형성되지 않음

| 그림 12.5 사이클 체크

union-find 연산

사이클의 검사를 위해 먼저 union-find 연산의 개념을 알아보자. union(x, y)은 원소 x 와 y가 속해있는 집합을 입력으로 받아 이들의 합집합을 만드는 연산이다. find(x) 연산은 여러 집합들 중에서 원소 x가 속해있는 집합을 반환하는 연산이다. 다음과 같이 6개의 정점 집합을 예로 들어보자.

$$\{1\},\ \{2\},\ \{3\},\ \{4\},\ \{5\},\ \{6\}$$

여기에 union(1, 4)와 union(5, 2)를 하면 정점 집합들은 다음과 같이 변경된다.

$$\{1,\ 4\},\ \{5,\ 2\},\ \{3\},\ \{6\}$$

여기에서 find(2)를 하면 {5, 2}가 반환된다. 이들 네 개의 집합이 있을 때 union(4, 5)와 union(3, 6)을 다시 수행하면 전체 집합은 다음과 같다.

$$\{1,\ 4,\ 5,\ 2\},\ \{3,\ 6\}$$

정점 집합은 어떻게 구현할 수 있을까? 집합을 구현하는 데는 여러 가지 방법을 사용할 수 있는데, 비트 벡터, 배열, 연결 리스트 등을 이용할 수 있다. 그러나 가장 효율적인 방법은 트리이다. 이 경우 하나의 트리가 하나의 집합을 나타내고 트리의 노드들이 집합의 원소가 된다. 집합은 트리의 루트에 의하여 대표된다.

예를 들어, {1, 4}, {5, 2}, {3}, {6}은 다음 그림 12.6과 같이 표현되고 이어서 union(4, 5)

와 union(3, 6)을 한다면 다음과 같이 트리가 변화하게 된다. find(4)를 한다면 루트인 정점2가 집합의 대표로 반환되게 된다.

{1, 4}, {5, 2}, {3}, {6}　==>　{1, 4, 5, 2}, {3, 6}

| 그림 12.6 union 연산의 예: union(4, 5)와 union(3, 6) 처리 전과 처리 후

다시 Kruskal의 알고리즘으로 돌아가자. 사이클이 존재하는지를 검사하기 위해 union과 find 연산을 사용한다. 간선 (u,v)는 정점 u와 v를 연결한다. (u,v)가 사이클을 만드는지를 검사하기 위해서는 u와 v가 같은 집합에 있는지를 확인해야 한다. 예를 들어, 그림 12.6의 오른쪽 그래프가 현재까지 만들어진 신장 트리라고 하자. 이때 간선 (3, 5)를 삽입하면 사이클이 생기지 않는다. 만약 간선 (4, 5)를 삽입한다면 사이클이 발생한다. 왜 그럴까? 3과 5는 서로 다른 집합에 있고, 4와 5는 같은 집합에 있기 때문이다! 사이클을 검사하는 과정을 포함하여 Kruskal의 알고리즘을 다시 기술하면 다음과 같다.

- 초기에는 모든 정점이 각각 고유한 집합이다.
- 최소 가중치 간선 (u, v)가 선택되면 u와 v가 각각 속한 집합을 찾는다. 이때 find(u)와 find(v) 연산을 수행한다.
- 두 집합이 같으면 사이클이 발생하는 상황이므로 이 간선을 버린다.
- 두 집합이 다르면 간선을 삽입하고 집합을 하나로 합친다. 이때 union(u,v) 연산을 사용한다.

■ Kruskal 알고리즘의 구현

이제 알고리즘을 구현하자. 먼저 사이클 검사를 위해 필요한 union-find 연산을 처리하기 위해 정점 집합 클래스를 만든다. 프로그램 12.3은 구현된 정점 집합 클래스의 예를 보여준다. 먼저 그래프의 정점 개수만큼의 int 배열 parent가 필요하다. 배열의 각 항목은 각 정점이 속한 집합의 부모 정점 인덱스를 나타낸다. 이 값이 −1이면 이 정점이 루트라는 것을 의미하고, 0에서 정점 개수−1 사이 값이면 어떤 집합에 속한(루트 노드가 아님) 정점임을 의미한다. 최초에는 모든 정점들이 각각 고유한 집합이 되어야 하므로 이 배열은 −1로 초기화되어야 한다. findSet(v) 연산은 정점 v가 속한 집합(트리)의 대표 정점(루트 노드)을 찾아 반환하고, unionSets(u,v)은 정점 u와 정점 v가 속한 집합을 하나로 합하는 연산이다.

프로그램 12.3	Union-Find 연산을 위한 정점 집합 클래스 구현

```
01  // VertexSets.h : 정점 집합 클래스
02  class VertexSets {
03          int        parent[MAX_VTXS];          // 부모 정점의 id
04          int        nSets;                      // 집합의 개수
05  public:
06          VertexSets (int n) : nSets(n) {
07              for( int i=0 ; i<nSets ;i++ )
08                  parent[i] = -1;                // 모든 정점이 고유의 집합에 속함
09          }
10          bool isRoot( int i ) { return parent[i] < 0; }
11          int findSet( int v ) {                 // v가 속한 집합을 찾아 반환
12              while ( !isRoot(v) ) v = parent[v];
13              return v;
14          }
15          void unionSets(int s1, int s2) {       // 집합 s1을 집합 s2에 합침
16              parent[s1] = s2;
17              nSets--;
18          }
19  };
```

코드 설명

2행 정점 집합들을 표현하는 클래스.

3행 각 정점 집합에서의 부모 정점의 인덱스.

4행 현재의 정점 집합의 개수.

6행 생성자. n개의 정점 집합을 가진 객체 생성.

7행 모든 정점 집합에 대해.

8행 최초에는 모든 정점들이 고유의 집합에 속함. 이것은 모든 정점 집합의 원소의 개수가 1이 됨을 의미함. 그래프

의 모든 정점들이 각각 고유의 집합을 이루고 있음.

10행 parent[i]가 −1이면 정점 i는 정점 집합의 루트가 됨. 아니면 이 정점은 다른 정점이 루트가 되는 집합에 속해있는 원소임.

11행 전체 집합들 중에서 정점 v를 포함하는 집합의 루트를 찾아 반환.

12행 v가 어떤 집합의 루트가 아니면 계속 루트를 찾아감.

13행 최종적인 v(최초 v가 속한 집합의 루트)를 반환.

15행 두 집합 s1과 s2를 합하는 함수.

16행 parent[s1]이 이제 s2를 가리키도록 함. s1은 더 이상 루트가 아님.

17행 집합의 개수가 하나 줄어듦.

정점 집합 클래스가 준비되면 전체 Kruskal 알고리즘을 구현할 수 있다. 먼저 간선의 정렬을 위해서 정렬 알고리즘을 사용할 수도 있지만, 여기서는 10장에서 공부한 최소 힙을 사용하자. 최소 힙에 그래프의 모든 간선을 모두 삽입한 후 하나씩 꺼내면 가장 가중치가 작은 간선부터 차례로 출력된다. 이를 위해 사용한 힙 노드 클래스는 프로그램 12.4와 같은데, 노드에는 간선 정보 (v1, v2)가 들어간다.

프로그램 12.4 Kruskal의 최소 비용 신장 트리 프로그램

```
01  // HeapNode.h: 힙에 저장할 노드 클래스
02  #include <cstdio>
03  class HeapNode {
04        int       key;    // Key 값: 간선의 가중치
05        int       v1;     // 정점 1
06        int       v2;     // 정점 2
07  public:
08        HeapNode(int k, int u, int v) : key(k), v1(u), v2(v) { }
09        void setKey(int k) { key = k; }
10        int  getKey()    { return key; }
11        int  getV1()     { return v1; }
12        int  getV2()     { return v2; }
13  };
```

최소 힙 클래스는 프로그램 10.7의 MinHeap에서 **insert()** 연산만 다음과 같이 수정하면 된다. **setKey()** 함수 호출부를 확인하라.

프로그램 12.5　　최소 힙 클래스

```
01   // MinHeap.h: 최소 힙 클래스 (프로그램 10.7)
02   ...   // 코드 동일
03           // 삽입 함수
04           void insert( int key, int u, int v ) {
05                   if( isFull() ) return;
06                   int i = ++size;
07                   while( i!=1 && key < getParent(i).getKey()) {
08                           node[i] = getParent(i);
09                           i /= 2;
10                   }
11                   node[i].setKey( key, u, v );
12           }
13   ...   // 코드 동일
14   };
```

최소 힙과 정점 집합 클래스가 준비되면 이제 Kruskal 알고리즘을 구현하자. 가중치 그
래프 클래스 WGraph를 상속하여 최소 신장 트리 기능이 추가된 클래스 WGraphMST를
만들고 멤버 함수를 추가하는 방법을 사용한다. 전체 코드는 프로그램 12.6과 같다.

프로그램 12.6　　Kruskal의 최소 비용 신장 트리 프로그램

```
01   // WGraphMST.h: 최소 신장 트리(MST) 기능이 추가된 가중치 그래프 클래스
02   #include "MinHeap.h"
03   #include "WGraph.h"
04   #include "VertexSets.h"
05
06   class WGraphMST : public WGraph {
07   public:
08           void Kruskal( ) {              // kruskal의 최소 비용 신장 트리 프로그램
09                   MinHeap heap;
10                   // 힙에 모든 간선 삽입
11                   for( int i=0 ; i<size-1 ; i++ )
12                   for( int j=i+1 ; j<size ; j++ )
13                           if( hasEdge(i,j) )
```

```
14                      heap.insert( getEdge(i,j), i, j );
15
16          VertexSets set(size);                   // size개의 집합을 만듦
17          int  edgeAccepted=0;                    // 선택된 간선의 수
18          while( edgeAccepted < size-1 ){         // 간선의 수 < (size-1)
19              HeapNode e = heap.remove();         // 최소 힙에서 삭제
20              int uset=set.findSet(e.getV1());    // 정점 u의 집합 번호
21              int vset=set.findSet(e.getV2());    // 정점 v의 집합 번호
22              if( uset != vset ){                 // 서로 속한 집합이 다르면
23                  printf( "간선 추가 : %c - %c (비용:%d)\n",
24                    getVertex(e.getV1()),getVertex(e.getV2()),
25                    e.getKey());
26                  set.unionSets(uset, vset);      // 두개의 집합을 합함.
27                  edgeAccepted++;
28              }
29          }
30      }
31 };

// 12장-WGraphMST.cpp
#include "WGraphMST.h"
void main() {
        WGraphMST g;
        g.load("graph.txt");
        // printf("입력 그래프: graph.txt\n");
        // g.display("graph.txt");
        printf("MST By Kruskal's Algorithm\n");
        g.Kruskal();
}
```

```
C:\Windows\system32\cmd.exe
MST By Kruskal's Algorithm
간선 추가 : A - F (비용:10)
간선 추가 : C - D (비용:12)
간선 추가 : B - G (비용:15)
간선 추가 : B - C (비용:16)
간선 추가 : D - E (비용:22)
간선 추가 : E - F (비용:27)
```

코드 설명

6행 WGraph를 상속한 WGraphMST 클래스 선언.

9행 간선을 가중치에 따라 정렬하기 위해 최소 힙 객체 생성.

11~14행 힙에 모든 간선을 가중치를 기준으로 삽입.

16행 그래프 정점의 개수만큼의 초기 집합을 갖는 정점 집합 객체 생성.

17행 현재까지 선택된 간선의 수 edgeAccepted = 0으로 초기화.

18행 정점의 수 – 1번 다음 과정(19행~29행)을 반복.

19행 힙에서 최소 가중치 간선 e 추출.

20~21행 e의 양쪽 끝 정점이 속한 정점 집합의 루트를 찾음.

22행 두 집합이 같은 집합이 아니면,

23~25행 간선 추가 메시지 출력.

26행 두 집합 uset과 vset을 합함.

27행 선택된 간선의 수 증가.

그림 12.4의 그래프에 대해 최소 신장 트리를 구하는 실행 결과를 보면 그림에서와 동일한 순서로 간선이 추가되는 것을 확인할 수 있다.

Kruskal의 알고리즘의 시간 복잡도는 간선들을 정렬하는 시간에 좌우된다. 따라서 퀵 정렬이나 최소 힙과 같은 효율적인 정렬 알고리즘을 사용한다면 Kruskal의 알고리즘의 시간 복잡도는 $(|E|\log_2|E|)$이다.

Prim의 MST 알고리즘

Prim의 알고리즘은 하나의 정점에서부터 시작하여 트리를 단계적으로 확장해나가는 방법이다. 처음에는 시작 정점만이 트리에 포함된다. 다음으로 지금까지 만들어진 트리에 인접한 정점들 중에서 간선의 가중치가 가장 작은 정점을 선택하여 트리를 확장한다. 이 과정은 트리가 n−1개의 간선을 가질 때까지 계속된다.

Prim의 알고리즘을 자연어로 나타내면 알고리즘 12.2와 같다.

| 알고리즘 12.2 Prim의 최소 비용 신장 트리 알고리즘

Prim()

1. 그래프에서 시작 정점을 선택하여 초기 트리를 만든다.
2. 현재 트리의 정점들과 인접한 정점들 중에서 간선의 가중치가 가장 작은 정점 v를 선택한다.
3. 이 정점 v와 이때의 간선을 트리에 추가한다.
4. 모든 정점이 삽입될 때 까지 2번으로 이동한다.

Kruskal의 알고리즘이 간선을 기반으로 하는 알고리즘인데 비해 Prim의 방법은 정점을 기반으로 한다. 그림 12.7의 그래프를 보자. 알고리즘의 동작 순서는 다음과 같다.

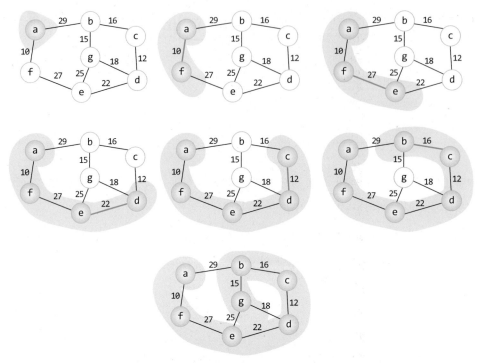

| 그림 12.7 Prim의 최소 비용 신장 트리 예제

- 단계 1: 시작 정점 a를 선택하고 트리에 넣는다. 전체 정점 1개.
- 단계 2: 트리(음영 영역)와 이웃한 정점 f와 b 중에서 간선의 가중치가 작은 f를 선택하고 f와 간선 (a, f)를 트리에 넣는다. 전체 정점 2개.
- 단계 3: 트리와 이웃한 정점 b와 e 중에서 간선의 가중치가 작은 e를 선택하고 e와 간선 (f, e)를 트리에 넣는다. 전체 정점 3개.
- 단계 4: 트리와 이웃한 정점 b, d, g 중에서 간선의 가중치가 작은 d를 선택하고 d와 간선 (e, d)를 트리에 넣는다. 전체 정점 4개.
- 단계 5~7: 같은 방법으로 정점 c, b, g를 순서대로 트리에 넣는다. 모든 노드라 삽입되었으므로 종료.

▪Prim 알고리즘의 구현

알고리즘 12.2도 매우 간단하지만 이를 구현하기 위해서는 고려해야 할 사항들이 많이 남아있다. 대표적인 것이 현재 트리에 인접한 정점들 중에서 가장 가까운 정점을 찾는 과정이다. 이를 위해 dist라는 배열을 사용한다. 이 배열은 정점의 개수만큼의 요소를 가지는데, dist[i]는 신장 트리에서 i번째 정점까지의 현재까지 알려진 가장 가까운 거리를 저장한다. 처음에는 시작 정점만 값이 0이고 나머지 정점의 dist는 모두 무한대의 값을 가진다. 처음에는 트리에 시작 정점만 있으므로 당연하다.

정점들이 트리 집합에 추가되면서 각 정점의 dist 값은 변경된다. 트리에 정점 u가 추가된다고 하자. 당연히 dist[u] = 0이 되어야 할 것이고, u와 인접한 정점들은 상황에 따라 dist를 변경해야 할 것이다. 즉, u에 인접한 정점 v의 경우 **기존의 dist[v]보다 간선 (u,v)의 가중치**가 적으면 이제 dist[v]는 간선 (u,v)의 가중치가 되어야 할 것이다. 이 과정을 모든 정점이 트리에 포함될 때 까지 진행하면 된다.

Prim의 알고리즘은 앞에서 구현한 WGraphMST의 멤버 함수로 구현하였다. 프로그램 12.7은 Prim의 최소 비용 신장트리 소스코드를 보여주고 있다. Prim() 함수에서 그래프의 각 정점이 이미 MST에 포함되었는지를 나타내기 위해 selected 배열을 사용하였다. getMinVertex() 함수에서 MST와의 거리가 최소인 정점을 찾는다.

프로그램 12.7	Prim의 최소 비용 신장 트리 전체 프로그램

```
01    // WGraphMST.h: 최소 신장 트리(MST) 기능이 추가된 가중치 그래프 클래스
            ...
31            // Prim의 최소 비용 신장 트리 프로그램
32            void Prim( int s ) {
33                bool     selected[MAX_VTXS];        // 정점이 이미 포함되었는?
34                int      dist[MAX_VTXS];            // 거리
35                for(int i=0 ; i<size ; i++){        // 배열 초기화
36                    dist[i] = INF;
37                    selected[i] = false;
38                }
39                dist[s]=0;                          // 시작 정점
40
41                for(int i=0 ; i<size ; i++ ){
42                    // 포함되지 않은 정점들 중에서 MST와의 거리가 최소인 정점
43                    int u = getMinVertex(selected, dist);
44
45                    selected[u] = true;
46                    if( dist[u] == INF ) return;
```

```
47              printf("%c ", getVertex(u));
48              for( int v=0; v<size; v++)
49                  if( getEdge(u,v) != INF)
50                      if( !selected[v] && getEdge(u,v)< dist[v] )
51                          dist[v] = getEdge(u,v);
52          }
53          printf("\n");
54      }
55      // MST에 포함되지 않은 정점들 중에서
56      // MST와의 거리(dist)가 최소인 정점 선택
57      int getMinVertex(bool* selected, int* dist) {
58          int minv = 0;
59          int mindist = INF;
60          for( int v=0 ; v<size ; v++ )
61              if (!selected[v] && dist[v]<mindist) {
62                  mindist = dist[v];
63                  minv = v;
64              }
65          return minv;
66      }
            ...
```

코드 설명

32행 시작 정점 s로부터 최소 비용 신장 트리를 구하는 함수.

33행 정점의 포함 여부를 저장.

34행 MST에서 정점까지의 거리.

35~38행 selected와 dist 배열을 초기화.

39행 시작 정점의 dist를 0으로 설정.

41행 size번 반복함.

43행 포함되지 않은 정점들 중에서 MST와의 거리가 최소인 정점 u를 찾음.

45행 u도 MST에 포함시킴.

46행 u가 MST에 연결되어 있지 않은 경우. 예외 상황이므로 return 처리.

48~51행 u의 인접 정점들에 대한 dist 값 갱신. 지금까지 선택되지 않은 정점 v에 대해 지금까지 알고 있던 최소 거리 dist[v]보다 간선 (u,v)의 가중치가 더 작으면 dist[v]를 갱신.

57~66행 selected와 dist 변수를 받아 지금까지 선택되지 않은 정점들 중에서 dist가 가장 작은 정점을 찾아서 반환.

다음은 프로그램 12.6의 테스트 코드와 동일한 그래프에 대한 실행 결과를 보여준다. 물론 코드에서 Kruskal이 Prim으로 변경되어야 한다. 실행 결과 그림 12.7의 순서와 동일하게 간선이 추가되는 것을 확인할 수 있다.

Prim의 알고리즘은 주 반복문이 정점의 수 n만큼 반복하고, 내부 반복문이 n번 반복하므로 $O(n^2)$의 시간 복잡도를 가진다. Kruskal의 알고리즘은 복잡도가 $O(e \log_2 e)$이므로 정점의 개수에 비해 간선의 개수가 매우 적은 희박한 그래프(sparse graph)를 대상으로 할 경우에는 Kruskal의 알고리즘이 적합하고, 반대로 간선이 매우 많은 그래프의 경우에는 Prim의 알고리즘이 유리하다고 볼 수 있다.

12.4 최단 경로

■ 최단 경로 문제란?

최단 경로(shortest path) 문제는 가중치 그래프에서 정점 u와 정점 v를 연결하는 경로 중에서 간선들의 가중치 합이 최소가 되는 경로를 찾는 문제이다. 이 문제에서 간선의 가중치는 보통 비용이나 거리, 시간 등을 나타낸다. 그림 12.8은 인터넷에서 제공되는 전자 지도에서 최단 경로를 탐색한 예를 보여주고 있다.

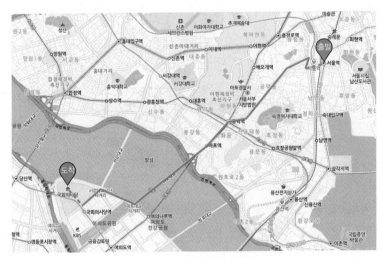

| 그림 12.8 최단 경로의 예

지도를 가중치 그래프로 나타낸다고 생각해보자. 그래프에서 정점은 각 도시들을 나타내고 가중치는 한 도시에서 다른 도시로 이동하는 거리를 의미한다. 최단 경로 문제는 도시 u에서 도시 v로 가는 경로들 중에서 전체 거리가 최소가 되는 경로를 찾는 것이다. 예를 들어, 그림 12.9의 가중치 그래프에서 정점 A에서 정점 D로 가는 몇 가지 경로들과 경로의 비용을 계산해 보자.

- 경로1: (A,B,C,D): 비용 = 7 + 4 + 2 = 13
- 경로2: (A,E,B,C,D): 비용 = 3 + 2 + 4 + 2 = 11
- 경로3: (A,F,B,D): 비용 = 10 + 6 + 10 = 26

물론 이 외에도 다른 경로들이 있다. 이들 중에서 경로2가 전체 비용(또는 거리)이 11로 최단 거리이다. 그러면 어떤 방법으로 가중치 그래프에서 정점들 사이의 최단 경로를 구할 수 있을까? Dijkstra와 Floyd의 두 가지 알고리즘이 있다. Dijkstra 알고리즘은 하나의 시작 정점에서 다른 정점까지의 최단 경로를 구한다. 이에 비해 Floyd 알고리즘은 모든 정점에서 다른 모든 정점까지의 최단 경로를 구할 수 있는 방법이다.

가중치는 앞에서와 마찬가지로 2차원 배열 형태의 인접 행렬에 저장되어 있다고 가정하자. 만약 정점 u와 정점 v사이에 간선이 없다면 무한대 값이 저장되어 있다고 가정하자. 물론 컴퓨터에서는 무한대의 값이 없으므로 간선의 가중치로 절대 나타날 수 없는 적당히 큰 값을 무한대로 선택하면 된다. 인접 행렬에서 대각선 요소들, 즉 자신에서 자신으로 가는 간선은 가중치를 0으로 하자. 이때 중요한 가정은 **간선의 가중치는 반드시 양수이어야 하며 음수는 허용하지 않는다**는 것이다.

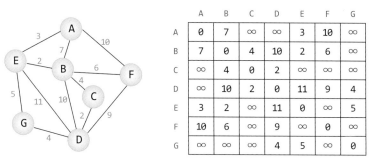

| 그림 12.9 가중치 그래프와 가중치 인접 행렬

■ Dijkstra의 최단 경로 알고리즘

Dijkstra의 최단 경로 알고리즘은 하나의 시작 정점 v에서 모든 다른 정점까지의 최단 경로를 찾는 알고리즘이다. 먼저 집합 **S를 시작 정점 v로부터의 최단 경로가 이미 발견된 정점들의 집합**이라고 하자. 이 알고리즘에서는 S에 있는 정점만을 거쳐서 다른 정점으로 가는 최단 거리를 기록하는 배열을 사용한다. 이것은 Prim의 MST 알고리즘에서와 비슷하다. 이 배열을 dist라고 하자. 당연히 시작 정점 v에서의 dist[v] = 0이며, 다른 정점에 대한 dist 값은 시작 정점과 해당 정점 간의 간선의 가중치 값이 된다. 가중치는 인접 행렬에 저장되므로 인접 행렬을 weight이라 하면 최초에는 모든 정점 w에 대해 dist[w] = weight[v][w]가 된다. 정점 v에서 정점 w로의 직접 간선이 없을 경우에는 무한대의 값을 저장한다.

시작 단계에서는 아직 최단 경로가 발견된 정점이 없으므로 S = {v}일 것이다. 즉, 처음에는 시작 정점 v를 제외하고는 최단 거리가 알려진 정점이 없다. 알고리즘이 진행되면서 최단 거리가 발견되는 정점들이 하나씩 S에 추가된다.

알고리즘의 매 단계에서 S안에 있지 않은 정점들 중에서 가장 dist 값이 작은 정점을 그림 12.10과 같이 S에 추가한다. 과연 이렇게 해도 문제가 없을까?

그림 12.11을 생각해보자. 시작 정점 v에서 정점 u까지의 최단 거리는 경로 ①이다. 만약 v에서부터 S에 포함되지 않은 정점 w를 거쳐서 u로 가는 더 짧은 경로가 있다고 가정해

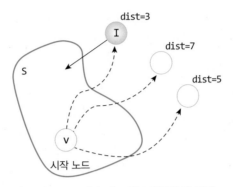

| 그림 12.10 최단 경로 알고리즘의 매 단계

보자. 그러면 정점 v에서의 정점 u까지의 거리는 정점 v에서 정점 w까지의 거리 ②와 정점 w에서 정점 u로 가는 거리③을 합한 값이 될 것이다. 그러나 경로 ②는 경로 ①보다 항상 길 수 밖에 없다. 왜냐하면 현재 dist 값이 가장 작은 정점은 u이기 때문이다. 그렇더라도 만약 경로 ③이 음수를 갖는다면 ②+③이 ①보다 작을 수 있다. 그러나 가중치에는 음수를 허용하지 않는다. 따라서 ②+③은 항상 ①보다 클 수밖에 없다. 따라서 이 알고리즘은 문제가 없다.

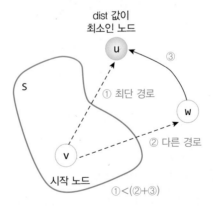

| 그림 12.11 최단 경로 알고리즘에서의 최단 경로 증명

새로운 정점 u가 S에 추가되면, S에 있지 않은 다른 정점들의 dist 값을 수정해야 한다. 새로 추가된 정점 u를 거쳐서 정점까지 가는 거리와 기존의 거리를 비교하여 더 작은 거리로 dist를 수정한다. 즉, 다음과 같은 수식을 이용한다.

dist[w] = min(dist[w], dist[u]+weight[u][w])

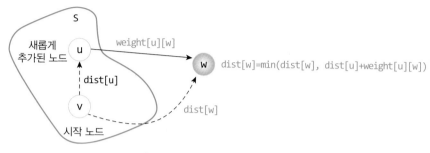

| 그림 12.12 **최단 경로 알고리즘에서의 distance 값 갱신**

이상과 같은 최단 거리 알고리즘을 정리하면 다음과 같다.

| 알고리즘 12.3 **최단 거리 알고리즘**

// 입력: 가중치 그래프 G, 가중치는 음수가 아님.
// 출력: dist 배열, dist[u]는 v에서 u까지의 최단 거리이다.
shortestPath(v)

    S←{v}
    for 각 정점 w∈G do
        dist[w]←weight[v][w];
    while 모든 정점이 S에 포함되지 않으면 do
        u←집합 S에 속하지 않는 정점 중에서 최소 **distance** 정점;
        S←S∪{u}
        for u에 인접하고 S에 있지 않은 각 정점 z do
            if dist[u]+weight[u][z] < dist[z]
                then dist[z]←dist[u]+weight[u][z];

다음의 예제 그래프를 이용하여 알고리즘의 실행 과정을 알아보자. dist(A)는 정점 A의 dist 값을 의미하고, w(A,B)는 간선 (A,B)의 가중치를 나타낸다.

STEP 1: 초기 상태에는 S에 A만 들어 있다. dist는 모두 A에서 그 정점으로 가는 거리 w(A,v)가 된다.

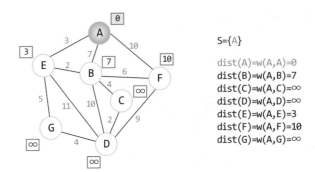

S={A}

dist(A)=w(A,A)=0
dist(B)=w(A,B)=7
dist(C)=w(A,C)=∞
dist(D)=w(A,D)=∞
dist(E)=w(A,E)=3
dist(F)=w(A,F)=10
dist(G)=w(A,G)=∞

STEP 2: dist 배열에서 가장 작은 정점 E를 S에 추가한다. 이제 E까지의 거리는 확정된다. S에 포함되지 않은 나머지 정점에 대해서는 현재까지의 dist(v)와 새로 추가된 E에 의해 바뀔 수 있는 거리 dist(E)+w(E,v)를 비교하여 작은 값으로 dist(v)를 갱신한다.

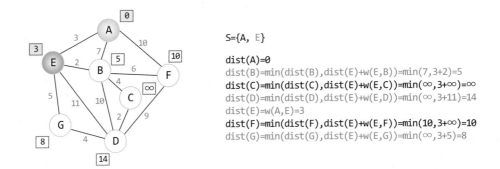

S={A, E}

dist(A)=0
dist(B)=min(dist(B),dist(E)+w(E,B))=min(7,3+2)=5
dist(C)=min(dist(C),dist(E)+w(E,C))=min(∞,3+∞)=∞
dist(D)=min(dist(D),dist(E)+w(E,D))=min(∞,3+11)=14
dist(E)=w(A,E)=3
dist(F)=min(dist(F),dist(E)+w(E,F))=min(10,3+∞)=10
dist(G)=min(dist(G),dist(E)+w(E,G))=min(∞,3+5)=8

STEP 3: 같은 방법으로 dist 값이 가장 작은 B가 S에 추가된다. 나머지 정점의 dist 값을 갱신한다.

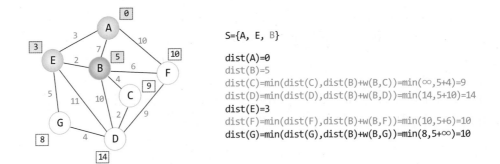

S={A, E, B}

dist(A)=0
dist(B)=5
dist(C)=min(dist(C),dist(B)+w(B,C))=min(∞,5+4)=9
dist(D)=min(dist(D),dist(B)+w(B,D))=min(14,5+10)=14
dist(E)=3
dist(F)=min(dist(F),dist(B)+w(B,F))=min(10,5+6)=10
dist(G)=min(dist(G),dist(B)+w(B,G))=min(8,5+∞)=10

STEP 4: 같은 방법으로 G가 S에 추가된다.

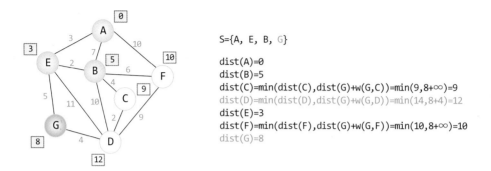

S={A, E, B, G}

dist(A)=0
dist(B)=5
dist(C)=min(dist(C),dist(G)+w(G,C))=min(9,8+∞)=9
dist(D)=min(dist(D),dist(G)+w(G,D))=min(14,8+4)=12
dist(E)=3
dist(F)=min(dist(F),dist(G)+w(G,F))=min(10,8+∞)=10
dist(G)=8

STEP 5: 같은 방법으로 C가 S에 추가된다. 이제 거리가 확정되지 않은 정점은 D와 F만 남았다.

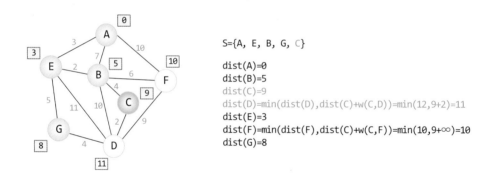

S={A, E, B, G, C}

dist(A)=0
dist(B)=5
dist(C)=9
dist(D)=min(dist(D),dist(C)+w(C,D))=min(12,9+2)=11
dist(E)=3
dist(F)=min(dist(F),dist(C)+w(C,F))=min(10,9+∞)=10
dist(G)=8

STEP 6: 같은 방법으로 F가 S에 추가된다.

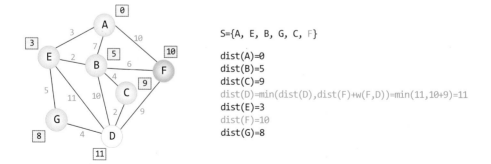

S={A, E, B, G, C, F}

dist(A)=0
dist(B)=5
dist(C)=9
dist(D)=min(dist(D),dist(F)+w(F,D))=min(11,10+9)=11
dist(E)=3
dist(F)=10
dist(G)=8

STEP 7: 마지막으로 D가 S에 추가되고, 남은 정점은 없다. A에서 모든 정점들까지의 거리가 확정되었다.

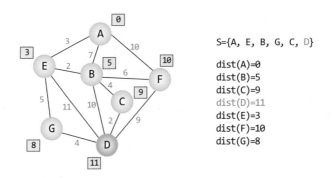

S={A, E, B, G, C, D}

dist(A)=0
dist(B)=5
dist(C)=9
dist(D)=11
dist(E)=3
dist(F)=10
dist(G)=8

알고리즘 수행 결과로써 배열 dist에 A에서부터 다른 모든 정점으로의 최단 경로 거리를 저장하게 된다.

▪ Dijkstra 알고리즘의 구현

알고리즘의 구현을 위해 먼저 가중치 그래프 클래스 WGraph를 상속하여 WGraphDijkstra 클래스를 만든다. 이 최단 거리 탐색을 위해 경유 정점들, 시작 정점으로부터의 최단 경로 거리 및 방문한 정점을 표시하기 위한 배열이 추가적인 데이터 멤버로 선언되어야 한다. chooseVertex() 함수에서는 방문하지 않은 정점들 중에서 최단 경로 거리가 가장 작은 정점을 찾아 반환한다. Dijkstra 알고리즘의 주 함수인 ShortestPath() 함수는 start 정점에서부터 다른 모든 정점까지의 최단 경로를 계산한다. 알고리즘의 단계별 중간 결과를 보이기 위한 printDistance() 함수를 제공하였다.

프로그램 12.8 최단 경로 Dijkstra 프로그램 전체

```
01  // WGraphDijkstra.h: Dijkstra알고리즘의 최단 경로 탐색 기능이 추가된 그래프
02  #include "WGraph.h"
03  class WGraphDijkstra : public WGraph {
04          int     dist[MAX_VTXS];        // 시작노드로부터의 최단경로 거리
05          bool    found[MAX_VTXS];       // 방문한 정점 표시
06  public:
07          // 방문하지 않은 정점들 중에서 최단경로 거리가 가장 작은 정점을 찾아 반환
```

```
08    int chooseVertex() {
09        int min   = INF;
10        int minpos = -1;
11        for( int i=0 ; i<size ; i++ )
12            if( dist[i]< min && !found[i] ){
13                min = dist[i];
14                minpos = i;
15            }
16        return minpos;
17    }
18    // Dijkstra의 최단 경로 알고리즘: start 정점에서 시작함.
19    void ShortestPath( int start ) {
20        // 초기화
21        for( int i=0 ; i<size ; i++) {
22            dist[i] = getEdge(start,i);
23            found[i] = false;
24        }
25        found[start] = true;          // 시작노드 방문 표시
26        dist[start] = 0;              // 최초 거리
27        for( int i=0 ; i<size ; i++ ){
28            printf("Step%2d:", i+1);
29            printDistance();
30            int u = chooseVertex();
31            found[u] = true;
32            for( int w=0 ; w<size ; w++) {
33                if( found[w] == false )
34                    if( dist[u] + getEdge(u,w) < dist[w] )
35                        dist[w] = dist[u] + getEdge(u,w);
36            }
37        }
38    }
39    void printDistance() {           // dist 상태를 출력하는 함수
40        for( int i=0 ; i<size ; i++)
41            printf("%5d", dist[i]);
42        printf("\n");
43    }
44 };
```

```
// 12장-ShortestPathDijkstra.cpp
#include "WGraphDijkstra.h"
void main()
{
        WGraphDijkstra g;
        g.load( "graph_sp.txt" );
        // printf("Dijkstra의 최단경로 탐색을 위한 그래프: graph_sp.txt\n");
        // g.display();
        printf("Shortest Path By Dijkstra Algorithm\n");
        g.ShortestPath( 0 );
}
```

```
C:\Windows\system32\cmd.exe
Shortest Path By Dijkstra Algorithm
Step 1:    0    7 9999 9999    3   10 9999
Step 2:    0    5 9999   14    3   10    8
Step 3:    0    5    9   14    3   10    8
Step 4:    0    5    9   12    3   10    8
Step 5:    0    5    9   11    3   10    8
Step 6:    0    5    9   11    3   10    8
Step 7:    0    5    9   11    3   10    8
```

코드 설명

3행 WGraph를 상속하여 시작 Dijkstra 알고리즘의 최단 경로 탐색 기능이 추가된 그래프.

4행 시작 정점에서부터의 최단 경로의 거리.

5행 정점의 방문 여부.

8~17행 최단 경로가 찾아진 정점 집합 S에 속하지 않는 정점들 중에서 현재의 dist 값이 가장 작은 정점의 인덱스를 반환하는 함수.

19행 시작 정점을 start로 하는 Dijkstra의 최단 경로 알고리즘 처리 함수.

21~24행 dist[]와 found[] 배열을 초기화. 최초 dist[i]=w(start,i)이며 found[]는 모두 false로 처리.

25~26행 시작 정점 처리. dist[start]=0, found[start]=true.

27행 모든 정점이 S에 포함되지 않을 때까지.

28~29행 현재 상황 출력: 현재 단계와 모든 dist 값 출력.

30행 S에 포함되지 않은 정점들 중에서 dist가 가장 작은 정점 u를 찾음.

31행 u를 S에 포함시킴. found[u]=true;

32~33행 S에 포함되지 않은 모든 정점 w에 대해서.

34~35행 조건 (dist[u] + getEdge(u,w) < dist[w])를 만족하면 dist[w]를 갱신. dist[w] = dist[u] + getEdge(u,w);

39~43행 현재의 dist 배열을 화면에 출력.

무한대를 9999로 설정한 가중치 그래프에 대한 실행 결과에서 앞에서 각 단계별로 살펴본 처리 결과와 동일하게 dist 값들이 변하는 것을 확인할 수 있다.

Dijkstra 알고리즘은 실행 결과로서 시작 정점으로부터 다른 정점까지의 최단 경로의 거리 정보만을 제공한다. 위의 프로그램의 효율성을 높이기 위해서는 최솟값을 선택하는

chooseVertex() 함수를 우선순위 큐로 대치하면 더 빠르게 수행시킬 수 있다. 그래프에 n 개의 정점이 있다면, 최단 경로 알고리즘은 주 반복문을 n번 반복하고 내부 반복문을 2n 번 반복하므로 $O(n^2)$의 시간 복잡도를 가진다.

■ Floyd의 최단 경로 알고리즘

그래프에 존재하는 모든 정점 사이의 최단 경로를 구하고자 한다면 Dijkstra 알고리즘을 정점의 수만큼 반복하여 실행하면 된다. 그러나 모든 정점 사이의 최단 거리를 구하는 더 간단한 알고리즘이 있다. Floyd 알고리즘은 그래프의 모든 정점 사이의 최단 경로를 한꺼 번에 찾아준다.

Floyd의 최단 경로 알고리즘은 2차원 배열 A를 이용하여 3중 반복을 하는 루프로 구성되어 있다. 알고리즘 자체는 아주 간단하다. 먼저 인접 행렬 weight는 다음과 같이 만들어 진다. u==v이면 weight[u][v]=0으로 하고 만약 두 정점 u, v 사이에 간선이 존재하지 않으면 weight[u][v]=∞라고 하자. 정점 u와 v 사이에 간선이 존재하면 물론 weight[u][v]는 간선 (u,v)의 가중치가 된다. Floyd의 알고리즘은 다음과 같이 간단한 삼중 반복문으로 표현된다. A의 초기 값은 인접 행렬인 weight가 된다.

| 알고리즘 12.4 Floyd의 최단 경로 알고리즘

floyd(G)

```
for k ← 0 to n - 1
  for i ← 0 to  n - 1
    for j ← 0 to n - 1
      A[i][j] = min(A[i][j], A[i][k] + A[k][j])
```

위의 알고리즘을 설명하기 위하여 $A^k[i][j]$를 0부터 k까지의 정점만을 이용한 정점 i 에서 j까지의 최단 경로라고 하자. 우리가 원하는 답은 $A^{n-1}[i][j]$가 된다. 왜냐하면 $A^{n-1}[i][j]$은 0부터 n-1까지의 모든 정점을 이용한 최단 경로이기 때문이다. Floyd 알고 리즘의 핵심적인 내용은 $A^{-1} \rightarrow A^0 \rightarrow A^1 \rightarrow A^2 \rightarrow \cdots \rightarrow A^{n-1}$ 순으로 최단 거리를 구는 것이 다. A^{-1}는 weight 배열의 값과 같다.

예전에 배웠던 수학적인 귀납법과 비슷한 방법을 사용하여 생각해보자. 먼저 A^{k-1}까지는 완벽한 최단 거리가 구해져서 있다고 가정하자. 일반적으로 그림 12.13과 같이 k번째 정점이 추가로 고려되는 상황을 생각하여 보자. 0부터 k까지의 정점만을 사용하여 정점 i에서 정점 j로 가는 최단 경로는 다음의 2가지의 경우로 나누어서 생각할 수 있다.

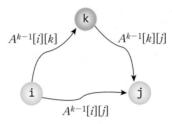

| 그림 12.13 Floyd 알고리즘

(1) 정점 k를 거치지 않는 경우: $A^k[i][j] \leftarrow A^{k-1}[i][j]$
(2) 정점 k를 통과하는 경우: $A^k[i][j] \leftarrow A^{k-1}[i][k] + A^{k-1}[j][k]$

따라서 최종적인 최단 거리는 다음과 같이 당연히 (1)과 (2) 중에서 더 적은 값이 될 것이다.

$$A^k[i][j] \leftarrow \min\left(A^{k-1}[i][j],\, A^{k-1}[i][k] + A^{k-1}[j][k]\right)$$

이것은 정점 k를 경유하는 것이 보다 좋은 경로이면 $A^{k-1}[i][j]$의 값이 변경되고, 그렇지 않으면 이전 값을 유지한다는 의미이다.

그림 12.14에서 예제 그래프에 대하여 A 배열이 변경되는 모습을 보였다.

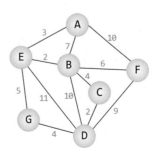

```
=============================        =============================
  0   7 INF INF   3  10 INF            0   5   9  11   3  10   8
  7   0   4  10   2   6 INF            5   0   4   6   2   6   7
INF   4   0   2 INF INF INF            9   4   0   2   6  10   6
INF  10   2   0  11   9   4           11   6   2   0   8   9   4
  3   2 INF  11   0  13   5            3   2   6   8   0   8   5
 10   6 INF   9  13   0 INF           10   6  10   9   8   0  13
INF INF INF   4   5 INF   0            8   7   6   4   5  13   0
=============================        =============================
  0   7  11  17   3  10 INF            0   5   9  11   3  10   8
  7   0   4  10   2   6 INF            5   0   4   6   2   6   7
 11   4   0   2   6  10 INF            9   4   0   2   6  10   6
 17  10   2   0  11   9   4           11   6   2   0   8   9   4
  3   2   6  11   0   8   5            3   2   6   8   0   8   5
 10   6  10   9   8   0 INF           10   6  10   9   8   0  13
INF INF INF   4   5 INF   0            8   7   6   4   5  13   0
=============================        =============================
  0   7  11  13   3  10 INF            0   5   9  11   3  10   8
  7   0   4   6   2   6 INF            5   0   4   6   2   6   7
 11   4   0   2   6  10 INF            9   4   0   2   6  10   6
 13   6   2   0   8   9   4           11   6   2   0   8   9   4
  3   2   6   8   0   8   5            3   2   6   8   0   8   5
 10   6  10   9   8   0 INF           10   6  10   9   8   0  13
INF INF INF   4   5 INF   0            8   7   6   4   5  13   0
=============================        =============================
  0   7  11  13   3  10  17
  7   0   4   6   2   6  10
 11   4   0   2   6  10   6
 13   6   2   0   8   9   4
  3   2   6   8   0   8   5
 10   6  10   9   8   0  13
 17  10   6   4   5  13   0
```

| 그림 12.14 Floyd 알고리즘의 결과 예

▪ Floyd 알고리즘의 구현

다음 프로그램은 Floyd의 최단 경로 알고리즘을 C++로 구현한 전체 프로그램을 보여주고
있다. 이 클래스도 WGraph를 상속하였으며, 진행 과정을 보여주기 위한 함수 printA()를
제공하고 있다.

프로그램 12.9 Floyd의 최단 경로 프로그램 전체

```
01  // WGraphFloyd.h: Floyd 알고리즘의 최단 경로 탐색 기능이 추가된 그래프
02  #include "WGraph.h"
03  class WGraphFloyd : public WGraph
04  {
```

```
05              int A[MAX_VTXS][MAX_VTXS];              // 최단경로 거리
06     public:
07              void ShortestPathFloyd( ) {
08                    for( int i=0 ; i<size ; i++ )
09                        for( int j=0 ; j<size ; j++ )
10                            A[i][j] = getEdge(i,j);
11
12                    for(int k=0 ; k<size ; k++ ){
13                        for( int i=0; i<size ; i++ )
14                            for( int j=0; j<size ; j++ )
15                                if (A[i][k]+A[k][j] < A[i][j])
16                                    A[i][j] = A[i][k] + A[k][j];
17                        printA( );
18                    }
19              }
20              void printA() {
21                    printf("=====================================\n");
22                    for( int i=0; i<size; i++){
23                        for(int j=0; j<size; j++) {
24                            if( A[i][j] == INF ) printf(" INF ");
25                            else printf("%4d ", A[i][j]);
26                        }
27                        printf("\n");
28                    }
29              }
30     };

// 12장 ShortestPathFloyd.cpp
#include  "GraphFolyd.h"
void          {
          GraphFloyd g;
          g.Load( "graph-Floyd.txt" );
          printf("Shortest Path By Floyd Algorithm\n");
          g.ShortestPathFloyd( ) ;
}
```

```
Shortest Path By Floyd Algorithm
=====================================
   0    7  INF  INF    3   10  INF
   7    0    4   10    2    6  INF
 INF    4    0    2  INF  INF  INF
 INF   10    2    0   11    9    4
   3    2  INF   11    0   13    5
  10    6  INF    9   13    0  INF
 INF  INF  INF    4    5  INF    0
=====================================
   0    7   11   17    3   10  INF
   7    0    4   10    2    6  INF
  11    4    0    2    6   10  INF
```

코드 설명

3행 WGraph를 상속하여 Floyd 알고리즘의 최단 경로 탐색 기능이 추가된 그래프 WGraphFloyd를 선언함.

5행 A 행렬. 최종적으로 이 행렬에 정점 간의 최단 거리가 저장됨.

8~10행 A 행렬의 초기 값은 인접 행렬의 가중치 값과 동일함.

12행 각 정점에 대해서. (그림 12.13의 k 정점)

13~14행 모든 정점 쌍 (i,j)에 대해서.

15~16행 현재 알고 있는 i에서 j로 가는 최단 경로에 비해 k를 거치는 경로의 길이가 더 짧으면 (i,j)에 대한 최단 경로 길이를 갱신함.

17행 현재의 A를 화면에 출력함.

20~29행 현재의 A 행렬을 화면에 출력하는 함수.

24행 행렬 요소의 값이 무한대이면 "INF"로 출력함.

하나의 정점에서 출발하여 모든 정점까지의 최단 경로를 찾는 Dijkstra의 알고리즘은 시간 복잡도가 $O(n^2)$이다. 따라서 모든 정점에서 출발한다면 Dijkstra의 알고리즘을 n번 반복해야 하므로 전체 복잡도가 $O(n^3)$이 된다. 한 번에 모든 정점 간의 최단 경로를 구하는 Floyd의 알고리즘은 3중 반복문이 실행되므로 시간 복잡도가 $O(n^3)$으로 표현되므로 Dijkstra 알고리즘과의 차이는 없다고 볼 수 있다. 그러나 Floyd의 알고리즘은 매우 간결한 반복 구문을 사용한다는 특징이 있다.

| 연습문제 |

1 다음의 방향 그래프에 대하여 물음에 답하라.

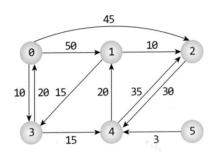

(1) 각 정점의 진입차수와 진출차수
(2) 각 정점에 인접한 정점들의 집합
(3) 인접 행렬 표현
(4) 인접 리스트 표현
(5) 모든 사이클과 그 길이

2 크기가 $n \times n$인 방향 그래프 a가 $n \times n$ 인접 배열을 사용하여 표현되어 있다.

(1) 주어진 정점의 진출차수(out-degree)를 계산하는 함수를 작성하라. 진출차수란 어떤 정점에서 출발하여 외부가 나가는 간선의 개수이다. 이 함수의 시간 복잡도는?
(2) 주어진 정점의 진입차수(in-degree)을 계산하는 함수를 작성하라. 진입차수란 어떤 정점으로 들어오는 간선의 개수이다. 이 함수의 시간 복잡도는?
(3) 그래프 안에 있는 간선들의 개수를 계산하는 함수를 작성하라. 이 함수의 시간 복잡도는?

3 다음 가중 그래프(weighted graph)에서 최소 비용 신장 트리(minimum spanning tree)를 얻기 위해 노드 a에서 시작하여 Prim 알고리즘을 적용할 때 신장 트리의 최소 비용과 세 번째로 선택된 간선을 순서대로 나열한 것은? [공무원시험 기출문제]

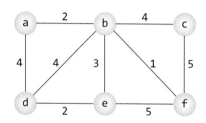

① 12, (b, e)   ② 13, (b, e)

③ 12, (d, e)   ④ 13, (d, e)

4 아래의 네트워크에 대하여 Kruskal의 MST 알고리즘을 이용해서 최소 비용 신장 트리가 구성되는 과정을 보여라.

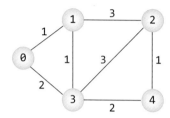

5 문제 4의 네트워크에 대하여 Prim의 MST 알고리즘을 이용해서 최소비용 신장 트리가 구성되는 과정을 보여라(0번 정점으로 시작할 것).

프로그래밍 프로젝트

1 11장 프로그래밍 프로젝트 1번 문제의 결과를 바탕으로 무작위로 가중치 그래프를 발생시키려고 한다.

(1) 무작위로 가중치 그래프를 발생시키는 다음 멤버 함수를 구현하라.

```
void randomWeightedGraph( int numVtx, int maxWeight=1000 );
```

(2) 가중치 그래프를 (1)의 결과를 이용하여 무작위로 발생시키고 Kruskal과 Prim의 최소 신장 트리 알고리즘을 실행하여 결과를 비교하라. 그래프 정점의 개수를 증가시키면서 각 알고리즘의 실행 시간을 측정하고 선 그래프로 그려라.

(3) (2)와 같이 가중치 그래프를 무작위로 발생시키고, Dijkstra와 Floyd 알고리즘을 실행하여 결과를 비교하라. 그래프 정점의 개수를 증가시키면서 각 알고리즘의 실행 시간을 측정하고 선 그래프로 그려라.

CHAPTER

13

정렬

학습목표

- 정렬의 개념을 이해한다.
- 각 정렬 알고리즘의 동작 원리를 이해한다.
- 각 정렬 알고리즘의 장점과 단점을 이해한다.
- 각 정렬 알고리즘의 효율성을 이해한다.
- 각 정렬 알고리즘의 구현 방법을 이해한다.

13 정렬

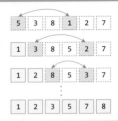

13.1 정렬이란?

정렬(sorting)은 물건을 크기순으로 **오름차순**(ascending order)이나 **내림차순**(descending order)으로 나열하는 것을 의미한다. 예를 들어, 책들은 제목순이나 저자순, 또는 발간연도순으로 정렬이 가능하다. 사람도 나이나 키, 이름 등을 이용하여 정렬할 수 있다. 물건뿐만 아니라 어떤 형태의 것도 서로 비교만 가능하면 정렬할 수 있다.

| 그림 13.1 정렬의 예

정렬은 컴퓨터 공학 분야에서 가장 기본적이고 중요한 알고리즘 중의 하나로 일상생활에서 많이 사용된다. 여러분은 스프레드시트에서 정렬 기능을 이용하여 데이터를 정렬해본 적이 있을 것이다. 또한 인터넷 가격비교사이트에서 제품을 가격 순으로 나열해본 적이 있을 것이다. 이러한 것들은 모두 정렬 알고리즘을 사용하고 있다.

비교	제조사	모델명	요약설명	최저가	업체수	출시
☐	ROLLEI	D-41com	410만화소(0.56")/1.8"LCD/3배줌/연사/CF카드	320,000	4	02년
☐	카시오	QV-R40	413만화소(0.56")/1.6"LCD/3배줌/동영상/히스토그램/앨범기능/SD,MMC카드	344,000	73	03년
☐	파나소닉	DMC-LC43	423만화소(0.4")/1.5"LCD/3배줌/동영상+녹음/연사/SD,MMC카드	348,000	36	03년
☐	현대	DC-4311	400만화소(0.56")/1.6"LCD/3배줌/동영상/SD,MMC카드	350,000	7	03년
☐	삼성테크윈	Digimax420	410만화소(0.56")/1.5"LCD/3배줌/동영상/음성메모/한글/SD카드	353,000	47	03년
☐	니콘	Coolpix4300	413만화소(0.56")/1.5"LCD/3배줌/동영상/연사/CF카드нот4	356,800	79	02년
☐	올림푸스	뮤-20 Digital	423만화소(0.4")/1.5"LCD/3배줌/동영상/연사/생활방수/xD카드	359,000	63	03년
☐	코닥	LS-443(Dock포함)	420만화소/1.8"LCD/3배줌/동영상+녹음/SD,MMC카드/Dock시스템	365,000	39	02년
☐	올림푸스	C-450Z	423만화소(0.4")/1.8"LCD/3배줌/동영상/연사/xD카드	366,000	98	03년
☐	올림푸스	X-1	430만화소/1.5"LCD/3배줌/동영상/연사/xD카드	367,000	19	03년
☐	미놀타	DiMAGE-F100	413만화소(0.56")/1.5"LCD/3배줌/동영상+녹음/음성메모/동체추적AF/연사/SD,MMC카드	373,000	18	02년
☐	삼성테크윈	Digimax410	410만화소(0.56")/1.6"LCD/3배줌/동영상+녹음/음성메모/한글/CF카드	374,000	4	02년

| 그림 13.2 정렬의 예: 가격비교사이트에서의 정렬

정렬은 자료 탐색에서도 매우 중요하다. 사전에서 우리가 단어를 쉽게 찾을 수 있는 것은 사전 안의 단어들이 알파벳순으로 정렬되어 있기 때문이다. 만약 사전이 정렬되어 있지 않다면 어떤 단어를 빨리 찾는 것은 거의 불가능할 것이다. 컴퓨터도 마찬가지인데, 정렬되어 있지 않은 자료에 대해서는 탐색의 효율성이 크게 떨어진다.

| 그림 13.3 정렬의 예: 사전

일반적으로 보통 정렬시켜야 될 대상은 **레코드(record)**라고 불린다. 레코드는 다시 **필드(field)**라고 하는 보다 작은 단위로 나누어진다. 예를 들어, 학생들의 레코드에는 이름, 학번, 주소, 전화번호 등이 필드가 될 것이다. 여러 필드 중에서 특별히 레코드와 레코드를 식별해주는 역할을 하는 필드를 **키(key)**라고 한다. 학생들의 레코드의 경우에는 학번이 키가 될 수 있다. 정렬이란 결국 레코드들을 키값의 순서로 재배열하는 것이다.

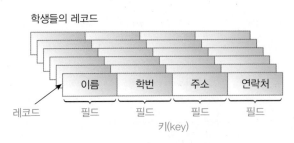

학생들의 레코드

| 그림 13.4 정렬의 대상은 레코드

지금까지 개발된 정렬 알고리즘은 매우 많다. 그러나 아직까지도 모든 경우에 있어서 최상의 성능을 보여주는 최적 알고리즘은 존재하지 않는다. 따라서 이들 방법들 중에서 현재의 프로그램 수행 환경에서 가장 효율적인 정렬 알고리즘을 선택하여야 한다. 대개 정렬 알고리즘을 평가하는 효율성의 기준은 정렬을 위해 필요한 **비교 연산**의 횟수와 **이동 연산**의 횟수이다. 이들 횟수를 정확하게 구하기는 힘들기 때문에 보통은 빅오 표기법을 이용하여 근사적으로 표현한다.

■ 정렬 알고리즘의 분류

정렬 알고리즘은 다음과 같이 크게 두 그룹으로 나눌 수 있다.

- 단순하지만 비효율적인 방법 – 삽입 정렬, 선택 정렬, 버블 정렬 등
- 복잡하지만 효율적인 방법 – 퀵 정렬, 힙 정렬, 합병 정렬, 기수 정렬 등

| 그림 13.5 정렬의 분류

단순한 정렬 알고리즘은 구현하기가 쉬운 대신에 비효율적이다. 효율적인 알고리즘은 반대로 구현하기는 까다롭지만 효율적이다. 대개 자료의 개수가 적다면 단순한 정렬 방법을 사용하는 것도 괜찮지만 자료의 개수가 많다면 반드시 효율적인 알고리즘을 사용하여야 한다.

정렬 알고리즘을 **내부 정렬**(internal sorting)과 **외부 정렬**(external sorting)로 구분할 수도 있다. 내부 정렬은 정렬하기 전에 모든 데이터가 메인 메모리에 올라와 있는 정렬을 의미한다. 반면, 외부 정렬은 외부 기억장치에 대부분의 데이터가 있고 일부만 메모리에 올려놓은 상태에서 정렬을 하는 방법이다. 이 책에서는 내부 정렬만을 다루기로 한다.

정렬 알고리즘은 **안정성**(stability)의 측면에서 분류할 수도 있다. 안정성이란 입력 데이터에 동일한 키값을 갖는 레코드가 여러 개 존재할 경우, 이들 레코드들의 상대적인 위치가 정렬 후에도 바뀌지 않는 특성을 말한다. 이와 반대로 같은 키값을 갖는 레코드들이 정렬 후에 위치가 바뀌게 되면 안정하지 않다고 한다. 그림 13.6에서는 키값 30을 갖는 두 개의 레코드가 정렬 후에 위치가 바뀌었다. 정렬의 안정성이 필수적으로 요구되는 경우에는 정렬 알고리즘 중에서 안정성을 충족하는 삽입 정렬, 버블 정렬, 합병 정렬 등을 사용해야 한다.

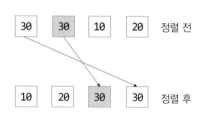

| 그림 13.6 안정하지 않은 정렬의 예

알고리즘을 본격적으로 설명하기 전에 정렬의 환경을 설명한다. 정렬의 대상이 되는 것은 숫자 필드만 가지고 있는 레코드이며, 이들 숫자들은 1차원 배열에 들어 있다고 가정한다.

13.2 선택 정렬

■ 선택 정렬의 원리

선택 정렬(selection sort)은 가장 이해하기 쉬운 정렬 방법이다. 먼저 정렬되지 않은 숫자들이 들어 있는 리스트와 정렬이 완료된 숫자들이 들어가는 리스트가 있다고 하자. 그림 13.7과 같이 초기 상태에서 정렬된 리스트는 비어 있고 정렬되어야 할 숫자들은 모두 오른쪽 리스트에 들어 있다. 선택 정렬은 오른쪽 리스트에서 가장 작은 숫자를 선택하여 왼쪽 리스트로 이동하는 작업을 반복한다. 이것은 오른쪽 리스트가 공백 상태가 될 때까지 되풀이된다.

왼쪽 리스트 (정렬된 리스트)	오른쪽 리스트 (정렬 안 된 리스트)	설명
( )	(5,3,8,1,2,7)	초기 상태
(1)	(5,3,8,2,7)	1선택
(1,2)	(5,3,8,7)	2선택
(1,2,3)	(5,8,7)	3선택
(1,2,3,5)	(8,7)	5선택
(1,2,3,5,7)	(8)	7선택
(1,2,3,5,7,8)	( )	8선택

| 그림 13.7 선택 정렬의 원리

실제로 선택 정렬을 구현하기 위해 두 개의 배열을 사용할 필요는 없다. 그림 13.8과 같이 정렬이 안 된 리스트에서 최솟값이 선택되면 이 값을 배열의 첫 번째 요소와 교환한다. 이렇게 입력 배열 이외에 다른 추가 메모리를 요구하지 않는 정렬 방법을 **제자리 정렬**(in-place sorting)이라고 한다. 최솟값 1과 첫 번째 요소 5를 교환하면 전체 배열은 정렬된 부분과 되지 않은 부분으로 나뉜다. 다음에는 두 번째 요소부터 나머지 요소들 중에서 가장 작은 값을 선택하고 이를 두 번째 요소와 교환한다. 이 절차를 (숫자 개수−1)만큼 되풀이하면 추가적인 배열을 사용하지 않고서도 전체 숫자들이 정렬된다.

| 그림 13.8 선택 정렬의 과정

▪ 선택 정렬 알고리즘

선택 정렬의 유사 코드는 다음과 같다. 요소의 개수가 n이면 최솟값을 찾고 교환하는 과정은 n−1번만 반복하면 된다.

| 알고리즘 13.1 선택 정렬 알고리즘

---

selectionSort(A, n)

```
for i←0 to n-2 do
    least ← A[i],A[i+1],…,A[n-1] 중에서 가장 작은 값의 인덱스;
    A[i]와 A[least]의 교환;
    i++;
```

▪ 선택 정렬의 구현

이 알고리즘을 C++로 구현해보자. 요소의 교환을 위해 다음과 같은 swap() 함수를 사용하였다. 이 함수는 inline 함수로 선언하여 실행 효율은 높으면서 매개변수의 자료형을 정확히 검사하도록 하였다. 또한 매개변수로 레퍼런스 형을 사용한 것에 유의하라(물론 포인터 형을 사용해도 된다).

프로그램 13.1   선택 정렬 함수

```
01   // 두 정수를 교환하는 함수 : inline 함수. 매개변수로 레퍼런스형 사용.
02   inline void swap( int& x, int& y ) {
03          int  t = x;
04          x = y;
05          y = t;
06   }
07   // 선택정렬 알고리즘을 이용해 int 배열을 오름차순으로 정렬하는 함수
08   void selectionSort (int A[], int n)
09   {
10          for ( int i=0 ; i<n-1 ; i++ ) {              // n-1번만 반복
11              int least = i;
12              for ( int j=i+1 ; j<n ; j++ )            // 최솟값 탐색
13                  if(A[j]<A[least]) least = j;
14              swap(A[i], A[least]);
15          }
16   }
```

■ 전체 프로그램

선택 정렬 함수를 호출하여 정수 배열을 정렬하는 프로그램은 다음과 같다. 먼저 initRandom()은 배열에 값을 채우는 함수로 0~max-1 사이의 값을 무작위로 발생시켜 배열의 각 항목에 채운다. printArray() 함수는 int 배열을 화면에 보기 좋게 출력하는 함수로, 디폴트 매개변수 str의 값이 주어지면 그 문자열을 먼저 출력하고 배열의 내용을 출력한다. 이들 함수는 이 파일 내에서만 사용하므로 static으로 선언하여 캡슐화하였다. 앞으로 학습하게 될 다른 정렬의 경우에도 전체 프로그램의 구조는 선택 정렬과 같으며, main() 함수에서 밑줄 친 부분만을 수정하면 된다.

프로그램 13.2   선택 정렬 프로그램

```
01   // 랜덤 함수를 이용하여 int 배열을 0~max-1의 값으로 무작위로 채우는 함수
02   static void initRandom( int list[], int n, int max=100 )
03   {
04          for( int i=0 ; i<n ; i++ )
05              list[i] = rand() % max;
```

```
06   }
07   // 배열을 화면에 보기 좋게 출력하는 함수. 디폴트 매개변수 사용
08   static void printArray( int arr[], int n, char *str="Array" )
09   {
10          printf("%s = ", str);
11          for( int i=0 ; i<n ; i++ )
12                  printf("%3d", arr[i]);
13          printf("\n");
14   }
15   // 정렬 알고리즘 테스트를 위한 주 함수
16   void main()
17   {
18          int        list[16];
19          int        n = 16;
20          initRandom( list, n );
21          printArray( list, n, "Original " );      // 정렬전 배열 내용을 출력
22          selectionSort( list, n );                // 선택정렬 알고리즘 실행
23          printArray( list, n, "Selection" );      // 정렬후 배열 내용을 출력
24   }
```

Original = 41 67 34 0 69 24 78 58 62 64 5 45 81 27 61 91
Selection = 0 5 24 27 34 41 45 58 61 62 64 67 69 78 81 91

선택 정렬의 시간 복잡도 분석

선택 정렬의 성능 분석을 위하여 비교횟수와 이동횟수를 따로 구해보자. 먼저 비교횟수를 구하기 위하여 두 개의 for 루프의 실행횟수를 계산해보자. 외부 루프는 $n-1$번 반복한다. 내부 루프는 0에서 $n-2$까지 변하는 i에 대하여 $(n-1)-i$번 반복한다. 키값들의 비교가 내부 루프 안에서 이루어지므로 전체 비교횟수는 다음과 같이 된다.

$$(n-1)+(n-2)+\cdots+1=n(n-1)/2=O(n^2)$$

레코드 교환(swap())은 외부 루프의 실행횟수만큼 이루어지고, 한 번의 swap()에서 3번의 이동이 필요하므로 전체 이동횟수는 $3(n-1)$이 된다.

선택 정렬의 장점은 자료 이동 횟수가 미리 결정된다는 점이다. 그러나 전체 시간 복잡도가 $O(n^2)$이므로 효율적인 알고리즘은 아니다. 또 하나의 문제점은 안정성을 만족하지는 않는다는 점이다. 즉, 값이 같은 레코드가 있는 경우에 상대적인 위치가 변경될 수 있다.

그러나 알고리즘이 매우 간단하다는 장점이 있다.

13.3 삽입 정렬

■ 삽입 정렬의 원리

삽입 정렬(insertion sort)은 손 안의 카드를 정렬하는 방법과 유사하다. 즉, 카드를 한 장씩 받을 때 새로운 카드를 먼저 받아 정렬한 카드들 사이의 올바른 자리에 넣는 것이다. 이 것을 새로 받는 모든 카드에 대해 수행하면 전체 카드가 정렬된다.

| 그림 13.9 삽입 정렬의 예

배열에서 생각해보자. 삽입 정렬은 그림 13.10과 같이 배열에서 정렬이 되지 않은 부분의 숫자를 정렬된 부분의 적절한 위치에 삽입하는 과정을 반복한다. 선택 정렬과 마찬가지로 추가적인 배열을 사용하지 않고 입력 배열을 정렬된 부분과 정렬되지 않은 부분으로 나누어서 사용하면 된다.

| 그림 13.10 삽입 정렬의 원리

정렬되어 있지 않은 부분의 첫 번째 숫자가 정렬된 부분의 어느 위치에 삽입되어야 하는가를 판단한 후 해당 위치에 이 숫자를 삽입하게 되면, 정렬된 부분의 크기는 하나 커지

게 되고, 정렬이 되지 않은 부분의 크기는 하나 줄어들게 된다. 이러한 삽입 연산을 정렬 되지 않은 요소가 없을 때까지 반복하면 전체 리스트가 정렬된다. 그림 13.11은 리스트 (5,3,8,1,2,7)를 삽입 정렬하는 과정을 보여준다.

| 그림 13.11 삽입 정렬의 과정

■ 삽입 정렬의 알고리즘

| 알고리즘 13.2 삽입 정렬 알고리즘

```
insertionSort(A, n)

for i←1 to n-1 do
    key←A[i];
    j←i-1;
    while j≥0 and A[j]>key do
        A[j+1]←A[j];
        j←j-1;
    A[j+1]←key
```

그림 13.12는 i=3인 경우에 정렬된 왼쪽 리스트에 정렬되지 않은 리스트의 첫 번째 요소 1 이 어떻게 삽입되는지를 보여준다.

| 그림 13.12 삽입 정렬의 하나의 삽입 과정(i=3인 경우)

■ 삽입 정렬의 구현

프로그램 13.3 삽입 정렬 함수

```
01    // 삽입정렬 알고리즘을 이용해 int 배열을 오름차순으로 정렬하는 함수
02    void insertionSort (int A[], int n)
03    {
04            for(int i=1; i<n; i++){
05                    int key = A[i];
06                    int j;
07                    for(j=i-1 ; j>=0 && A[j] > key ;j--)
08                            A[j+1] = A[j];                    // 레코드의 오른쪽 이동
09                    A[j+1] = key;
10            }
11    }
```

■ 삽입 정렬의 시간 복잡도 분석

삽입 정렬의 복잡도는 입력 자료의 구성에 따라서 달라진다. 먼저 입력 자료가 이미 정렬되어 있는 경우는 가장 빠르다. 삽입 정렬의 외부 루프는 $n-1$번 실행되고 각 단계에서 1번의 비교(7행)와 2번의 이동(5, 9행)만 이루어지므로 총 비교횟수는 $n-1$번, 총 이동횟수는

$2(n-1)$번이 되어 알고리즘의 시간 복잡도는 $O(n)$이다. 최악의 경우는 입력 자료가 역으로 정렬된 경우이다. 각 단계에서 앞에 놓인 자료들은 전부 한 칸씩 뒤로 이동하여야 한다. 따라서 외부 루프 안의 각 반복마다 i번의 비교가 수행되므로 총 비교횟수는 다음과 같다.

$$\sum_{i=0}^{n-1} i = 1 + 2 + \cdots + (n-1) = \frac{n(n-1)}{2} = O(n^2)$$

총 이동횟수는 외부 루프의 각 단계마다 $i+2$번의 이동이 이루어지므로 다음과 같다.

$$\frac{n(n-1)}{2} + 2(n-1) = \frac{n^2 + 3n - 4}{2} = O(n^2)$$

삽입 정렬은 비교적 많은 레코드들의 이동을 포함한다. 결과적으로 삽입 정렬은 레코드 양이 많고 특히 레코드 크기가 클 경우에 적합하지 않음을 알 수 있다. 반면에 알고리즘이 간단하므로 레코드의 수가 적을 경우 효과적일 수 있다. 특히 삽입 정렬은 대부분의 레코드가 이미 정렬되어 있는 경우에는 효율적인 알고리즘이 될 수 있다.

■ 함수 포인터를 사용한 정렬 알고리즘의 구현

프로그램 13.3은 오름차순으로 데이터를 정렬한다. 만약 반대로 정렬하기 위해서는 어떻게 할 수 있을까? 하나의 방법은 동일한 함수를 만들고 비교의 방향을 반대로 하면 된다. 더 나은 방법은 비교 함수를 따로 만들어주고, 정렬 함수를 호출할 때 매개변수로 함수 포인터를 전달하는 방법이다. 프로그램 13.4는 이러한 함수 포인터를 사용하여 정렬하는 방법을 보여준다.

프로그램 13.4 함수 포인터를 매개변수로 받는 삽입 정렬 함수

```
01    inline int ascend (int x, int y) { return y - x; }    // 오름차순 비교함수
02    inline int descend(int x, int y) { return x - y; }    // 내림차순 비교함수
03    // 함수 포인터를 매개변수로 받는 삽입정렬 함수
04    void insertionSortFn (int A[], int n, int (*f)(int,int))
05    {
06            for(int i=1; i<n; i++){
07                    int key = A[i];
```

```
08              int j;
09              for(j=i-1 ; j>=0 && f(A[j],key) < 0 ;j--)
10                  A[j+1]=A[j];
11              A[j+1]=key;
12          }
13  }
14  ...
15  // 정렬 알고리즘 테스트를 위한 주 함수
16  #include <cstring>   /* memcpy()를 위함. <memory.h>을 포함해도 됨 */
17  void main()
18  {
19          int        list[16];
20          int        n = 16;
21          initRandom( list, n );
22          printArray( list, n, "Original " );          // 정렬전 배열 내용을 출력
23
24          memcpy( list, org, n*sizeof(int) );          // 배열 복사 : org-->list
25          insertionSortFn( list, n, ascend );          // 오름차순 선택정렬 알고리즘
26          printArray( list, n, "Insert-As" );          // 정렬후 배열 내용을 출력
27
28          memcpy( list, org, n*sizeof(int) );          // 배열 복사 : org-->list
29          insertionSortFn( list, n, descend );         // 내림차순 선택정렬 알고리즘
30          printArray( list, n, "Insert-De" );          // 정렬후 배열 내용을 출력
31  }
```

```
C:\Windows\system32\cmd.exe
Original  =   41 67 34  0 69 24 78 58 62 64  5 45 81 27 61 91
Insert-As =    0  5 24 27 34 41 45 58 61 62 64 67 69 78 81 91
Insert-De =   91 81 78 69 67 64 62 61 58 45 41 34 27 24  5  0
```

출력 결과를 보면 원래의 배열 값이 오름차순 및 내림차순으로 정렬된 것을 알 수 있다. 이와 같이 비교 함수를 만들어 정렬하는 것은 다른 정렬 알고리즘에도 동일하게 적용할 수 있는데, 같은 함수로 오름차순과 내림차순을 선택해서 정렬할 수 있으며, 다양한 구조체나 클래스의 객체들로 이루어진 배열에 대해서도 쉽게 적응할 수 있는 장점이 있다.

13.4 버블 정렬

■ 버블 정렬의 원리

버블 정렬(bubble sort)은 인접한 2개의 레코드를 비교하여 크기가 순서대로 되어 있지 않으면 서로 교환하는 방법이다. 이러한 비교–교환 과정은 리스트의 왼쪽 끝에서 시작하여 오른쪽 끝까지 진행한다. 비교–교환 과정(스캔)이 한번 완료되면 가장 큰 레코드가 리스트의 오른쪽 끝으로 이동된다. 이것은 마치 물속에서 거품(bubble)이 보글보글 떠오르는 것과 유사하여 버블 정렬이라 부른다. 비교–교환 과정은 더 이상 교환이 일어나지 않을 때까지 계속된다.

그림 13.13은 버블 정렬의 한 번의 스캔 과정을 보여준다. 먼저 5와 3을 비교하면 5가 더 크므로 서로 교환하고, 다음으로 5과 8을 비교하게 되면 8이 더 크므로 교환 없이 다음 단계로 진행한다. 이러한 과정이 반복되면 8이 가장 리스트의 오른쪽 끝으로 이동하게 된다.

| 그림 13.13 버블 정렬의 한 번의 스캔

리스트를 한번 스캔하면 오른쪽 끝에 가장 큰 레코드가 위치하게 되고 전체 리스트는 오른쪽의 정렬된 부분과 정렬이 안 된 왼쪽 부분으로 나누어진다. 이러한 스캔 과정을 왼쪽 리스트가 빌 때까지 반복하여 전체 리스트가 정렬되는 과정은 그림 13.14와 같다.

| 5 | 3 | 8 | 1 | 2 | 7 | 초기 상태 |

| 3 | 5 | 1 | 2 | 7 | 8 | 스캔 1 |

| 3 | 1 | 2 | 5 | 7 | 8 | 스캔 2 |

| 1 | 2 | 3 | 5 | 7 | 8 | 스캔 3 |

| 1 | 2 | 3 | 5 | 7 | 8 | 스캔 4 |

| 1 | 2 | 3 | 5 | 7 | 8 | 스캔 5 |

| 1 | 2 | 3 | 5 | 7 | 8 | 정렬 완료 |

| 그림 13.14 버블 정렬의 전체 정렬 과정

■ 버블 정렬의 알고리즘

| 알고리즘 13.3 버블 정렬 알고리즘

BubbleSort(A, n)

for i←n-1 to 1 do
    for j←0 to i-1 do
            j와 j+1번째의 요소가 크기순이 아니면 교환
            j++;
        i--;

■ 버블 정렬의 구현

프로그램 13.5   버블 정렬 함수

```
01    // 버블 정렬 알고리즘을 이용해 int 배열을 오름차순으로 정렬하는 함수
02    void bubbleSort (int A[], int n)
03    {
04            for( int i=n-1 ; i>0 ; i-- ){
05                for( int j=0 ; j<i ; j++ )
06                    // 앞뒤의 레코드를 비교한 후 교체
```

```
07                    if(A[j] > A[j+1])
08                        swap(A[j],A[j+1]);     // 프로그램 13.1의 swap()과 동일
09                }
10    }
```

■ 버블 정렬의 시간 복잡도 분석

버블 정렬의 비교횟수와 이동횟수를 계산하여 보자. 버블 정렬의 비교횟수는 최상, 평균, 최악의 어떠한 경우에도 항상 일정하고 다음과 같다.

$$\sum_{i=1}^{n-1} i = \frac{n(n-1)}{2} = O(n^2)$$

자료의 이동 횟수를 생각해보자. 최악의 경우는 입력 자료가 역순으로 정렬되어 있는 경우에 발생하고(비교 연산의 횟수에 3배), 최상의 경우는 입력 자료가 이미 정렬이 되어 있는 경우로 자료 이동이 한 번도 발생하지 않는다. 따라서 전체적인 시간 복잡도는 $O(n^2)$인 알고리즘임을 알 수 있다.

버블 정렬은 매우 단순하지만 효율적이지는 않다. 그러나 조금 개선할 수는 있다. 그림 13.14를 보면 스캔3 이후에는 자료의 변화가 없음을 알 수 있다. 즉, 스캔4와 스캔5에서는 전혀 자료의 변화가 없다. 어떤 스캔에서 자료의 변화가 한 번도 없으면 더 이상 스캔하지 않아도 된다. 예를 들어, 완전히 정렬된 입력에 대해서는 한 번만의 스캔으로 정렬이 종료되도록 할 수 있다. 프로그램 13.5를 약간 수정해보라. 결국 버블 정렬은 입력 데이터가 어느 정도 정렬되어 있는 경우에 효과적으로 사용될 수 있다.

13.5 셸 정렬

■ 셸 정렬의 원리

셸 정렬(shell sort)은 Donald L. Shell이 제안한 방법으로 삽입 정렬이 어느 정도 정렬된 배열에 대해서는 대단히 빠른 것에 착안했다. 물론 삽입 정렬보다 빠르다. 삽입 정렬의 최대 문제점은 요소들이 삽입될 때, 이웃한 위치로만 이동한다는 것이다. 만약 삽입되어야

할 위치가 현재 위치에서 상당히 멀리 떨어진 곳이라면 많은 이동을 해야 만이 제자리로 갈 수 있다. 셀 정렬에서는 요소들이 멀리 떨어진 위치로도 이동할 수 있다.

삽입 정렬과는 달리 셀 정렬은 전체 리스트를 한꺼번에 정렬하지 않는다. 리스트를 일정한 기준에 따라 분류해 연속적이지 않은 여러 개의 부분 리스트를 만들고, 각 부분 리스트를 삽입 정렬을 이용하여 정렬한다. 모든 부분 리스트가 정렬되면 셀 정렬은 다시 전체 리스트를 더 적은 개수의 부분 리스트로 만들어 앞의 과정을 되풀이한다. 이 과정은 부분 리스트의 개수가 1이 될 때까지 반복된다.

각 부분 리스트는 전체 리스트에서 거리가 k만큼 떨어진 요소들로 이루어진다. 이 k를 **간격(gap)**이라고 한다. 셀 정렬에서는 큰 간격으로 시작해서 각 단계마다 간격 k를 줄이는데, 이에 따라 하나의 부분 리스트에 속하는 요소의 개수는 증가된다. 마지막 단계는 간격이 1이 된다.

그림 13.15는 k=5인 경우의 부분 리스트의 정렬 과정을 보여준다. 먼저 (a)와 같이 입력 리스트의 각 5번째 요소를 추출하여 부분 리스트들을 만든다. 첫 번째 부분 리스트는 10, 3, 16을 포함하고 있고 두 번째 부분 리스트는 8, 22를 포함하고 있고 이런 식으로 부분 리스트들이 구성된다. 이러한 부분 리스트에 대해 삽입 정렬이 수행되는데, (b)와 같이 부분 리스트들이 정렬되면 전체 리스트도 약간은 정렬된 것에 주목하라. 부분 리스트나 삽

(a) 간격 5로 만들어진 부분 리스트

(b) 부분 리스트들이 정렬 후의 리스트

| 그림 13.15 셀 정렬의 첫 번째 패스

입 정렬을 위해 추가적인 공간이 필요하지는 않다.

첫 번째 패스가 끝나면 비슷한 방식으로 다시 부분 리스트를 구성하는데 이번에는 간격을 1/2 줄여서 입력 배열의 각 2번째 요소를 추출하여 부분 리스트를 만든다. 간격은 처음에는 $n/2$ 정도로 하고 각 패스마다 간격을 절반으로 줄이는 방식을 많이 사용한다. 셀 정렬의 전체 과정은 다음의 표를 참조하라.

| 표 13.1 셀 정렬의 전체 과정

입력 배열	10	8	6	20	4	3	22	1	0	15	16
간격 5일 때의 부분 리스트	10					3					16
		8					22				
			6					1			
				20					0		
					4					15	
부분 리스트 정렬 후	3					10					16
		8					22				
			1					6			
				0					20		
					4					15	
간격 5 정렬 후의 전체 배열	3	8	1	0	4	10	22	6	20	15	16
간격 3일 때의 부분 리스트	3			0			22			15	
		8			4			6			16
			1			10			20		
부분 리스트 정렬 후	0			3			15			22	
		4			6			8			16
			1			10			20		
간격 3 정렬 후의 전체 배열	0	4	1	3	6	10	15	8	20	22	16
간격 1 정렬 후의 전체 배열	0	1	3	4	6	8	10	15	16	20	22

■ 셀 정렬의 구현

프로그램 13.6은 셀 정렬 함수를 보여준다. shellSort() 함수에서 변수 gap이 간격 k를 나타낸다. gap이 1이 될 때까지 1/2로 줄이면서 반복한다. 부분 리스트의 개수는 gap이 된다. 각 부분 리스트에 대하여 일정한 간격으로 떨어져 있는 요소들을 삽입 정렬하는 함수는 sortGapInsertion()이다. 이 함수는 앞의 삽입 정렬 함수와 비교하여 보면 쉽게 이해할 수 있다. 만약 간격이 짝수이면 1을 더하는 것이 좋은 것으로 분석되었는데, 코드에서도 짝수인 경우 간격에 1을 더해주었다.

프로그램 13.6 셸 정렬 함수

```
01   // gap 만큼 떨어진 요소들을 삽입 정렬. 정렬의 범위는 first에서 last
02   static void sortGapInsertion (int A[], int first, int last, int gap)
03   {
04        int i, j, key;
05        for( i=first+gap ; i<=last ; i=i+gap){
06             key = A[i];
07             for( j=i-gap ; j>=first && key<A[j] ; j=j-gap )
08                  A[j+gap]=A[j];
09             A[j+gap]=key;
10        }
11   }
12   // 셸 정렬 알고리즘을 이용해 int 배열을 오름차순으로 정렬하는 함수
13   void shellSort ( int A[], int n )
14   {
15        for( int gap=n/2; gap>0; gap = gap/2 ) {
16             printArray( A, n, "Shell...." );        // 처리과정을 보기 위한 코드
17             if( (gap%2) == 0 ) gap++;
18             for( int i=0 ; i<gap ; i++ )            // 부분 리스트의 개수는 gap
19                  sortGapInsertion( A, i, n-1, gap );
20        }
21   }
```

```
C:\Windows\system32\cmd.exe
Original  =  41 67 34  0 69 24 78 58 62 64  5 45 81 27 61 91
Shell.... =  41 67 34  0 69 24 78 58 62 64  5 45 81 27 61 91
Shell.... =  41  5 34  0 27 24 78 58 62 64 67 45 81 69 61 91
Shell.... =  24  5 34  0 27 41 45 58 62 61 67 78 81 69 64 91
Shell.... =   0  5 34 24 27 41 45 58 62 61 67 64 81 69 78 91
ShellSort =   0  5 24 27 34 41 45 58 61 62 64 67 69 78 81 91
```

■ 셸 정렬의 분석

삽입 정렬에 비하여 셸 정렬은 2가지의 장점이 있다.

- 연속적이지 않은 부분 파일에서 자료의 교환이 일어나면 더 큰 거리를 이동한다. 반면 삽입 정렬에서는 한 번에 한 칸씩만 이동된다. 따라서 교환되는 아이템들이 삽입 정렬보다는 최종 위치에 더 가까이 있을 가능성이 높아진다.
- 부분 리스트가 하나가 되면 셸 정렬은 전체 리스트를 정렬해야 한다. 그러나 삽입 정렬이 거의 정렬된 리스트에 대해 매우 효율적이므로 이 과정도 빠르게 수행된다.

실험적인 연구를 통하여 셸 정렬의 시간 복잡도는 최악의 경우에는 $O(n^2)$이지만 평균적인 경우에는 $O(n^{1.5})$인 것으로 알려져 있다.

13.6 합병 정렬

비효율적이지만 간단한 정렬 방법들은 입력 데이터가 많지 않을 때는 충분한 방법이다. 그러나 자료가 많으면서 자주 정렬해야 할 필요가 있으면 보다 빠른 방법을 사용해야 한다. 앞 절의 방법보다 훨씬 빠른 방법들을 소개한다.

■ 합병 정렬의 개념

합병 정렬(merge sort)은 하나의 리스트를 두 개의 균등한 크기로 분할하고 분할된 부분 리스트를 정렬한 다음, 두 리스트를 합하여 전체가 정렬된 리스트를 만드는 방법이다. 이것은 **분할 정복**(divide and conquer) 기법에 바탕을 두고 있는데, 하나의 문제를 작은 2개의 문제로 분리하고 각각을 해결한 다음, 결과를 모아서 원래의 문제를 해결하는 전략이다. 분리된 문제가 아직도 해결하기 어렵다면, 즉 충분히 작지 않다면 분할 정복 방법을 연속하여 다시 적용한다. 분할 정복 기법은 대개 순환 호출을 이용하여 구현된다.

그림 13.16과 같이 합병 정렬은 다음의 단계들로 이루어진다.

1. **분할**(Divide): 입력 배열을 같은 크기의 2개의 부분 배열로 분할한다.
2. **정복**(Conquer): 부분 배열을 정렬한다. 부분 배열의 크기가 충분히 작지 않으면 순환 호출을 이용하여 다시 분할 정복 기법을 적용한다.
3. **결합**(Combine): 정렬된 부분 배열들을 하나의 배열에 통합한다.

다음과 같은 배열이 있다고 가정하고 생각해보자.

27 10 12 20 25 13 15 22

1. 분할(Divide): 배열을 27 10 12 20과 25 13 15 22의 2개의 부분 배열로 나눈다.
2. 정복(Conquer): 부분 배열을 정렬하여 10 12 20 27 과 13 15 22 25를 얻는다.
3. 결합(Combine): 부분 배열을 통합하여 10 12 13 15 20 22 25 27을 얻는다.

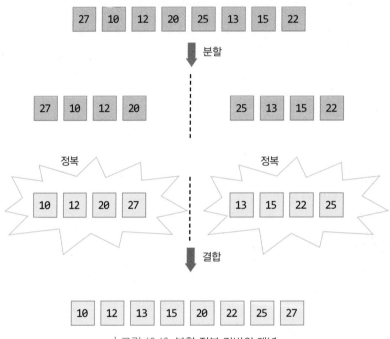

| 그림 13.16 분할 정복 기법의 개념

그렇다면 각각의 부분 배열들을 어떻게 정렬하여야 할까? 순환을 사용하면 된다. 위의 예에서 부분 배열인 27 10 12 20을 정렬할 때도 합병 정렬 함수를 순환적으로 호출한다. 부분 배열의 요소가 하나가 되면 이미 정렬된 것으로 볼 수 있다. 합병 정렬의 전체 과정을 그림으로 그려보면 그림 13.17과 같다.

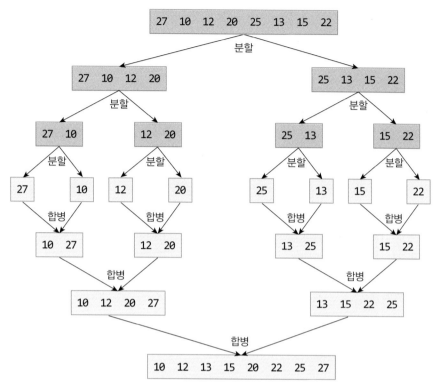

| 그림 13.17 합병 정렬의 과정

■ 합병 정렬 알고리즘

합병 정렬의 알고리즘은 다음과 같다.

| 알고리즘 13.4 합병 정렬 알고리즘

```
mergeSort(A, left, right)

if left < right
    mid = (left+right)/2;
    mergeSort(A, left, mid);
    mergeSort(A, mid+1, right);
    merge(A, left, mid, right);
```

합병 정렬에서 실제로 정렬이 이루어지는 시점은 2개의 리스트를 **합병(merge)**하는 단계이다. 합병 방법을 생각해보자. 합병은 2개의 리스트의 요소들을 처음부터 하나씩 비교하여 두 요소 중에서 더 작은 요소를 새로운 리스트로 옮긴다. 두 리스트 중에서 하나가 모두 끝날 때 까지 이 과정을 반복한다. 하나의 리스트가 먼저 끝나면 나머지 리스트의 요소들을 전부 새로운 리스트로 복사한다. 이러한 합병 과정은 어렵지는 않으나 추가적인 리스트를 필요로 한다.

그림 13.18에서 먼저 배열 A의 첫 번째 요소인 2와 B의 첫 번째 요소인 1을 비교하여 1이 더 작으므로 1을 배열 C로 옮긴다. 다음으로 A의 2와 B의 다음 숫자인 3을 비교한다. 이번에는 A의 2가 B의 3보다 작으므로 이번에는 A의 2를 C로 이동한다. 이 과정을 두 개의 배열 중에서 하나가 먼저 끝날 때까지 반복한다. 두 개의 배열 중 하나가 먼저 끝나면 나머지 요소들을 배열 C로 복사한다.

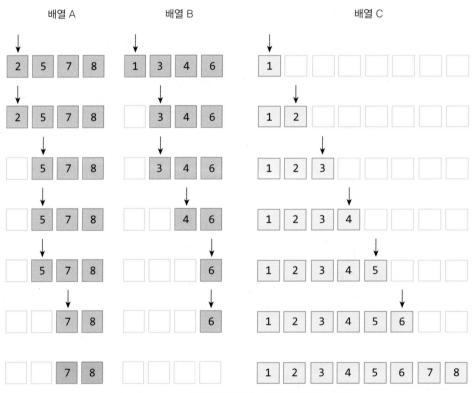

| 그림 13.18 2개의 정렬된 리스트를 합병하는 과정

| 알고리즘 9.5 합병 알고리즘

---

merge(A, left, mid, last)

// 2개의 인접한 배열 A[left~mid]와 A[mid+1~right]를 합병

```
b1←left;
e1←mid;
b2←mid+1;
e2←right;
sorted 배열을 생성;
index←0;
while b1≤e1 and b2≤e2 do
    if(A[b1]<A[b2])
        then
            sorted[index]←A[b1];
            b1++;
            index++;
        else
            sorted[index]←A[b2];
            b2++;
            index++;
요소가 남아있는 부분배열을 sorted로 복사한다;
sorted를 A로 복사한다;
```

이 알고리즘에서는 하나의 배열에 두 개의 정렬된 부분 리스트가 저장되어 있다가 가정하였다. 즉, 첫 번째 부분 리스트는 A[left]부터 A[mid]까지이고, 두 번째 부분 리스트는 A[mid+1]부터 A[right]까지이다. 합병된 리스트를 임시로 저장하기 위해 배열 sorted를 사용한다.

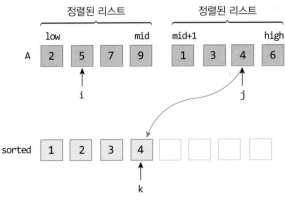

| 그림 13.19 merge의 환경

■ 합병 정렬의 구현

합병 정렬 알고리즘을 구현하면 프로그램 9.7과 같다. mergeSort 함수에서 주어진 A 배열을 2등분하여 각각의 부분 배열에 대하여 다시 mergeSort 함수를 순환 호출한다. 이러한 과정은 결국 부분 배열에 숫자가 하나 남을 때까지 계속된다. 분할 과정이 끝나면 정렬된 부분 배열을 merge 함수를 이용하여 합병하는 과정이 시작된다. merge 함수는 부분 배열들의 숫자를 임시 배열에 정렬된 상태로 만든 다음, 다시 원래의 배열에 복사한다.

프로그램 13.7   합병 정렬 함수

```
01  #define MAX_SIZE    1024
02  static void merge(int A[], int left, int mid, int right)
03  {
04      int i, j, k = left, l;                      // k는 정렬될 리스트에 대한 인덱스
05      static int sorted[MAX_SIZE];
06      // 분할 정렬된 A의 합병
07      for( i=left, j=mid+1 ; i<=mid && j<=right ; )
08          sorted[k++] = (A[i]<=A[j]) ? A[i++] : A[j++];
09      // 한쪽에 남아 있는 레코드의 일괄 복사
10      if( i > mid )
11          for( l=j ; l<=right ; l++, k++ )
12              sorted[k] = A[l];
13      else
14          for( l=i ; l<=mid    ; l++, k++ )
```

```
15                      sorted[k] = A[l];
16              // 배열 sorted[]의 리스트를 배열 A[]로 재복사
17              for( l=left ; k<=right ; l++ )
18                      A[l] = sorted[l];
19      }
20      // 합병 정렬 알고리즘을 이용해 int 배열을 오름차순으로 정렬하는 함수
21      void mergeSort ( int A[], int left, int right )
22      {
23              if( left<right ) {
24                      int mid = (left+right)/2;            // 리스트의 균등 분할
25                      mergeSort(A, left, mid);             // 부분 리스트 정렬
26                      mergeSort(A, mid+1, right);          // 부분 리스트 정렬
27                      merge(A, left, mid, right);          // 합병
28              }
29      }
```

■ 합병 정렬의 복잡도 분석

합병 정렬은 순환 호출 구조로 되어 있다. 따라서 레코드의 개수 n이 2의 거듭제곱이라고 가정하고 순환 호출의 깊이가 얼마나 되는지를 분석해보자. 만약 $n=2^3$인 경우에는 부분 배열의 크기가 $2^3 \rightarrow 2^2 \rightarrow 2^1 \rightarrow 2^0$ 순으로 줄어들어 순환 호출의 깊이가 3임을 알 수 있다. 따라서 일반적으로 $n=2^k$라고 하면 부분 배열의 크기는 $2^k \rightarrow 2^{k-1} \rightarrow \cdots \rightarrow 2^0$이 되어 순환 호출의 깊이가 k가 된다. 이때, $k=\log_2 n$가 된다.

배열이 부분 배열로 나누어지는 단계에서는 비교 연산이나 이동 연산은 수행되지 않는다. 부분 배열이 합쳐지는 merge 함수에서 비교 연산과 이동 연산이 수행되는 것이다. 순환 호출의 깊이만큼의 합병 단계가 필요하다. 그러면 각 합병 단계에서는 몇 번의 비교 연산이 수행될까? 그림 13.17의 $n=2^3$인 경우를 살펴보면 크기 1인 부분 배열 2개를 합병하는 데는 최대 2번의 비교 연산이 필요하고, 부분 배열의 쌍이 4개이므로 2*4=8번의 비교 연산이 필요하다. 다음 단계에서는 크기가 2인 부분 배열을 2개를 합치는데 최대 4번의 비교 연산이 필요하고, 부분 배열 쌍이 2쌍이 있으므로 역시 4*2=8번의 연산이 필요함을 알 수 있다. 마지막 합병 단계인 크기가 4인 부분 배열 2개를 합병하는 데는 최대 8번의 비교 연산이 필요하다. 따라서 또한 8*1번의 연산이 필요함을 알 수 있다. 따라서 일반적인 경우를 유추해보면 하나의 합병 단계에서는 최대 n번의 비교 연산이 필요함을 알 수 있

다. 이러한 합병 단계가 $k = \log_2 n$ 번만큼 있으므로 총 비교 연산은 최대 $n \log_2 n$ 번 필요하다.

이동 연산은 얼마나 수행되는 것일까? 하나의 합병 단계에서 보면 임시 배열에 복사했다가 다시 가져와야 되므로 이동 연산은 총 부분 배열에 들어 있는 요소의 개수가 n인 경우, 레코드의 이동이 $2n$번 발생하므로 하나의 합병 단계에서 $2n$개가 필요하다. 따라서 $\log_2 n$ 개의 합병 단계가 필요하므로 총 $2n \log_2 n$ 개의 이동 연산이 필요하다. 결론적으로 합병 정렬은 $O(n \log_2 n)$의 복잡도를 가지는 알고리즘이다.

합병 정렬의 특징은 입력 데이터가 어떻게 이루어져 있는지에 상관없이, 즉 최악, 평균, 최선의 경우에도 모두 동일한 시간에 정렬된다는 것이다. 합병 정렬의 단점은 임시 배열이 필요한 것과, 만약 레코드들의 크기가 큰 경우에는 이동횟수가 많아 큰 시간적 낭비가 발생할 수 있다는 것이다. 그러나 레코드 자체를 이동하지 않고 포인터(또는 링크 인덱스)만 이동하면 이런 문제가 해결된다. 따라서 합병 정렬은 매우 효율적인 정렬 방법의 하나이다.

13.7 퀵 정렬

■ 퀵 정렬의 개념

퀵 정렬(quick sort)은 평균적으로 매우 빠른 수행 속도를 자랑하는 정렬 방법이다. 퀵 정렬도 합병 정렬과 같이 **분할-정복법**(divide and conquer)을 사용한다. 그러나 합병 정렬과는 달리 리스트를 균등하지 않게 분할한다.

먼저 리스트 안에 있는 한 요소를 **피벗**(pivot)으로 선택한다. 여기서는 리스트의 첫 번째 요소를 피벗으로 하자. 피벗보다 작은 요소들은 모두 피벗의 왼쪽으로 옮기고 피벗보다 큰 요소들은 모두 피벗의 오른쪽으로 옮긴다. 결과적으로 피벗을 중심으로 왼쪽은 피벗보다 작은 요소들로 구성되고, 오른쪽은 피벗보다 큰 요소들로 구성된다. 이 상태에서 피벗을 제외한 왼쪽 리스트와 오른쪽 리스트를 다시 정렬하게 되면 전체 리스트가 정렬된다.

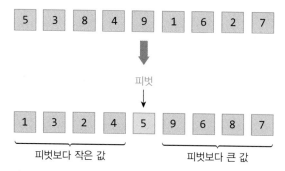

| 그림 13.20 퀵 정렬은 피벗을 기준으로 두 개의 리스트로 나눈다.

그러면 퀵 정렬은 어떻게 피벗을 기준으로 나누어진 왼쪽 부분 리스트와 오른쪽 부분 리스트를 정렬할까? 여기에서도 순환 호출이 사용된다. 부분 리스트에서도 다시 피벗을 정하고 피벗을 기준으로 2개의 부분 리스트로 나누는 과정이 되풀이된다. 이 과정은 부분 리스트를 더 이상이 분할할 수 없을 때까지 반복된다.

▪ 퀵 정렬 알고리즘

앞에서 설명한 방법을 구현하면 프로그램 13.8과 같다. 정렬 대상 배열 A와 함께 정렬 범위를 나타내는 left와 right를 매개변수로 전달하는 것에 주목하라.

프로그램 13.8   퀵 정렬 함수

```
01   // 퀵 정렬 알고리즘을 이용해 배열의 left ~ right 항목들을 오름차순으로 정렬하는 함수
02   void quickSort ( int A[], int left, int right )
03   {
04       if( left<right ){                        // 정렬 범위가 2개 이상인 경우
05               int q=partition(A,left,right);   // 좌우로 분할
06               quickSort (A, left, q-1);        // 왼쪽 부분리스트를 퀵 정렬
07               quickSort (A, q+1, right);       // 오른쪽 부분리스트를 퀵 정렬
08       }
09   }
```

■ partition 알고리즘

퀵 정렬에서 가장 중요한 함수가 partition()이다. 이 함수는 데이터가 들어 있는 배열 A의 left부터 right까지를, 피벗을 기준으로 2개의 부분 리스트로 나눈다. 피벗보다 작은 데이터는 모두 왼쪽 부분 리스트로, 큰 데이터는 모두 오른쪽 부분 리스트로 옮겨진다.

그림 13.21의 (5, 3, 8, 4, 9, 1, 6, 2, 7) 리스트를 두 개의 부분 리스트로 나누는 과정을 자세히 살펴보자. 먼저 간단하게 피벗을 입력 리스트의 첫 번째 데이터로 하자. 따라서 이 경우 피벗은 5가 된다. 인덱스 변수 low는 왼쪽 부분 리스트를 만드는데 사용하고 high는 오른쪽 부분 리스트를 만드는데 사용하자. low는 왼쪽에서 오른쪽으로 탐색해가다가 피벗 보다 큰 데이터(8)를 찾으면 멈춘다. high는 오른쪽 끝에서부터 왼쪽으로 탐색해가다가 피벗보다 작은 데이터(2)를 찾으면 멈춘다. 탐색이 멈추어진 위치는 각 부분 리스트에 적합하지 않은 데이터이다. 따라서 low와 high가 가리키는 데이터를 서로 교환한다. 이러한 탐색-교환 과정은 low와 high가 엇갈지 않는 한 계속 반복한다. 알고리즘이 진행되면서 언젠가는 low와 high가 엇갈려서 지나가게 되면서 멈추게 된다. 이 때 high가 가리키는 데이터(1)와 피벗(5)을 교환하게 되면, 피벗을 중심으로 왼쪽 리스트에는 피벗보다 작은 데이터만 존재하게 되고 오른쪽 리스트에는 피벗보다 큰 데이터만 남는다. 결국 피벗을 중심으로 2개의 리스트로 나누어지게 된다.

| 그림 13.21 퀵 정렬에서 피벗을 기준으로 두 개의 리스트로 나누는 과정

이상과 같은 알고리즘을 C++로 구현하면 다음과 같다.

프로그램 13.9 퀵 정렬에서 partition() 함수

```
01  static int partition ( int A[], int left, int right )
02  {
03      int low  = left;
04      int high = right+1;
05      int pivot = A[left];        // 피벗 설정
06      do {
07          do {                    // 왼쪽 리스트에서 피벗보다 큰 레코드 선택
08              low++;
09          } while(low<=right &&A[low]<pivot);
10          do {
11              high--;             // 오른쪽 리스트에서 피벗보다 작은 레코드 선택
12          } while(high>=left && A[high]>pivot);
13          if( low < high )        // 선택된 두 레코드 교환
14              swap(A[low], A[high]);
15      } while( low < high );      // 인덱스 i,j가 엇갈리지 않는 한 반복
16
17      swap(A[left],A[high]);      // 인덱스 j가 가리키는 레코드와 피벗 교환
18      return high;
19  }
```

코드 설명

3행 low는 left+1에서 출발. do-while 루프에서 먼저 증가를 시킴을 주의하라.

4행 high는 right에서 출발. do-while 루프에서 먼저 감소를 시킴을 주의하라.

5행 정렬할 리스트의 가장 왼쪽 데이터를 피벗으로 선택한다.

6행 low와 high 교차할 때까지 계속 반복한다.

7~9행 A[low]가 pivot보다 작으면 계속 low를 증가시킨다.

10~12행 A[high]가 pivot보다 크면 계속 high를 증가시킨다.

13~14행 low와 high가 아직 교차하지 않았으면 A[low]와 A[high]를 교환한다.

15행 만약 low와 high가 교차하였으면 반복을 종료한다.

17행 피벗을 중앙에 위치시킨다.

18행 피벗의 위치를 반환한다.

그림 13.21의 마지막 상태에서 피벗(5)은 이미 제 위치에 있음을 알 수 있다. 따라서 피벗을 제외한 왼쪽과 오른쪽 리스트 (1, 3, 2, 4)와 (9, 6, 8, 7)를 독립적으로 다시 퀵 정렬하면 전체 리스트가 정렬된다. 그램 13.22는 전체 리스트가 정렬되는 과정을 보여준다.

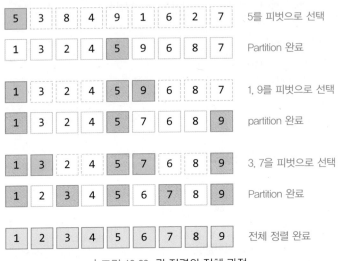

| 그림 13.22 퀵 정렬의 전체 과정

■ 전체 프로그램

프로그램 13.10은 퀵 정렬 알고리즘 테스트 프로그램을 보여준다. main()에서 n개의 요소로 구성된 배열 list를 퀵 정렬하기 위해 quickSort(list, 0, n-1);를 호출한 것에 유의하라.

프로그램 13.10   퀵 정렬 전체 프로그램

```
01   static void initRandom( int list[], int n, int max );
02   static void printArray( int arr[], int n, char *str );
03   static int partition ( int list[], int left, int right );
04   void quickSort ( int list[], int left, int right );
05
06   void main()
07   {
08          int      list[16];
09          int      n = 16;
10          initRandom( list, n );
```

```
C:\Windows\system32\cmd.exe
Original  = 41 67 34  0 69 24 78 58 62 64  5 45 81 27 61 91
QuickSort =  0  5 24 27 34 41 45 58 61 62 64 67 69 78 81 91
```

```
11          printArray( list, n, "Original " );
12          quickSort( list, 0, n-1 );
13          printArray( list, n, "QuickSort" );
14   }
```

▪ 퀵 정렬의 복잡도 분석

n이 2의 거듭제곱이라고 가정하고 만약에 퀵 정렬에서의 리스트 분할이 항상 리스트의 가운데에서 이루어진다고 가정하면 합병 정렬의 복잡도 분석과 마찬가지로 n개의 레코드를 가지는 리스트는 $n/2, n/4, n/8, \cdots, n/2^k$의 크기로 나누어질 것이다. 크기가 1이될 때까지 나누어지므로 $n/2^k=1$일 때까지 나누어질 것이고 따라서 $k=\log_2 n$개의 패스가 필요하게 된다. 각각의 패스에서는 전체 리스트의 대부분의 레코드를 비교해야 하므로 평균 n번 정도의 비교가 이루어지므로 퀵 정렬은 비교 연산을 총 $n\log_2 n$번 실행하여 $O(n\log_2 n)$ 알고리즘이 된다. 레코드의 이동횟수는 비교횟수보다 적으므로 무시할 수 있다.

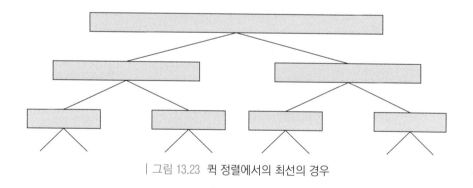

| 그림 13.23 퀵 정렬에서의 최선의 경우

퀵 정렬에서의 최악의 경우는 그림 13.24처럼 리스트가 계속 불균형하게 나누어지는 것이다. 이미 정렬된 리스트에 대하여 퀵 정렬을 실행하는 경우를 생각해보자. 이 경우 리스트의 첫 번째 레코드를 피벗으로 설정하면, 다음과 같이 왼편 리스트가 텅 비게 되는 불균형 분할이 연속해서 이루어진다.

(1 2 3 4 5 6 7 8 9)
1 (2 3 4 5 6 7 8 9)
1 2 (3 4 5 6 7 8 9)
1 2 3 (4 5 6 7 8 9)
1 2 3 4 (5 6 7 8 9)
                    ...
1 2 3 4 5 6 7 8 9

이 경우 레코드의 수만큼 총 n번의 패스가 실행되고, 각 패스에서 n번의 비교가 이루어지게 되므로 비교 연산을 n^2 번 실행하게 된다. 따라서 최악의 경우 퀵 정렬은 $O(n^2)$의 시간 복잡도를 가지게 된다.

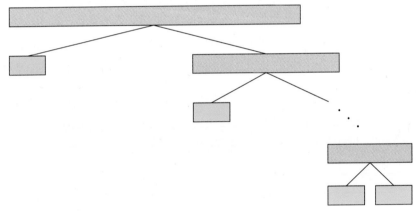

| 그림 13.24 퀵 정렬에서의 최악의 경우

퀵 정렬의 평균적인 경우의 시간 복잡도가 $O(n \log_2 n)$으로 나타난다. 특히 다른 $O(n \log_2 n)$의 정렬 알고리즘과 비교하였을 때도 가장 빠른 것으로 나타났다. 이는 퀵 정렬이 불필요한 데이터의 이동을 줄이고 먼 거리의 데이터를 교환할 뿐 아니라, 한번 결정된 피벗들이 추후 연산에서 제외되는 특성 등에서 기인한다고 보인다.

퀵 정렬은 속도가 빠르고 추가 메모리 공간을 필요로 하지 않는 등의 장점이 있는 반면에 정렬된 리스트에 대해서는 오히려 수행 시간이 더 많이 걸리는 등의 단점도 가진다. 이러한 불균형 분할을 방지하기 위하여 피벗을 선택할 때 단순히 리스트의 왼쪽 데이터를 사용하는 대신에 보다 리스트의 중앙 부분을 분할할 수 있는 데이터를 선택한다. 많이 사용되는 방법은 리스트 내의 몇 개의 데이터 중에서 **중간값**(median)을 피벗으로 선택하는 것이다.

일반적으로 리스트의 왼쪽, 오른쪽, 중간의 3개의 데이터 중에서 **중간 값을 선택하는 방법** (median of three)이 많이 사용된다.

■ 퀵 정렬 라이브러리 함수의 사용

이와 같은 퀵 정렬의 장점에 따라 C언어나 C++의 실행 시간 라이브러리에서 퀵 정렬 함수가 제공된다. 보통 qsort()란 이름으로 제공되는데, 이 함수를 어떻게 사용하는지 이해하고 활용할 수 있다면 매우 유용할 것이다. 이 함수의 함수 원형은 다음과 같다.

• 함수의 원형

```
void qsort(
    void *base,
    size_t num,
    size_t width,
    int (*compare)(const void *, const void *)
);
```

• 함수의 파라미터 설명

base: 배열의 시작 주소

num: 배열 요소의 개수

width: 배열 요소 하나의 크기(바이트 단위)

compare: 비교 함수. 포인터를 통하여 두 개의 요소를 비교하여 비교 결과를 정수로 반환한다.　사용자가 제공하여야 됨.

• 함수의 설명

이 함수는 각 요소가 width 바이트인 num개의 요소를 가지는 배열에 대하여 퀵 정렬을 수행한다. 입력 배열은 정렬된 값으로 덮어 씌워진다. compare()는 배열 요소 2개를 서로 비교하는 사용자 제공 함수로 qsort 함수가 요소들을 비교할 때마다 다음과 같이 호출하여 사용한다.

```
compare( (void *) elem1, (void *) elem2 );
```

반환값	설명
< 0	elem1이 elem2보다 작으면
0	elem1이 elem2과 같으면
> 0	elem1이 elem2보다 크면

프로그램 13.11은 퀵 정렬 라이브러리 함수를 사용하는 예를 보인다. 배열의 요소가 double 형이므로 이에 따른 compare() 함수를 보였다. 만약 클래스 객체의 배열을 정렬하려면 compare()에서 정렬하고자 하는 필드를 비교하여 적절한 값을 반환하면 된다.

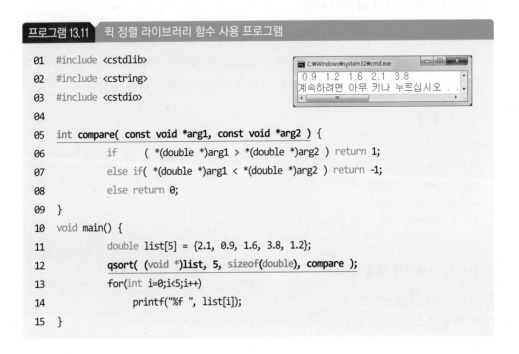

프로그램 13.11 퀵 정렬 라이브러리 함수 사용 프로그램

```
01  #include <cstdlib>
02  #include <cstring>
03  #include <cstdio>
04
05  int compare( const void *arg1, const void *arg2 ) {
06          if    ( *(double *)arg1 > *(double *)arg2 ) return 1;
07          else if( *(double *)arg1 < *(double *)arg2 ) return -1;
08          else return 0;
09  }
10  void main() {
11          double list[5] = {2.1, 0.9, 1.6, 3.8, 1.2};
12          qsort( (void *)list, 5, sizeof(double), compare );
13          for(int i=0;i<5;i++)
14                  printf("%f ", list[i]);
15  }
```

```
C:\Windows\system32\cmd.exe
0.9  1.2  1.6  2.1  3.8
계속하려면 아무 키나 누르십시오 . . .
```

13.8 힙 정렬

■ 힙 정렬의 개념

힙 정렬은 10장의 우선순위 큐에서 힙의 응용으로 간단히 소개하였다. 힙은 우선순위 큐를 완전 이진 트리로 구현하는 방법으로 최댓값이나 최솟값을 쉽게 추출할 수 있는 자료 구조이다. 힙에는 최대 힙과 최소 힙이 있는데, 최소 힙의 루트는 가장 작은 값을 가진다. 정렬할 배열을 먼저 최소 힙으로 변환한 다음, 가장 작은 원소부터 차례대로 추출하여 정렬하는 방법을 **힙 정렬**(heap sort)이라 한다.

힙은 완전 이진 트리이므로 1차원 배열을 이용하여 완전하게 기술할 수 있음을 유의하라. 힙은 외관상으로는 그냥 1차원 배열처럼 보인다. 단지 배열의 요소들 간에 크고 작은 관계가 성립하는 것이다. 자세한 내용은 10장을 참고하라.

■ 힙 정렬의 복잡도 분석

요소의 개수가 n일 때 힙의 삽입과 삭제 연산에 각각 $\log_2 n$에 비례하는 시간이 걸리는 것을 공부했다. 힙 정렬은 n번의 삽입과 n번의 삭제 연산이 필요하므로 결국 $2n \log_2 n$에 비례하는 연산이 필요하다. 따라서 힙 정렬의 시간 복잡도는 $O(n \log_2 n)$이다.

힙 정렬은 전체 리스트 중에서 일부만 정렬할 필요가 있는 경우에 매우 유용하다. 예를 들어, n개의 레코드 중에서 제일 작은 레코드 k개만 필요한 경우, 다른 정렬 방법들은 리스트에 있는 n개의 레코드를 모두 정렬해야 하지만 힙 정렬은 최소 힙에서 k번만 작은 레코드를 추출해냄으로써 간단하게 목적을 달성할 수 있다. 힙 정렬의 장점은 최악의 경우에도 시간 복잡도가 $O(n \log_2 n)$으로 제한되고, 최소 힙이 배열로 구현되기 때문에 별도의 메모리가 필요 없다는 점이다.

13.9 기수 정렬

■ 기수 정렬의 원리

이때까지의 정렬 방법들은 모두 레코드들을 비교하여 정렬한다. **기수 정렬**(radix sort)은 입력 데이터에 대해서 어떤 비교 연산도 실행하지 않고 데이터를 정렬할 수 있는 색다른 정렬 기법이다. 다른 방법들이 $O(n \log_2 n)$이라는 정렬의 이론적인 하한선을 깰 수 없는데 비해 기수 정렬은 이 하한선을 깰 수 있는 유일한 기법이다. 사실 기수 정렬은 $O(kn)$의 시간 복잡도를 가지는데 대부분 $k<4$ 이하이다. 기수 정렬은 추가적인 메모리를 필요로 하는데, 이런 단점을 감안하더라도 다른 방법들 보다 빠르기 때문에 상당히 인기 있는 정렬 기법 중의 하나이다.

기수(radix)란 숫자의 자릿수이다. 예를 들면 숫자 42는 4와 2의 두 개의 자릿수를 가지고 이것이 기수가 된다. 기수 정렬은 이러한 자릿수의 값에 따라서 정렬하기 때문에 기수 정렬이라는 이름을 얻었다. 기수 정렬은 다단계 정렬이다. 단계의 수는 데이터의 자릿수의 개수와 일치한다.

기수 정렬의 동작 원리에 대하여 알아보자. 일단 한 자리로만 이루어진 숫자의 리스트 (8, 2, 7, 3, 5)를 생각해보자. 어떻게 서로 비교를 하지 않고 정렬을 할 수 있을까? 십진수에서는 각 자릿수가 0에서 9까지의 값만 가지기 때문에 다음과 같이 10개의 **버킷**(bucket)을 만들어서 입력 데이터를 값에 따라 상자에 넣는다. 각 왼쪽 상자부터 순차적으로 버킷 안에 들어 있는 숫자를 순차적으로 읽는다. 그러면 정렬된 숫자 리스트 (2, 3, 5, 7, 8)를 얻을 수 있다. 이 과정에서 비교 연산은 전혀 사용되지 않았다. 각 자릿수의 값에 따라 버킷에 넣고 빼는 동작을 되풀이 했을 뿐이다.

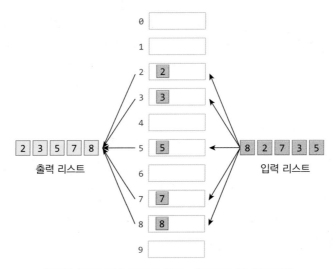

| 그림 13.25 기수 정렬의 원리: 한 자릿수의 숫자 정렬

자 그러면 여러 자리로 이루어진 수는 어떻게 정렬하여야 하는가? 숫자 리스트 (28, 93, 39, 81, 62, 72, 38, 26)를 예로 들어보자. 0에서 99번까지 번호가 매겨진 100개의 버킷을 사용하여 앞에서와 마찬가지로 정렬을 할 수 있다. 그러나 보다 효과적인 방법이 있다. 즉, 1의 자릿수와 10의 자릿수를 따로 따로 사용하여 정렬을 하는 방법이다. 이렇게 하면 10개의 버킷만으로도 2자리 정수를 정렬할 수 있다. 그러면 어떤 자릿수를 먼저 사용하여야 할까? 정답은 먼저 낮은 자릿수로 정렬한 다음 차츰 높은 자릿수로 정렬해야 한다는 것이다.

예를 들어 (28, 93, 39, 81, 62, 72, 38, 26)을 먼저 10의 자릿수를 먼저 사용하고 1의 자릿수를 나중에 사용하면 (28, 26, 39, 38, 61, 72, 81, 93) → (61, 81, 72, 93, 26, 28, 38, 39)이 되어 잘못된 결과가 된다. 그러나 1의 자리수를 먼저 사용하면 같은 버킷을 사

용하더라도 (81, 62, 72, 93, 26, 28, 38, 39) → (26, 28, 38, 39, 62, 72, 81, 93)이 되어서 정렬하는 것이 가능해진다. 그림 13.26을 참고하라.

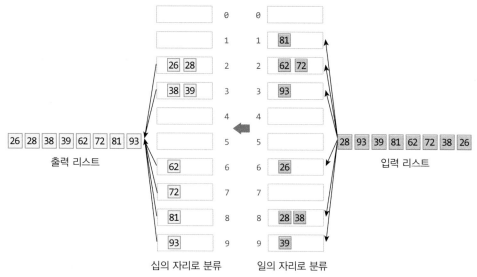

| 그림 13.26 기수 정렬의 원리: 2자릿수의 숫자 정렬

■ 기수 정렬의 알고리즘

LSD(least significant digit)는 가장 낮은 자릿수이고 MSD(most significant digit)는 가장 높은 자릿수이다. 유사 코드로 기수 정렬의 알고리즘을 작성하여 보면 다음과 같다.

| 알고리즘 13.6 기수 정렬 알고리즘

```
RadixSort(A, n)

for d←LSD의 위치 to MSD의 위치 do
    d번째 자릿수에 따라 0번부터 9번 버킷에 집어넣는다.
    버킷에서 숫자들을 순차적으로 읽어서 하나의 리스트로 합친다.
    d++;
```

각각의 버킷에서 먼저 들어간 숫자들은 먼저 나와야 한다. 따라서 각각의 버킷은 큐로 구현되어야 한다. 큐로 구현되어야 리스트 상에 있는 요소들의 상대적인 순서가 유지된다. 버킷에 숫자를 집어넣는 연산은 큐의 삽입 연산이 되고 버킷에서 숫자를 읽는 연산은 삭제 연산으로 대치하면 된다.

버킷의 개수는 키의 표현 방법과 밀접한 관계가 있다. 만약 키를 2진법을 사용하여 표현하고 정렬한다면 버킷은 2개만 있으면 된다. 또한 키가 알파벳 문자로 되어 있다면 26개의 버킷이 필요하다. 기수 정렬은 숫자를 10진법으로 생각하면 10개의 버킷을 이용하면 되지만, 다른 방법도 있다. 예를 들어, 32비트의 정수를 8비트씩 나누어 적용할 수 있다. 이 경우, 필요한 버킷의 수는 256개가 된다. 대신에 필요한 패스의 수는 4개로 십진수 표현보다 줄어든다.

■ 기수 정렬의 구현

버킷으로는 4장에서 학습한 큐를 사용한다. 십진수의 경우, 10개의 버킷이 필요하므로 큐도 10개의 큐가 필요하다. 정렬에는 4자릿수로 된 자연수만을 취급한다.

프로그램 13.12 기수 정렬 프로그램

```
01  #include "CircularQueue.h"                  // 프로그램 4.1 포함
02  #define BUCKETS 10
03  #define DIGITS  4
04  void radixSort( int list[], int n )
05  {
06          Queue queues[BUCKETS];
07          int factor=1;
08          for(int d=0 ; d<DIGITS ; d++ ){
09              for( int i=0 ; i<n ; i++ )      // 데이터들을 자릿수에 따라 큐에 삽입
10                  queues[(list[i]/factor)%10].enqueue( list[i]);
11
12              for( int b=i=0 ; b<BUCKETS ; b++)        // 버킷에서 꺼내어 list로 합친다.
13                  while( !queues[b].isEmpty() )
14                      list[i++] = queues[b].dequeue();
15              factor *= 10;                            // 그 다음 자릿수로 간다.
16
17              printArray( list, n, "Radix...." );
18          }
19  }
```

프로그램 13.12의 실행결과는 다음과 같다.

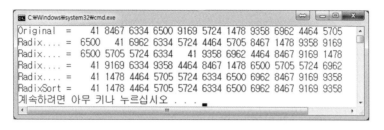

■ 기수 정렬의 분석

만약 입력 리스트가 n개의 정수를 가지고 있다고 하면 알고리즘의 내부 루프는 n번 반복될 것이다. 만약 각 정수가 d개의 자릿수를 가지고 있다고 하면 외부 루프는 d번 반복된다. 따라서 기수 정렬은 $O(d \cdot n)$의 시간 복잡도를 가진다. 시간 복잡도가 d에 비례하기 때문에 기수 정렬의 수행 시간은 정수의 크기와 관련이 있다. 그러나 일반적으로 컴퓨터 안에서의 정수의 크기를 제한된다. 32비트 컴퓨터의 경우에는 대개 10개 정도의 자릿수 만을 가지게 된다. 따라서 일반적으로 d는 n에 비하여 아주 작은 수가 되므로 기수 정렬은 $O(n)$이라고 하여도 무리가 없다.

따라서 기수 정렬은 다른 정렬 방법에 비하여 빠른 수행 시간에 정렬을 마칠 수 있다. 그러나 문제점은 정렬에 사용되는 키값이 자연수로 표현되어야만 적용이 가능하다는 것이다. 만약 예를 들어 실수나 한글, 한자 등으로 이루어진 키값을 이 방법으로 정렬하고자 할 경우 매우 많은 버킷이 필요하게 되므로 적용이 불가능하다. 다른 정렬 방법들은 모든 종류의 키 형태에 적용될 수 있음을 기억하라.

13.10 정렬 알고리즘의 비교

지금까지 배운 정렬 방법들의 이론적 성능을 비교해보면 표 13.2와 같다. 최적 정렬 방법은 정렬해야할 레코드의 수, 크기, 타입 등에 따라 달라지므로 각 정렬 방법들의 장단점을 잘 이해하여 적합한 정렬 방법을 사용할 수 있어야 한다. 표 13.3은 정수 60,000개에 대한 각 알고리즘별 실행 시간 측정 결과를 보여주는데, 알고리즘별 상대적인 실행 시간을 참고하라.

| 표 13.2 정렬 방법의 성능 비교

알고리즘	최선	평균	최악
삽입 정렬	$O(n)$	$O(n^2)$	$O(n^2)$
선택 정렬	$O(n^2)$	$O(n^2)$	$O(n^2)$
버블 정렬	$O(n)$	$O(n^2)$	$O(n^2)$
셸 정렬	$O(n)$	$O(n^{1.5})$	$O(n^{1.5})$
퀵 정렬	$O(n\log_2 n)$	$O(n\log_2 n)$	$O(n^2)$
힙 정렬	$O(n\log_2 n)$	$O(n\log_2 n)$	$O(n\log_2 n)$
합병 정렬	$O(n\log_2 n)$	$O(n\log_2 n)$	$O(n\log_2 n)$
기수 정렬	$O(dn)$	$O(dn)$	$O(dn)$

| 표 13.3 정렬 알고리즘별 실험 결과(정수: 60,000개)

알고리즘	실행 시간(단위: sec)
삽입 정렬	7.438
선택 정렬	10.842
버블 정렬	22.894
셸 정렬	0.056
힙 정렬	0.034
합병 정렬	0.026
퀵 정렬	0.014

| 연습문제 |

1   다음 초기 자료에 대하여 삽입 정렬(Insertion Sort)을 이용하여 오름차순 정렬한 경우 PASS 1의 결과는? [기사시험 기출문제]

> **초기 자료 : 8, 3, 4, 9, 7**

① 3, 4, 8, 7, 9   ② 3, 4, 9, 7, 8
③ 7, 8, 3, 4, 9   ④ 3, 8, 4, 9, 7

2   다음 자료를 버블 정렬을 이용하여 오름차순으로 정렬할 경우 PASS 1의 결과는? [기사시험 기출문제]

> **9, 6, 7, 3, 5**

① 3, 5, 6, 7, 9   ② 6, 7, 3, 5, 9
③ 3, 5, 9, 6, 7   ④ 6, 3, 5, 7, 9

3   다음 자료에 대하여 "selection sort"를 사용하여 오름차순으로 정렬할 경우 PASS 3의 결과는? [기사시험 기출문제]

> **초기 상태 : 8, 3, 4, 9, 7**

① 3, 4, 7, 9, 8   ② 3, 4, 8, 9, 7
③ 3, 8, 4, 9, 7   ④ 3, 4, 7, 8, 9

4 다음은 배열 A에 저장된 n개의 정수를 오름차순으로 정렬하는 삽입 정렬(insertion sort) 알고리즘이다. ⊙과 ⓛ에 순서대로 들어갈 내용으로 옳은 것은? [공무원시험 기출문제]

```
void sort(int A[], int n)
{
    int i, j, key;
    for (i = 1; 1 < n; i++) {
        key = A[i];
        for (j = i - 1;   ⊙   ; j--)
                ⓛ
        A[j+1] = key;
    }
}
```

	⊙	ⓛ
①	j >= 0 && key > A[j]	A[j+1] = A[j];
②	j > 0 && key >= A[j]	A[j-1] = A[j];
③	j > 0 && key < A[j]	A[j] = A[j+1];
④	j >= 0 && key < A[j]	A[j+1] = A[j];

5 다음의 정렬 기법을 이용하여 아래의 정수 배열을 오름차순으로 정렬하라. 각 단계에서의 배열의 내용을 나타내라.

7	4	9	6	3	8	7	5

(1) 선택 정렬
(2) 삽입 정렬
(3) 버블 정렬
(4) 쉘 정렬

6 다음의 정렬 기법을 이용하여 아래의 정수 배열을 오름차순으로 정렬하라. 각 단계에서의 배열의 내용을 나타내라.

71	49	92	55	38	82	72	53

(1) 퀵 정렬
(2) 합병 정렬
(3) 힙 정렬

7 다음과 같은 입력 배열을 퀵 정렬을 이용하여 정렬할 때, 피봇을 선택하는 방법을 다르게 하여 각 단계별 내용을 나타내라.

1	2	3	4	5	6	7	8

(1) 왼쪽 첫 번째 요소를 피봇으로 하는 방법

(2) 왼쪽, 중간, 오른쪽 가운데 중간값(median of three) 방법

8 퀵 정렬에서 함수가 수행되면서 정렬의 매 패스마다 다음과 같은 형식으로 화면에 출력하도록 함수를 수정하라.

```
67    90    57    25    84    32    73    54
      low                              high

67    54    57    25    84    32    73    90
                  low         high

67    54    57    25    73    32    84    90
                  low   high

67    90    57    25    32    73    84    54
                  high  low

32    90    57    25    67    73    73    54
                  high  low
```

| 프로그래밍 프로젝트 |

1   지금까지 배운 정렬 방법들을 서로 비교하려고 한다. 대상이 되는 정렬 알고리즘은 다음과
　　　같다.
- 삽입 정렬
- 선택 정렬
- 버블 정렬
- 퀵 정렬
- 힙 정렬
- 합병 정렬

(1) n개에서 난수를 발생하여 배열 list에 저장하는 다음 함수를 구현하라.

```
void randomInit( int* list, int n );
```

(2) 다양한 n 값에 대해 (1)번의 함수를 이용해 난수를 발생시키고 각 알고리즘으로 정렬
　　　하라. 이때 각 알고리즘의 실행 시간을 측정하라. 입력의 개수에 따른 각 알고리즘의
　　　실행 시간을 하나의 선 그래프로 그려 비교하라. 보다 더 평균적인 실행 시간 측정이
　　　되기 위해서는 가능한 한 다양한 데이터를 생성하여 알고리즘을 반복하고 실행 시간
　　　의 측정해 평균을 구하는 것이 좋을 것이다.

(3) 각 정렬 방법의 최악의 경우의 수행 시간을 측정하여 보자. 먼저 각 정렬 알고리즘에
　　　대한 최악의 데이터가 필요하다. 삽입 정렬의 경우에는 역으로 정렬된 데이터가 최악
　　　이다. 즉, n개의 데이터라면 $n, n-1, n-2, \cdots, 1$의 입력 데이터를 사용하면 된다. 힙
　　　과 합병, 선택 정렬의 경우는 그냥 난수 데이터를 사용한다. 버블 정렬의 경우에는 역
　　　순으로 정렬된 데이터를 사용하라. 퀵 정렬은 정렬된 데이터가 최악이다. 테스트 데이
　　　터가 만들어지면 각 알고리즘을 구현하여 실험을 수행한다. 실험 결과값을 그래프로
　　　표시하고 각 n값에 대하여 가장 빠른 정렬 알고리즘을 결정하라. 삽입 정렬과 선택,
　　　버블 정렬은 예측했던 대로 $O(n^2)$의 성능을 보여주는지를 살펴보라.

14

탐색

학습목표

- 탐색과 맵의 개념을 이해한다.
- 맵을 구현하는 여러 가지 방법을 이해한다.
- 이진 탐색 트리 균형화의 의미를 이해한다.
- 해싱의 의미와 해시 함수를 이해한다.
- 해시 충돌 해결 방법들을 이해한다.
- 맵을 문제에 적용할 수 있는 능력을 기른다.

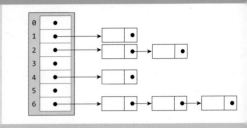

14 탐색

14.1 탐색이란?

우리는 9장 이진 탐색 트리에서 탐색의 개념을 공부했다. **탐색(search)**은 말 그대로 무엇인가를 찾는 작업으로 컴퓨터에서 가장 중요한 응용의 하나이다. 이 장에서는 탐색을 보다 자세히 알아보자.

컴퓨터 프로그램에서 탐색은 하나 이상의 **필드(field)**로 구성되는 **레코드(record)**의 집합에서 원하는 레코드를 찾아내는 작업이다. 보통 이러한 레코드들의 집합을 **테이블(table)**이라고 부른다. 레코드들은 서로 중복되지 않고 고유한 값을 갖는 키를 가지는데, 이것을 **탐색키(search key)**라 부른다. 결국 자료를 검색하는 것은 테이블에서 원하는 탐색키를 가진 레코드를 찾는 것이다.

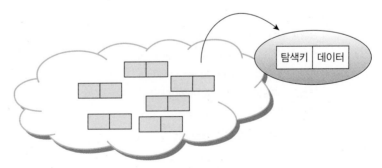

| 그림 14.1 탐색은 탐색키를 이용해 여러 레코드 중에서 원하는 것을 찾는 과정

그림 14.2의 테이블을 보자. 테이블에는 6개의 레코드가 있고 하나의 레코드에는 네 개의

필드가 있다. 이 레코드에서 "나라 이름" 필드는 탐색키가 될 수 있다. "언어" 필드는 어떨까? 당연히 탐색키가 될 수 없다. 동일한 언어를 사용하는 여러 나라가 존재하기 때문이다.

나라 이름	언어	면적	인구
대한민국	한국어	$99,720km^2$	4,900만
미국	영어	$9,826,675km^2$	3억 2000만
일본	일본어	$377,915km^2$	1억 3000만
중국	중국어	$9,596,961km^2$	13억 8000만
영국	영어	$243,610km^2$	6,400만
호주	영어	$7,741,220km^2$	2,300만

| 그림 14.2 6개의 레코드를 가진 테이블

■ 맵 이란?

맵은 탐색을 위한 자료구조이다. **맵**(map) 또는 **사전**(dictionary)은 자료를 저장하고 키를 이용해 원하는 자료를 빠르게 찾을 수 있도록 하는 자료구조를 말한다. 맵은 **키를 가진 레코드**(keyed record) 또는 **엔트리**(entry)라 불리는 키-값 쌍(key, value)을 테이블에 저장한다. 이때 각 키는 유일하고 맵에 저장되는 키와 값은 어떠한 자료형도 가능하다.

맵은 키를 가진 레코드의 집합이다. 맵의 추상 자료형을 정의하기 전에 먼저 키를 가진 레코드(keyed record)의 추상 자료형을 정의해 보자.

| ADT 14.1 Keyed Record

> **데이터:** 키(key)와 값(value)을 가진 요소 (key,value)의 집합
>
> **연산** • create(key, value): 주어진 key와 value를 각각 키와 값으로 갖는 레코드를 생성한다.
> • getKey(): 레코드의 키를 반환한다.
> • getValue(): 레코드의 값을 반환한다.
> • update(value): 레코드의 값을 value로 변경한다.

키를 가진 레코드에서는 "값"은 변경할 수 있지만 "키"를 변경하는 연산은 제공되지 않음에 유의하라. 이를 바탕으로 맵의 추상 자료형을 정의하면 다음과 같다.

| ADT 14.2 **Map**

데이터: 유일한 키를 가진 엔트리(키를 가진 레코드)의 집합

연산 • create(): 공백 상태의 맵을 생성한다.
 • search(key): 테이블에서 주어진 탐색키 key를 가진 레코드를 찾아 반환한다.
 • insert(entry): 테이블에서 주어진 entry를 삽입한다.
 • delete(key): 테이블에서 주어진 탐색키 key를 가진 레코드를 찾아 삭제한다.
 • count(): 테이블의 모든 레코드 수를 반환한다.

맵에서도 가장 중요한 연산이 삽입, 검색, 삭제이다. 이것은 테이블에 새로운 레코드를 추가하거나, 원하는 레코드를 검색하고, 어떤 레코드를 삭제하는 것이다. 그렇다면 맵을 구현하는 방법에는 어떤 것이 있을까? 아무래도 맵을 구현하는 가장 간단한 방법은 배열일 것이다. 그러나 맵의 탐색 성능을 향상하고자 한다면 이진 탐색 트리와 같은 보다 효율적인 자료구조의 사용을 고민해야 할 것이다. 이 장에서는 맵을 구현하는 다음 네 가지의 방법을 자세히 알아본다.

(1) 정렬되지 않은 배열을 사용하는 방법
(2) 정렬된 배열을 이용하는 방법
(3) 이진 탐색 트리를 이용하는 방법
(4) 해싱을 이용하는 방법

맵은 구현하는 방법에 따라 탐색 연산의 시간 복잡도가 달라진다. 정렬되지 않은 배열을 이용한다면 $O(n)$의 시간이 걸린다. 정렬된 배열을 사용하면 탐색 시간을 $O(\log n)$로 향상시킬 수 있다. 이진 탐색 트리도 균형을 잘 맞춘다면 $O(\log n)$의 시간에 원하는 탐색을 마칠 수 있다. 만약 **해싱**(hashing)이라는 기법을 잘 사용한다면 저장된 레코드의 수에 상관없이 항상 일정한 시간 안에($O(1)$) 원하는 레코드를 찾을 수 있다. 따라서 맵을 가장 효율적으로 구현할 수 있는 방법이 해싱이다. 해싱은 탐색키의 비교가 아닌 탐색키를 수식에 적용시켜서 바로 레코드가 저장된 위치를 얻는다. 이 장에서는 이러한 다양한 탐색 방법을 배운다.

14.2 정렬되지 않은 배열에서의 탐색

■ 순차 탐색

만약 배열을 이용해 맵을 구현하고 배열을 정렬하지 않으면 순차 탐색 방법을 사용할 수 있다. **순차 탐색**(sequential search)은 가장 간단하고 직접적인 탐색 방법이다. 순차 탐색은 정렬되지 않은 배열에서 탐색키 찾을 수 있는데, 배열의 요소들을 처음부터 마지막까지 하나씩 검사하여 원하는 레코드를 찾는 방법이다.

일단 레코드에는 정수가 저장된다고 가정하자. 이것은 쉽게 다른 자료형으로 확장할 수 있다. 프로그램 14.1은 순차 탐색 코드를 보여주는데, 탐색 대상인 배열 list[]와 배열에서의 탐색 범위 low, high가 함수의 매개변수로 주어진다. 탐색 함수는 탐색에 성공하면 그 항목이 발견된 위치를 반환하고 그렇지 않으면 −1을 반환한다.

프로그램 14.1 순차 탐색

```
01  // int 배열 list의 순차탐색
02  int sequentialSearch(int list[], int key, int low, int high)
03  {
04          for(int i=low; i<=high; i++)
05                  if(list[i]==key)
06                          return i;        // 탐색에 성공하면 키 값의 인덱스 반환
07          return -1;                       // 탐색에 실패하면 -1 반환
08  }
```

8을 찾는 경우

| 9 | 5 | 8 | 3 | 7 | 9≠8 탐색 계속
| 9 | 5 | 8 | 3 | 7 | 5≠8 탐색 계속
| 9 | 5 | 8 | 3 | 7 | 8=8 탐색 성공

탐색 성공→종료

2를 찾는 경우

| 9 | 5 | 8 | 3 | 7 | 9≠2 탐색 계속
| 9 | 5 | 8 | 3 | 7 | 5≠2 탐색 계속
| 9 | 5 | 8 | 3 | 7 | 8≠2 탐색 계속
| 9 | 5 | 8 | 3 | 7 | 3≠2 탐색 계속
| 9 | 5 | 8 | 3 | 7 | 7≠2 탐색 계속

더 이상 항목이 없음→탐색 실패

| 그림 14.3 순차 탐색의 예

그림 14.3은 순차 탐색 알고리즘이 수행되는 예를 보여주는데, 리스트의 맨 앞부터 탐색값과 일치하는 항목을 찾을 때까지 순차적으로 탐색한다. 탐색이 성공하면 그 레코드의 인덱스를 반환하고, 탐색이 실패하면 반복문 종료 후 −1을 반환한다.

순차 탐색에서 비교횟수는 찾는 레코드의 위치에 따라 다르다. 맨 앞에 있으면 1번, 두 번째이면 2번, k번째 있으면 k번 비교가 필요하다. 모든 키가 탐색될 확률이 동일하다고 가정하면 평균 비교횟수는 다음과 같다.

$$(1+2+3+\cdots+n)/n=(n+1)/2$$

따라서 순차 탐색의 시간 복잡도는 $O(n)$이 된다.

14.3 정렬된 배열에서의 탐색

배열의 순차 탐색은 이해하고 구현하기는 쉽지만 배열이 많은 항목을 가지는 경우에는 비효율적인 방법이다. 예를 들어, 10개 중의 하나를 찾는 것은 순차 탐색으로 가능하지만 인구 5,000만 명 중에서 한사람을 찾는 문제라면 매우 많은 시간이 소요될 것이다. 따라서 보다 빠른 방법이 요구된다. 배열이 정렬되어 있지 않다면 순차 탐색 이외에는 별다른 대안이 없다. 그러나 맵에서 배열을 키값에 따라 정렬하여 관리하고 있다면 보다 개선된 탐색 방법을 사용할 수 있다.

■ 정렬된 배열에서의 개선된 순차 탐색

배열이 정렬되어 있으면 순차 탐색 실행 중에 탐색키보다 큰 레코드를 만나면 탐색을 종료할 수 있으므로 배열 전체를 검색하지 않고도 탐색 항목의 존재 유무를 알 수 있다. 프로그램 14.2는 정렬된 배열에서의 순차 탐색 방법을 보여준다.

프로그램 14.2 정렬된 배열에서의 개선된 순차 탐색

```
01    // 오름차순으로 정렬된 배열 list의 순차탐색
02    int sortedSequentialSearch(int list[], int key, int low, int high)
03    {
04            int i;
05            for(i=low; i<=high; i++){
06                    if(list[i] > key) return -1;
07                    if(list[i] == key) return i;
08            }
09            return -1;
10    }
```

정렬된 리스트를 순차 탐색할 경우 비교 횟수는 배열에 해당 항목이 존재하여 탐색이 성공했을 경우에는 일반 순차 탐색과 동일하지만, 해당 항목이 리스트에 존재하지 않아서 탐색이 실패할 경우에는 비교 횟수가 반으로 줄어든다. 그러나 시간 복잡도의 차수는 원래의 순차 탐색과 동일하게 $O(n)$으로 변함이 없다.

■ 정렬된 배열에서의 이진 탐색

정렬된 배열의 탐색에는 **이진 탐색**(binary search)이 적용될 수 있다. 이 방법은 배열의 중앙에 있는 값을 조사하여 찾고자 하는 항목이 왼쪽 부분 배열에 있는지 오른쪽 부분 배열에 있는지 판단하고 다음 단계의 탐색 범위를 반으로 줄인다. 따라서 매 단계에서 검색해야 할 리스트의 크기가 반으로 줄어든다. 10억 명이 정렬된 배열에서 순차 탐색으로 특정한 이름을 찾는다면 평균 5억 번의 비교가 있어야 되겠지만, 이진 탐색을 이용하면 단지 30번의 비교만으로 검색이 완료된다!

이진 탐색은 실제로 우리가 일상생활에서 많이 이용하고 있는 방법이다. 영어 사전에서 단어를 찾을 때 사용하는 방법이 이진 탐색이다. 사전을 펼쳐서 찾고자 하는 단어가 현재 페이지에 있는 단어보다 앞에 있는지, 뒤에 있는지를 결정한 다음에 단어가 있는 부분만을 다시 검색한다.

이진 탐색에서는 비교가 이루어질 때마다 탐색 범위가 급격하게 줄어든다. 찾는 항목이 속해있지 않은 부분을 바로 알 수 있기 때문이다. 그러나 이와 같은 이진 탐색을 적용하려면

탐색하기 전에 반드시 배열이 정렬되어 있어야 한다. 따라서 이진 탐색은 데이터의 삽입이나 삭제가 빈번한 경우에는 적합하지 않다.

그림 14.4를 이용해 이진 탐색 알고리즘을 생각해보자. (a)는 정렬된 배열에서 숫자 5를 찾는 과정을 나타낸 것이다. 먼저 배열의 중간에 있는 값인 7과 비교한다. 5가 7보다 작으므로 5는 앞부분에 있을 것이고, 이제 뒷부분은 탐색 대상에서 제외된다. 다시 남아있는 앞부분의 중간에 있는 값인 3과 5를 비교한다. 5가 3보다 크므로 이번에는 앞부분이 제외되고 뒷부분만이 남는다. 다시 뒷부분의 중간 값인 5와 우리가 찾고 있는 값인 5를 비교하면 일치한다. 따라서 탐색은 성공한다. 그림 14.4 (b)는 탐색이 실패하는 예를 보인다. 배열에 있지 않은 2의 탐색에서는 중간 값과 계속 비교하다가 더 이상 비교할 항목이 없게 되고, 결국 탐색은 실패하게 된다.

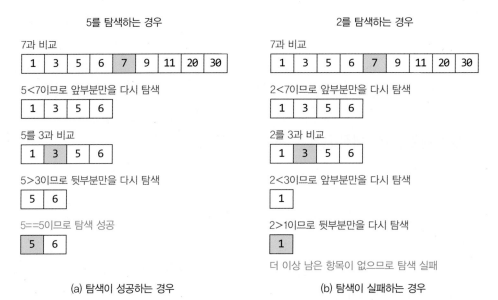

| 그림 14.4 이진 탐색의 예: 탐색 범위의 중간에 있는 숫자와 비교하여 탐색 범위를 절반으로 줄인다.

이진 탐색을 유사 코드로 작성하여 보자. list[low]부터 list[high] 사이에서 key를 찾는다고 가정하면, 다음과 같이 순환적인 알고리즘이 가능하다.

| 알고리즘 14.1 순환 호출을 사용하는 이진 탐색

search_binary(list, key, low, high)

```
middle ← low에서 high 사이의 중간 위치
if( key = list[middle] )
    return middle;
else if (key < list[middle] )
    return search_binary(list, key, low, middle-1);
else if (key > list[middle] )
    return search_binary(list, key, middle+1, high);
return -1
```

list[low]에서 list[high] 사이의 탐색은 다음 단계에서는 list[low]에서 list[middle-1]
사이의 탐색이나 list[middle+1]에서 list[high] 사이에서의 탐색 문제로 바뀌고, 이것은
원래의 문제 크기가 반으로 줄어드는 것을 의미한다. 이것을 순환 호출로 구현한다면 종료
조건은 어떻게 되어야 할까? 탐색 범위가 1보다 작다면, 즉 탐색할 항목이 더 이상 없으면
종료해야 한다. 프로그램 14.3은 순환 호출을 이용해 구현한 이진 탐색 함수이다.

프로그램 14.3　순환 호출을 이용한 이진 탐색

```
01    // 재귀호출을 이용한 이진탐색 함수
02    int binarySearch (int list[], int key, int low, int high)
03    {
04            int middle;
05            if ( low<=high ){                        // 하나 이상의 항목이 있어야 탐색
06                    middle = (low+high)/2;
07                    if (key==list[middle])           // 탐색 성공
08                            return middle;
09                    else if(key<list[middle])        // 왼쪽 부분리스트 탐색
10                            return binarySearch (list, key, low, middle-1);
11                    else                             // 오른쪽 부분리스트 탐색
12                            return binarySearch (list, key, middle+1, high);
13            }
14            return -1;                               // 탐색 실패
15    }
```

코드 설명

5행 종료 조건. 최소 하나 이상의 항목이 있어야 탐색 진행.

6행 중간 위치 결정.

7~8행 탐색이 성공하면 성공한 위치를 반환.

9~10행 중간 위치의 키값보다 key가 작으면 앞쪽 부분 리스트 탐색.

11~12행 아니면 뒤쪽 부분 리스트 탐색.

14행 탐색 실패. −1을 반환.

이진 탐색은 프로그램 14.4와 같이 반복문을 사용하여 구현할 수도 있다. 효율성을 위해 서는 반복 구조를 사용하는 것이 더 좋다.

프로그램 14.4 반복을 이용한 이진 탐색

```
01  // 반복문을 이용한 이진탐색 함수
02  int binarySearchIter (int list[], int key, int low, int high)
03  {
04          int middle;
05          while ( low <= high ){              // 항목들이 남아 있으면(종료 조건)
06              middle = (low+high)/2;
07              if ( key == list[middle] )      // 탐색 성공
08                  return middle;
09              else if( key > list[middle] )   // key가 middle의 값보다 크면
10                  low = middle+1;             // middle+1 ~ high 사이 검색
11              else                            // key가 middle의 값보다 작으면
12                  high = middle-1;            // low ~ middle-1 사이 검색
13          }
14          return -1;                          // 탐색 실패
15  }
```

그림 14.5와 같은 리스트에서 4를 찾는다고 생각해보자. 탐색은 그림과 같이 3번의 단계만 에 완료되고, 최종적으로 4의 위치인 2를 반환한다.

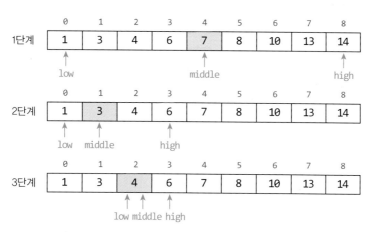

| 그림 14.5 이진 탐색의 구체적인 예: 34를 탐색한다.

이진 탐색은 탐색을 반복할 때마다 탐색 범위를 반으로 줄인다. 이러한 탐색 범위가 더 이상 줄일 수 없는 1이 될 때의 탐색횟수를 k라 하면, $n/2^k = 1$이므로 $k = \log_2 n$임을 알 수 있다. 결국 이진 탐색의 시간 복잡도는 $O(\log_2 n)$이 된다.

■ 색인 순차 탐색

색인 순차 탐색(indexed sequential search) 방법은 **인덱스(index)**라 불리는 테이블을 사용하여 탐색의 효율을 높이는 방법이다. 인덱스 테이블은 주 자료 리스트에서 일정 간격으로 발췌한 자료를 가지고 있다. 인덱스 테이블에 m개의 항목이 있고, 주 자료 리스트의 데이터 수가 n이면 각 인덱스 항목은 주 자료 리스트의 각 n/m번째 데이터를 가지고 있다. 이 때 주 자료 리스트와 인덱스 테이블은 모두 정렬되어 있어야 한다.

색인 순차 탐색 알고리즘은 그림 14.6에서 보듯이 우선 인덱스 테이블에서 index[i] ≤ key < index[i+1]을 만족하는 항목을 찾는다. 해당하는 항목을 찾으면 주 자료 테이블에서 해당 범위의 항목들에 대해서만 검색하면 된다. 이 방법은 주 자료 리스트에서의 탐색 시간을 상당히 줄일 수 있으므로 파일 처리, 데이터베이스 등의 응용 분야에서 많이 사용하는 방법이다. 프로그램 14.5는 색인 순차 탐색 프로그램을 보여주고 있다.

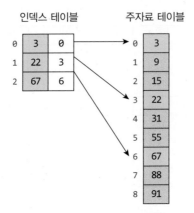

인덱스 테이블   주자료 테이블

| 그림 14.6 색인 순차 탐색의 예

프로그램 14.5   색인 순차 탐색

```
01   // 인덱스 테이블 항목의 구조체
02   struct Index{
03           int key;        // 키 값
04           int index;      // 키 값의 인덱스
05   } ;
06   // 색인 순차 탐색 함수
07   int indexedSearch( int list[], int nList,
08                              Index *tbl, int nTbl, int key )
09   {
10           if(key<list[0] || key>list[nList-1])          // 키 값이 리스트 범위 밖
11               return -1;
12           for( int i=0 ; i<nTbl-1 ; i++ ) {             // 인덱스 테이블 조사
13               if(   tbl[i].key<=key && tbl[i+1].key> key)
14                   return sequentialSearch(list, key,
15                           tbl[i].index, tbl[i+1].index);
16           }
17           return sequentialSearch( list, key, tbl[nTbl-1].index, nList );
18   }
19
20   #include <cstdio>
21   #define LIST_SIZE   9
22   #define INDEX_SIZE  3
23   void main()
```

```
24  {
25          int     list[LIST_SIZE]  = {3, 9, 15, 22, 31, 55, 67, 88, 91};
26          Index   index[INDEX_SIZE]= { {3,0}, {15,3}, {67,6} };
27
28          int  number, ret;
29          printf("탐색할 숫자를 입력하시오: ", &number);
30          scanf("%d", &number);
31          ret = indexedSearch(list, LIST_SIZE, index, INDEX_SIZE, number);
32          if( ret>=0 ) printf("탐색 성공: 숫자(%d) 위치=%d\n", number, ret);
33          else printf("숫자(%d) 탐색 실패\n", number);
34  }
```

코드 설명

2~5행 인덱스 테이블 항목의 구조체 선언.

7~8행 색인 순차 탐색 함수 선언. list는 검색할 데이터 리스트, nList는 항목의 수, tbl은 인덱스 테이블을 nTbl은 인덱스 테이블 크기를 나타내고 key는 탐색하고자 하는 키 값을 나타냄.

10~11행 키 값이 리스트 범위 내가 아니면 탐색 종료.

12~16행 인덱스 테이블을 조사하여 해당키의 예상 구간을 찾으면, 그 구간 안에서만 탐색 수행

17행 인덱스 테이블의 끝이면, 탐색 구간은 최종 인덱스에서 배열의 끝(nList)까지가 됨. 이 구간에 대해서만 탐색 수행

색인 순차 탐색 알고리즘의 탐색 성능은 인덱스 테이블의 크기에 좌우된다. 인덱스 테이블의 크기를 줄이면 주자료 리스트에서의 탐색 시간을 증가시키고, 인덱스 테이블의 크기를 크게 하면 인덱스 테이블의 탐색 시간을 증가시킨다. 인덱스 테이블의 크기를 m이라 하고 주자료 리스트의 크기를 n이라 하면 색인 순차 탐색의 복잡도는 $O(m+n/m)$와 같다. 물론 주자료 리스트의 탐색에서 이진 탐색을 사용할 수도 있다.

■ 보간 탐색

보간 탐색(interpolation search)은 사전이나 전화번호부를 탐색하는 방법과 같이 탐색키가 존재할 위치를 예측하여 탐색하는 방법이다. 이는 우리가 사전을 찾을 때 'ㅎ'으로 시작하는 단어는 사전의 뒷부분에서 찾고 'ㄱ'으로 시작하는 단어는 앞부분에서 찾는 것과 같은 원리이다. 보간 탐색은 이진 탐색과 유사하나 리스트를 반으로 분할하지 않고 불균등하게 분할하여 탐색한다.

이진 탐색에서 탐색 위치는 항상 (low+high)/2이나, 보간 탐색에서는 찾고자하는 키값과 현재의 low, high 위치의 값을 고려하여 다음과 같이 다음 탐색 위치를 결정한다.

$$탐색\ 위치 = \frac{(k-list[low])}{list[high]-list[low]}*(high-low)+low$$

여기에서 k는 찾고자 하는 키값을, low과 $high$는 각각 탐색할 범위의 최소, 최대 인덱스 값을 나타낸다. 이 식은 다음 그림과 같이 탐색 값과 위치는 비례한다는 가정에서 탐색 위치을 결정할 때 찾고자 하는 키값이 있는 곳에 근접하도록 가중치를 주는 방법이다.

$$(list[high]-list[low]):(k-list[low])=(high-low):(탐색\ 위치-low)$$

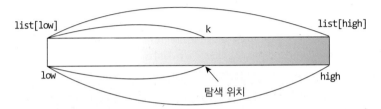

| 그림 14.7 보간 탐색은 값과 위치가 비례한다고 가정한다.

예를 들어 (3, 9, 15, 22, 31, 55, 67, 88, 89, 91)로 구성된 리스트에서 탐색키가 55일 경우를 살펴보자. 식에 의해 계산된 탐색 위치는 다음과 같이 5가 된다.

$$탐색\ 위치=(55-3)/(91-3)*(9-0)+0=5.31≒5$$

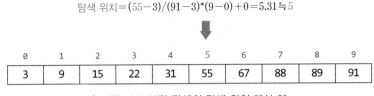

| 그림 14.8 보간 탐색의 탐색 위치 계산 예

계산 결과는 일반적으로 실수이며 따라서 이 실수를 정수로 변환하여 주어야 한다. 보통은 수소점 이하를 버리는 방법을 사용한다.

```
프로그램 14.6    반복문을 이용한 보간 탐색

01    int interpolationSearch (int list[], int nList, int key )
02    {
03            int  low   = 0;
04            int  high = n-1;
05            while ( (list[low] < key) && (key <= list[high] ) ){
06                int j=(int)((float)(key-list[low]) / (list[high]-list[low])
07                                    * (high-low)   ) + low;
08                if       ( key > list[j] ) low  = j+1;
09                else if ( key < list[j] ) high = j-1;
10                else   return j;                         // 탐색 성공
11            }
12            return -1;                                   // 탐색 실패
13    }
```

코드 설명

6~7행 탐색 위치를 계산함. float 계산 결과를 (int) 형으로 변환을 하면 소수점 이하는 버려진다. 나눗셈에서 반드시 float 형으로 변환하여 계산해야 한다는 점에 주의할 것.

보간 탐색은 이진 탐색과 같은 $O(\log_2 n)$의 시간 복잡도를 가지지만 많은 데이터가 비교적 균등하게 분포되어 있는 자료의 경우 훨씬 효율적인 방법이 된다. 프로그램 14.6은 보간 탐색을 구현한 것이다. 여기서 만약 나눗셈을 계산할 때 float로 형 변환을 하지 않으면 정수로 계산되어 항상 0이 된다는 점을 주의하여야 한다.

14.4 균형 이진 탐색 트리

맵은 이진 탐색 트리로도 구현할 수 있다. 앞에서 설명한 이진 탐색과 이진 탐색 트리는 근본적으로 같은 원리에 의한 탐색 구조로 탐색에 걸리는 시간도 $O(\log_2 n)$로 동일하다. 그렇다면 이들의 차이는 무엇일까? 답은 자료의 삽입과 삭제의 용이성에 있다.

이진 탐색에서 자료는 배열에 저장되어 있으므로 삽입과 삭제가 상당히 힘들다. 즉, 맵에 자료를 삽입하거나 삭제할 때 불필요한 항목들의 많은 이동이 필요하다. 반면에 맵을 이진

탐색 트리로 구현하면 $O(\log_2 n)$ 시간에 삽입과 삭제가 가능하다. 따라서 삽입과 삭제가 빈번히 이루어진다면 반드시 이진 탐색 트리를 사용하여야 한다.

이진 탐색 트리는 만약 균형 트리이면 $O(\log_2 n)$의 탐색 연산 시간 복잡도를 갖는다. 그러나 9장에서 공부한 삽입과 삭제 연산이 이진 탐색 트리를 유지시키기는 하지만 균형 트리를 보장하지는 않는다. 만약 그림 14.9의 (b)와 같이 경사 트리인 경우에는 탐색의 시간 복잡도가 $O(n)$으로 높아지게 된다.

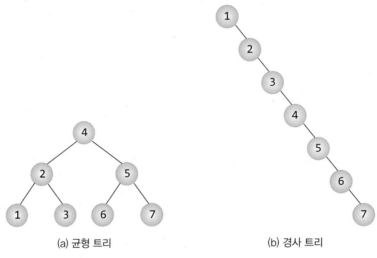

(a) 균형 트리　　　　　　　　　　　(b) 경사 트리

| 그림 14.9　이진 탐색 트리의 예: 균형 트리와 경사 트리

따라서 이진 탐색 트리에서는 균형을 유지하는 것이 무엇보다 중요하다. 이번 절에서는 이진 탐색 트리가 스스로 균형을 유지하도록 하는 방법에 대해 살펴본다. 이들은 상당히 복잡하기 때문에 모든 주제를 다루지는 않고 AVL 트리에 대해서만 알아본다. 트리의 노드에는 정수가 저장된다고 가정하자.

■ AVL 트리란?

AVL 트리는 Adelson-Velskii와 Landis에 의해 제안된 트리로 각 노드에서 **왼쪽 서브트리의 높이와 오른쪽 서브트리의 높이 차이가 1 이하인 이진 탐색 트리**를 말한다. 이 트리는 트리가 비균형 상태로 되면 스스로 노드들을 재배치하여 균형 상태로 만든다. AVL 트리는 항상 균형 트리를 보장하기 때문에 $O(\log n)$의 탐색 시간을 보장한다. 삽입과 삭제 연산도 $O(\log n)$ 시간 안에 할 수 있다.

그림 14.10에서 (a)는 모든 노드에서 양쪽 서브트리의 높이의 차이가 1 이하이다. 그러나 (b)는 노드 7에서 왼쪽 서브트리의 높이가 3인 반면 오른쪽 서브트리의 높이가 1이므로 균형을 이루지 못하고 따라서 AVL 트리가 아니다. 먼저 균형 인수(balance factor)를 정의하자. 균형 인수는 **(왼쪽 서브트리의 높이 − 오른쪽 서브트리의 높이)**로 정의되는데, 모든 노드의 균형 인수가 ±1 이하이면 AVL 트리이다. 그림 14.10에서 각 노드 옆의 숫자가 균형 인수를 보여주고 있다. 그림 14.10 (a)는 모든 노드의 균형 인수가 ±1 이하이기 때문에 AVL 트리이지만 (b)는 노드 5와 7이 균형 인수가 2이기 때문에 AVL 트리가 아니다.

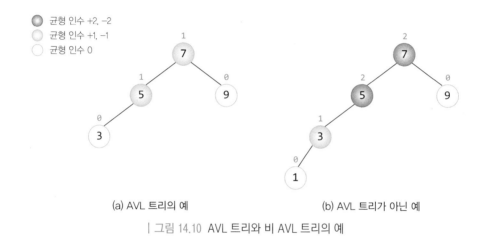

(a) AVL 트리의 예   (b) AVL 트리가 아닌 예

| 그림 14.10 AVL 트리와 비 AVL 트리의 예

AVL 트리도 탐색에서는 일반 이진 탐색 트리의 탐색 연산과 동일하다. 따라서 시간 복잡도는 $O(\log_2 n)$이다. AVL 트리에서 균형이 깨질 수 있는 연산은 삽입과 삭제 연산이다.

■ AVL 트리의 삽입 연산

이진 탐색 트리에서 노드가 삽입되면 삽입되는 위치에서 루트까지의 경로에 있는 모든 조상 노드들의 균형 인수가 영향을 받는다. 따라서 불균형 상태(균형 인수가 ±2로 변한 가장 가까운 조상 노드의 서브트리들에 대하여 다시 균형을 잡아야 한다. 그 외의 다른 노드들은 변경할 필요가 없다. 예를 들어 균형을 이룬 AVL 트리인 그림 14.11 (a)에 1을 삽입하면 트리는 (b)처럼 노드 5와 노드 7이 균형 인수가 2가 되어 균형이 깨지게 된다. 따라서 균형이 깨어진 가장 가까운 조상 노드인 5를 루트로 하는 서브트리의 노드들을 재배치하여 균형 상태로 만들어야 한다.

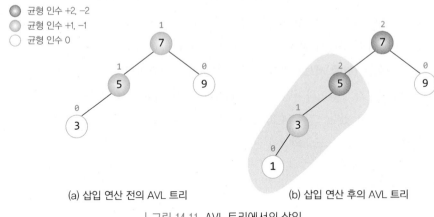

(a) 삽입 연산 전의 AVL 트리   (b) 삽입 연산 후의 AVL 트리

| 그림 14.11 AVL 트리에서의 삽입

그러면 어떻게 하면 균형이 깨진 트리를 다시 균형있게 만들 수 있을까? 이를 해결하는 방법은 서브트리를 회전시키는 것이다. 앞의 그림에서 노드 1, 3, 5를 오른쪽으로 회전시키면 그림 14.12처럼 되어서 다시 균형 트리가 된다. 다른 노드들은 변경시키지 않음을 유의하라. 물론 이진 탐색 트리 조건을 만족한다.

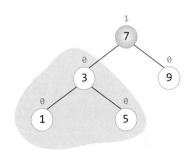

| 그림 14.12 회전으로 균형 트리로 만드는 예

AVL 트리에서 균형이 깨지는 경우는 다음의 4가지의 타입이 있다. 새로 삽입된 노드 N으로부터 가장 가까우면서 균형 인수가 ±2가 된 조상 노드를 A라고 하자.

• LL 타입: N이 A의 왼쪽 서브트리의 왼쪽 서브트리에 삽입된다.
• LR 타입: N이 A의 왼쪽 서브트리의 오른쪽 서브트리에 삽입된다.

- RR 타입: N이 A의 오른쪽 서브트리의 오른쪽 서브트리에 삽입된다.
- RL 타입: N이 A의 오른쪽 서브트리의 왼쪽 서브트리에 삽입된다.

LL과 RR은 대칭이고 역시 LR과 RL도 대칭이다. 이제 트리를 다시 균형시키자. 다음은 각각의 경우에 대하여 균형 트리로 다시 만드는 방법이다.

- LL 회전: A부터 N까지의 경로상의 노드들을 오른쪽으로 회전시킨다.
- LR 회전: A부터 N까지의 경로상의 노드들을 왼쪽–오른쪽으로 회전시킨다.
- RR 회전: A부터 N까지의 경로상의 노드들을 왼쪽으로 회전시킨다.
- RL 회전: A부터 N까지의 경로상의 노드들을 오른쪽–왼쪽으로 회전시킨다.

한번만 회전시키는 것을 **단순 회전(single rotation)**이라고 하는데 LL 회전, RR 회전이 여기에 속한다. 이 경우, 탐색 순서를 유지하면서 부모와 자식의 위치를 교환하면 된다. 두 번의 회전이 필요한 것을 **이중 회전(double rotation)**이라고 하며 LR 회전, RL 회전이 여기에 속한다. LL 회전과 RR 회전은 방향만 반대이고 대칭이며 LR 회전과 RL 회전도 마찬가지이다. 각각의 경우에 대하여 좀 더 자세히 살펴보자.

LL 회전

그림 14.13은 LL 타입의 경우로 6, 5, 2 순으로 노드를 삽입했을 경우에 만들어진다. 노드 6은 균형 인수가 2로서 불균형하다. 그러나 만약 그림과 같이 6과 5을 바꾸면(즉, 오른쪽으로 회전을 시키면) 다시 균형 트리를 만들 수 있다.

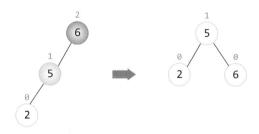

| 그림 14.13 LL 회전

LL 회전을 보다 일반적인 경우로 정리해보자. 일반적인 LL 타입은 조상 노드 A의 왼쪽 서

브트리의 왼쪽 서브트리에 노드가 추가됨으로 해서 발생한다. LL 회전은 그림 14.14처럼 노드들을 오른쪽으로 회전시키면 된다.

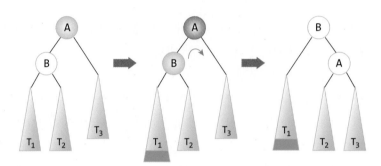

| 그림 14.14 일반적인 경우의 LL 회전

RR 회전

그림 14.15는 왼쪽 회전의 경우로 6, 8, 9 순으로 노드를 삽입했을 경우에 만들어진다. 마찬가지로 트리를 왼쪽으로 한번 회전하면 균형 트리로 만들 수 있다. 여기서 회전한다는 의미는 부모 노드와 자식 노드를 바꾼다는 것이다.

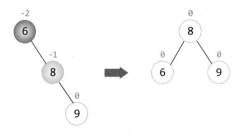

| 그림 14.15 RR 회전

RR 타입은 조상 노드 A의 오른쪽 서브트리의 오른쪽 서브트리에 노드가 추가됨으로 해서 발생한다. 일반적인 경우의 RR 타입은 그림 14.16처럼 노드 A와 B의 위치를 바꾸어 주고 서브트리들을 그림처럼 정리하면 균형 트리로 만들 수 있다.

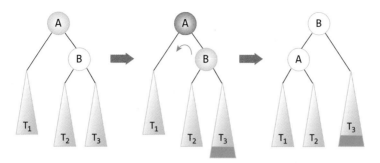

| 그림 14.16 일반적인 경우의 왼쪽 회전

따라서 이러한 단순 회전인 LL 회전과 RR 회전을 알고리즘으로 만들어보면 알고리즘 14.2와 같다.

| 알고리즘 14.2 AVL 트리에서의 단순 회전 알고리즘

rotate_LL(A)

    B ← A의 왼쪽 자식

    B의 오른쪽 자식을 A의 왼쪽 자식으로 만든다.

    A를 B의 오른쪽 자식 노드로 만든다.

rotate_RR(A)

    B ← A의 오른쪽 자식

    B의 왼쪽 자식을 A의 오른쪽 자식으로 만든다.

    A를 B의 왼쪽 자식 노드로 만든다.

RL 회전

RL 타입은 조상 노드 A의 오른쪽 서브트리의 왼쪽 서브트리에 노드가 추가됨으로 해서 발생한다. RL 회전은 균형 트리를 만들기 위하여 2번의 회전이 필요하다. RL 회전은 LL 회전을 한 다음, RR 회전을 하면 된다. 일반적인 경우를 보자. 그림 14.17과 같이 노드 A 의 오른쪽 서브트리의 왼쪽 서브트리에 새로운 노드를 추가하면 비균형 트리가 되고 이를 바로잡기 위해서는 LL 회전과 RR 회전의 2번의 회전이 필요하다.

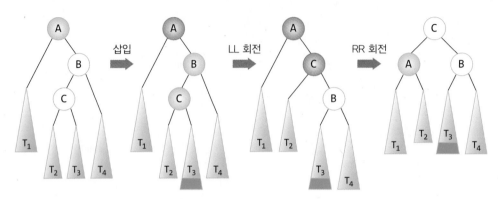

| 그림 14.17 일반적인 RL 회전

LR 회전

LR 타입은 조상 노드 A의 왼쪽 서브트리의 오른쪽 서브트리에 노드가 추가됨으로 해서 발생한다. LR 회전은 균형 트리를 만들기 위하여 2번의 회전이 필요하다. LR 회전은 RR 회전을 한 다음, LL 회전을 하면 된다. 일반적인 경우를 보자. 그림 14.18과 같이 AVL 트리의 노드 A의 왼쪽 서브트리의 오른쪽 서브트리에 새로운 노드를 추가하면 비균형 트리가 되고 이를 바로잡기 위해서는 RR 회전과 LL 회전의 2번의 회전이 필요하다.

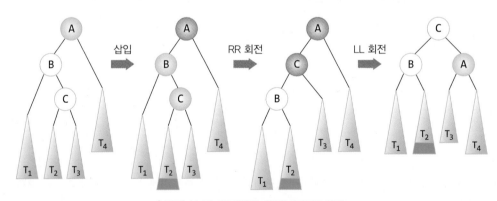

| 그림 14.18 일반적인 왼쪽-오른쪽 회전

AVL 트리에서의 이중 회전을 알고리즘으로 정리하여 본 것이 알고리즘 14.3이다. 여기서 유의할 점은 앞에서의 살펴보았던 단순 회전 함수를 여기서 호출하여 사용하고 있다는 점이다.

| 알고리즘 14.3 AVL 트리에서의 이중 회전 알고리즘

rotate_RL(A)

    B ← A의 오른쪽 자식

    rotate_LL(B)가 반환하는 노드를 A의 오른쪽 자식으로 만든다.

    rotate_RR(A)

rotate_LR(A)

    B ← A의 왼쪽 자식

    rotate_RR(B)가 반환하는 노드를 A의 왼쪽 자식으로 만든다.

    rotate_LL(A)

종합적인 예제로 다음과 같은 데이터가 순서대로 주어졌다고 가정하고 AVL 트리가 만들어
지는 과정을 살펴보자.

$$(7, 8, 9, 2, 1, 5, 3, 6, 4)$$

7과 8을 삽입하면 그림 14.19의 (a)와 (b)가 된다. 9를 삽입할 경우, 7의 오른쪽 서브트리
는 높이가 2가 되고 왼쪽 서브트리는 0이 되므로 트리의 균형이 깨지게 된다. 따라서 균형
을 이루기 위해서 (c)와 같이 노드 7, 8, 9를 RR 회전시킨다. 이어서 2는 별 문제없이 삽입
되고 1의 삽입으로 트리가 다시 균형을 잃는다. 이번에는 트리를 LL 방향으로 회전시킨다.
이들 회전은 모두 새로 삽입된 노드로부터 ±2의 균형 인수를 가지는 가장 가까운 조상
노드에 대하여 이루어진 것이다. 5의 삽입으로 다시 트리는 균형을 잃게 되는데 이번에는
한 방향으로 균형을 잃은 것이 아니기 때문에 약간 복잡해진다. 이 경우, 노드들을 LR 회
전을 시켜야 한다. 이어서 3과 6은 문제없이 삽입되고 4가 삽입되면 다시 균형을 잃게 되
고, 이 경우 RL 회전에 의해서 재균형을 이루게 된다.

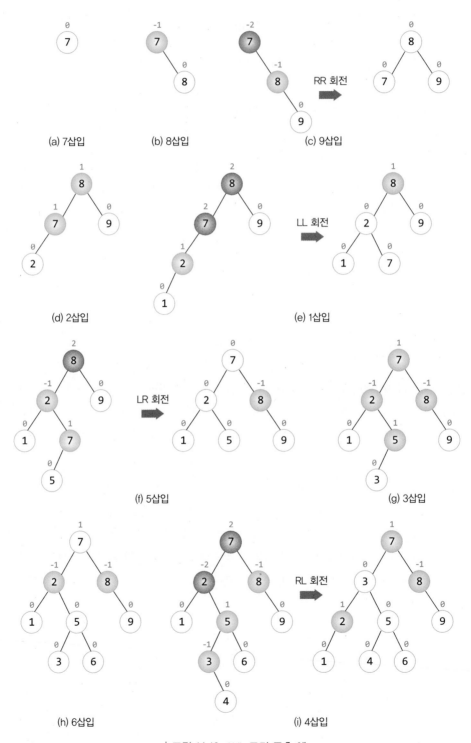

(a) 7삽입　　(b) 8삽입　　(c) 9삽입

(d) 2삽입　　(e) 1삽입

(f) 5삽입　　(g) 3삽입

(h) 6삽입　　(i) 4삽입

| 그림 14.19 AVL 트리 구축 예

■ AVL 트리의 구현

AVL 트리를 구현해보자. AVL 트리도 이진 탐색 트리의 일종이다. 데이터는 단순히 정수라고 가정하자. 9장의 이진 탐색 트리에서 사용했던 클래스들을 그대로 사용할 수 있다. 이진트리 노드 클래스 BinaryNode와 이진트리 클래스 BinaryTree 및 이진 탐색 트리 클래스 BinSrchTree를 사용하자. 레벨 순회를 위해 CircularQueue 클래스도 사용한다.

이제 AVL 트리 클래스를 만들자. BinSrchTree를 상속한다. 노드의 삽입 함수 insert()를 재정의(overriding)해서 AVL 트리의 특성에 맞게 삽입되도록 한다. 프로그램 14.7은 구현된 AVL 트리 클래스를 보여준다. AVL 트리의 각 노드에서 균형 인수를 구해야 하는데, 이를 위한 높이 측정은 getHeight() 함수를 이용한다. 균형 인수 함수 getHeightDiff()는 좌우 서브트리의 높이를 구해 차를 반환한다. 마지막으로 회전 함수들과 삽입 및 균형 함수를 구현하면 노드 클래스가 완성된다.

프로그램 14.7　이진 탐색 트리 클래스를 상속한 AVL 트리 클래스

```cpp
01  // AVLTree.h: AVL 트리 클래스 CAVLTree
02  #include "BinSrchTree.h"
03  class AVLTree : public BinSrchTree
04  {
05  public:
06          // 노드의 균형인수를 반환
07          int getHeightDiff(BinaryNode *node) {
08                  if( node==NULL ) return 0;
09                  int  hLeft  = getHeight(node->getLeft());
10                  int  hRight = getHeight(node->getRight());
11                  return hLeft - hRight;
12          }
13          // LL 회전 함수
14          BinaryNode *rotateLL( BinaryNode* parent) {
15                  BinaryNode* child = parent->getLeft();
16                  parent->setLeft( child->getRight() );
17                  child->setRight( parent );
18                  return child;
19          }
20          // RR 회전 함수
```

```
21          BinaryNode *rotateRR( BinaryNode* parent) {
22              BinaryNode* child = parent->getRight();
23              parent->setRight( child->getLeft() );
24              child->setLeft( parent );
25              return child;
26          }
27      // RL 회전 함수
28          BinaryNode *rotateRL( BinaryNode* parent) {
29              BinaryNode* child = parent->getRight();
30              parent->setRight( rotateLL(child) );
31              return rotateRR(parent);
32          }
33      // LR 회전 함수
34          BinaryNode *rotateLR( BinaryNode* parent) {
35              BinaryNode* child = parent->getLeft();
36              parent->setLeft( rotateRR(child) );
37              return rotateLL(parent);
38          }
39      // 트리를 균형트리로 만든다
40          BinaryNode *reBalance (BinaryNode *parent) {
41              int hDiff = getHeightDiff(parent);
42              if( hDiff > 1 ){
43                  if( getHeightDiff( parent->getLeft() ) > 0 )
44                      parent = rotateLL( parent );
45                  else parent = rotateLR( parent );
46              }
47              else if ( hDiff < -1 ) {
48                  if( getHeightDiff( parent->getRight() ) < 0 )
49                      parent = rotateRR( parent );
50                  else parent = rotateRL( parent );
51              }
52              return parent;
53          }
54      // AVL 트리의 삽입 연산
55      void insert( int data ) {
56              if(isEmpty()) root = new BinaryNode( data );
57              else root = insertAVL( root, data );
58          }
```

```
59          BinaryNode* insertAVL(BinaryNode* parent, int data) {
60                  if( data < parent->getData() ){
61                          if( parent->getLeft() != NULL )
62                                  parent->setLeft(insertAVL(parent->getLeft(),data));
63                          else
64                                  parent->setLeft( new BinaryNode(data) );
65                          return reBalance(parent);
66                  }
67                  else if( data > parent->getData() ){
68                          if( parent->getRight() != NULL )
69                              parent->setRight(insertAVL(parent->getRight(),data ));
70                          else
71                              parent->setRight( new BinaryNode(data) );
72                          return reBalance(parent);
73                  }
74                  else {
75                          printf("중복된 키 에러\n");
76                          return NULL;
77                  }
78          }
79      };
```

코드 설명

3행 BinSrchTree 클래스를 상속해서 AVL 트리 클래스 AVLTree를 선언함.

7~12행 getHeightDiff() 노드의 균형 인수를 반환하는 함수. 좌우 서브트리의 높이를 구해 차를 반환.

14~19행 rotateLL(): 그림 14.14의 과정 처리.

21~26행 rotateRR(): 그림 14.16의 과정 처리.

28~32행 rotateRL(): 그림 14.17의 과정 처리.

34~38행 rotateLR(): 그림 14.18의 과정 처리.

40~53행 reBalance(): 트리를 균형 상태로 만들어 주는 함수. 먼저 양쪽 서브 트리의 높이의 차이를 구한 다음, 왼쪽 서브트리가 더 높으면 왼쪽 서브트리의 높이의 차이를 다시 구함. 여기에 따라서 LL 회전인지, LR 회전인지를 결정하고 해당하는 함수를 호출. 오른쪽 서브트리가 더 높은 경우에도 마찬가지로, 오른쪽 서브트리의 높이의 차이를 구하여 RR 회전인지, RL 회전인지를 결정함.

59~78행 indertAVL(): 삽입 함수. parent가 현재 노드와 같은 키를 가지면 에러를 출력하고 바로 반환. parent가 왼쪽 자식으로 가야하는 경우에 왼쪽 자식이 없는 경우는 바로 왼쪽 자식으로 설정해주면 되지만 그렇지 않은 경우 왼쪽 자식 노드에게 삽입 역할을 넘김. 주의할 점은 왼쪽 서브트리에 삽입된 후 왼쪽 자식이 변경될 수 있고, 따라서 반환 값으로 parent의 왼쪽 자식을 재설정해야 함. 오른쪽으로 추가하는 경우도 마찬가지임. 노드를 삽입하고 나면 균형 인수가 변경될 수 있으므로 reBalance() 함수를 실행해서 다시 균형을 잡음.

AVL 트리 테스트 프로그램은 다음과 같다. 그림 14.19와 동일한 순서로 노드를 삽입하였다.

프로그램 14.8   이진 탐색 트리 클래스와 이를 상속한 AVL 클래스

```
01   // 14장-AVLTree.cpp
02   #include "AVLTree.h"
03   void main() {
04           AVLTree    tree;
05           // 7, 8, 9, 2, 1, 5, 3, 6, 4 삽입 (그림 14.9와 동일)
06           tree.insert( 7 );          tree.levelorder();
07           tree.insert( 8 );          tree.levelorder();
08           tree.insert( 9 );          tree.levelorder();
09           tree.insert( 2 );          tree.levelorder();
10           tree.insert( 1 );          tree.levelorder();
11           tree.insert( 5 );          tree.levelorder();
12           tree.insert( 3 );          tree.levelorder();
13           tree.insert( 6 );          tree.levelorder();
14           tree.insert( 4 );          tree.levelorder();
15   }
```

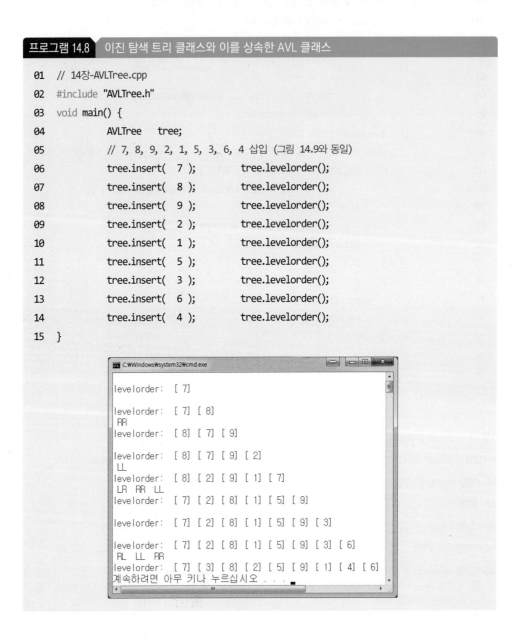

프로그램의 실행 결과는 위와 같다. 노드 삽입 시 레벨 순회로 트리를 출력하였는데, 그림
의 트리에 대한 레벨 순회 결과와 동일하다. 회전 함수들에 출력문을 넣어 어떤 함수가 호
출되었는지도 알 수 있도록 하였다. 예를 들어, 9번 노드를 삽입하는 과정에서 RR 회전이

발생했으며, 5번 노드를 삽입하는 과정에 LR 회전이 발생한 것을 확인할 수 있는데, 이것은 그림 14.19와 동일한 결과이다.

14.5 해싱을 이용한 탐색

지금까지 맵을 구현하기 위한 다양한 방법을 공부했는데, 이들의 최고 성능은 시간 복잡도 $O(\log n)$이었다. 그렇다면 더 빠른 탐색 시간을 갖는 방법은 없을까? 물론 있다. 해싱을 사용하면 된다. 해싱을 이용하여 맵을 구현하면 탐색 연산의 이론적인 시간 복잡도가 $O(1)$이 된다!

■ 해싱이란?

지금까지 공부한 방법들은 탐색키가 주어지면 테이블에 있는 각 자료들의 키값과 비교하여 원하는 레코드를 찾는 방법이었다. 해싱은 키값을 비교하는 것이 아니라 탐색키에 산술적인 연산을 적용하여 항목이 저장되어 있는 위치, 즉 인덱스를 직접 계산하는 방식이다. 이렇게 키값의 연산에 의해 직접 접근이 가능한 구조를 **해시 테이블**(hash table)이라 하며, 해시 테이블을 이용한 탐색을 **해싱**(hashing)이라 한다.

예를 들어 탐색키들이 모두 1~1000 사이의 정수라고 가정해보자. 그렇다면 가장 빠르게 자료를 저장하고 꺼낼 수 있는 방법은 1000개의 요소를 가지는 배열을 만드는 것이다. 자료의 삽입과 탐색은 탐색키를 배열의 인덱스로 생각하고 단지 배열의 특정 요소를 읽거나 쓰면 된다. 이들 연산은 명백하게 $O(1)$이다. 이것이 해싱의 기본 아이디어이다.

현실적으로는 탐색키들이 문자열이거나 굉장히 큰 숫자이기 때문에 탐색키를 직접적으로 배열의 인덱스로 사용하지 못하고 각 탐색키를 작은 정수로 사상(mapping)시키는 어떤 함수가 필요하다. 이것을 **해시 함수**(hash function)라고 한다. 해시 함수는 탐색키를 입력받아 **해시 주소**(hash address)를 계산하는데, 삽입이나 삭제, 탐색 연산은 모두 이 주소에서 이루어진다.

그림 14.20는 해싱의 구조를 보여준다. 키값 k를 입력받아 해시 함수로 연산한 결과인 해시 주소 $h(k)$를 인덱스로 사용하여 해시 테이블에 있는 항목에 접근한다. 해시 테이블 ht는 M개의 **버켓**(bucket)으로 이루어지는 테이블이고, 하나의 버켓에는 각각 레코드를 저장

할 수 있는 여러 개의 **슬롯**(slot)을 가진다. 이것은 여러 개의 탐색키가 동일한 해시 주소로 변환될 수 있기 때문인데, 여기서는 슬롯이 하나라고 생각하자.

해시 테이블의 버켓의 수가 제한적이므로 경우에 따라 서로 다른 키 k1과 k2가 해시함수에 의해 같은 주소, 즉 h(k1)==h(k2)로 계산되는 상황이 발생한다. 이것을 **충돌**(collision)이라고 하고, 이러한 키 k1과 k2를 **동의어**(synonym)라 한다.

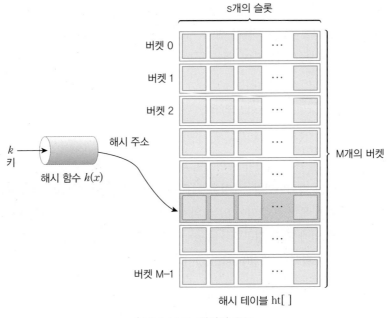

| 그림 14.20 해싱의 구조

충돌이 발생하면 어떻게 할까? 만약 버켓에 여러 개의 슬롯이 있다면 k1과 k2를 각각 다른 슬롯에 저장하면 된다. 그러나 충돌이 슬롯 수보다 더 많이 발생할 수도 있는데, 이러한 상황을 **오버플로우**(overflow)라고 한다. 이 경우 해당 버켓에 더 이상 항목을 저장할 수 없게 된다. 따라서 해싱에서는 오버플로우를 해결하기 위한 방법이 반드시 필요하다.

▓ 이상적인 해싱과 실제의 해싱

충돌이 절대 일어나지 않는 경우가 이상적인 해싱이다. 학교생활 기록부를 해싱으로 구현한다고 생각해보자. 기록부의 레코드에는 학생들의 주민등록번호, 학번, 이름, 주소와 같은 인적 사항이 기록되어 있다. 학번이 같은 학생은 없을 것이므로 학번을 탐색키로 생각하자. 학번이 5자리로 되어 있다면 테이블의 크기를 100,000으로 하면 충돌이 발생하지 않는다. 물론 메모리가 지나치게 많이 든다.

주민등록번호가 탐색키라고 생각해보자. 탐색키 당 하나의 공간을 할당하는 경우에는 해시 테이블에 엄청나게 많은 공간이 필요함을 알 수 있다(보통 주민등록번호는 13자리의 십진수이므로 10^{13}개 정도의 공간이 필요하다). 보통의 경우에는 탐색키에 비하여 해시 테이블의 크기가 작다. 따라서 더 작은 해시 테이블을 사용하는 해시 함수를 고안해야 한다.

간단하면서도 강력한 방법은 나머지 연산을 이용하는 것이다. 탐색키 i를 해시 테이블 크기 M으로 나누어서 나머지를 취하면 0에서 $M-1$까지의 숫자가 생성되고, 해시 테이블을 위한 유효한 인덱스가 된다. 물론 이 해시 함수는 완벽한 해시 함수가 아니다. 두 개 이상의 탐색키가 동일한 해시 주소로 계산될 수 있다. 예를 들어, 테이블의 크기 M을 31이라 하면 h(1024) = 1024%31 = 1과 h(1055) = 1055%31 = 1은 같은 주소를 만든다. 따라서 충돌이 발생했고, 슬롯이 하나이므로 바로 오버플로우 상황이 된다. 실제의 해싱에서는 충돌과 오버플로우가 빈번하게 발생하므로 시간 복잡도는 이상적인 경우의 $O(1)$보다는 떨어지게 된다.

▓ 해시 함수

좋은 해시 함수의 조건은 다음의 3가지이다.

- 충돌이 적어야 한다.
- 해시 함수 값이 해시 테이블의 주소 영역 내에서 고르게 분포되어야 한다.
- 계산이 빨라야 한다.

예를 들면 영어 단어의 첫 문자만을 취하여 해시 함수로 사용하는 것은 좋지 않다. 왜냐하면 x나 z로 시작하는 단어는 별로 없기 때문이다. 즉, 이 경우 해시 테이블을 균일하게 사용하지 않는다. 먼저 탐색키가 정수라고 가정하고 해시 함수들을 살펴보자.

제산 함수

가장 일반적인 방법이 나머지 연산자 mod(C++에서 % 연산자)를 사용하는 것이다. 테이블의 크기가 M일 때 탐색키 k에 대하여 해시 함수는 다음과 같다.

$$h(k) = k \bmod M$$

이때, 가능하면 해시 주소를 더 고르게 분포시키기 위해 해시 테이블의 크기 M은 **소수(prime number)**를 선택한다. 즉, 1과 자기 자신만을 약수로 가지는 수라면 $K \bmod M$ 은 0에서 M-1을 골고루 사용하는 값을 만들어낸다.

폴딩 함수

폴딩 함수는 주로 탐색키가 해시 테이블의 크기보다 더 큰 정수일 경우에 사용된다. 예를 들어, 탐색키는 32비트이고 해시 테이블의 인덱스는 16비트 정수인 경우이다. 만약 이런 경우, 탐색키의 앞의 16비트를 무시하고 뒤의 16비트를 해시 코드로 사용한다면, 앞의 16비트만 다르고 뒤의 16비트는 같은 탐색키의 경우, 충돌이 발생할 것이다. 따라서 탐색키의 일부만 사용하는 것이 아니고 탐색키를 몇 개의 부분으로 나누어 이를 더하거나 비트별로 XOR 같은 부울 연산을 하는 것이 보다 좋은 방법이다. 이것을 **폴딩(folding)**이라고 한다. 예를 들어, 32비트 키를 2개의 16비트로 나누어 비트별로 XOR 연산을 하는 코드는 다음과 같다.

```
hash_index=(short)(key ^ (key>>16))
```

폴딩 함수는 탐색키를 여러 부분으로 나누어 모두 더한 값을 해시 주소로 사용한다. 탐색키를 나누고 더하는 방법에는 **이동 폴딩**(shift folding)과 **경계 폴딩**(boundary folding)이 대표적이다. 이동 폴딩은 탐색키를 여러 부분으로 나눈 값들을 더하고, 경계 폴딩은 이웃한 부분을 거꾸로 더해 해시 주소를 얻는다. 다음은 이동 폴딩과 경계 폴딩의 예이다.

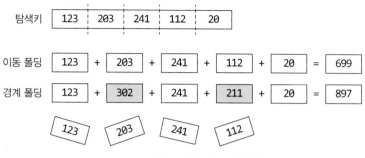

| 그림 14.21 이동 폴딩과 경계 폴딩의 예

중간 제곱 함수

중간 제곱 함수는 탐색키를 제곱한 다음, 중간의 몇 비트를 취해서 해시 주소를 생성한다. 제곱한 값의 중간 비트들은 대개 탐색키의 모든 문자들과 관련이 있기 때문에 서로 다른 탐색키는 몇 개의 문자가 같을 지라도 서로 다른 해싱 주소를 갖게 된다. 탐색키 값을 제곱한 값의 중간 비트들의 값은 비교적 고르게 분산된다.

비트 추출 방법

해시 테이블의 크기가 $M=2^k$일 때 탐색키를 이진수로 간주하여 임의의 위치의 k개의 비트를 해시 주소로 사용하는 것이다. 이 방법은 아주 간단하지만 탐색키의 일부 정보만을 사용하므로 해시 주소의 집중 현상이 일어날 가능성이 높다.

숫자 분석 방법

이 방법은 숫자로 구성된 키에서 각 위치마다 수의 특징을 미리 알고 있을 때 유용하다. 키의 각각의 위치에 있는 숫자 중에서 편중되지 않는 수들을 해시 테이블의 크기에 적합한 만큼 조합하여 해시 주소로 사용하는 방법이다. 예를 들어, 학생의 학번이 202212345라 한다면 입학년도를 의미하는 앞의 4자릿수는 편중되어 있으므로 가급적 사용하지 않고 나머지 수를 조합하여 해시 주소로 사용한다.

탐색키가 문자열인 경우

탐색키가 문자열인 경우는 보통 각 문자에 정수를 대응시켜 바꾸게 된다. 예를 들면 'a'부터 'z'에 1부터 26을 할당할 수도 있고, 각 문자의 아스키 코드나 유니코드 값을 그대로 이용할 수 있다. 가능하면 문자열 안의 모든 문자를 골고루 사용하는 것이 좋을 것이다. 다음 함수는 아스키 코드 값을 모두 더하는 방법을 사용한다.

프로그램 14.9 문자열 탐색키의 정수 변환 및 해시 함수 예

```
01  // hashFunctions.h : inline 해시 함수들.
02  #define TABLE_SIZE 13      // 해싱 테이블의 크기 예: 소수 13을 사용
03  // 문자열로 된 탐색키를 숫자로 변환 : 간단한 덧셈 방식
04  inline int transform(char *key) {
05      int number=0;
06      while (*key)
07          number += (*key++);
08      return number;
09  }
10  // 해싱 함수: 제산 함수 사용
11  inline int hashFunction(char *key) {
12      return transform(key) % TABLE_SIZE;
13  }
```

물론 최종적인 해시 주소는 문자열을 정수로 변환한 값에 해시 함수를 적용하여 만들어진다. 위에서 hashFunction() 함수는 제산 함수를 사용하였다. 그림 14.22는 이 방법으로 문자열 탐색키의 해시 주소를 계산하고 있다.

탐색키	덧셈식 변환 과정(transform())	덧셈 합계	해시 주소
do	100+111	211	3
for	102+111+114	327	2
if	105+102	207	12
case	99+97+115+101	412	9
else	101+108+115+101	425	9
return	114+101+116+117+114+110	672	9
function	102+117+110+99+116+105+111+110	870	12

| 그림 14.22 문자열 탐색키에서 해시 주소를 얻는 과정

이 외에도 문자열에서 문자의 코드 값과 함께 위치 정보를 사용하는 방법도 사용되고 있다.

14.6 해싱의 오버플로우 처리 방법

해싱에서 오버플로우를 잘 처리하는 것은 매우 중요하다. 이러한 오버플로우 처리 방법은 다음의 두 가지로 나눌 수 있다.

(1) **선형 조사법(linear probing)**: 충돌이 일어나면 해시 테이블의 다른 위치를 찾아 항목을 저장한다.
(2) **체이닝(chaining)**: 해시 테이블의 하나의 위치가 여러 개의 항목을 저장할 수 있도록 해시 테이블의 구조를 변경한다.

■ 선형 조사법

선형 조사법(linear probing)은 해싱 함수로 구한 버켓에 빈 슬롯이 없으면 그 다음 버켓에서 빈 슬롯이 있는지를 찾는 방법이다. 이때 비어 있는 공간을 찾는 것을 **조사(probing)**이라고 하는데, 여러 가지의 조사 방법이 가능하다.

만약 ht[k]에서 충돌이 발생했다고 하자. 선형 조사법은 먼저 ht[k+1]이 비어 있는지를 살핀다. 비어있지 않다면 다음 위치인 ht[k+2]를 살펴보는데, 이런 식으로 비어있는 공간이 나올 때까지 계속하는 조사하는 방법이다. 만약 테이블의 끝에 도달하게 되면 다시 테이블의 처음으로 간다. 처음 충돌이 났던 곳으로 다시 돌아오면 테이블이 가득 찬 것이 된다. 따라서 조사되는 위치는 다음과 같은 순서이다.

$$h(k), \ h(k)+1, \ h(k)+2, \ h(k)+3, \ \cdots$$

크기가 7인 해시 테이블에서 해시 함수로 $h(k)=k \bmod 7$ 을 사용한다고 가정하고, 8, 1, 9, 6, 13의 순으로 탐색키를 저장해보자. 아래에서 살펴본 바와 같이 선형 조사법은 오버플로우가 발생하면 항목의 저장을 위하여 빈 버켓을 순차적으로 탐색해 나간다.

1단계 (8 저장) : $h(8) = 8 \bmod 7 = 1$(저장)

2단계 (1 저장) : $h(1) = 1 \bmod 7 = 1$(충돌) $\Rightarrow (h(1)+1) \bmod 7 = 2$(저장)

3단계 (9 저장) : $h(9) = 9 \bmod 7 = 2$(충돌) $\Rightarrow (h(9)+1) \bmod 7 = 3$(저장)

4단계 (6 저장) : $h(6) = 6 \bmod 7 = 6$(저장)

5단계 (13저장) : $h(13) = 13 \bmod 7 = 6$(충돌) $\Rightarrow (h(13)+1) \bmod 7 = 0$(저장)

그림 14.23에서 파란색 부분의 탐색키들은 충돌이 발생해서 다른 곳에 저장된 것들이다.

	1단계	2단계	3단계	4단계	5단계
[0]					13
[1]	8	8	8	8	8
[2]		1	1	1	1
[3]			9	9	9
[4]					
[5]					
[6]				6	6

| 그림 14.23 선형 조사법의 예

버켓	1단계	2단계	3단계	4단계	5단계	6단계	7단계
[0]							function
[1]							
[2]		for	for	for	for	for	for
[3]	do	do	do	do	do	do	do
[4]							
[5]							
[6]							
[7]							
[8]							
[9]				case	case	case	case
[10]						else	else	else
[11]							return	return
[12]			if	if	if	if	if

| 그림 14.24 선형 조사법에 의한 해시 테이블의 변화

문자열 탐색키의 경우도 방법은 동일하다. 그림 14.22와 같이 각 문자열에 대한 해싱 주소가 만들어지면 하나씩 테이블에 삽입하는데, "case", "else", "return"이 모두 같은 해시 주소로 계산되었고, "if"와 "function"도 충돌이 발생했다.

선형 조사법에서는 "case"가 삽입된 상태에서 "else"가 들어오면 다음의 빈 버켓인 10위치에 삽입한다. 다시 "return"이 같은 주소로 들어오면 다음으로 가능한 빈 버켓인 11위치에 저장된다. 버켓 조사는 원형으로 회전함을 기억해야 한다. 테이블의 마지막에 도달하면 다시 처음으로 간다. 그림 14.24는 삽입 결과를 보여주는데, 한번 충돌이 발생한 위치에서 항목들이 집중되는 현상이 나타난다. 이것을 **군집화(clustering)** 현상이라고 한다.

선형 조사법의 구현: 문자열 탐색키를 사용하는 레코드

이제 선형 조사법을 구현해보자. 먼저 해시 맵에 저장할 레코드를 정의해야 한다. 레코드는 프로그램 14.10과 같이 **key**와 문자열 **value**를 갖도록 한다. HashMap 클래스는 프로그램 14.11과 같이 구현할 수 있다.

프로그램 14.10   해시 맵을 위한 Keyed Record 클래스

```
01  // Record.h: 레코드 클래스
02  #include <cstdio>
03  #include <cstring>
04  #define KEY_SIZE        64              // 탐색키의 최대길이
05  #define VALUE_SIZE      64              // 탐색키와 관련된 정보
06  class Record {
07          char key[KEY_SIZE];            // 키 필드 (사전의 경우 "단어")
08          char value[VALUE_SIZE];        // 키와 관련된 자료 ("의미")
09      public:
10          Record( char *k="", char *v="" ) { set(k, v); }
11          void set ( char *k, char *v="" ) {
12              strcpy(key, k);
13              strcpy(value, v);
14          }
15          void   reset()    { set("", ""); }
16          bool isEmpty()    { return key[0] == '\0'; }
17          bool equal( char *k)    { return strcmp(k, key)==0; }
18          void display( )          { printf("%20s = %s\n", key, value); }
19  };
```

코드 설명

6행 레코드 클래스 선언.

12~13행 문자열 복사 함수를 사용해 key와 value를 설정함.

15행 레코드 초기화는 key에 ""을 넣음. (key[0]='\0'와 동일)

16행 공백 상태 검사. 공백 상태는 (key[0]=='\0')인 경우임.

17행 k와 key가 같으면 true 반환. 아니면 false 반환.

21행 현재 레코드를 화면에 출력.

프로그램 14.11 해시 맵 클래스

```
01  // HashMap.h: 해싱을 이용하는 맵 클래스
02  #include "Record.h"                              // 레코드 클래스 포함 (프로그램 14.2)
03  #include "hashFunction.h"                        // 해시 함수 파일 포함 (프로그램 14.1)
04  class HashMap {                                  // 해시 맵 클래스 선언
05          Record    table[TABLE_SIZE];             // 해싱 테이블. 크기는 13
06  public:
07          HashMap() { reset(); }                   // 생성자. 모든 버켓을 비움
08          void reset() {                           // 모든 버켓을 비움
09              for ( int i=0 ; i<TABLE_SIZE ; i++ )
10                  table[i].reset();
11          }
12          // 맵의 전체 내용을 출력
13          void display( ) {
14              for( int i=0 ; i<TABLE_SIZE ; i++ ) {
15                  printf("[%2d] ", i);
16                  table[i].display();
17              }
18          }
19          // HashMap::addLinearProb(): 선형 조사법을 이용한 삽입
20          void addLinearProb( char* key, char* value ) {
21              int i, hashValue;
22              hashValue = i = HashFunction( key ) ;
23              while( table[i].isEmpty() == false ){
24                  if(table[i].equal( key ) ){
25                      printf("[%s] 탐색키가 중복되었습니다.\n", key);
26                      return;
```

```
27                           }
28                           i = (i+1) % TABLE_SIZE;
29                           if(i == hashValue){
30                                printf("[%s] 테이블이 가득찼습니다.\n", key);
31                                return;
32                           }
33                      }
34                      table[i].set( key, value );
35                 }
36                 // HashMap::searchLinearProb(): 선형 조사법을 이용한 탐색
37                 Record* searchLinearProb( char* key ) {
38                      int i, hashValue;
39                      hashValue = i = HashFunction( key );
40                      while( table[i].isEmpty() == false ){
41                           if(table[i].equal( key ) ){
42                                printf("[%s] 탐색성공[%d]", key, i);
43                                table[i].display();
44                                return table+i;
45                           }
46                           i = (i+1) % TABLE_SIZE;
47                           if (i == hashValue) break;
48                      }
49                      printf("[%s] 탐색 실패: 찾는 값이 테이블에 없음\n", key);
50                      return NULL;
51                 }
52    };
```

코드 설명

4행 해시 맵 클래스 HashMap 선언

5행 데이터 멤버는 Record 객체의 배열이 됨. 테이블 크기는 13.

8~11행 reset(). 테이블의 모든 레코드를 공백 상태로 만듦.

13~18행 display(). 맵 전체의 내용을 화면에 출력함.

20~35행 선형 조사법에 의한 레코드 삽입 함수.

37~51행 선형 조사법에 의한 레코드 검색 함수.

22행, 39행 탐색키에 대하여 해시 주소 i를 계산.

23행, 40행 주소 i가 비어 있는지를 검사해서 비어 있지 않으면.

24~27행 i에 저장된 탐색키와 삽입하려고 하는 탐색키가 동일한지를 체크해서 동일하면 에러 메시지를 출력하고 반환함. 삽입하지 않음.

28행, 46행 다음 주소 계산. i = (i+1)%TABLE_SIZE

29~32행 처음의 주소로 돌아왔으면, 테이블이 가득 찬 상황. 에러 메시지 출력 후 반환.

34행 현재 위치 i에 레코드 삽입.

41~45행 검색 키와 현재 레코드와 키가 같으면 탐색 성공. 메시지 출력 후 해당 레코드 반환.

47행 처음의 주소로 돌아왔으면, 맵에 없음. 루프를 빠져나옴.

49~50행 탐색 실패.

프로그램 14.12 선형 조사법의 테스트 프로그램

```
01  // 14장-LinearProbe.cpp
02  #include "HashMap.h"
03  void main() {
04      HashMap hash;                             // HashMap객체 생성
05      hash.addLinearProb( "do", "반복" );        // 레코드 삽입
06      hash.addLinearProb( "for", "반복" );
07      hash.addLinearProb( "if", "분기" );
08      hash.addLinearProb( "case", "분기" );
09      hash.addLinearProb( "else", "분기" );
10      hash.addLinearProb( "return", "반환" );
11      hash.addLinearProb( "function", "함수" );
12      hash.display();                           // 전체 테이블 출력
13      hash.searchLinearProb ( "retrn" );        // 레코드 검색 -> 성공
14      hash.searchLinearProb( "class" );         // 레코드 검색 -> 실패
15      hash.searchLinearProb( "function" );      // 레코드 검색  -> 성공
16  }
```

선형 조사법의 테스트 프로그램 14.12의 실행 결과는 다음과 같다.

```
C:\Windows\system32\cmd.exe
[ 0]                        =
[ 1]                case = 분기
[ 2]                else = 분기
[ 3]                        =
[ 4]                        =
[ 5]                        =
[ 6]                        =
[ 7]                        =
[ 8]                  if = 분기
[ 9]                 for = 반복
[10]              return = 반환
[11]            function = 함수
[12]                  do = 반복
[return] 탐색성공[10]              return = 반환
[function] 탐색성공[11]            function = 함수
[class] 탐색 실패: 찾는 값이 테이블에 없음
계속하려면 아무 키나 누르십시오 . . .
```

선형 조사법의 삭제 연산

선형 조사법은 간단하다는 장점이 있으나, 오버플로우가 자주 발생하면 군집화 현상에 따라 탐색의 효율이 크게 저하될 수 있다. 또 다른 문제가 있다. 항목을 삭제하는 함수를 생각해보자. 선형 조사법에서 항목이 삭제되면 탐색이 불가능해질 수가 있다. 예를 들어, 크기가 10인 해시 테이블과 $h(k) = k \bmod 10$ 인 해시 함수를 가정하자. 탐색키가 5, 15, 25 순서로 삽입되었다고 하면 모두 충돌이 발생하게 되고 해시 테이블의 내용은 그림 14.25 (a)과 같을 것이다. 만약 이 상태에서 탐색키 15를 삭제하였다고 가정해보자. 탐색키 25를 탐색하면 중간이 비어있기 때문에 25가 있는 위치로 갈 수가 없다. 이 문제를 어떻게 해결할 수 있을까? 버켓을 몇 가지로 분류해야 한다. 즉, 한 번도 사용하지 않은 버켓과 사용은 되었지만 현재는 비어있는 버켓, 현재 사용 중인 버켓으로 분류하여야 한다. 탐색 함수에서는 한 번도 사용이 안 된 버켓을 만나야만이 탐색이 중단되도록 하여야 한다.

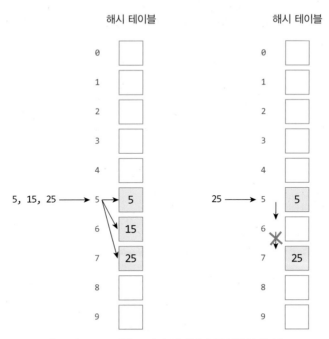

| 그림 14.25 선형 조사법 삭제에서 주의해야 할 점

■ 이차 조사법

이차 조사법(quadratic probing)은 선형 조사법과 유사하지만, 충돌 발생 시 다음에 조사할 위치를 다음 식에 의하여 결정한다.

$$(h(k)+i*i) \bmod M \quad \text{for} \quad i=0, 1, \cdots, M-1$$

따라서 조사되는 위치는 다음과 같이 된다.

$$h(k), \ h(k)+1, \ h(k)+4, \ h(k)+9, \cdots$$

여기서 주의할 것은 모든 위치를 조사하게 만들려면 여전히 테이블 크기는 소수여야 한다는 점이다. 이 방법은 선형 조사법에서의 문제점인 군집화 현상을 크게 완화시킬 수 있다. 이 방법도 2차 집중 문제를 일으킬 수 있지만 1차 집중처럼 심각한 것은 아니다. 2차 집중의 이유는 동일한 위치로 사상되는 여러 탐색키들이 같은 순서에 의하여 빈 버켓을 조사하기 때문이다. 이것은 다음에 소개할 이중 해싱법으로 해결할 수 있다. 이차 조사법은 다음에 조사할 위치를 계산하는 부분만 다음과 같이 변경시키면 된다(프로그램 14.11의 28, 46행).

```
inc = inc+1;
i = (i+inc*inc) % TABLE_SIZE;
```

■ 이중 해싱법

이중 해싱법(double hashing) 또는 **재해싱**(rehashing)은 오버플로우가 발생함에 따라 항목을 저장할 다음 위치를 결정할 때, 원래 해시 함수와 다른 별개의 해시 함수를 이용하는 방법이다. 이 방법은 항목들을 해시 테이블에 보다 균일하게 분포시킬 수 있으므로 효과적인 방법이라 할 수 있다.

선형 조사법과 이차 조사법은 충돌이 발생했을 경우에 해시 함수값에 어떤 값을 더해서 다음 위치를 얻는다. 선형 조사법에서는 더해지는 값이 1이고 이차 조사법에서는 j^2이 된다. 따라서 해시 함수값이 같으면 차후에 조사되는 위치도 같게 된다. 예를 들어, 크기가 10인 해시 테이블에서 제산 함수를 해싱 함수로 사용한다고 할 때, 15와 25는 이차 조사법에서 5, 6, 9, 14....와 같은 조사 순서를 생성한다.

이중 해싱법에서는 탐색키를 참조하여 더해지는 값이 결정된다. 따라서 해시 함수값이 같더라도 탐색키가 다르면 서로 다른 조사 순서를 갖는다. 따라서 이중 해싱법은 이차집중을 피할 수 있다.

두 번째 해시 함수는 조사 간격을 결정하게 된다. 일반적인 형태는 다음과 같다.

$$step = C - (k \bmod C) = 1 + k \bmod C$$

이런 형태의 함수는 [1~C] 사이의 값을 생성한다.

충돌이 발생했을 경우, 조사되는 위치는 다음과 같이 된다.

$$h(k), \ h(k)+step, \ h(k)+2*step, \ h(k)+3*step\cdots$$

C는 보통 테이블의 크기인 M보다 약간 작은 소수이다. 이중 해싱에서는 보통 집중 현상이 매우 드물다. 이유는 같은 버켓과 같은 탐색 순서를 가지는 요소들이 거의 없기 때문이다.

■ 체이닝

체이닝은 하나의 버킷에 여러 개의 레코드를 저장할 수 있도록 하는 방법이다. 버킷은 여러 가지 방법으로 구현될 수 있겠지만 저장할 항목의 수를 예측할 수 없으므로 연결 리스트로 구현하는 것이 적절할 것이다. 이와 같은 오버플로우 해결 방법을 **체이닝**(chaining)이라고 한다.

다음은 크기가 7인 해시 테이블에 $h(k) = k \bmod 7$ 의 해시 함수를 이용하여 8, 1, 9, 6, 13 을 삽입할 때에의 체이닝에 의한 충돌 처리를 보여준다.

$$8, 1, 9, 6, 13$$

1단계 (8 저장) : $h(8) = 8 \bmod 7 = 1$(저장)
2단계 (1 저장) : $h(1) = 1 \bmod 7 = 1$(충돌) => 새로운 노드 생성 및 저장
3단계 (9 저장) : $h(9) = 9 \bmod 7 = 2$(저장)
4단계 (6 저장) : $h(6) = 6 \bmod 7 = 6$(저장)
5단계 (13저장) : $h(13) = 13 \bmod 7 = 6$(충돌) => 새로운 노드 생성 및 저장

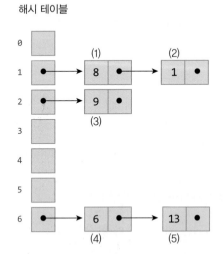

| 그림 14.26 체인법에서의 해시 테이블의 변화

체이닝을 구현해보자. 레코드는 앞에서 사용한 Record를 그대로 사용하고, 노드 클래스 Node는 5장과 6장에서 사용한 것과 대부분 비슷하다. 체이닝을 사용하는 해시 맵 클래

스를 HashChainMap이라 하자. 연결 리스트에서 삽입은 맨 앞에서 이루어지도록 하였다. 다음은 전체 프로그램을 보여주고 있다.

프로그램 14.13 해시 체이닝 프로그램 전체

```
// Node.h: 연결된 리스트를 위한 노드 클래스
#include "Record.h"
class Node : public Record {
        Node*    link;   // 다음 노드를 가리키는 포인터 변수
public:
        Node(char* key, char* val): Record(key, val), link(NULL) { }
        Node* getLink(){ return link; }
        void setLink(Node* next)  { link=next; }
};
```

```
01  // HashChainMap.h: 해시 체이닝으로 구현된 해시 맵
02  #include "Node.h"
03  #include "hashFunction.h"
04  class HashChainMap {
05          Node*    table[TABLE_SIZE];
06  public:
07          HashChainMap () {
08              for ( int i=0 ; i<TABLE_SIZE ; i++ ) table[i] = NULL;
09          }
10          void display( ) {
11              for( int i=0 ; i<TABLE_SIZE ; i++ ) {
12                  printf("[%2d] ", i);
13                  for( Node *p=table[i] ; p != NULL ; p=p->getLink() )
14                      printf("%10s", p->getKey());
15                  printf("\n");
16              }
17          }
18          // 체인법을 이용하여 테이블에 키를 삽입
19          void addRecord ( Node *n ) {
20              int hashValue = HashFunction ( n->getKey() );
21              for( Node *p=table[hashValue] ; p != NULL ; p=p->getLink()){
22                  if( p->equal(n->getKey()) ) {
23                      printf("이미 탐색키가 저장되어 있음\n");
```

```
24                          delete n;
25                          return;
26                      }
27                  }
28              n->setLink( table[hashValue] );
29              table[hashValue] = n;
30          }
31
32          // 체인법을 이용하여 테이블에 저장된 키를 탐색
33          void searchRecord( char *key ) {
34              int hashValue = HashFunction ( key );
35              for(Node *p=table[hashValue] ; p != NULL ; p=p->getLink()){
36                  if( p->equal(key) ) {
37                      printf("탐색 성공 ");
38                      p->display();
39                      return;
40                  }
41              }
42              printf("탐색 실패: %s\n", key );
43          }
44      };


// 14장-HashChaining.cpp
#include "HashChainMap.h"
void main() {
        HashChainMap hash;
        // 프로그램 14.12에서 함수 이름을 addLinearProb-->addRecord,
        // searchLinearProb-->searchRecord 로 변경할 것. 나머지 코드는 동일.
}
```

코드 설명

4행 해시 맵 클래스 HashChainMap 선언

5행 데이터 멤버는 연결 리스트의 헤더 포인터의 배열이 됨(Node*).

7~9행 초기에는 모든 연결 리스트의 헤더가 NULL이 되어야 함.

10~17행 display(). 맵 전체의 내용을 화면에 출력함. 연결 리스트의 각 노드를 방문하기 위한 13행 코드에 유의할 것.

19~30행 체이닝에 의한 레코드 삽입 함수.

33~43행 체이닝에 의한 레코드 검색 함수.

20행, 34행 탐색키에 대하여 해시 주소 hashValue를 계산.

21~22행, 35~36행 해당 버킷에 연결 리스트로 들어 있는 노드 p에 대해, p가 현재 검색 키와 동일하면,

23~25행 삽입 연산: 저장하려는 키가 이미 들어 있으므로 저장하지 않음.

28~29행 삽입 연산: 그렇지 않으면 리스트에 저장. 연산을 간편하게 하기 위해 새로운 노드를 헤더 포인터에 삽입.

37~39행 탐색 연산: 탐색 성공 메시지를 출력하고 반환.

42행 탐색 실패.

전체 프로그램의 실행 결과는 다음과 같다.

체이닝에서 항목을 탐색하거나 삽입하고자 하면 키 값의 버킷에 해당하는 연결 리스트에서 독립적으로 탐색이나 삽입이 이루어진다. 체이닝은 해시 테이블을 연결 리스트로 구성하므로 필요한 만큼의 메모리만 사용하게 되어 공간적 사용 효율이 매우 우수하다. 또한 오버플로우가 발생할 경우에도 해당 버킷에 할당된 연결 리스트만 처리하게 되므로 수행 시간 면에서도 매우 효율적이다.

■ 해싱의 성능 분석

해싱의 시간 복잡도는 $O(1)$이다. 그러나 이것은 충돌이 전혀 일어나지 않는 상황에서만 가능하다. 따라서 실제 해싱의 탐색 연산은 $O(1)$보다는 느려지게 된다.

해싱의 성능을 분석하기 위해 해시 테이블이 얼마나 채워져 있는지를 나타내는 **적재 밀도**(loading density) 또는 **적재 비율**(loading factor)을 다음과 같이 정의한다.

$$\alpha = \frac{\text{저장된 항목의 개수}}{\text{해싱 테이블의 버켓의 개수}} = \frac{n}{M}$$

α가 0이면 해시 테이블은 비어있다. α의 최댓값은 충돌 해결 방법에 따라 달라지는데, 선형 조사법에서는 테이블이 가득차면 모든 버켓에 하나의 항목이 저장되므로 1이 된다. 체인법에서는 저장할 수 있는 항목의 수가 해시 테이블의 크기를 넘어설 수 있기 때문에 α는 최댓값을 가지지 않는다.

기존의 연구 결과들을 바탕으로 해싱을 정리해보자. 먼저 선형 조사법은 적재 밀도를 0.5 이하로 유지해야 한다. 이차 조사법과 이중 해싱법에서는 적재 밀도를 0.7 이하로 유지시키는 것이 좋다고 한다. 체인법은 적재 밀도에 비례하는 성능을 보인다. 성능을 저하시키지 않고 얼마든지 저장할 수 있는 요소의 개수를 늘릴 수 있다는 것이 장점이다. 링크를 위한 메모리 낭비 문제는 저장되는 자료의 크기에 따라 달라진다.

■ 해싱과 다른 탐색 방법의 비교

해싱을 배열을 이용하는 이진 탐색과 비교하여 보면 해싱이 일반적으로 빠르다. 또한 삽입이 어려운 이진 탐색과는 달리 해싱은 삽입이 쉽다.

해싱을 이진 탐색 트리와 비교하여 보면 이진 탐색 트리는 현재 값보다 다음으로 큰 값이나 다음으로 작은 값을 쉽게 찾을 수 있는 장점이 있다. 또한 이진 탐색 트리에서는 값의 크기순으로 순회하는 것이 쉽다. 이에 반하여 해싱은 그야말로 순서가 없다. 또한 해시 테이블에 초기에 얼마나 공간을 할당해야 되는지가 불명확하다. 또한 해싱은 최악의 시간 복잡도는 아주 나쁘다. 최악의 경우는 모든 값이 하나의 버킷으로 집중되는 것으로 이 경우 시간 복잡도는 $O(n)$이 될 것이다. 다음은 여러 가지 탐색 방법들의 시간 복잡도를 정리해서 보여주고 있다.

| 표 14.1 여러 가지 탐색 방법의 시간 복잡도 비교

탐색 방법		탐색	삽입	삭제
순차 탐색		$O(n)$	$O(1)$	$O(n)$
이진 탐색		$O(\log_2 n)$	$O(n)$	$O(n)$
이진 탐색 트리	균형 트리	$O(\log_2 n)$	$O(\log_2 n)$	$O(\log_2 n)$
	경사 트리	$O(n)$	$O(n)$	$O(n)$
해싱	최선의 경우	$O(1)$	$O(1)$	$O(1)$
	최악의 경우	$O(n)$	$O(n)$	$O(n)$

14.7 STL 맵 클래스의 활용: 영어 단어장

표준 템플릿 라이브러리는 맵 클래스를 제공한다. 맵은 탐색을 위한 자료구조로 지금까지 맵을 구현할 수 있는 다양한 방법을 공부했다. 우리는 STL의 맵이 어떤 방법으로 구현되었는지는 관심을 갖지 않는다. 그리고 탐색을 수행하는 자료의 특성에 따라 효율적인 구현 방법이 달라질 수 있다. 이 절에서는 STL의 맵을 이용하여 간단한 영어 단어장을 만들고 검색하는 방법을 소개한다. STL의 맵을 사용하기 위해서는 해싱이나 이진 탐색 트리를 고려할 필요 없이 다음과 같이 헤더파일을 포함시키는 것만으로 충분하다.

```
#include <map>
using namespace std;
```

맵에서는 기본적으로 키(key)와 값(value)이 정의되어야 한다. STL의 맵에서도 마찬가지로, 키를 위한 자료형과 값을 위한 자료형을 정해야 한다. 우리는 영어 단어장을 만들 것이므로 다음과 같이 자료형을 정한다.

- 키(key) : 영어 단어 -> string 객체
- 값(value): 영어 단어에 대한 나만의 의미 -> string 객체

문자열 저장을 위해 string 클래스를 사용한 것에 유의하라. string 클래스는 문자열을 나타내기 위해 제공하는 클래스로 문자열의 저장과 처리에 필요한 속성과 연산들을 가지

고 있는데, 문자열을 char 형 배열을 사용할 때 발생하는 여러 가지 귀찮은 문제를 해결할 수 있다. string 클래스를 사용하기 위해서는 **<string>**을 포함하여야 한다.

자, 이제 다음과 같이 영어 단어장을 위한 맵 객체를 생성하자. 맵이 템플릿으로 제공되고 두 개의 자료형을 제공한다. 첫 번째 자료형은 키를 위한 것이고 두 번째는 값을 위한 것이다.

```
map<string, string> myDic;
```

맵에 자료를 추가하기 위해 insert() 연산을 사용할 수도 있지만 가장 간단한 방법은 인덱스 연산자 [ ]를 사용하는 것이다. 이 방법이 더 간단하고 직관적인데, 다음과 같은 문장을 사용하여 단어-의미 쌍을 맵에 추가할 수 있다.

```
myDic["hello"] = "안녕하세요?";
```

맵에 들어있는 자료들을 순회하기 위해 STL의 반복자를 사용한다. STL에서는 컨테이너의 종류에 관계없이 요소들을 방문하게 하기 위하여 반복자라는 방식을 제공하는데, 반복자는 맵과 같은 컨테이너의 멤버를 가리키는 객체로 기존의 포인터와 비슷한 개념이지만 흔히 일반화된 포인터라고 한다. 다음은 단어장의 레코드에 대한 반복자 객체 p를 선언하는 문장이다.

```
map<string, string>::iterator p;            // 맵에 대한 반복자
```

반복자를 사용하여 맵의 첫 번째 요소를 가리킨(begin() 함수 사용) 후에 관련 처리를 하고, 작업이 끝나면 반복자가 다음 요소를 가리키도록 증가시킨다(++p). 반복자가 마지막 요소를 벗어나게 되면(end() 함수 사용) 작업을 끝내면 된다. 다음은 반복자를 이용해 맵에 들어있는 모든 레코드의 위치를 순회하고, 각 단어와 의미를 출력하는 코드이다.

```
for (p = myDic.begin(); p != myDic.end(); ++p) {
    string key = p.first;
    string value = p.second;
    // cout << key << " = " << value << endl;
    printf("%20s = %s\n", key.c_str(), value.c_str());
}
```

반복자 객체에서 레코드의 각 필드를 추출하는 방법을 알아보자. first와 second란 멤버를 제공하는데, first는 key 객체이며 second는 value 객체이다. 우리가 만든 단어장 맵에서 이들은 모두 string 객체이다. 만약 printf()를 이용해 string 객체를 출력하기 위해서는 string 객체에서 char* 형의 포인터를 꺼내야 한다. 이것은 string 클래스의 c_str() 함수가 제공한다. 따라서 위의 코드는 맵의 모든 단어들을 보기 좋게 화면에 출력한다. cout을 이용하여 출력하려면 << 연산자로 string 객체를 바로 출력할 수는 있다. 그러나 이 경우에도 출력을 일정한 형식(줄 맞추기 등)으로 하려면 꽤 번거로운 코드가 필요하다.

이제 맵에서 탐색을 해보자. 다음과 같은 문장으로 "structure"을 탐색키로 레코드를 검색한다. 반환형도 역시 반복자 객체이다.

```
p = myDic.find("structure");
```

만약 탐색이 실패하면 앞의 반복문의 종료조건과 같이 p == myDic.end()가 될 것이다. 그렇지 않으면 탐색을 성공한 것이다. 탐색 후 반복자 객체에서 값을 추출하는 부분은 앞의 반복문에서와 같다.

마지막으로 단어를 삭제하자. 완전히 외웠다고 생각하는 단어는 맵에서 제거한다. 삭제는 다음과 같이 두 가지 방법으로 할 수 있다.

```
myDic.erase("list");              // 방법 1: 키값으로 직접 삭제
dp = myDic.find("list");          // 방법 2: 검색 후
myDic.erase(dp);                  // 검색된 해당 위치의 레코드 삭제
```

STL의 맵을 사용하는 것은 앞에서 살펴본 다른 자료구조들에 비해 약간 복잡하다. 그러나 이 방법을 활용할 수 있으면 STL의 사용에 자신을 가질 수 있다.

다음은 앞에서 설명한 내용을 전체 코드로 나타낸 것이다.

프로그램 14.14 해시 맵 클래스

```cpp
01  // 14장-Map.cpp: STL의 map을 사용한 영어사전 프로그램
02  #include <cstdio>
03  #include <string>        // string 클래스 사용을 위함. <cstring>이 아님!!!
04  #include <map>
05  using namespace std;
06
07  void main()
08  {
09      map<string, string> myDic;
10      map<string, string>::iterator dp;            //맵에 대한 반복자.
11      myDic["hello"] = "안녕하세요?";
12      myDic["world"] = "아름다운 세상";
13      myDic["data"] = "데이터";
14      myDic["structure"] = "구조, 구조체";
15      myDic["list"] = "리스트";
16      myDic["Pain past is pleasure"] = "지나간 고통은 즐거움이다";
17      myDic["Habit is second nature"] = "습관은 제 2의 천성이다";
18      myDic["No pain no gain"] = "고통 없이는 얻는 것도 없다";
19      for (dp = myDic.begin(); dp != myDic.end(); ++dp)
20          printf("%20s = %s\n", dp->first.c_str(), dp->second.c_str());
21
22      dp = myDic.find("structure");
23      if( dp == myDic.end() )
24          printf(" 검색 실패: 찾는 단어가 없습니다.\n");
25      else
26          printf(" 검색 성공: %s ---> %s\n",
27                  dp->first.c_str(), dp->second.c_str());
28
29      dp = myDic.find("algorithm");
30      if( dp == myDic.end() )
31          printf(" 검색 실패: 찾는 단어가 없습니다.\n");
32
33      myDic.erase("list");
34      dp = myDic.find("structure");
35      myDic.erase(dp);
36
37      for (dp = myDic.begin(); dp != myDic.end(); ++dp)
38          printf("%20s = %s\n", dp->first.c_str(), dp->second.c_str());
39  }
```

코드 설명

2행 표준 입출력 함수 사용을 위해 포함.

3행 string 클래스를 사용하기 위해 포함.

4행 STL의 map을 사용하기 위해 포함.

9행 key와 value가 모두 string 객체인 map 객체 선언.

10행 map에 대한 반복자 선언.

11~18행 8개의 단어, 숙어와 의미를 map에 추가

19~20행, 37~38행 맵의 모든 항목을 출력함. 반복자를 이용한 것에 유의할 것. 반복은 맵의 첫 번째 항목부터 마지막 항목까지 진행. dp->first와 dp->second는 모두 string 객체임. 따라서 string 클래스의 c_str() 멤버 함수를 통해 char* 형을 반환받아 printf()에서 출력함.

23~27행 탐색 결과를 출력.

33행 맵에서 "list" 항목을 찾아 삭제.

34~35행 맵에서 "structure"의 위치를 찾고, 이를 이용해 이 항목 삭제.

전체 프로그램의 실행 결과는 다음과 같다.

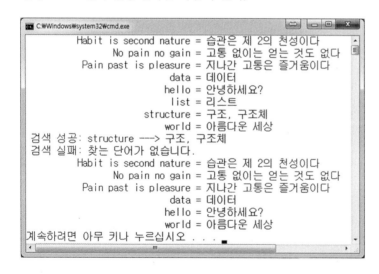

| 연습문제 |

1 이진 탐색 알고리즘의 특징이 아닌 것은? [기사시험 기출문제]

① 탐색 효율이 좋고 탐색 시간이 적게 소요된다.

② 검색할 데이터가 정렬되어 있어야 한다.

③ 피보나치수열에 따라 다음에 비교할 대상을 선정하여 검색한다.

④ 비교를 거듭할 때마다 검색 대상이 되는 데이터의 수가 절반으로 줄어든다.

2 키 값 28을 가지고 아래의 리스트를 탐색할 때 다음의 탐색 방법에 따른 탐색 과정을 그리고 탐색 시에 필요한 비교 연산 횟수를 구하라.

0	1	2	3	4	5	6	7	8	9	10	11	12	13	14	15
8	11	12	15	16	19	20	23	25	28	29	31	33	35	38	40

(1) 순차 탐색

(2) 이진 탐색

(3) 보간 탐색

3 데이터 (60, 50, 20, 80, 90, 70, 55, 10, 40, 35)를 차례대로 삽입하면서 다음과 같은 탐색 트리를 구축하는 과정을 그림으로 설명하고 이들 2가지의 트리를 사용한 결과를 서로 비교하라.

(1) 이진 탐색 트리

(2) AVL 트리

4 탐색키가 정수가 아닌 알파벳으로 되어 있는 경우에 공백 트리에서 시작하여 다음과 같은 순서로 AVL 트리에 삽입될 때, 각 단계에서의 AVL 트리를 그려라. 또 각 단계에서 회전의 유형을 표시하라.

Dec, Jan, Apr, Mar, July, Aug, Oct, Feb, Sept, Nov, June, May

프로그래밍 프로젝트

1 선형 조사법과 이중 조사법을 비교하는 실험을 해보자. 먼저 500개의 사용자 이름이 들어 있는 리스트를 만든다. 그리고 크기가 1000인 해시 테이블을 선형 조사법과 이중 조사법으로 구현하여 500개의 이름이 해시 테이블에 추가될 때 충돌이 얼마나 일어나는 지를 기록하라. 동일한 실험을 테이블 크기가 950, 900, 850, 800, 750, 700, 650, 600일 때 수행해 본다.

2 해싱을 이용하여 문자열을 저장할 수 있는 프로그램을 작성한다. 충돌 해결책은 체인법으로 한다. 해시 테이블의 크기는 350이다. 그리고 입력 데이터 파일은 425개의 사용자 이름이다. 다음과 같은 해싱 함수를 가정하라.

$$h(i) = i \ \% \ 350$$

입력 문자열은 아스키 코드를 모두 더하는 방식으로 정수로 변환된다. 테이블에 존재하는 연결 리스트들의 길이를 분석하여 체인법을 사용하는 해싱의 효율성을 측정하고자 한다. 즉, 길이가 0, 1, 2, 3... 인 연결 리스트의 개수를 세어서 이들 결과를 분석한다. 결과를 분석하여 충돌이 심하게 일어나면 해시 함수를 변경하여 개선해보라.

3 간단한 재고 관리 프로그램을 STL의 맵 클래스를 이용하여 만들어보자. 다음과 같은 필드가 레코드 안에 존재하여야 한다.
- 5자리의 부품 번호(키필드가 된다.)
- 10자이내의 부품 설명
- 재주문 여부(yes 아니면 no)
- 현재 재고량

이 재고 관리 프로그램을 사용하는 사용자는 다음과 같은 연산들을 수행할 수 있어야 한다.

- 재고 목록에 새로운 부품을 추가
- 재고 목록에서 부품 검색
- 키 필드를 제외한 부품의 임의의 필드 변경

찾아보기